RENATE FRÜHMANN (Hrsg.)

Frauen und Therapie

Reihe

Innovative Psychotherapie und Humanwissenschaften

Band 27

Herausgegeben von

HILARION PETZOLD

JUNFERMANN-VERLAG · PADERBORN

1985

RENATE FRÜHMANN (Hrsg.)

Frauen und Therapie

JUNFERMANN-VERLAG · PADERBORN

1985

Meinen Kindern
Cornelia Eva und Clemens Dominik
gewidmet

CIP-Kurztitelaufnahme der Deutschen Bibliothek

Frauen und Therapie
Renate Frühmann (Hrsg.)
Paderborn: Junfermann, 1985.
(Reihe innovative Psychotherapie und
Humanwissenschaften; Bd. 27)
ISBN 3-87387-219-6
NE: Frühmann, Renate (Hrsg.); GT

© Junfermannsche Verlagsbuchhandlung 1985
Lektorat: Christoph Schmidt
Einband-Gestaltung: Christof Gassner
Titelbild von Eva Kleisinger
Gesamtherstellung: Junfermannsche Verlagsbuchhandlung und Verlagsdruckerei, Paderborn
ISSN 0720-2385
ISBN 3-87387-219-6

INHALTSVERZEICHNIS

5

6

Vorwort

Das Leben als Frau hat im allgemeinen menschlichen Schicksal auch seine besonderen Themen — wie das der Männer auch.

Das revolutionäre Aufbegehren von Frauen mag zur Zeit in Europa wieder abgeebbt sein (Frauenliteratur gehört heute in das Alltagsbild des Buchhandels), die geschriebenen Erkenntnisse haben sich jedoch noch lange nicht in neues, gelebtes Rollenverständnis umgesetzt. Der Alltag tausender Mädchen, Frauen, Mütter und Berufstätiger gestaltet sich weiterhin konfliktgeladen zwischen alten Träumen und neuem Begreifen, zwischen überholten Erziehungsmodellen und neuen Kulturverpflichtungen.

Im Rahmen der Psychotherapie erhalten wir tagtäglich Einblick in eine Fülle ungelöster Probleme bei Frauen, die nicht allein als persönliche Lebensschwäche der Einzelnen interpretiert werden dürfen. Sie zeigen uns kritische Phasen, welche im Frauenleben normal sind, wo unsere Kultur aber häufig unzulängliche Bewältigungsmechanismen anbietet. Die Folge ist oft seelische Störung oder Erkrankung und der Auftrag an die Psychotherapie, deren Genese und Heilungsmöglichkeit zu erkennen.

In vorliegendem Buch sind Therapeutinnen geladen, zu solch spezifischen Lebensfragen Stellung zu nehmen: Sexualität, Zeugung, Schwangerschaft und Geburt; die Tochter, der Sohn — was ist das Andere von Frauen her gesehen, von ihnen erlebt? Die Frau als Mädchen, Weib, Mutter, Berufstätige, Fachfrau, „Sie" als Teil einer Kultur im Kampf um Krieg und Frieden, im „Janusgesicht der Emanzipation" sowie im Altern, Alt sein und die Auseinandersetzung mit Tod und Verlust sind Themen und Kernpunkte dieses Buches. Mosaiksteine aus Theorie und Praxis sollen zu einem ganzheitlichen Problemverständnis führen. In Therapieberichten, Reflexion und Diskussion kommen verschiedene Schulen zu Wort (Gestalttherapie, Psychoanalyse, Jungsche Tiefenpsychologie, Themenzentrierte Interaktion, Bewegungstherapie). Somit können Fragen von verschiedenen theoretischen Positionen aus wahrgenommen werden. Es geht weiter um Projekte, die von

Frauen initiiert und geleitet werden, und auch Aussagen über Bildungs-
politik und Kulturvergleich werden mit einbezogen. Dazwischen tritt
auch immer wieder das „andere Sagen": die Poesie, die Bildersprache,
die Sprachbilder. Es trifft jene Ebenen in uns, welche keine Erklärungen, keine Begründungen verlangen; in ihnen tut sich das stumme
Begreifen auf.

Dort, wo Frauen sich zur Verfügung stellen mit ihrem Portrait, oder
indem sie portraitiert werden, sind sie vielleicht Aussage für viele
andere, die noch schweigen. Dieses Buch versteht sich als Aufzeigen
von Fragen und Problemen, die Frauen heute betreffen, aber auch als
Suche nach Chancen und Lösungen sowohl im privaten, beruflichen
wie auch im gesellschaftlichem Bereich, und es wendet sich an Frauen
ebenso wie an Männer. Es wäre faszinierend, anderenorts auch das
Thema „Männer und Therapie" aufzugreifen und zu sehen, ob und in
welcher Form sich Schwerpunkte, Probleme und Sprache unterschiedlich formieren.

Den Kolleginnen und Autorinnen sei für die Offenheit in ihren Beiträgen und die engagierte Zusammenarbeit von Herzen gedankt. Ohne
diese Bereitschaft wäre dieses Buch nicht möglich geworden. Ebenso
aber gilt mein Dank meinem Freund, dem Initiator des Themas, Hilarion Petzold, und dem verlegerischen Betreuer Christoph Schmidt,
deren lebhafte Begleitung viel dazu beigetragen hat, daß ich begriffen
habe, daß Frauenthemen nicht nur Frauensache bleiben müssen.

Renate Frühmann, Salzburg

Frauen und Therapie
Ein Briefdialog*
Ruth C. Cohn, Renate Frühmann, Salzburg

Renate: Liebe Ruth, vielleicht erinnerst Du Dich nicht mehr an mich; umgekehrt ist es anders! Immer wieder habe ich in den vergangenen Jahren an Dich gedacht — kurz, flüchtig zwar, aber sehr plastisch. Gedanken in dieser eigenartigen Form innerer Begegnung, von der der Andere nichts hat, nichts ahnen kann und die doch wirksam ist.

Ich möchte Dich einladen und glaube, daß Dir das lästig erscheinen muß, weil es Dir wahrscheinlich zu oft angeboten wird. Aber vorerst einmal sachlich: Ich stelle gerade ein Buch zusammen; Thema: „Frauen und Therapie". Wissenschaftlich, poetisch, essayistisch, nüchtern ... Fallberichte, Lebensstellungnahmen, Bilder ... Worte ... zur Breite des Lebenspanoramas „Frauen und Therapie".

Ich bin keine Feministin. Aber Frau! Ich kann nur hoffen, daß der Inhalt Dich anzustecken vermag.

Ruth: Liebe Renate, ich habe eben Deinen Brief bekommen, und damit ich mich nicht zu schnell verführen lasse, schreibe ich Dir lieber gleich.

Ja, ich besinne mich auf Dich trotz meines immer schlechter werdenden Gedächtnisses. (Weißt Du, daß ich jetzt 70 Jahre alt bin?!) Ich denke auch mit guten Gefühlen an Dich, obwohl Dein Gesicht (wie alle anderen) nur noch schwach und nicht plastisch vor mir ist. — Bitte, schick mir eine Fotografie!

Zunächst freue ich mich sehr, daß Du dieses Thema „Frauen und Therapie" wissenschaftlich, poetisch etc. veröffentlichen willst.

Ich bin seit Jahren mit einem Buch beschäftigt, das noch immer nicht zu Ende geschrieben ist: „Gelebte Geschichte der Psychotherapie" Daher würde es mir gar nicht schwerfallen, auch einen Artikel über meine gelebte Geschichte als Frau zu schreiben, die mehr von der spezifischen Perspektive enthalten würde. Warum ich sage „würde" anstelle von „werde" ist einfach, da ich das Buch zu Ende schreiben will und schon so oft gedacht habe, daß ich nahe am Ende bin, daß ich nicht

---

*) Diese Korrespondenz ist für den vorliegenden Beitrag gekürzt zusammengestellt.

wage, irgendeine Prophezeihung zu machen, wann das sein wird und was ich versprechen kann.

Renate: Es sind verschiedene Elemente, die mich bewegen, mich an Dich zu wenden. Wir könnten sicherlich vereinfachen: „Ich möchte Dich dabeihaben, weil Dein Name zieht, weil Du interessierst oder so" ... vielleicht richtig. Aber ich spüre doch: „Quatsch".

Ich habe ein Gedicht im Ohr, das Du als junge Frau geschrieben haben mußt: „Ich habe mein Kind geschlagen ..." oder ähnlich. Es hat mich damals zum Weinen gebracht. Ich habe Dich vor Augen, an einem Tisch mit mir, und mich mit einer Geste von Persönlichkeit an die Wand spielend: „Frau und Rivalität". Ich sehe Dich thronen zwischen „Jüngeren", die Dir begeistert lauschen: „Frau und Macht". Ich höre Dich sprechen und diskutieren: „Frau und Gelehrsamkeit". Du sagst mir in kurzem Aufblitzen von Begegnung, wie müde Du bist: „Frau und Einsamkeit". Ich lese, wie Du Reportern antwortest, als man Dich fragt, was Du gegen Minderwertigkeitsgefühle machst, daß Du es auch damit erst leichter hast als früher, seit Du viel Erfolg hast: „Frau und Ehrlichkeit" ... und ... und ...

Fazit: Du bist in einer Weise Frau, wie es in dieser Welt nicht sehr leicht zu leben ist. Dafür kann man wohl Anerkennung, vielleicht auch in einem begrenzten Maße Ruhm erreichen, der Preis ist aber sicher hoch. Zumeist ist wenig Geborgenheit in dieser Welt damit verbunden, viel Einsamkeit bei wenig Alleinsein und Schwimmen gegen den Strom der jahrhundertealten Vorstellungen von Frau, die eben aber auch Wirklichkeit definieren.

Du hast aber ein Privileg, daß nicht viele Frauen ergreifen können: Du kannst es Dir leisten, Deine Wahrheit zu sagen, wie dies vielleicht vielen, die dumpf und stumm erleben müssen, nicht möglich ist.

Ruth: Nun mache ich Dir folgenden Vorschlag: Du erinnerst Dich an meine Gedichte, speziell an das, was „Mütter" heißt. Dieses Gedicht wäre frei zur Veröffentlichung, da ich selber das Besitzrecht darauf habe. Ich weiß nicht, ob Du mein Gedichtbuch hast, ich schicke es Dir zu. Es sind „Mütter", „Eva", „Verlobung", drei Gedichte, die schon einiges zeigen: 1) wie Frau-Bild-traditionell ich gebunden war, als ich „Verlobung" schrieb; 2) daß „Eva" geschrieben wurde, wenige Wochen nachdem ich die Gefahr erlebt hatte, mich und das sechs Wochen alte Kind umbringen zu müssen (falscher Alarm: die Nazis hätten die Grenze überschritten in der Schweiz); 3) „Mütter" — geschrieben als „Geschiedene" mit zwei Kindern. Was ich an Liebesgedichten habe, ist englisch, und die würde ich auch nicht so gern geben.

Und all dies schreibe ich nur, weil es vielleicht eine Möglichkeit wäre, doch etwas von mir in der „Frauen-Ausgabe" zu haben.

Lieber würde ich einen Artikel schreiben. Alles woran Du Dich erinnerst und Ähnliches dazu, ist mir wichtig; und es ist mir tatsächlich wichtig, irgendwann über mich als Zeitgenossin der Frauenbewegung zu schreiben. Ich will mich jedoch nicht verpflichten, zu irgendeinem Datum (und sei es noch so fern) etwas Schriftliches von mir zu geben, bevor ich das Buch fertig habe.

Eine dritte Möglichkeit wäre ein mündlicher (wenn sich das machen ließe) oder auch schriftlicher Dialog mit Dir. Ein Interview fällt mir immer sehr leicht, es kann in ein bis zwei Stunden erledigt sein, und Du hättest dann nur die Arbeit des Redigierens und ich nicht die Mühe, einen sauberen Artikel zu schreiben.

Du siehst, ich bin in gewisser Weise verführt, so verführt, daß ich schon wieder aufgehört habe, an meinem Buch zu arbeiten, und Dir stattdessen gleich geantwortet habe!

Mit herzlichen Grüßen und Dank, daß Du noch so viel von mir weißt und mich daraufhin fragst und nicht nur, „weil der Name zieht"!

Renate: Dein Buch hat mich erreicht, mit und ohne Veröffentlichung ein schönes Geschenk — Danke! Es entwickelt sich nun fast organisch „der schriftliche Dialog" mit Dir. Ich denke, hier haben wir die Chance, in Ruhe und der Ungestörtheit frei gewählter Stunden eigenes Sagen (und Fragen) zu entwickeln. Mehr vielleicht, als in ein, zwei Stunden Interview, wo die Komprimiertheit der einzelnen Begegnung über so viel entscheidet. Schon Deine Gedichte von damals haben Aussagen, die wir zu Überschriften von Fragen an Dein heutiges Betrachten des Lebens, an Dein heutiges Wissen machen können:

Verlobung

Wenn Du eine Glocke bist,
Bin ich der Wind, der Dich schwingt;
Wenn mein Zeichen eine Flocke ist,
Bist Du die Schwere, in der sie sinkt.

Wenn Du den Spaten in die harte Erde stößt,
Bin ich es, die Dir mittags Essen bringt,
Wenn sich Dein Kind aus meinem Leibe löst,
Gib Deine Hand, damit sie mit mir ringt.

Die Sonne glüht am Bergegipfel auf.
Wir steigen Schritt um Schritt zu ihr hinauf.
Du, Gipfel, sei nur hoch — noch höher ist das Ziel.
Wir sind ja zwei — und zwei-sein ist so viel.

Eva (1940)

Herr, tief wie Täler ruhn die Falten,
Des Mantels über Deinen Knien.
Gib mir die Kraft, mich daran festzuhalten,
Die ich nur Rippe Deines Bildes bin.

Dein Flammenschwert verglühte und verrostet
An jener Pforte, die zur Erde führt.
Ich habe, Herr, nur von der Frucht gekostet,
Weil ich Dich selbst so süß in ihr gespürt.

Ich danke Dir, Du hast in weisem Lenken
Den Fluch gewendet und mich tief geehrt.
Mein Leib schwillt an, Dir jene Frucht zu schenken,
Die mir im Paradies so streng verwehrt.

Und meine Brüste weiten sich und blühen
Dem Kinde zu, das Du in mir erkannt.
Birg in den Falten über Deinen Knien
Inmitten aller Sterne meines Knaben Hand.

Mütter

Es war in Dir, das Dunkle zu verlassen.
Mein Leib, schmerzlich gehorchte.

Nun waren Du und ich, getrennt, einander.
Ich senkte meine Brüste Deinen Lippen zu
Und sah Dich an;
Du, Kind.

Aus hingehauchtem Rot und Gold
Und aus den blauen Tiefen
Des sich wundernden Wunders Deiner erwachenden Seele
Empfing ich seliges Wissen
Um gestilltes und getragenes Sein.

Ich war das Mannah,
Dem verliehen war, um sich zu wissen.
Du, mein Getragenes,
Trugst mich, wie ich Dich trug,
Aus Wandhaftem zu schattenlosem Leuchten.

> Wehes Rütteln an den Fugen des Einander —
> Wehe Füße, wehe Hände,
> Wehes Zuviel-Müssen und Zuwenig-Dürfen;
> Wehes Inne-sein des unerfüllten Wesentlichen.

Tage überkamen uns — angehäuft mit Windeln
Die an Schnüren hingen
Und zurück ins Wasser fielen
Und wieder an Schnüren hingen
Und wieder fielen
Und meine Arme verfingen sich in Schnüren.
Noch verfangen, trugen sie Dich,
Zitternd.
Du zittertest.

Nächte folgten Tagen, in denen Du schriest,
Aufschriest und schriest, —
Weh taten Dir Hunger, Nässe, Angst vor dem Fallen —

„Mutter, Mutter, komm, nimm mich,
Trage mich ..."

Du warst ein Bündel.
Bündel sind schwer.
Aber man soll sich nicht vom Bündel trennen.
Ich nahm Dich und trug Dich und nahm Dich.
Du schriest. Ich schrie.

Und es schrien die Windeln.
Schrien die Kochtöpfe, die Rechnungen.
Das andere, große Kind muß rechtzeitig zur Schule gehen —
Es schrien die ungeschriebenen Bücher,
Gequälte Menschen neben mir und jenseits des Ozeans.

Ich nahm Dich und trug Dich und nahm Dich.
Und die Ecke des Zimmers schrie —
Schrie Dich hineinzuwerfen in diese Ecke
Und zuzudecken,
Daß das Schreien aufhöre —

Wer trägt Mütter, die nicht gehen können?

Das tiefe schattenlose Leuchten:
Nie kann es auslöschen.
Aber Bretter zwängten es ein,
Aus denen nichts aufstieg
Als gequältes:
„Kind, schrei nicht, schrei nicht, Kind —
Schrei nicht wie ich ..."

Und nach Tagen, Nächten, Tagen, Nächten, Tagen
Schlug ich den schreienden Mund.

    Als ich zum Fluß taumelte,
    Um mich einzusenken in seine Unbewußtheit,
    Fielen kranke Blätter vom Baum.

    Sind Deine Wurzeln schuld, Baum,
    Am Fallen der Blätter,
    Oder der Fluß, der nicht näher kam,
    Oder der Regen, der den Fluß versäumte,
    Weiterwandernde Wolken —
    War der Wind schuld,
    Die glühende Sonne?
    Oder das Gesetz des Universums.

    Wir aber, Begnadete,
    Sind bewußte Wurzeln,
    Bewußter Fluß,
    Bewußter Regen,
    Bewußte Wolken, Wind, Sonne —
    Bewußt um das Gesetz des Universums.

Schuld ist gerecht.
Schuld richtet nicht Täter des Begangenen
Sondern Zuschauende.

Unsere Gedanken überspannen Planeten:
Wann werden sie des Nächsten Wiegenkind erreichen?
Aller Nächsten Wiegenkinder?

Pfeiler brechen unter schiefer Last.
Bewußte berechnen:
Wie ein Menschenhaus steht.

Unschuldig war meine schlagende Hand.
Aber ich mit-trage die Schuld,
Daß es dies Schlagen gibt.

Über Deine Locken und über meine Hand
Streicht sanftes Licht.
Dunkle Wimpern schließen den Tag zu
Und versenken verwehte Buchstaben, Plüschtiere, Farben —

Aus Urgründen aufquellender Bewußtheit
Kindhaften Menschseins
Steigt Angst,
Daß die Mutter nicht trage.

Hexenfratzen fegen über die Erde.

Kind, träume —
Wenn Du fallen mußt im Traum, —
Daß ein Blütenblatt im Wind zur Erde gleite.

Ruth: Übrigens die zwei ersten Strophen des Gedichts „Verlobung"
kann ich überhaupt nicht mehr als mir je zugehörig empfinden, weder
inhaltlich noch künstlerisch — zu „Eva" und „Mütter" habe ich noch
persönlichen Zugang.

Renate: Deine Gedichte von damals sprechen von sehr viel Sinnlichkeit, Du selbst schreibst aber eben, daß Dich Dein traditionelles Frauenbild lange eingebunden hatte. Welchen Unterschied siehst Du zu
Deinem Frauenbild heute?

Ruth: Zu Deiner Frage über meine Sinnlichkeit im Verhältnis zu meiner Aussage, daß ich in meiner Jugend das Frauenbild traditionell
erlebte: Ich stamme aus einem Elternhaus mit traditionellen Va-
ter-Mutter-Vorstellungen. Die Ehe der Eltern war sehr gut. Respekt,
Zärtlichkeit, gegenseitige Anerkennung waren da. Ihre Sexualität
konnte ich ahnen, auch wenn es tabu war, sie zu erkennen oder darüber zu sprechen. Diese Ehesicht hatte ich, und in den Gedichten „Verlobung" und „Eva" kommt sie ja klar zum Ausdruck. Daß ich einen
Beruf haben könnte und sollte, war bereits im Elternhaus vorgesehen.
Mein Vater hatte Schwestern, die er zum Teil erhalten mußte, und

er fand, daß es gut sei, wenn ein Mädchen „im Notfall" für sich selbst sorgen könne. Ich sah mich als Lyrikerin und wollte nur einen „Notberuf" haben.

Daß ich einen Beruf fand, der keiner „Not" entsprang, sondern Passion wurde, die sich nie gelegt hatte, war mir ein unerhörtes Glück; ein Beruf, der mir immer erlaubte, meine Zeit den Bedürfnissen der Kinder mitanzupassen — z. B. nachts zu arbeiten, als sie klein waren und später während der Schulzeit.

Ich sehe heute, daß ich das Elternbild als Modell in mir trug, mich als Frau unterordnete und daß ich die Rollenverteilung akzeptierte, auch als dies zur Karikatur wurde; das alles meine ich mit dem Frauenbild in mir, das sich erst später durch die Frauenbewegung gewandelt hat. Für mich kam lange der Mann zuerst, die Kinder an zweiter Stelle, der Beruf war ein „Luxus", der für mich nur deshalb nicht Luxus war, weil ich als Flüchtling in ökonomische Situationen geriet, die das „normale" Verhältnis zwischen Mann und Frau auflösten. Ich war sehr lange blind für die ökonomischen und gesellschaftlichen Schwierigkeiten der Frau, bis ich von außen mit der Nase darauf gestoßen wurde. Ich finde die Frauenbewegung eine Notwendigkeit ebenso wie die Civil-Rights — die Schwarzenbewegung, die Altenbewegung, die Jugendbewegung, die Indianerbewegung etc. Es geht um die Gerechtigkeit und Würde des Menschen; wo immer jedoch die Frauenbewegung Züge der Anti-Männer-Bewegung aufzuweisen anfängt, lehne ich sie ab, ebenso wie den Antisemitismus von Schwarzen oder den Terrorismus von Jugendlichen.

Das ist auch ein Grund, warum ich nicht gerne Frauengruppen mache, ohne daß parallel eine Männergruppe läuft; ohne diese Balance haben Gruppen leicht die Tendenz, „...istisch" zu werden. Ich bin auch, so wie Du, für „Menschenemanzipation".

Renate: Deine grundsätzliche Position zu „Frauenfragen" ist deutlich geworden. Bevor ich weitergehen kann, schiebt sich eine blasse Erinnerung dazwischen — eine Szene vor Jahren, in der ich in der Begegnung mit Dir als Frau eingeschüchtert verstummt bin: Du warst in indische Gewänder gehüllt, hattest Dein Haar mit Henna getönt und schienst in einer Phase, in der Du eine bestimmte frauliche und erotische Attraktivität noch einmal wie etwas ganz Wichtiges betont hast. Wie ein Festhalten-Wollen, das ich später nie wieder in dieser Form an Dir wahrgenommen habe. Mir schien, als wäre Dir dabei mein Jungsein im Wege gewesen. Und mir selber war es ja doch auch so im Weg in dieser Zeit, zwischen all den profilierten Menschen. Was ein Stück Projektion war, was Erfassen einer Wirklichkeit von Dir, kann ich natürlich nicht sagen.

15

Ich merke, daß mir in diesem Kontext die Frage aufsteigt, welchen Stellenwert, welche Besonderheit Du der Sinnlichkeit, Erotik und Sexualität in einem Frauenleben in seinen vielfältigen Phasen gibst. Eine Frage, die in einer Zeit des übertriebenen „Körperausverkaufes", einer vordergründigen Befreiung von Sexualtabus und einer Desorientierung durch unhaltbar gewordene (aber dennoch wirksame) Traditionen immer neue Perspektiven hat.

Ruth: Zu Deiner Erinnerung und Interpretation meines Aussehens vor zehn Jahren: Ich färbte mir die Haare, seit ich ungefähr 30 Jahre war, mit der eigenen Farbe, nämlich einem Nußbraun (nicht Henna), weil ich sehr früh grau war und das Grau im Haar meiner Mutter nie mochte, bevor es weiß wurde. Ich hatte mir vorgenommen, damit aufzuhören, wenn ich 60 würde. Ich hörte damit auf, als ich 62 war! Es ist wahr, daß ich mich bis zum Anfang oder Mitte der sechziger Jahre durchaus als erotisch und attraktiv empfand und diesem in Kleidung Ausdruck geben wollte. Das war übrigens ganz im Gegensatz zu meiner Jugend etwa bis zu meinem 35. Jahr, da ich mich für ausgesprochen häßlich hielt und mich lieber versteckte als zeigte. Ich bin mir nicht bewußt, daß mir „Dein Jungsein im Wege war". Übrigens finde ich Deine Fotografie auf dem Briefkopf sehr attraktiv, und sehr viel attraktiver, als ich Dich in Erinnerung hatte — eine Erinnerung, die mir durch das Bild jetzt wieder ins Bewußtsein gerückt wurde.

Damit will ich auch sagen, daß ich sowohl sehr attraktive ganz junge als auch attraktive mittelältere Frauen kenne und ganz selten auch wirklich alte. Das Abnehmen der Attraktivität im Physischen, speziell Sexuellen, hat mir sehr viel weniger weh getan, als ich es vermutet hätte. Ich empfand meine Sexualität und Erotik so definitiv als zu mir gehörig, daß ich mir früher nie hätte vorstellen können, daß ich irgendwann einmal „Ich-sein" könnte ohne starke erotisch-sexuelle Gefühle, die ich als Kern meines Daseins empfand. Die Tatsache ist, daß ich diese Gefühle fast nicht mehr habe, daß dadurch eine Veränderung der Beziehungen zu Männern vor sich gegangen ist, denen sowohl ein früher sehr schönes Erleben fehlt als auch ein Neues, weniger monogames und mehr vergeistigtes Element hinzugekommen ist. Was mich an meinem Leben in dieser Beziehung freut, ist, daß sich die biologische Veränderung, inklusive dem Verwelken (über das „man" im allgemeinen nicht spricht, sondern immer nur von Wachstum!) recht harmonisch zu vollziehen scheint. Das kann Dich nicht *mehr* erstaunen, als es mich selbst erstaunt hat und erstaunt.

In diesem Zusammenhang freue ich mich über Deinen Ausdruck „in einer Zeit übertriebenen Körperausverkaufs", das empfinde ich genauso. Ich habe mich von Sexualtabus im Laufe meines jugendlichen Erwachsenenseins weitgehend befreien können. Die Wesentlichkeit der Einheit von Beziehung und Sexualität erscheint mir eindeutig notwendig für mich und für eine Kultur überhaupt, die den Menschen als Ganzheit von Körper, Seele und Geist auffaßt und nicht als eine Triebmaschine. Damit will ich nicht sagen, daß jede Triebhaftigkeit ohne Tiefenbeziehung unterdrückt werden müßte, wohl aber, daß ich sie eher als Ersatz denn als Erfüllung ansehe — ebenso wie Masturbation. Sie haben ihren Stellenwert, ebenso wie ein Flüchtlingszelt und Essen in Armut. Wünschenswert ist ein Haus und mehr Erfülltheit, als Armut bieten kann.

Renate: Du warst verheiratet, geschieden, „Single" mit Kindern, alleine ohne Kinder, wahrscheinlich mehrere Male verliebt ... vielleicht hast Du auch wieder geliebt (es ist gut, daß Du Deine Liebesgedichte schützt). Du hast viele Frauen als Freundinnen und Patientinnen gekannt und vor Augen gehabt: Was sagst Du heute zur Ehe, Scheidung, was zum Alleingang der Frauen, der immer häufiger wird?

Ruth: Zur Beantwortung Deiner Fragen, respektive auch der Nichtbeantwortung: Meine Beziehungen zu Männern möchte ich nicht veröffentlichen; sie wären nur dann wichtig oder wesentlich für irgend jemand anderen, wenn ich sie ausführlich und in voller Wahrheit beschreiben würde. Das könnte ich nur in verdichtender, dichterischer Weise tun, und da ich viel Zeit brauche zum Schreiben, scheint mir dies jetzt nicht angebracht.

In diesem Zusammenhang: „Frauen im Alleingang". Es ist ein begrüßenswertes historisches Ereignis, daß Frauen durch die Frauenbewegung die Möglichkeit gegeben worden ist, sich zu solidarisieren und sich von Vorurteilen gegen sich selbst frei zu machen. Dabei haben sie auch Männern die Gelegenheit gegeben, unabhängig zu werden von ihren knabenhaften Abhängigkeiten, von der Frau-Mutter loszukommen. Und so können beide Geschlechter eine Freiheit erfahren, die echtes Interdependenzbewußtsein statt gegenseitiger infantiler Abhängigkeit zustande bringt. Ich glaube, daß das Leben schön sein sollte und schön sein könnte, selbst wenn es zeitweise ohne Partner ist.

Ich glaube, daß ein Lebenspartner für die meisten Menschen eine viel größere Erfüllung geben kann als ein dauernder Wechsel oder ein Alleinsein. Ich sehe heute immer die gute Ehe als ein ganz großes Geschenk an und die schlechte Ehe als ein gräßliches Schicksal. Wie viele Ehen gut werden könnten durch menschlichere Erziehung und äußere Umstände und das eigene Erarbeiten solcher Beziehung, weiß ich nicht. Es gibt unüberwindliche Idiosynkrasien, Charaktere, die sich gegenseitig ungünstig beeinflussen, Irrtümer oder schicksalhafte Verknüpfungen, die besser aufgelöst werden. Und es gibt sicher das Gegenteil: Ehen, die nicht gelöst werden sollten, sondern sich erfüllen könnten. Allein zu leben, halte ich für die meisten Menschen für unerfreulich bis schädlich.

In Wohn- und Dorfgemeinschaften zu leben oder in irgendwelchen solidarischen Verbindungen, halte ich für sehr erfreulich und günstig, wobei mir auch dafür die Zweisamkeit in Kontinuität noch immer erstrebenswert scheint. In meiner Erfahrung ist solche Zweisamkeit bei den meisten Menschen eher möglich, wenn Monogamie nicht ein Absolutum ist und genug Freiheit bestehen bleibt, daß Bereicherung und nicht ein schlechtes Gewissen entsteht. Das ist leichter geschrieben als getan! Aber ich glaube, daß die Entwicklung der Kultur heute dahin weist, daß es nicht nur entweder Ehe oder freie Liebe gibt, sondern beides jeweils möglich oder in Frage zu stellen ist, je nach Person und Situation.

Renate: „Wer trägt die Mütter, die nicht gehen können ...": Was sagst Du zum Kinderhaben in dieser Welt wachsender Ungeborgenheit?

Ruth: „Wer trägt Mütter, die nicht gehen können ..." Das entstammt der Erinnerung an die schwierigsten Jahre meines Lebens; wo ich krank war, Geld verdienen mußte, zu wenig Unterstützung vom Vater der Kinder hatte und diese Kinder sehr klein waren. Ich nannte das Gedicht „Mütter", um damit zu sagen, wie vielen Müttern es so und noch viel schlimmer geht und ging. Und daß ich das Gedicht schrieb, um mich mit diesen Müttern in Verbindung zu setzen und ihnen zu sagen: „Ja es ist so schwer — und doch geht das große Erlebnis des Kindempfangens und des Gebärens nicht verloren; die Freude an dem Kind und die Liebe zu ihm gehen unterirdisch weiter, trotz der schlimmen Zeiten." Und am Endes des Gedichts die Versöhnung und wenige Jahre später: Plüschtiere, Buchstaben, streichelnde Hände und der Wunsch, daß der vergangene harte Sturm zum sanften Wind wird, der ein Blüttenblatt zur Erde trägt.

Die Frage, ob Kinder in die Ungewißheit dieser Welt gesetzt werden sollten, kann ich nicht für andere generell beantworten. Ich weiß, daß ich mein erstes Kind in die Welt setzte, als es geradezu verrückt zu sein schien, zur Zeit, da die „Ausrottung" der Juden in Europa akut war. Andererseits weiß ich, daß meine Eltern mich in die Welt setzten, als die Welt heil aussah! Diese Tatsachen sollen weder Rezept noch Modell sein. Das Kinderhaben ist eine Risiko- und Glaubensfrage, die jede(r) für sich selbst und mit dem Partner entscheiden muß.

Was ist ein Mensch wert, ist die Frage — ein Kind wert? mir in meinem, unserem Leben wert? Welches Leiden würde ich für dieses Kind tragen und dem Kind zumuten? Welche Freuden halte ich für möglich? Ich könnte diese Fragen unendlich lange weiterführen. Ich würde jede Antwort respektieren, die mit der Ganzheitlichkeit der Person, die sie ausspricht, übereinstimmt. Das könnte sein, daß es „ja genug hungernde Kinder gibt, die man retten könnte, ohne eigene zu bekommen", oder: „Ich vertraue Gott oder Göttlichkeit in irgendeiner Weise so, daß ein Sinn im Leben an sich ist, ob es einen Monat oder hundert Jahre dauern wird" etc. Ich selbst würde auch heute wieder Kinder in die Welt setzen, wenn mir Kinder so lieb und wichtig wären, wie sie mir für mein Leben damals und später waren.

Renate: Ja! — Was mich damals schon an Deinen Worten angesprochen hat, ist der Kreislauf glücklicher, quälender und dramatischer Bedingungen, der sich in so vielen Müttern vollzieht. Dieses Kippen vom Begreifen eines „Wunders" der Geburt eines Kindes und der Mutterschaft in einen Alltag, eine Alltäglichkeit, die verzweifelt machen kann in ihrer Stereotypie, der Zerreißprobe zwischen Bedürfnisbefriedigung der Familie einerseits und der häufigen emotionalen Unterernährung infolge der Isolation, infolge der Mangels an Kontakt und Anerkennung andererseits. Das ist ja noch weitab von der extremen Bedrohung, unter der Deine Generation entscheiden mußte „… dennoch!" Eine weitere „Überschrift" schiene mir: „Es schrien die ungeschriebenen Bücher …" Glaubst Du, daß die Erlebnisqualitäten von Frauen anders sind als die der Männer? Und meinst Du, daß sie schon „ihre Sprache" gefunden haben?

Ruth: „Es schrien die ungeschriebenen Bücher …" Du fragst, ob ich die Erlebnisqualität von Frauen für eine andere halte als die von Männern. Ich bin davon überzeugt; aber auch davon, daß die prinzipielle Unterscheidung nicht beobachtbar ist, solange wir in diskriminierenden Kulturen leben. Ich halte es für unmöglich, daß die Biologie der verschiedenen Körper nicht auch verschiedene seelische Qualitäten mit sich bringt. Was aber biologisch festgelegt ist und was sich durch die Kultur entwickelt, ist nicht unterscheidbar. Wenn z. B. Frauen seit Jahrhunderten oder Jahrtausenden im Haus mit Kindern und für den Mann leben, entwickeln sie Fähigkeiten, wie z. B. emotionale und intuitive für nahe Menschen; während Männer, die sich in der Außenwelt bewegen, eher sachliche, pragmatische, weniger gefühlvolle Fähigkeiten entwickeln müssen.

Und dies nur als Beispiel für die Unmöglichkeit zu sagen, wie Männer und wie Frauen grundsätzlich anders erleben. Man kann nur sagen, wie die beiden Geschlechter in bestimmten Kulturen leben und welche Qualitäten eher vorbestimmt sein *könnten*. Ich glaube, daß die Spannweite der menschlichen Wirklichkeiten sehr groß ist. Ich sehe bereits Unterschiede in der Persönlichkeits- und Charakterbildung von Mädchen und Jungen, Männern und Frauen in der neuen Generation. Ob die Frauen schon „ihre Sprache" gefunden haben? Ja, ich glaube, die heutige Sprache schon; eben die Sprache, die unserer Konditionierung und unserer Anlage entspricht.

Renate: Aus diesen Worten spricht allerdings die Kraft einer Frau, die sich, ihre Weltsicht, ihre Geistigkeit und auch ihr Werk schon zum Ausdruck bringen konnte. Ich bin noch etwas skeptischer als Du in diesem Punkt. Aber: von und mit Dir ein Porträt Deiner Person zu entwerfen, ohne auf Deinen Weg von der Lyrikerin zur Therapeutin einzugehen, wäre nicht einmal eine Skizze von Dir.

Nach der Züricher Zeit, in welcher diese letzten deutschen Gedichte entstanden sind, bist Du nach Amerika gegangen und wiedergekehrt als Begründerin einer Schule und Bewegung. Kannst Du diesen Weg skizzieren und die Geisteshaltung (vielleicht besser Gesinnung), die in der „Themenzentrierten Interaktion" (TZI) steckt, herausarbeiten?

Ruth: Ich ging nach Amerika schon als Psychoanalytikerin. Da ich nicht genug Englisch konnte und auch Amerika und seine Kinder vor einer analytischen Praxis kennenlernen wollte, wurde ich zunächst Studentin an einer sehr guten Schule für „Progressive Education". Danach machte ich das, was ich in Zürich studiert hatte: ich war Psychoanalytikerin. Langsam änderte ich dann meine Methode — im Zuge der Zeit, sowohl durch Anstöße von außen als auch durch innere Notwendigkeit und durch meine Art, Psychotherapie zu lehren. So wurde ich Erlebnistherapeutin. Ich war nicht mehr neutral abstinent mit Patienten, sondern versuchte, weniger zu interpretieren und mehr auf die Hier-und-Jetzt-Beziehung zum Patienten einzugehen, in der auch die vergangenen Fixierungen deutlich werden, die Betonung jedoch auf dem Hier-und-Jetzt liegt. Übrigens hat *Freud* bereits den Anfang damit gemacht, und es wäre schade, diesen Anfang zu vergessen.

Obgleich die ersten Erlebnistherapeuten größtenteils Männer waren, glaube ich doch, daß gerade Frauen an der Erlebnistherapiebewegung auch einen großen Anteil gehabt haben und speziell heute haben. Es liegt uns, wahrscheinlich aus jahrhundertelanger Tradition, mehr, im Hier-und-Jetzt wahrzunehmen, als zurückhaltend zu denken und vorsichtig zu interpretieren; obwohl das auch jeder männliche Erlebnistherapeut tun wird.

20

Meine persönliche Abzweigung und Weiterführung in diesem Gebiet geht ins Pädagogische und Kommunikative. Ich war so beeindruckt von dem, was durch Therapien an Erweiterung des Horizonts und innerer Stabilität und Glücklichsein möglich ist, daß ich es nicht nur Patienten zukommen lassen wollte, sondern ziemlich von Anfang an suchte, wie etwas von diesen Errungenschaften auch in die Schulen und Betriebe und Organisationen jeder Art hineingebracht werden könnte. Und daran habe ich seit etwa 1955 gearbeitet.

Ich bin auch glücklich darüber, wie weitgehend TZI den Eingang in Schulen und Betriebe gefunden hat und weiter findet. Es sind lauter kleine Schritte, die da geschehen, doch im ganzen sind es schon sehr viele. Wie Du ja weißt, ist *WILL* (das Workshop Institute for Living-Learning) international und bildet speziell in Deutschland und in der Schweiz sehr viele Gruppenleiter aller Art und Berufe aus.

Renate: Welches waren eigentlich die Erlebnistherapeuten, die Deinen Wandel von der Analytikerin hin zu Deiner eigenen Methode beeinflußt haben? Ich frage Dich, weil ich gerade als Gestalttherapeutin in dem, was Du lehrst, ja sehr viele Inhalte wiederfinde, die mir von dem her geläufig sind, was in der Gestalttherapie (mehr aber noch der Gestaltpädagogik) als nicht klinisch orientierte Wachstums- und Veränderungs-Theorie und Methode gelehrt wird, z. B. am FPI in Deutschland oder auch im ÖAGG in Österreich. Nebst „Lehren" beeinflussen uns ja doch vornehmlich auch Menschen, die damit verbunden waren.

Ruth: Ich wurde Erlebnistherapeutin auf dem Weg über eine *Sullivan*-Supervision, dann Gruppentherapie und vor allem durch meinen „Gegenübertragungsworkshop", in dem ich partnerschaftlich (nicht neutral), gegenwartsbezogen, thematisch-sachlich und emotional lehrte. Die „Übersetzung"dieser „Gegenübertragungsworkshop-Methode", die ich therapeutisch ausgeweitet hatte, obwohl dies nicht geplant war, geschah durch Begegnung mit Erlebnistherapeuten am „Atlanta Psychotherapeutic Institute": *John Warkentin, Carl Whitaker* und *Richard Felder.* Sie arbeiteten genauso mit Patienten wie ich mit Kollegen im Gegenübertragungsworkshop. Ich machte einen einwöchigen Besuch in ihrer Klinik. Danach war's für mich geklärt.

Du weißt, daß ich bei *Fritz Perls* Gestalttherapie gelernt habe, aber das war einige Jahre später. Doch *Fritz,* ebenso wie ich, beeinflußte die „American Academy of Psychotherapists", die progressive Gruppe amerikanischer Psychotherapeuten, und wir wurden von dieser wiederum beeinflußt. Darüber schreibe ich ausführlich in der „Gelebten Geschichte der Psychotherapie". Dort haben sich, wie Du schreibst, die Menschen mitsamt ihren Lehren viel gegeben.

Renate: In einem unveröffentlichten „Paper", das ich von Dir erhalten habe, streichst Du auch den politischen Kontext, in dem TZI für Dich entstanden ist, sehr markant heraus. Bist Du einverstanden, wenn wir einen Ausschnitt daraus wiedergeben?

Ruth: Ja, TZI entstand aus der Weltnot des 20. Jahrhunderts, die zuerst und in vieler Beziehung am deutlichsten im Nationalsozialismus zum Ausdruck kam.

TZI war und ist das Kind meines Wunsches, für die humanen Werte des Menschen an einer Weltordnung zu arbeiten, die nicht immer und immer wieder durch Herrschaftsumkehrung die Gewaltkette fortsetzen muß; Revolutionen, die nur die Umstände und nicht auch die Menschen selbst in ihrer Haltung verändern, haben geschichtlich die Umkehrung von Oben nach Unten und von Unten nach Oben erreicht, ohne je das Prinzip des Oben/Unten — Unten/Oben selbst zu überwinden; dies ist nur möglich, wenn es im einzelnen Menschen und in Gruppen überwunden werden kann.

Humanisierung des Menschen und politische Systemveränderungen müssen, so glaube ich, Hand in Hand gehen, wenn sie nicht nur die Namen und Methoden der Gewaltigen, sondern das Phänomen der Ungerechtigkeit selbst verändern sollen.

Eine Pädagogik, die die Würde der einzelnen Personen, ihrer Gruppierungen und der Gemeinschaft allen Lebens als gleichgewichtige Aufgabe betrachtet, sucht die Freiheit-Gleichheit-Gerechtigkeits-Bedürfnisse *aller* Menschen anstelle einer Oben/Unten-Herrschaft mit ihrer Unten/Oben-Explosivität zu fördern.

Es schien mir damals und es scheint mir heute, daß mit den Erfahrungen und Erkenntnissen, die wir aus den psychologischen und soziologischen Wissenschaften zur Verfügung haben (inklusive der Kenntnis von unbewußten Zusammenhängen im einzelnen Menschen und deren Zwischenbeziehungen), systematisch-pädagogische Arbeit möglich ist, die den Anspruch aller Menschen auf menschenwürdiges Dasein zu verwirklichen helfen kann.

Renate: Vielleicht gehen wir aber nun wieder zurück zu den methodischen und praktischen Grundlagen von TZI; meinst Du, daß Du kurz darüber Zusammenfassendes sagen kannst?

Ruth: Man kann eigentlich das, was TZI ist, in ganz wenigen Worten sagen, obwohl es Jahre braucht, bis die einfachen Sätze integriert werden können und technisch verwertbar sind. Also, ich versuche es:

Es handelt sich in TZI zunächst um Arbeit in Gruppen. In jeder Gruppe gibt es vier Faktoren. Wenn eine von diesen fehlt, ist es keine Gruppe! In jeder Gruppe gibt es also einzelne Personen, eine Interaktion zwischen den Personen, ein Thema oder eine Aufgabe und ein Umfeld. In kurzer Formulierung heißt das: *Ich-Wir-Es-Globe*. Wenn Du Dir jetzt ein *Dreieck* aufzeichnest, in dem alle drei Seiten, Ich, Wir, Es, gleich lang sind, so symbolisierst Du damit TZI's Auffassung, daß in jeder Gruppe die einzelnen Personen, die Gruppe als Ganzes und die Aufgabe als *gleichgewichtig* angesehen werden sollen. Ebenso wichtig ist die Beachtung des Umfeldes, des *Globe*, der immer eine Rolle spielt, sowohl vom Inneren der Gruppe her nach außen als auch vom Einfluß des *Globe* auf die Gruppe. Das Faszinierende an diesem Dreieck im Globesymbol ist, daß die Gleichgewichtigkeit dieser Punkte die Ehrfurcht vor dem Menschen, dem Einzelnen und der Gruppe und ihrer Aufgabe voraussetzt und fördert! Das Symbol enthält also implizit die Methodik und die Wertvoraussetzungen.

Soweit ist das, glaube ich, einfach. Schwierig ist dagegen z. B. in einem Klassenzimmer, die ganze Klasse so ernst zu nehmen wie das einzelne Kind und die Aufgaben, die gelernt werden sollen; wobei dann die Frage ist, ob der Lehrplan dem *Globe* und den Personen entspricht, ob eine Revision nötig sein würde und was unter Umständen in diesem Konflikt zwischen der Wirklichkeit, wie sie ist, und der Utopie, wo wir hingehen sollten oder wollen, gelöst werden kann; und wie? Das gleiche gilt für die Arbeit an der Universität, im kommerziellen Betrieb, in der Kirche und wo auch immer.

Nun sind wir ja aber beim Thema „Frau und Therapie", und alles, was ich dazu sagen kann, ist, daß ich als Frau jetzt sehr glücklich bin, daß ich etwas dazu beitragen konnte, die humanisierende Bewegung in der Welt mit einigen Gedanken und methodischen Hilfen zu unterstützen.

Renate: Schon in Deinen Gedichten, nun aber auch in Deiner Darstellung von TZI kommt mir etwas entgegen, das ich im weitesten Sinne als „Werthaltung", vielleicht auch „Religiosität" benennen würde. Eine Dimension, die in unserer wissenschaftsgläubigen Welt fast nur verschämt zugelassen wird, manchmal mit mehr Tabus behaftet ist als Sexualität.

Viele Therapiebewegungen werden demnach auch in Verwechslung mit Religiosität verkannt oder verwechseln sich selbst damit. Manchmal ist die Trennschärfe schwierig. All das läuft letztlich auf die „Gretchenfrage" hinaus, die man vielleicht auch anders als „faustisch" beantworten kann?!

Ruth: Mein persönlicher Glaube: Religiosität ist im Menschen wesensmäßig verwurzelt und kann, ebenso wie Sprache, verschiedene Klänge und Formen annehmen. Alle Sprachen sind sinnvoll. Nur Sprachlosigkeit selbst wäre ein großes Leiden.

Ja, die Trennschärfe in der Therapie ist sehr schwierig und vielleicht sogar überflüssig. Sicher ist für mich, daß Therapie ohne ethische Grundlage nicht existiert. Schon der Eid des Hippokrates besagt dies. Je bewußter wir uns der Werte sind, die der Therapie zugrundeliegen, desto bessere Therapeuten können wir sein. Ich glaube, daß dies zu *Freuds* Anfangszeiten ein unmöglicher Gedanke gewesen wäre (die Praxis sprach anders!), und *Adler* wurde ja auch lange genug verkannt. Da ethische Werte nun zur Therapie gehören, bleibt die Frage stehen, ob diese nicht letztlich transzendental, d. h. religiös gebunden sind, oder ob es genügt, sie rational zu begründen. Diese Fragen von Ethos und Religiosität haben tatsächlich in den letzten Jahren fast meine ganze Zeit beansprucht.

Mein Frauendasein hatte zweifellos meine Sehnsucht nach Wissen und Theorie sehr in den Hintergrund gedrängt, weil wir Frauen ja fast alle unsere geistigen Bedürfnisse weit in den Hintergrund rücken mußten, um unsere Ideale von Familie zu erfüllen.

Heute bahnt sich ein Gleichgewicht zwischen Mann und Frau auch auf diesem Gebiet an, und darüber bin ich sehr froh. Ich bin in diesen letzten Jahren zur Überzeugung gekommen, daß der Urgrund von Werten mit Religiosität zusammenhängt; wobei ich über die Frage, was „ethisch" und was „religiös" genannt werden kann, in diesem letzten Dialogbrief nicht schreiben möchte.

Ich hoffe, daß die „Gelebte Geschichte der Psychotherapie" doch demnächst fertig geschrieben sein und veröffentlicht werden wird!

Renate: Das klingt ja ganz danach, daß darin vertieftere Antworten von auch in unserem Gespräch angesprochenen Fragestellungen zu finden sein werden; möchtest Du zu diesem kommenden Buch und seinem Inhalt noch etwas erwähnen?

Ich selbst möchte Dir abschließend sagen, daß ich in unserem Briefgespräch dem wiederbegegnet bin, was damals mich schon so angesprochen hat an Dir. Es ist allerdings noch eine Qualität dazugekommen: Lebensgüte! Und ich bin Dir von ganzem Herzen dankbar!

Ruth: Liebe Renate, ich danke Dir sehr für Deine Anfragen und Deinen letzten Satz!

In der „Gelebten Geschichte der Psychotherapie", die eine Fortsetzung des Buchfragmentes eines verstorbenen Freundes, des Adlerianers *Alfred Farau*, ist, beschreibe ich die eigenen Erlebnisse als Therapeutin im Prozeß der geschichtlichen Veränderungen. Die beiden letzten Kapitel sind: „Es geht um Werte" und eine Auseinandersetzung mit Transzendenz und religiöser Erfahrung. Ich freue mich darauf, es Dir schicken zu können.

Vielleicht wurden wir in diesem schriftlichen Dialog zu gegenseitigen „Hebammen"! Und vielleicht, um im Bild zu bleiben, werden unsere beiden Babys nach ihrer sanften Geburt auch manchen Leserinnen und Lesern Freude und Anregung geben.

Grenzkontakt im Zwielicht
Lotte Kottek

Grenzwall
zwischen zwei Revieren,
aufgetürmt aus ziselierten
Silhouetten des Bewußtseins,
das mit präzisierten Worten
schattenboxt.

Schach der Angst,
den Grenzkampf zu verlieren!
Fest gemauert steht bewährt
die Abwehr —
beiderseits.

Doch flußabwärts
malen leise,
unbewußt und ohne Worte
Fingerspitzen helle
Blütenküsse
auf die Stirn
des jeweils anderen, —
und es finden tastend Füße,
längst im gleichen Rhythmus tanzend
ihren Weg ...

Frau sein als Chance?
Zur Frage der Neudefinition weiblichen Selbstverständnisses
(meiner Tochter Cornelia gewidmet)

Renate Frühmann, Salzburg

Schon das Thema scheint wie Verrat. Es trifft in eine Welle der Erkenntnis jahrhundertelanger Unterdrückung der Frau, in eine Flut von Literatur, die endlich zur Sprache bringt, was unter der Oberfläche tätigen Schweigens in und mit Frauen vorgegangen ist.

Chance? Inmitten einer Industrievorgabe, wo das Klischee der Frau von jeder Plakatwand lacht — gepflegt, schön, lockend wie eh und je, käuflich in der Version des 20. Jahrhunderts — und damit jedem kritisch denkenden Menschen im Vergleich zur Alltäglichkeit Argumentationsketten über das Absurde zur Hand gibt?

Frau sein als Chance? Wo hunderte, tausende Frauen und Mütter unter der Vielfachbelastung von Ehe, Kindern, Haushalt und Beruf nur mehr die Minuten timen müssen, um im Spannungsfeld der Bedürfnisse, im Vollzugszwang der Befriedigungserwartung ihrer Umwelt noch dem Nötigsten nachzukommen? (*Navé-Herz* 1975, *Brandstaller* 1981, *Panorama* DDR 1976, *AK* 1974).

Chance? — nun, da der Schwung starker Protestbewegungen vor dem „Janusgesicht der Emanzipation" (*Rohde-Dachser* 1982) erstarrt und damit viel Kraft und Hoffnung zu einem aversiven Zerrbild für die Gesellschaft zu werden droht: „Emanze" . . .?

Die Gefahr der Fragestellung geht noch tiefer; sie rührt an eine der wenigen Sicherheiten der Frau: an Solidarität im stummen Leid — eine der kraftvollsten Zuschreibungen über die Geschichte hin. „Die Leidensfähigkeit der Frau": Ihre Würde, ihr Stolz, ihre Macht und ihr Kapital. Auch ihr Mythos (*Morgan* 1975).

Und Mythen — auch die des Alltags (*Barthes* 1982) — haben Kraft. Sind sie auch Erzählungen, deren Herkunft nicht ortbar ist (*Strauss* 1964), so fassen sie das Wesen in Erscheinungen, in Phänomenen, die keine Vergegenwärtigungen sind, sondern wahrhafte Gegenwart (*Merleau-Ponty* 1966, S. 337). Die Frauen von heute bewegen sich in ihrem Ringen um neue Formen noch hart an archaischer Geschichtlichkeit: „Der Geist ist männlich, — denn das Reich der Idee gehört dem Manne, das stoffliche Leben der Frau"; „Ehe und die keusche Bewahrung ihres strengen Gesetzes" garantiert „das einzige Heil des weiblichen Daseins im Gegensatz zu den beiden Ausartungen desselben, zu amazonischer Männerfeindlichkeit und regelloser Hingabe an die Naturzeugung"; ... „das Muttertum als der Inhalt und die Quelle aller weiblichen Vollendung, als das letzte Ziel alles weiblichen Strebens" (*Bachofen* 1981, S. 24-26) ist die Definition patriarchalischer Verhältnisse über Jahrhunderte, die zwar durch die „Krisen der Kultur" (*Buber* 1971, *Spranger* 1978) in tiefe Erschütterung geraten sind, aber deren emotionale Botschaft noch lange nicht überwunden sein kann.

Tradition und Moral — die notwendigen Gedächtnisinstitutionen der Gesellschaft — sind zählebig. Bis in den stummen Handlungsalltag gehen sie im Diskurs von einer Generation auf die andere über. Die Chance? Hat sie sich je verändert? Gehört sie nicht nach wie vor der jungen Braut am Hochzeitstag, der Mutter im Anblick ihres Kindes, der Gattin im stillen Lächeln auf ihren Mann ... aber der Frau?

Was ist sie ohne die Vorhersehbarkeit dieser drei Rollenzuschreibungen? Blaustrumpf, Karrieretyp, Mannweib, wenn sie ihre geistigen oder beruflichen Potenzen leben will; Ausgeflippte, Flittchen, Hure, macht sie von ihrer Fähigkeit zur Lust Gebrauch; „Nur"-Hausfrau, schafft sie sich ein ruhiges Heim mit Mann und Kind, was letztlich nur einen zusätzlichen Verlust bisheriger Wertdefinitionen erbringt.

Feministin! — Ist das die neue Variation von Rollenzuordnung, wenn die Frau sich heute sympathisierend und solidarisch mit Geschlechtsgenossinnen organisiert, um nach neuen Lösungen zu suchen? (Gibt es Maskulinisten?) Und auch dieses Wort trägt bereits wiederum die Aura des Unbehagens ausgeschlossener und abgelehnter Männer, aber auch die Abwehrreaktionen von Geschlechtsgenossinnen, die erschreckt sind von der häufigen (und oft *Not*-wendigen) Radikalität, in der sich in diesen Frauenformationen erlittene Verletzungen, Zorn, Auflehnung und Revolution artikuliert ...

Die Anzeichen „kalter Wut" (*Piercy* 1977) sind bereits Resultate zusätzlich erlebter Enttäuschungen, hervorgerufen durch das Abprallen der Wandlungsbemühungen an kollektiven Widerständen. Auch das Thema „Rückzug in die Frauenburg" hat geschichtliche Motive: wenngleich von der kraftvollen Strategie Lysistratas (*Aristophanes*) längst der Charme der Erotik abgefallen ist.

> „Wir sitzen hübsch geputzt daheim, wir gehen
> Im transparenten Kleid von Kos, wie nackt,
> Mit glattgerupftem Schoß vorbei an ihnen,
> Die Männer werden brünstig, möchten gern,

Wir aber kommen nicht — rund abgeschlagen!
Sie machen Frieden, sag ich euch, und bald!
                                    (*Aristophanes* 1981, S. 17)

Die Geschichte hat die Warnung „Doch in Zukunft habt acht, daß
ihr zum zweiten Mal nicht frevelt" (*Aristophanes*, S. 84) vielfach in
den Wind geschlagen und der klassisch feministischen Komödie das
Lächeln und den Frieden genommen.

Die Lebensbühne (*Petzold* 1982, S. 22-37; *Petzold* 1982) hat definierte Rollen zur Hand, und die „Drehbücher", die von der Gesellschaft her auf „Ausbrecherinnen" warten, sind zumeist diskriminie-
rend. Nicht nur durch Männervoten, auch durch Frauen selbst setzen
Repressalien ein.

Jedes voraussehbare Szenarium schafft gesellschaftliche Sicherheiten,
jede Rolle im Lebensspiel hat ihre dramatische Struktur. Umschreiben
oder gar volkommenes Neuinszenieren muß auf innere oder äußere
Abwehr stoßen, — rührt man doch an die „bindenden Riten" innerhalb
von Kulturen (*Eibl-Eibesfeldt* 1980, S. 193/238). Die Identifizierbarkeit
der Menschen — die Ortbarkeit von Außen — wird schwierig, wenn
die Rollenträger plötzlich neue Beliebigkeiten entwickeln.

Es verunsichert aber genauso von innen her, im Stegreiftheater des
Augenblickes neue Handlungsweisen, Worte, Ausdrücke und Inszenierungen zu finden, die nicht vorgegeben sind. Die innere und äußere
Wiedererkennbarkeit der Person im Lebensganzen ist also gefährdet,
damit aber eben ihre Identität (*Petzold* 1981, S. 233; *Heinl, Petzold*
1980, S. 20-23). Geschlechtsrollen unterliegen zu Zeiten eben genau
diesem Wandel: In der Eskalation technischen Fortschrittes, wo die
Maschine den Menschen zu roboterhaftem Leistungswettlauf zwingt,
an dessen Grenzen er kraft seiner Physis nahezu gekommen ist, macht
sich wachsend die Frage dringlich, „was von der menschlichen Identität übrigbleibt, wenn diese Anpassungen alle geleistet sind (*Erikson*
1964, S. 97). Konkret am Beispiel der Arbeitsüberlastung der Frau
kann es nicht unbegrenzt der Ausweg bleiben, daß sie alle Tätigkeits-
felder aneinander zu koppeln versucht und überall vollen Einsatz
erbringen will.

Das sich so oft bildende inkompatible Rollenkonglomerat schafft
neue Gefängnisse, nicht neue Chancen. „Denn die Emanzipation der
Frau zum Berufsleben emanzipiert nicht die Frau als Frau, sondern verwandelt die Frau in ein Arbeitsinstrument" (*Marcuse* 1975, S. 92). Die
weitere „Kulturkrise" — die aus dem Anwachsen der Entfremdung
durch Zerfall menschlicher, überschaubarer Gemeinschaften resultiert

und damit einem wesentlichen Grundbedürfnis menschlicher Gattung zuwiderläuft — die Ausdehnung vom individualisierten Verband zur anonymen Gemeinschaft (*Eibl-Eibesfeldt* 1980, S. 252-272) hat massive Wellen der Vereinsamung zufolge. So kann in der Betreuung heranwachsender Menschen nur mehr begrenzt an der Entwicklung „institutioneller Lösungen" gebastelt werden, will man den Circulus vitiosus zu früh einsetzender mitmenschlicher Fremdheit — und damit Entfremdung — nicht noch weiter forcieren.

Der dritte Schwerpunkt: Schock über die Folgen von Aggression zwischen Bevölkerungsgruppen, wo es letztlich in der Kriegsführung keinen Sieger mehr geben kann, sondern nur Tote. Tod auf beiden Seiten und verbleibender Haß, der das nächste Menschensterben bereits ausbrütet (z.B. Libanonkrieg 1982 — Israelkrieg 1984?), kann nicht mehr durch die immer perfektere Entwicklung von Kriegsstrategien gelöst werden, sondern wird uns bishin in den Alltag wachsend vor die Frage stellen, welche verbindlichen und friedensstiftenden Möglichkeiten wir auch im Umgang zu- und miteinander entwickeln können. Im Zeitalter der „Atombombe", wo Massenmedien sich in der Multiplikation von Grauen überschlagen, wo menschliche Aspekte von Hoffnung zu „hilfloser Sektiererei" (Pazifisten!) abgestempelt werden, ist es ein doppeltes Wagnis, das Wort „Chance" überhaupt zu erwähnen.

Und doch sind es gerade Frauen, die immer wieder zu Adressaten von Hoffnung gemacht werden — vielleicht auch gemacht werden müssen. Vornehmlich in ihrer Rolle als Mütter: „Die Mutter-Kind-Beziehung ist gewiß der Kristallisationspunkt menschlicher Gemeinschaften" (*Eibl-Eibesfeld* 1980). Wir kommen in „der Suche nach den Wurzeln der sogenannten Urelemente, in dieser Zeit und Ära sich phantastisch erweiternder Beweglichkeit damit immer wieder zurück zu der Frage der Beziehung zwischen der Mutter und dem Kind ...". „Vielleicht können wir auf diese Weise tatsächlich erneuten Kontakt mit den ontogenetischen Quellen der Hoffnung aufnehmen, mit der grundlegendsten Rolle der Frau in der Welt des Mannes, die doch wohl die stolzesten Erfindungen des Menschen überragt, weil sie sie überragen muß" (*Erikson* 1964, S. 97).

Jedoch gehen solche Appelle unter, wenn sie als Delegation allein an die Frau interpretiert werden. So ist die Übernahme der Beziehungsverantwortung in actu nach wie vor überwiegend Frauensache, das Problem der „Vaterlosen Gesellschaft" erst angeschnitten (*Mitscherlich* 1963). Kommen nicht von männlicher Seite her auch Lösungsangebote, geht nicht hier auch eine emanzipatorische Entwicklung parallel, so scheitern alle Bemühungen an einer fruchtlos idealistischen Position oder an konsequenzloser Sympathie! „In falscher Umgebung kann man nicht richtig leben" (*Bloch*). Denn in der Tat hat die Frau noch weitgehend eine Rolle „in der Welt des Mannes", und das wachsend notwendig werdende Verständnis, daß es hier um das Überleben der *gemeinsamen Welt* geht, ist noch nicht durchgedrungen.

„Den Krieg der Geschlechter" (*Klöhn* 1979) sinnvoll beizulegen, ist möglicherweise eine der grundlegendsten Bewegungen unserer und künftiger Generationen. Ihre Chance darin zu finden, zu definieren und zu ergreifen, ist aber zweifellos auch die Anfrage der Zeit an die Frau. Diesen Perspektiven ist der vorliegende Artikel gewidmet!

Chancen in der Annahme der Geschlechtlichkeit

Lilian: Mutter, ich muß dich jetzt anschauen — ich weiß, ich darf jetzt nicht wegschauen, weil sonst alles wieder über mich kommt, was ich so die Jahre gehört habe von dir. Ich muß sehen, daß es „von dir!" kommt und nicht „so ist!" Und jetzt muß *ich* reden, weil ich sonst wieder überredet werde von dir ... (stockt ...).

Therapeutin: *Was* willst du ihr denn sagen?

Lilian: Puh, das ist immer noch schwerer, als ich's gedacht habe, aber das Denken nützt mir jetzt nichts, ich muß es *sagen*! Ich weiß auch noch gar nicht, was es ist, nur daß es ganz ganz wichtig ist! Sonst macht sie wieder den Mund auf, sonst bin ich wieder bevormundet. Sonst verbietet sie es mir wieder.

Therapeutin: Wie macht sie das? Übernimm ihre Seite ...

Mutter/Lilian im Rollentausch (zappelt mit Händen und Füßen): Nein, du bist still, du redest kein Wort weiter — ich will es nicht hören, sonst ... (schweigt drohend)

Therapeutin: Sonst?

Mutter/Lilian (mit Tränen in den Augen): Sonst kommt alles wieder hoch, ich hab mich mit dem Leben arrangiert — ich will den Schmerz nicht haben, ich will nicht hinschauen.

Lilian (wieder auf ihrem Platz): Ja, das Zappeln stimmt; sie ist so unruhig, immer schon, so hysterisch — ich merke, daß man mit dem Zappeln gar nicht zum Fühlen kommt ... ich kann mir plötzlich vorstellen, daß sie unter meinem Vater nur gezappelt hat. (Direkt an die Mutter — leise, ernst und bestimmt): Ich hab' so wenig Ruhe gehabt, zu fühlen, was ich selbst fühle — und es ist nicht wahr, daß Männer „immer nur das Eine" wollen. Ich finde es selbst schön! Ich will es auch. Es ist schön, mit Hartmut im Bett zu sein, ihn in meiner Scheide zu spüren, in meinem Bauch — und ganz viel, ganz lange Zeit mit ihm zu haben. Und es hat nicht gestimmt, daß die Regel nur weh tut — *das* habe ich Gott sei Dank nicht auch noch übernommen. Es hat soviel nicht gestimmt ... das ist erst der Anfang ... aber ich glaube jetzt einmal das Wichtigste!

Vorliegender Dialog entstammt einer längerfristigen Gestalttherapie mit einer jungen Klientin. In der Technik des „leeren Stuhl" werden die widerstreitenden Kräfte in der Person deutlich und häufig in der Personalisation von Mitmenschen als internalisierte, ungelöste Konflikte entlarvt. Gespeicherte Szenen (ungeschlossene Gestalten) aus dem Leben werden so erinnerbar, aktualisiert und auf erwachseneren Ebenen, in erweiterter „Sinnerfassungskapazität" (*Petzold*) neu gelöst.

Was Lilian hier unter Mühen artikuliert, geschieht von „Angesicht zu Angesicht" mit einer Frauentradition, die ihr durch die Mutter überbracht wird, die bis in die Großelterngeneration leicht rückerinnerbar war. Die emotionale und verbale eigene „Sprachlosigkeit" über Jahre hat Lilian, die nach außen hin schon sehr lange „modern" ist, Wege sucht, diese lebt und experimentiert, gehindert, ihre eigene Körperlichkeit zu genießen und von dieser Grundlage her sich je ihrer eigenen Entscheidungen sicher zu sein. Nichts konnte sie mehr in Panik versetzen als die Frage, was sie möchte oder welche Bedürfnisse sie habe. Diese Panik ist heute bei ihr weitgehend gewichen.

Das innere und schon gar das offizielle Bekenntnis zur Lust ist nach wie vor eine der gewagtesten Veränderungen für Frauen — auch wenn es so scheint, als sei die Fähigkeit zur Selbstdarstellung (zum Exhibitionismus) doch charakteristisch für Frauen, auch wenn der Ausverkauf an nackten Frauenkörpern weltweit in Journalen in beredter Sprache sexuelle Freiheiten vortäuscht. Es ist dies aber lediglich die Objekthaftigkeit, in welcher hier Frau und Lust verquickt werden, zum Verkaufsgegenstand und zur Ersatzbefriedigung gemacht — für hunderte Augen und Körper, die sich an dieser „Vorstellung" von Lust messen, anheizen und enttäuschen müssen. Die daraus folgende Frustration gibt den tradierten sexualängstlichen Vorstellungen unserer Mütter und Großmütter eher noch Bestätigung, als diese zu widerlegen: „Männer wollen nur das Eine" — die Frau muß sich arrangieren.

Es läßt sich leicht vergessen, daß wir Frauen, wir Mütter uns ebensosehr zum Objekt machen, wenn wir ungefragt und unbefragt den „Mythos des Frauenleidens" annehmen und auf unsere Kinder weitertradieren. Und das Implikat hieße dann ja: „Frauen wollen das Eine nicht" . . . In der Körperlichkeit beginnt die Entscheidung zur *Eigenart*. Das Bekenntnis zur Lust und Freude daran steht im Kreuzfeuer vieler Gefahren und Angriffe. Zweifellos ist eine der nicht zu übersehenden Attacken die je herrschende Moral: jenes systemerhaltende Sittenwissen einer Kultur, das ohne vergleichende historische Betrachtensweise echte Einsichten von Aberglauben schwer unterscheidbar macht (*Lorenz* 1973, S. 68). Nicht weniger unbestritten wird das Frauenbild und damit die Einstellung zur Frau auch von einer männerorientierten, konsumhaft-kapitalistischen Gesellschaft bestimmt.

Die emanzipatorischen Bewegungen haben mit dieser Erkenntnis einen Teil der Unterdrückung ins Auge gefaßt — zweifellos den unübersehbarsten. Sie wenden sich wachsend gegen die Objekthaftigkeit, die Verdinglichung, die Versklavung und Entwertung. Sie wenden sich gegen den Mann, soweit er Träger und Repräsentant dieser gesellschaftlichen Strukturen ist. Es ist die beginnende Chance, sich geschichtlicher Hörigkeit zu entwinden, und die Solidarität in solcher Bewegung ist eine Notwendigkeit! Zu lange sind Frauen über die Zeit durch Fixierung an den Mann, der ihre und ihrer Kinder wirtschaftliche Überlebensgrundlage hieß, in Ängstlichkeit verstummt. Zu lange schon hat dieser Aspekt von Lebensabsicherung in vornehmlich männlicher Bezogenheit die Frauen zu einander ausschließenden Konkurrentinnen und Rivalinnen gemacht.

Aber der Aufbruch wird weitergehen müssen, in der wachsenden Bodenbereitung eines anderen Frauenverständnisses. Die wenig beachtete Gefahr hierin war lange Zeit die Frau für die Frau! Frau-Sein definiert sich eben nicht nur am Gegengeschlecht. Vorbild, Tradition, Modell oder Kernerfahrung für die Orientierung darin ist z. B. die Art und Weise, wie heranwachsenden Mädchen von Geschlechtsgenossinnen Geschlechtlichkeit vorgelebt wird, wobei die Mutter vielleicht die wichtigste, aber bei weitem nicht die einzige Instanz ist.

Die Repression im eigenen Lager ist nicht gering! Als ich unlängst voller Erwartung und Schwung zu einem „Frauenfest" in Wien gehen wollte, mußte ich nach kürzester Zeit den Saal wieder verlassen. Die Lieblosigkeit, in welcher der Raum gewählt war, die Müdigkeit, in der eine Frauenband kopienhaft kommerzielle Schlager spielte, die Trostlosigkeit, in der meine weiblichen Geschlechtsgenossinnen körperliche, kleidungsmäßige und haltungsmäßige Abwendung von allen Konsumgütern propagierten, machten das Bild „ungeschminkt". Aber es blieb die Multiplikation von stummem Leid — ein nachhaltiger Eindruck von sich inszenierender Lustlosigkeit, die eher die Tradition der Selbstverleugnung und „Bedürfnislosigkeit" bestätigt, als eine progressive Wirksamkeit zu haben.

Es ist zweifellos wichtig, miteinander zu trauern, und es gibt der Gründe genug. Jedoch nicht mehr die Flexibilität zu haben, sich an- und miteinander zu freuen, was dem Begriff des Festes wohl zugeordnet werden kann, ist ein nicht minder bedenkliches Artefakt.

Die Realisierung eigener Sinnlichkeit zwischen Scylla und Charybdis alter und neuer Moral (Keuschheit versus „Sexhibitionismus"), unabhängig von der Präsenz des Mannes (was nicht gleichbedeutend sein muß mit dessen Ausschluß), hat noch nicht stattgefunden.

Es liegt hier aber die Chance, von der depressiven Position der Verweigerung der Geschlechtlichkeit oder eines masochistischen Geschlechtsbewußtsens in neue Bejahungsformen überzugehen (*Badinter* 1981). Dies ist zwar seit *Freud* in das kollektive Denkbewußtsein eingegangen, jedoch tragen die Körper noch alle Anzeichen des Unbegreifens. Frauen haben noch nicht in Scharen gewagt, „die Hände wieder unter die Decke zu stecken", um ihren eigenen Körper zu fühlen. Sie sind damit schon in basalster Weise abhängig von Lust und Unlust des Mannes. Die Überlieferung der Leidenstradition von Frauen ist hier eine bedenkliche Falle. In Solidarität miteinander zu leiden, ist noch lange nicht gleichzusetzen mit der Unfähigkeit, etwas anderes als „Leidensgenossinnen" zu sein. Aber schon wenn ich „Freudensgenossin" sage, wird klar, wie sehr es diesen Ausdruck nicht gibt. Und das ist nicht nur ein Mangel im Wortschatz; es ist ein Kulturmangel. Die einzig naheliegende Assoziation ist „Freudenhaus", und dies umfaßt genau wieder jenes zwiespältige Gemisch von Lust und Ausbeutung, welchem im Grunde der legitime Abwehrkampf gilt. Es läge viel Chance in dem Aspekt einer wirksamen Neudefinition der Geschlechtsrolle, in der die Frau als Vision lustvoller Geschlechtlichkeit nicht erstickt, sondern sich artikuliert und zur Wiederbelebung gelangt.

Chancen als Mutter

Ein Bereich, wo Frauen nicht mit radikaler Neudefinition ihrer Bedeutung zu kämpfen hätten, läge in der Rolle als Mutter. Die Zuschreibung von Mutterschaft als Wirklichkeit (und damit Verwirklichung) der Frau geht quer durch alle Kulturen; sie ist überlebensnotwendig, und an dieser „Naturbestimmung" ist noch nicht zu rütteln. Hier liegt die Gefahr eher in der Zerstörung positiver Traditionen durch Entwertung von Mutterschaft. Feministischer Protest und Reform von weiblichem Selbstverständnis greifen in diese Dimension oft in radikalster Weise ein, betreffen sie doch unumgänglich immer zwei Lebewesen gleichzeitig. Auch Psychologie, Analyse und Therapie haben sich dem „Elternmord" und besonders dem Mord der Mutter oft in engstirniger Weise gewidmet. Sie sind dadurch in die Gefahr geraten, in einer „psychologischen Neophilie" steckenzubleiben (vgl. „physiologische Neophilie", *Lorenz* 1973, S. 75).

Die Schuldzuschreibung an die Mütter für bevölkerungsweite psychische Störungen bei Kindern und Jugendlichen hat unter Zuhilfenahme eines psychoanalytischen Weltbildes die „gesamte Last und

Verantwortung für die geistige Gesundheit und Reife des Menschen der Mutter aufgebürdet ..." (*Erikson* 1964, S. 211), was ihre Position noch einmal mehr beschwerlich macht. Theoretische Einsichten „von Freud bis Winnicott" (*Badinter* 1981, S. 237-292) dienen in repressiven Propagierungsformen dazu, einen Grundkonflikt zu verschärfen: „Denn einerseits wurden den Frauen immer größere Möglichkeiten angeboten, ihr ‚Ich' außerhalb der Fortpflanzungsfunktionen zu entfalten, gleichzeitig wurde aber die Ideologie aktiver Mutterschaft mit wachsender Begeisterung verkündet" (*Badinter* 1981, S. 253).

Dieses weitgehend noch ungelöste Spannungsfeld ergänzt sich gefährlich durch die oft unzulängliche Vorbildwirkung unserer Mütter- und Großmüttergenerationen. Sie stellen ihren Töchtern und Enkelinnen keine Anschauungsmodelle erstrebenswerter Lebenspositionen bereit.

Dabei wird aber häufig außer acht gelassen, daß diese Generation sich unter dem Leid zweier Weltkriege und einer bis vor kurzem noch unbefragbaren Sexualmoral „selbst nicht verwirklichen konnten". Das ist aber noch lange kein Beweis, daß Kinder der „Selbstverwirklichung der Frau entgegenstehen" (eine häufig gebrauchte Parole in feministischen Bewegungen). Viel eher müßte uns dies zur Frage drängen, mit welchen „Wirklichkeiten" wir es zu tun haben und welche wir selbst wählen wollen.

Und die Chance der Wahl ist weitgehend noch unbegriffen: Empfängnisverhütungsmittel und Legalisierung der Abtreibung haben die Frau herauskatapultiert aus der Falle der „Dauerfruchtbarkeit" und ihr ein bisher ungekanntes Maß an Selbstbestimmung wie auch Mitbestimmung zur Bevölkerungsentwicklung in die Hand gegeben; eine Evolution, deren Tragweite wir uns wahrscheinlich erst annähernd bewußt werden, mit deren Möglichkeit wir überhaupt erst umgehen lernen müssen. So ist die Abtreibung aus Bequemlichkeitsgründen, aus Konsumdenken und aus einem Verdinglichungstrend aller Lebensbereiche (auch die Verdinglichung eines Kindes) sicher die drohende Gefahr dialogunfähig gewordener Individualität. So ist sie auch Zeugnis einer Verwechslung von Kindern mit Massenprodukten einer Wegwerfgesellschaft.

Der Zwang zur Verhütung andererseits, durch welchen die Familien mit mehr als zwei Kindern bestraft werden (Gehaltserniedrigung, Studienverbot für das weitere Kind), wie es angeblich in China praktiziert wird, ist das Schreckgespenst erbarmungslos werdender Kollektivierung von Existenzentscheidungen. Jedoch zwischen den beiden Polen drohender Artefakte sind noch längst nicht die Chancen und Bandbreiten der Möglichkeiten zur Wahl erkannt und erschöpft. Die Frau hat bis heute noch kein tieferes Bewußtsein davon entwickelt, welche letztlich auch politische Brisanz ihre Mitentscheidungsmöglichkeit über die Anzahl der Kinder wie auch ihre Wahl der Erziehungspraxis in einer pluriformen Gesellschaft hat, welchen Grundlageneinfluß sie mit ihrer Wahl von Familienbildung nimmt. Sie ist noch nicht herausgetreten aus dem dumpfen, reaktiven Eingebettetsein im unmittelbaren Erkenntnisfeld, daß sie und ihr (ein) Mann ein Kind bekommen und sie selbstverständlich die Pflege und Betreuung übernimmt, er hingegen die wirtschaftliche Versorgung und (in unserer und in vielen anderen Kulturen) damit die „Vormundschaft" — häufig über Kind *und* Mutter.

Noch hält der Fokus der Schuldzuschreibungen aller Art die Mütter ängstlich und klein, weil sie in der Alltagsgerichtetheit kaum nachkommen, über den Dschungel der täglichen Regeln für sich und ihr Kind hinauszusehen. Arbeit, öffentliche Institutionen (Kindergärten, Schulen), Mann und Familie sind häufig so anspruchsvoll und deshalb so schwierig zu koordinierende Erwartungs- und Handlungsfelder, daß für übergreifende Erwägungen oft wenig Zeit bleibt.

Aber dieses Neuverständnis kann nicht genug verbreitet werden und muß auch in die Lebensvorbereitung unserer Kinder Einzug halten. Es muß nämlich von den Frauen wie von den Männern *begriffen* (und nicht nur gelernt) werden, was unser Erkenntnisstand uns längst zuweist: daß die Bedeutung der Mutter-Kind-Beziehung weltweit, stammesgeschichtlich und auch zukünftig für die Beziehungsfähigkeit und Beziehungseigenart von Menschen grundlegend bleibt (*Eibl-Eibesfeld* 1980) und nicht nur für dessen leibliche Existenz. Wenn die Legionen von Frauen dies wachsend begreifen und *mit* ihnen ihre Männer, die ja genauso der Vernichtung der Welt durch Entmenschlichung, Entfremdung, Ausbeutung und Überhandnahme von Aggression entgegensehen müssen, würden die Konsequenzen sich noch mehr verstärken. Die Welle der Weigerung der Frauen, unter solchen entfremdenden Gesellschaftsbedingungen zu gebären und Kinder großzuziehen, sich höchstens einsame soziale Nischen als Mütter zuweisen zu lassen oder in der Überanstrengung der unvereinbaren Arbeitsfelder immer spannungsgeladener zu lavieren, würde weiter steigen.

Doch die Chance der Verweigerung der Frau, zu gebären, ist ja nur eine, unter Umständen hilflose bis destruktive Möglichkeit. Die weit größere liegt in der neuen Wertdefinition, die in dieser Erkenntnis für die Mütter liegen könnte, — in der die Kooperation der Geschlechter aber letztlich unerläßlich bleibt. Die Rückbesinnung auf die Mutterschaft, die Annahme der von Natur- und Rollenzuschreibung „vorgegebenen" fraulichen Dimension wird dann zum kraftvolle Bewußtsein eines existentiell wichtigen gesellschaftlichen Beitrages (über den dumpfen, biologischen Vollzugszwang hinaus).

Frauen ließen es nicht mehr zu, sich mit dem Kind als störendem Verdienstausfall einstufen zu lassen, Schwangerschaft und Geburt als „Unterbrechung" eines als so viel wichtiger definierten Wirtschaftsbereiches anzunehmen. Keiner von uns wäre auf der Welt, wenn seine Mutter Wirtschaftlichkeit wichtiger genommen hätte als sein Leben.

Es wäre auf der Grundlage einer solchen Bewußtheit nicht mehr möglich, Nur-Hausfrauen zu diskreditieren, wenn sie ihre Daseinsverantwortung in der Kinderbetreuung ergreifen wollen. Die Anerkennung von Mutterschaftsjahren für die Pensionsberechtigung ist immerhin schon in Diskussion — und die Wirtschaft diskutiert nichts, was ihr nicht letztlich irgendwo Gewinn verspricht. Die Prophylaxe zur Abwehr von sicher voraussagbaren Störungen im Gefüge der Gesamtbevölkerung ist eine zinsentragendere Investition, als Mütter verfrüht wieder in entfremdende Arbeitsprozesse zu nötigen.

Die Frauen und Mütter müßten die Chance haben, dies zu erfahren, dann bestünde die Möglichkeit, daß sie sich mit Selbstbewußtsein und einem anderen Gefühl von Wichtigkeit erleben können und nicht am Mangel innerer und sozialer Anerkennung sowie durch Isolation reihenweise depressiv werden; sie müßten dann nicht aus diesen Unerträglichkeiten wiederum rascher, als es ihnen und ihren Kindern gut tut, in den „Anerkennungskreis" des Berufes zurückfliehen und so durch zu frühe Überlassung ihres Kindes an Institutionen wieder den Kreislauf zur Weltentfremdung mitankurbeln. Und dies nun mit ihrem eigenen Kind! Männer sollten dies begreifen, um ihre Frauen nicht als „Schmarotzer" an ihrer wirtschaftlichen „Trächtigkeit" zu entwerten, für die sie selbstverständlicherweise innerfamiliäre Dienstleistungen zu erbringen hat (die Familie muß einfach funktionieren), sondern in ihrer Tätigkeit selbst den Wertbeitrag erkennen, der mehr als nur Geld kostet. Fällt er aus, kostet er das Leben unserer Kinder!

Es klingt fast schwachsinnig, auf der ökonomischen Ebene zu diskutieren, was sich über Generationen zu einer weltweiten Entscheidungsdiskussion wird entwickeln müssen. Aber genau dieser „Schwachsinn", diese Unfähigkeit der Beachtung unserer Sinne, ist längst mit Eintritt und Überhandnahme dinglich materieller Wertraffung die Grundgefahr unserer Zivilisation geworden.

Die Entfremdung von Natur, Leiblichkeit und Mitmensch in Richtung technisch-materieller Denk- und Lebenspraktiken (*Kamper* 1970) ist der zu erkennende Krankheitsherd. So wie sich die Natur wachsend erschöpfen muß, wenn wir sie weiterhin unkontrolliert ausbeuten, wird sich die Mutter sinnlos verbrauchen, wenn sie nicht die Möglichkeit ergreift, sich zwar als „Natur", aber nicht als „stumme Kreatur" zu verstehen, an der sich das Weltschicksal chancenlos abreagiert. Denn gerade die Position der Mutter ist in ihrer Inhaltlichkeit und in ihrer Lebensbestimmung keine hilflose. Sie ist eine Position der Kraft, ja, eine Machtposition.

Und solange diese Kraft eine stumme, unenthüllte bleibt, solange sich die Frau ständig nur im Fokus der Ohnmachtsgefühle gegenüber dem Mann und der Gesellschaft erfahren muß, werden unsere Kinder die Leidtragenden bleiben (*Miller* 1979, 1980, 1981). Söhne als willkommene Ersatzobjekte nicht gelebter Aggression, Sexualität und Liebe bleiben fixiert an ihre Mütter. In illusionärer Überwertigkeit (Paschaposition) können sie ihren späteren Frauen nicht Partner werden, weil sie ewig dem „Fütterungsparadies" nachweinen. Der damit verbundene Haß aber, sowie die tiefe Furcht vor inadäquater Gefühlsüberlastung, läßt die Männer sich dann in unerreichbare Arbeitsburgen zurückziehen, wo sie nun ihrerseits die Macht wirtschaftlicher Dominanz einsetzen können und sich darin auch häufig unbewußt rächen — spätestens dann, wenn sie in ihren eigenen Frauen wieder Mütter vor sich haben. Zu früh haben sie gelernt, die „emotionale Macht" der Frau zu fürchten, und verlernt, den eigenen Gefühlen zu trauen.

Töchter als künftige Frauen und Mütter werden weiterhin das stumme Modell weiblicher „Raffinesse" internalisieren und als einzig geprägte Strategie ihres angeblich „naturgegebenen Masochismus" (*Badinter* 1982) sprachlos traurige Machtausübung leben. Damit werden sie vielleicht „das unbekannte Wesen" bleiben, sicher aber auch das Unbenannte, dessen Geheimnis auch für sie letale Folgen hat: Sie werden weiterhin nur subtile Ankläger, aber nicht verstehbare Partner sein.

Es sind wirkliche Chancen, die hier in Gruppierungen von Frauen, aber auch in denen von Männern liegen, vorerst noch im eigenen „Schutzkreis" sprechen zu lernen. Denn zu leicht werden — wie wir mit bisherigen Erkenntnissen sehen — diese in gesellschaftlich-liebloser Konnotation wiederum zur wechselseitigen Erhärtung von repressiven Positionen benützt. Die Zielrichtung des Diskurses der Geschlechter bleibt „vom Nebeneinander zum Wir" (*Jaquenoud, Rauber* 1981). Als eine der weiteren Chancen sei die immer stärker werdende Suche nach Neuorientierung unter Einbeziehung von Erkenntnissen der Mutterschaftspraktiken verschiedener Kulturen apostrophiert, die uns Lehre stehen könnten in der Reflexion unserer eigenen Praktiken und der dahinterstehenden Menschenbilder — damit aber auch in der Ausprägung von Menschen (*Mead* 1980, *Badinter* 1982, *Kitzinger* 1980, *Liedloff* 1982). Dies sicher nicht mit der Intention linearer Übertragbarkeit auf unsere Kultur und Gegenwart (die Zeit läßt sich nicht zurückdrehen, und wir sind keine Indianer), aber in einem wachen Diskurs über die Rassen hinaus, der, wird er an solchen Quellen schon geführt, sehr zum Abbau von Rassendiskriminierung und zu einem anderen Völkerbewußtsein führen könnte.

Beruf als Chance für die Frau

Das Öffnen verschiedenster Berufszweige ist sicherlich eine der entwickeltsten Bereiche des Vormarsches im weiblichen Drängen nach Gleichberechtigung. Noch unsere Großmütter waren seltene Vögel in den Hörsälen der Universitäten (*Beauvoir* 1968). Der größte Expansionsschwung ist aber (in Österreich etwa seit den dreißiger Jahren) abgeschlossen und seitdem nicht wesentlich verändert. Der Prozentsatz erwerbstätiger Frauen an der Gesamtzahl von Frauen liegt in Österreich bei 30,3 Prozent. Der Trend geht aber dahin, daß Frauen im Falle einer Heirat oder Geburt eines Kindes ihre Arbeit in geringerem Maße aufgeben, als sie dies noch in den fünfziger und sechziger Jahren taten. Fast die Hälfte aller Frauen sind „unqualifiziert" (keine Ausbildung nach der Pflichtschule) (*Brandstaller* 1981). Andere Statistiken der Schulbildung weisen nach, daß sogar 74,3 Prozent der Frauen als höchste Schulbildung nur die Pflichtschule angeben (*Brandstaller* 1981).

Diese Daten sind deshalb so eingrenzend herausgegriffen, weil genau hier der Stand zu den Nachbarländern schon darauf hinweist, wie „die historischen Chancen" länder- und politikverschieden wahrgenommen werden. So sind in sozialistischen Ländern 78 Prozent aller Frauen erwerbstätig. Unter Berufung auf *Marx* und *Engels* „gibt es keine Frauenfragen an sich". Die Entrechtung des weiblichen Geschlechtes wurzelt in den ökonomischen Verhältnissen der auf Privateigentum an den Produktionsmittel beruhenden Ausbeuterordnung (*Statkowa* 1976). Die Repression, wie auch das Übergehen der geschlechtsspezifischen Rollentradition, besteht nun darin, „daß die Frauen nivelliert werden auf ein Abstraktum ‚ökonomischer Mensch'. Dies läßt in hohem Maße nicht zu, sich bewußt und im Widerstand innerhalb und gegen die Gesellschaft zu identifizieren, zu integrieren, Person zu werden ..." (*Marcuse* 1975). Auch das russische, hochdoktrinäre Modell kann dies nur verschleiern. So wird in den Massenmedien beim Start der zweiten russischen Frau ins Weltall (in Hochleistungspositionen also) die besondere Leistung oder Variation darin gesehen, daß es zu merklicher „Stimmungsverbesserung im männlichen Team kam". Die strukturelle, machtvolle Zuschreibung läßt es auch in den Ebenen unbestreitbar gleicher Qualifikationen nicht zu, aus der „Ordnung der Geschlechterbestimmung" zu treten. Und die soziale Bestimmung der Frau und damit auch ihr Selbstverständnis ist zumeist nach wie vor unterdrückt, insbesondere, da ja Hausfrauentätigkeit als „unqualifiziert" eingestuft wird, als „Nichtberuf".

Das Schaffen äußerer Chancen sagt noch nichts über die Realisierungsfähigkeit und -möglichkeit innerhalb derselben. In zumeist hierarchisch aufgegliederten Berufsstrukturen ist die Frau in doppelter Weise zur Neudefinition gezwungen: gegen die eigene Gewohnheit der Unterordnung in Systemen (Artigkeitstradition, Masochismustradition) und gegen den noch in allen Ecken wesenden „patriarchalischen Geist":

Nina:	Nein, ich kann nicht malen — schon wenn ich vor der weißen Fläche sitze, steht hinter mir ein Chor, der höhnisch lacht.
Therapeutin:	Hören Sie dem Gelächter zu, vielleicht können Sie erkennen, wer lacht, vielleicht auch Worte verstehen.
Nina:	Wer lacht? Es sind Männer, Maler aus allen Jahrhunderten, bis zu meinen Lehrern (lacht selbst verlegen).
Therapeutin:	Was heißt das Lachen?
Nina:	Ja, was will denn die? Die ist ja nur eine Frau, die soll lieber schauen, daß ihre Kinder keine Schwierigkeiten machen — ein Picasso wird die nie.
Therapeutin:	Es muß also jeder, der malen will, ein Picasso werden.
Nina (lacht):	Nein, nicht jeder; aber ich — ich bin ja eine Frau, und wenn die schon so was tun will, dann soll's entweder was Besonderes werden, oder ich laß es gleich bleiben (die Stimmung kippt, sie beginnt erst zornig, dann traurig zu weinen) Frauen haben's schwerer!
Therapeutin:	So scheint es — nur, wieviel männliche Picassos kennen Sie?
Nina (verblüfft):	Einen (lacht wieder). Sie meinen, daß ist nicht nur eine Sache von Geschlecht, sondern von Begabung und Fleiß?
Therapeutin:	Das wäre doch zumindest auch eine Perspektive.

Dieser Ausschnitt stammt aus einer längerfristigen Gestalttherapie mit einer Frau, mehrfache Mutter und ausgebildete Künstlerin, welche speziell in die Therapie kam, weil sie nicht mehr malen konnte. Der Dialog kam bei einer Imagination der Staffelei im Raum auf. Nina malt heute wieder.

Hinter diesem Beispiel stehen viele Erfahrungen: Frauen, mit denen
ich über all die Jahre so viele Wege gegangen bin, junge, alte, Bäuerin-
nen, Schülerinnen, Arbeiterinnen, Beamtinnen, Studentinnen, Chefin-
nen, Hausfrauen, Mütter . . .

Jede Frau, die sich in ihren Begabungen entfalten will, kommt
unweigerlich in Berührung mit vorgegebenen rollenspezifischen Möglichkeiten. Und die Geschichte steht in vielem nicht hinter ihrem
Selbstverständnis, indem sie umgehend Namen nennt. Das Beispiel
jener Künstlerin spricht „pars pro toto". Gerade die Malerei gibt ein
gutes Bild. Bei einem Brainstorming zu allgemein bekannten Künstlern
der Jahrhunderte wird auf Anhieb sicher keine Frauenfigur zu finden
sein. „Die Geschichte wird von Gewinnern geschrieben", und Siege
setzen Traditionen, Marksteine, Richtungsdeterminanten.

Das Beispiel ist beliebig auf andere Berufe übertragbar. Es offenbart,
daß die Möglichkeit schon vor der „Wirklichkeit" blockiert ist. Denn
malen „dürfen" Frauen heute. Der Wunsch nach „Gleichberechtigung", der immer noch verwechselt wird mit „Gleichheit", hat Kon-
kurrenzen aufgebaut, die es oft sehr schwer zulassen, sich über Unter-
schiedlichkeit gelassen und in Hinwendung zu eigenen Möglichkeiten
bewußt zu werden. Die Schwierigkeiten für Frauen liegen heute häufi-

ger im „Wie" der Gestaltung von Berufsrollen als in einer grundsätzlichen Infragestellung der Zuordnung von Beruf und Frau. Die Selbstwertfrage im gesellschaftlichen Diskurs trifft die Frau, die sich für ein Aufgehen im Beruf entscheidet, eventuell keine Kinder haben möchte, meist noch hart. Sie gerät häufig unter Legitimations- und Rechtfertigungszwang zu ihrer Umgebung und hat oft Zeit ihres Lebens das Gefühl, „ihrer eigentlichen Bestimmung" entgangen zu sein. Hier könnte auch eine große Umschichtung im Verständnis stattfinden.

Die weltweit notwendig gewordene Geburtenkontrolle, das wachsende Begreifen, daß der Planet Erde ein nur mehr bis zu bestimmten Belastungsqualitäten ausbeutbares „Raumschiff im All" ist, vermag möglicherweise zu grundlegenden, bisher unbekannten Umwertungen auch in diesen Frauenfragen beizutragen. Jedoch wird dies noch ein Marsch von Generationen sein. Emotionale Umwertungen brauchen Zeit. Der Erkenntnisstand ist nur ein Richtungsweiser zur möglichen Infiltration in den Handlungsalltag.

Schlußbemerkung

Die Annahme der Geschlechtlichkeit, Überwindung traditionsbedingter Vorurteile, Erhaltung bewährter Lebenspraktiken, Wahl der Lebensform, Auftauchen aus der Sprachlosigkeit und ein Aktiv-Werden in Fragen von Krieg und Frieden (nicht nur der Geschlechter), das sind innere und äußere Chancen, die Frauen wachsend realisieren müßten. Oftmals ist es nur eine Standpunktverschiebung, die Probleme in den Fokus der „Chance" bringt. Zweifellos leben Frauen in einer kollektiven Krise. Aber Krise heißt auch Labilisierung verfestigter Systemstrukturen mit dem Risiko ihres Verfalls und der Chance ihrer Veränderung in Richtung eines Wachstums von Potentialen (*Petzold* 1982). Somit trägt sie neben Anzeichen möglichen letalen Ausganges immer auch die Aspekte von tiefer Wandlung sowie von Veränderungsmöglichkeiten. Nachdem nichts so sehr wie soziale Strukturen das Resultat von „self-fulfilling prophecies" sind (*Laing* 1979), scheint es ein lohnender Ansatz, die Betrachtung von Frauenfragen auch in den Fokus des „Frau-Seins als Chance" zu stellen. „Die Potenzen zum Guten sind uns biologisch ebenso gegeben wie jene zur Selbstvernichtung" (*Eibl-Eibesfeld* 1980).

Selbst wenn wir damit eines mittlerweile weltweit salonunfähig gewordenen Optimismus bezichtigt werden, sind wir die Suche nach der Chance uns und unseren Kindern schuldig.

Literatur

Arbeitskammer des Saarlandes, Frauen zwischen Haushalt und Beruf, Institut für Sozialforschung und Sozialwissenschaft, 1974.

Aristophanes, Lysistrate, Diogenes — Winkler Verlag, München 1981.

Bachofen, J. J., in: Zinser, H., Der Mythos des Mutterrechtes, Ullstein, Frankfurt 1981.

Badinter, E., Die Mutterliebe, Piper, München 1981.

Barthes, R., Mythen des Alltags, Suhrkamp, Frankfurt 1964.

Beauvoir, S. de, Das andere Geschlecht, Rowohlt, Reinbek 1968.

Brandstaller, T., Frauen in Österreich, Bundespressedienst, Wien 1981.

Buber, M., Das Problem des Menschen, Lambert Schneider, Heidelberg 1971.

Eibl-Eibesfeldt, I., Liebe und Haß, Piper, München 1980.

Erikson, E., Einsicht und Verantwortung, Klett, Stuttgart 1964.

Heinl, H., Petzold, H., Gestalttherapeutische Fokaldiagnose und Fokalintervention in der Behandlung von Störungen aus der Arbeitswelt, *Integrative Therapie*, Junfermann Verlag, 1 (1980), 20-57.

Jaquenoud, R., Rauber, A., Intersubjektivität und Beziehungserfahrung als Grundlage der therapeutischen Arbeit in der Gestalttherapie, *Integrative Therapie*, Beiheft 4, Junfermann, Paderborn 1981.

Kamper, D., Vom Schweigen des Körpers, in: Zur Geschichte des Körpers, Hanser, München 1976.

Kitzinger, S., Frauen als Mütter, Kösel, München 1980.

Klöhn, E., Typisch weiblich? Typisch männlich? Hoffmann und Campe, Hamburg 1979.

Laing, R. D., Die Politik der Familie, Rowohlt, Reinbek 1979.

Liedloff, J., Auf der Suche nach dem verlorenen Glück, Beck, München 1982.

Lorenz, K., Die acht Todsünden der zivilisierten Menschheit, Piper, München 1973.

Marcuse, H., Gespräche mit Furth, in: Navé-Herz, a. a. O. 1975.

Mead, M., Jugend u. Sexualität in primitiven Gesellschaften, Bd. 1, 2, 3, DTV, München, 6. Auflage, 1980.

Miller, A., Das Drama des begabten Kindes, Suhrkamp, Frankfurt 1979.

—, Am Anfang war Erziehung, Suhrkamp, Frankfurt 1980.

—, Du sollst nicht merken, Suhrkamp, Frankfurt 1981.

Mitscherlich, A., Auf dem Weg zur vaterlosen Gesellschaft, Piper, München 1963.

Morgan, E., Der Mythos vom schwachen Geschlecht, Fischer, Frankfurt 1975.

Navé-Herz, R., Das Dilemma der Frau in unserer Gesellschaft: Der Anachronismus in den Rollenerwartungen, Luchterhand, Neuwied und Berlin 1975.

Panorama DDR Aus erster Hand, Die Frau im Sozialismus, 2. Auflage 1976.

Petzold, H., Die Rolle des Therapeuten und die therapeutische Beziehung, Junfermann, Paderborn 1980.

—, Dramatische Therapie, Hippokrates, Stuttgart 1982.

—, Theater oder das Spiel des Lebens, Verlag für humanistische Psychologie, Werner Flach, Frankfurt 1982.

Piercy, in: Women's Liberation, Frauen gemeinsam sind stark, Verlag Roter Stern, Frankfurt 1977.

Strauss, C. L., Mythologica I., Das Rohe und das Gekochte, Suhrkamp (STW 167), Frankfurt 1964.

Das Gesicht im Mehl

Elke Herms-Sonntag, Hamburg

Bis zu diesen meinen Abdrücken, bis zum „Gesicht im Mehl" hat es eine längere Arbeitsgeschichte gebraucht. In einer Zeit der Selbstauflösung suchte ich Berührung mit mir auch auf solche Weise, daß ich mein Gesicht im Blindzeichnen zu finden suchte. Dabei habe ich mein Gesicht ertastet. Danach wollte ich mich spüren, indem ich auch fremde Stoffe, Materialien mit mir in Berührung brachte. Erst tauchte ich mit den Händen ein, dann mit dem Gesicht, mit dem ganzen Körper. Ich habe Teig und Fett benutzt, dann bin ich auf das Mehl gekommen, das jede Spur aufs empfindlichste annimmt und wiedergibt.

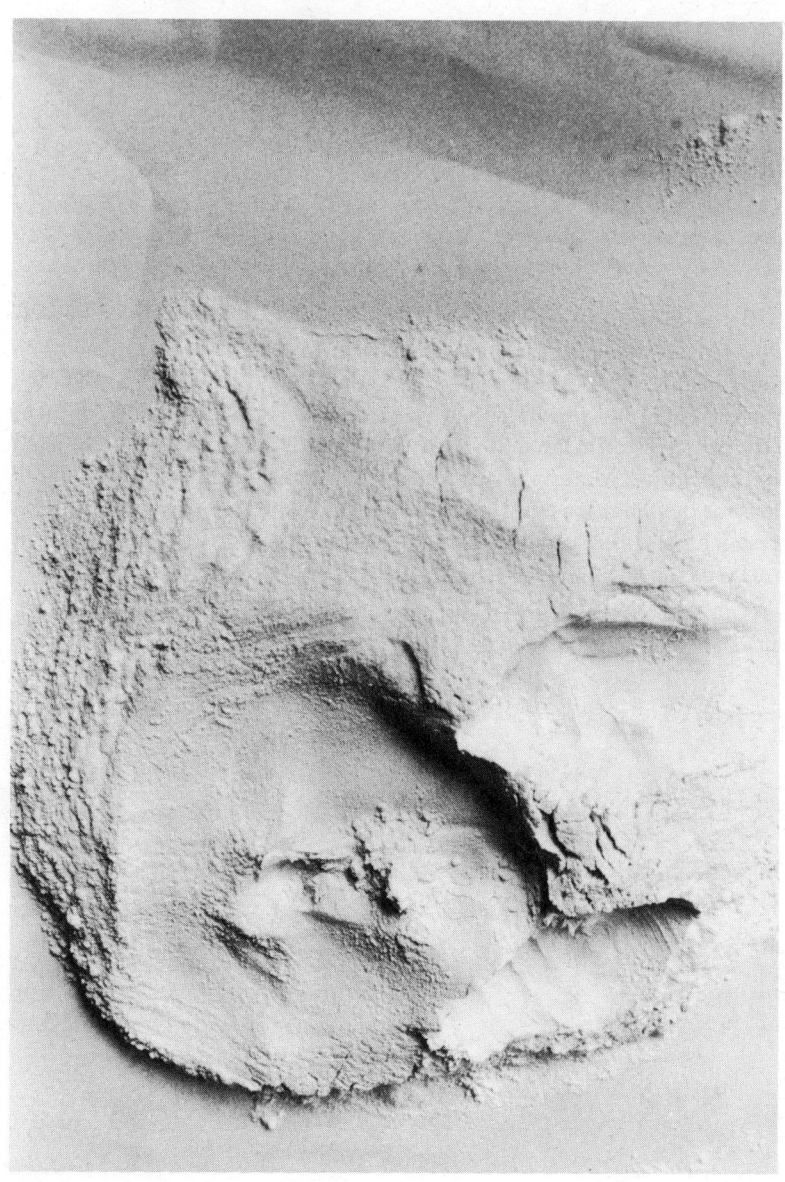

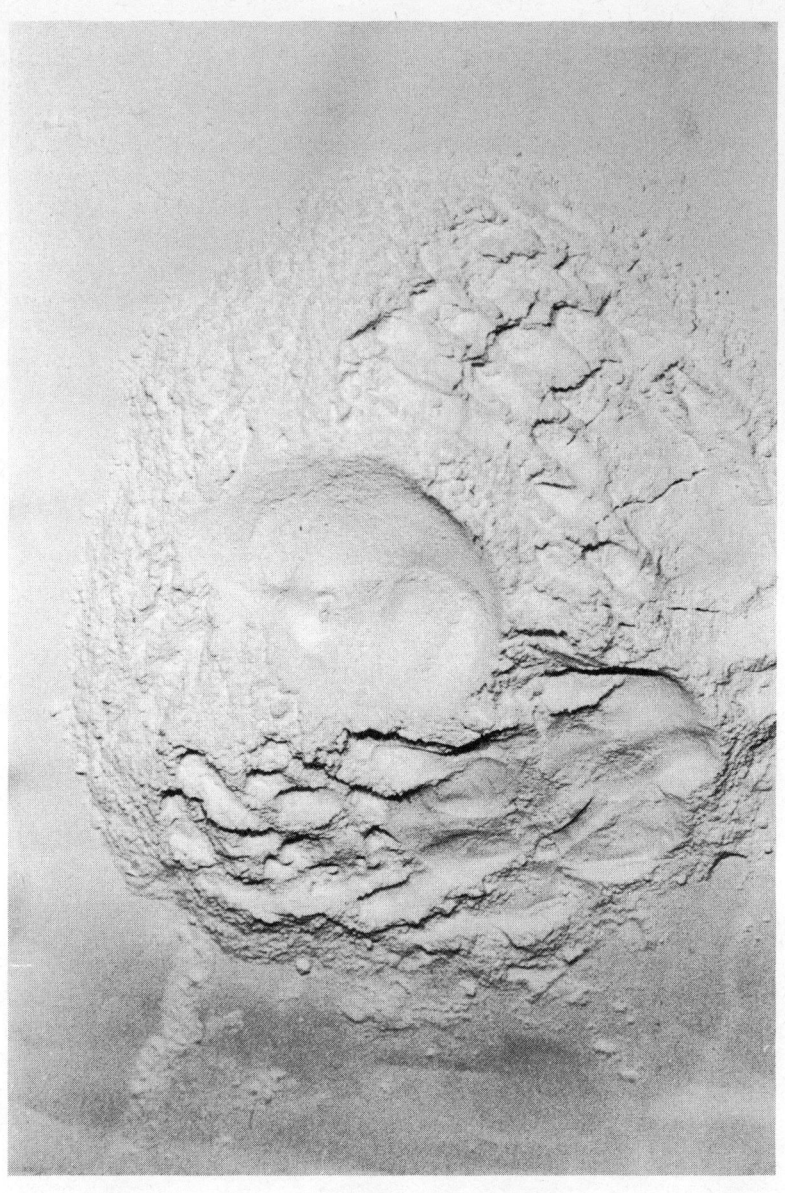

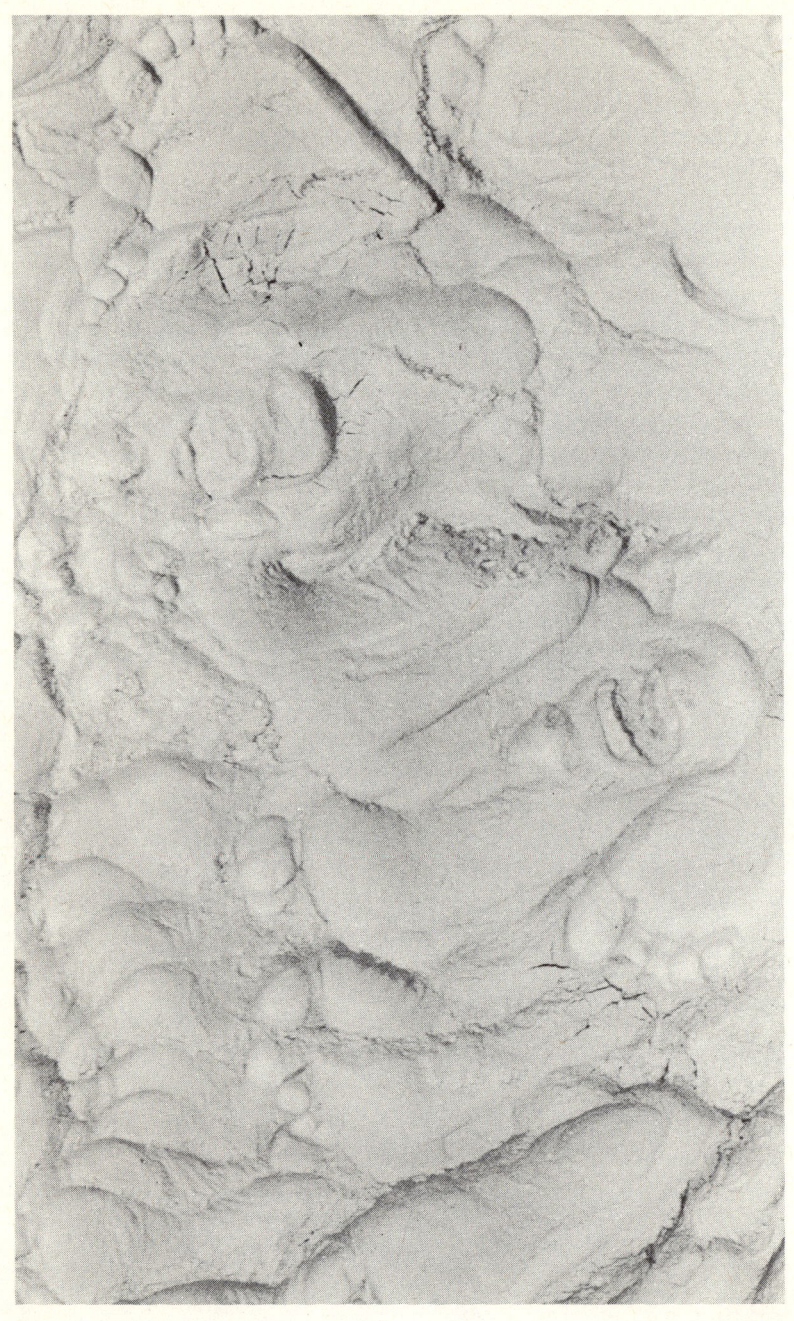

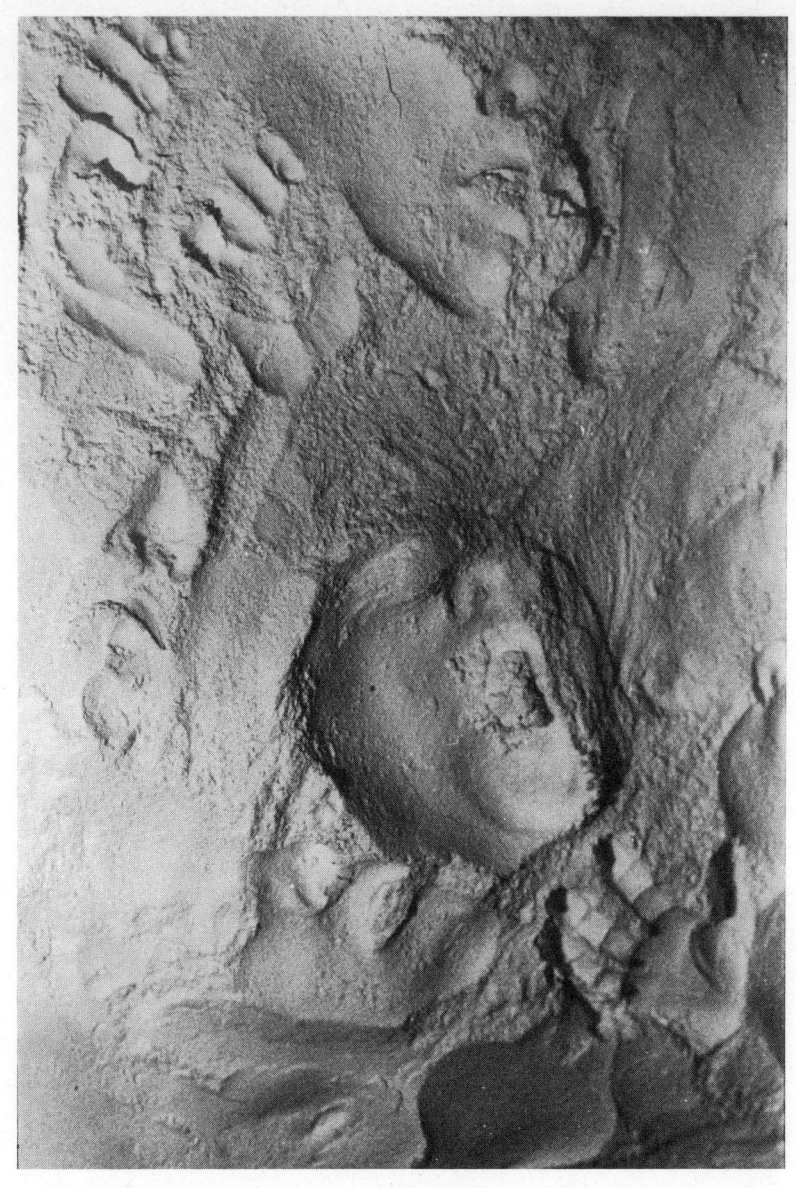

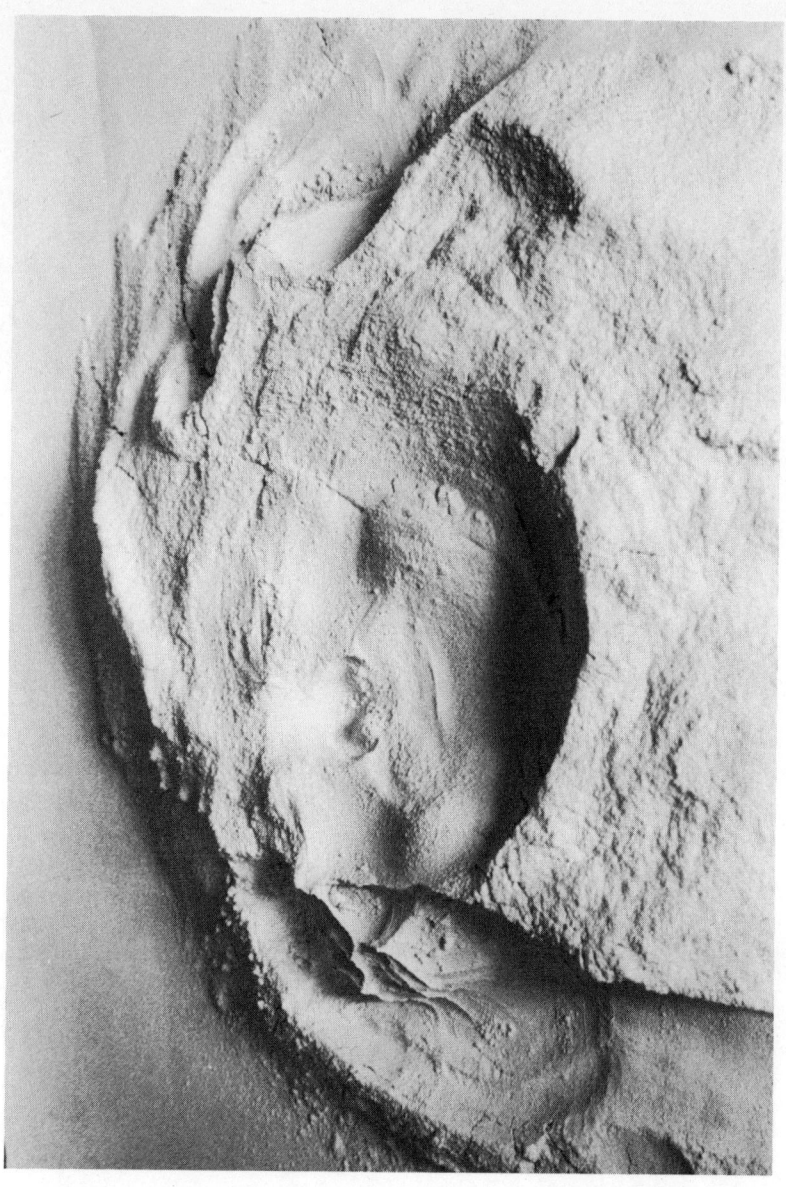

Frauen als Psychotherapeuten
Das Janusgesicht der Emanzipation im Helfer-Milieu[1]

Christa Rohde-Dachser, Hannover

1. Der Emanzipationskonflikt als Rollenkonflikt

Dieser Aufsatz befaßt sich mit der Frage, was es heißt, gleichzeitig eine Psychoanalytikerin und eine Frau zu sein. Der Entschluß zu dieser Auseinandersetzung mit einem durchaus problematischen Aspekt der psychoanalytischen Subkultur und damit zwangsläufig auch meiner eigenen Biographie hat eine lange Vorgeschichte. Dazu gehören Beobachtungen auf den Kongressen der psychoanalytischen Fachgesellschaften, die fast immer Männerkongresse waren, mit allenfalls ein oder zwei weiblichen Referentinnen, diese vom Moderator mit väterlich anmutendem Wohlwollen angekündigt, ebenso wie Eindrücke von Podiumsdiskussionen, wo sich ausschließlich Männer um den Konferenztisch gruppierten, männliche Diskutanden aus dem Plenum auch am Mikrophon. Die wenigen weiblichen Stimm-Meldungen werden mit Erwartung aufgenommen; eine leise, leicht ungeduldige Unruhe entsteht im Saal, wenn die Diskutandin zu leise spricht oder sich ein paarmal schüchtern verheddert. Als ich diese Beobachtungen einmal an zuständiger (männlicher) Stelle monierte, wurde mir prompt entgegengehalten, trotz offener Ausschreibung des Kongresses hätten sich nicht mehr weibliche Referenten gemeldet. Ich fragte mich, warum dies wohl so sei, auch, warum Frauen in den Spitzenpositionen unserer Berufsverbände eine verschwindende Minorität darstellen. Vor allem aber beschäftigten mich Gespräche am Rande solcher Kongresse, zu fortgeschrittener Stunde, wenn die Männer sich in ihren berufspolitischen Sitzungen verbarrikadiert hatten, Gespräche mit Kolleginnen, die ich vorher oft kaum kannte, in welchen die Rede war von Überforderung durch Patienten und Familie, von Gefühlen der Isolierung und Einsamkeit. Gespräche aber auch, die mir im Gedächtnis haften blieben, weil in ihnen für kurze Augenblicke eine weibliche Solidarität ent-

[handschriftliche Randnotizen: "Männer-Öffentlichkeit"; "Frauen-Runde"]

---

[1] Teile dieses Aufsatzes erschienen unter dem Titel „Rollenkonflikte von Psychoanalytikerinnen" erstmals in der Festschrift für *Anneliese Heigl-Evers* (hg. v. *Ulrich Rosin*), *Gruppenpsychotherapie und Gruppendynamik* 18, (1982), S. 10-21.

stand, die das Gefühl von Einsamkeit vergessen machte. Unvermutet stand man nicht mehr allein, es gab nichts mehr zu verschweigen, das individuelle Schicksal war zu einem kollektiven geworden.

Diese und andere Wahrnehmungen im Verlauf meiner eigenen Karriere als Psychoanalytikerin festigten in mir die Überzeugung, die ich hier darlegen und begründen möchte, daß *die Existenz als Psychoanalytikerin innerhalb und außerhalb der Profession mit Problemen verknüpft ist, die persönlichkeitsunabhängig sind, somit überindividuell, und die sich als Rollenkonflikt beschreiben lassen.* Meine Absicht ist es, diese Rollenkonflikte zunächst auf der Ebene professioneller Rollenerwartungen im engeren Sinne zu untersuchen.

1.1 Professionelle Rollenerwartungen und gesamtgesellschaftliche Geschlechtsrollen-Stereotype

Wie verhält sich die Berufsrolle „Psychoanalytiker" zur sogenannten Frauenrolle bzw. zu dem in unserer Gesellschaft gültigen weiblichen Geschlechtsrollenstereotyp? Meine These lautet: *Weibliche Psychoanalytiker geraten mit der Übernahme professioneller Rollenerwartungen in einen geschlechtsspezifischen Rollenkonflikt, der eng mit der Rangordnung der Geschlechtsrollenstereotype in der industrialisierten Gesellschaft zusammenhängt.* Bei der Untersuchung dieser These ist zu berücksichtigen, daß jede professionelle Rolle, also auch die des Psychoanalytikers, sich nochmals in drei Sektoren unterteilt:
a) die eigentliche Berufsrolle (in unserem Falle die Therapeutenrolle),
b) eine Verbandsrolle,
c) ein Rollenangebot, sich durch wissenschaftliche Tätigkeit innerhalb der Profession zu profilieren.

Untersucht man nun diese drei professionellen Rollenmuster hinsichtlich ihrer Affinität zum männlichen und weiblichen Geschlechtsrollenstereotyp, dann zeigt sich schnell, daß *Verbandsrolle* und *Wissenschaftlerrolle* sich weitgehend mit dem *männlichen* Stereotyp überlappen. Hier kommen Eigenschaften zum Tragen wie „Aktivität", „logisches Denken", „Wettbewerbsorientiertheit", „Selbstzufriedenheit", „Ehrgeiz", „Risiko- und Entscheidungsfreude", vielleicht auch „technische Begabung". Alle diese Eigenschaften werden in unserer Gesellschaft Männern zugeschrieben, wie sozialwissenschaftliche Untersuchungen in seltener Übereinstimmung ergeben haben (vgl. *Treinen* 1979, S. 285). Das bedeutet, daß männliche Psychoanalytiker, die innerhalb der Profession eine Verbands- oder Wissenschaftlerrolle übernehmen, sich kongruent mit ihrer Geschlechtsrolle verhalten. Für

Psychoanalytiker*innen* entsteht jedoch ein Rollenkonflikt, wie überall in unserer Gesellschaft, wo Frauen berufliche Positionen übernehmen, die in dieser Weise männlich definiert sind. Dieser Konflikt stellt die Frau vor die Alternative zwischen beruflichem Erfolg und weiblicher Bestätigung.

Helge Pross (1978) beschreibt dieses Dilemma so: „Das Idealbild der Frau ist das Bild einer mütterlichen Frau. Berufsfrauen werden respektiert, mütterliche Frauen ersehnt. Sie verkörpern die wahre Frau" (S. 167). Frauen, die diesen Rollenerwartungen zum Trotz Karriere machen, bleiben Außenseiterinnen. „Außenseiterinnen werden nicht verfolgt: die Masse der Männer ist bereit, Ausnahmen wohlwollend zu respektieren. Der Weg zur respektierten Außenseiterin ist jedoch steinig, weil der Respekt sich erst dann einstellt, wenn die Abweichlerinnen sich durchgesetzt haben, wenn sie in sehr qualifizierten Berufsstellungen angelangt sind. Schaffen sie das nicht, dann gelten sie doppelt als Versager: Sie haben weder ihr Soll an ‚Weiblichkeit‘ noch die überhöhte Erfolgserwartung erfüllt" (*Pross*, S. 172).

Damit ist — wie ich meine — auch in aller Kürze und Prägnanz der Rollenkonflikt umschrieben, in dem sich Psychoanalytikerinnen befinden, wenn sie sich innerhalb der Profession in einer *Verbands-* oder *Wissenschaftlerrolle* profilieren wollen.

Betrachtet man demgegenüber die *Therapeutenrolle*, dann zeigen sich zunächst andere Relationen. Auch wenn innerhalb der Profession kein völliger Konsens über die Eigenschaften eines idealen Analytikers zu bestehen scheint (*Kohut* 1967), kann man wohl sagen, daß ein psychoanalytischer Psychotherapeut sich rollenkonform verhält, wenn er Takt und Einfühlungsvermögen zeigt, ruhig und geduldig zuwarten kann, aufnahmebereit ist für den anderen und gleichzeitig ausdrucksfähig in seinen eigenen Gefühlen. Alle diese Eigenschaften aber sind Bestandteil des *weiblichen* Rollenstereotyps, wie unschwer nachzuweisen ist (vgl. *Treinen* a.a.O.). Für männliche Psychoanalytiker bedeutet dies, daß sie in der Therapeutenrolle einen sozialen Freiraum vorfinden, der es ihnen ermöglicht, „weibliche" Persönlichkeitsanteile auszuleben, ohne sich damit sozialen Diskriminierungen auszusetzen und ohne auf die andernorts vorfindbaren männlichen Rollenprivilegien deshalb verzichten zu müssen. Frauen wiederum können sich hier vielleicht in besonderer Weise in der ihnen zugeschriebenen Geschlechtsrolle bestätigt fühlen, zumindest soweit sie den mit „Einfühlung" umschriebenen Teil ihrer Weiblichkeit betrifft.

Die hier aufscheinende Rollenkongruenz ist jedoch partiell. Bei näherem Zusehen erweist sich nämlich, daß die in der Therapeutenrolle lebbare Weiblichkeit um wesentliche Dimensionen verkürzt ist. Es ist — wie man auch sagen könnte — eine amputierte Weiblichkeit, beschnitten um so elementare Dimensionen des Frauseins wie Erotik, Sexualität, Anlehnungsbedürftigkeit, Hingabewünsche im engeren Sinne und — was zunächst verwundern mag — auch Mütterlichkeit. Eine erotisch anziehende, verführerisch wirkende Therapeutin ist nicht selbstverständlich eine gute Therapeutin, ebensowenig wie weibliche Schutz- und Anlehnungsbedürftigkeit in dieser Rolle honoriert werden. Von einer Psychoanalytikerin zu sagen, sie sei „mütterlich", ist ebenfalls ein zweischneidiges Kompliment. Dies hängt mit der negativen Konnotation zusammen, die der Begriff „Mutter" ganz allgemein in der psychoanalytischen Subkultur besitzt (vgl. unten). Bedenkt man weiter, daß Männer und Frauen in der Therapeutenrolle gleichermaßen erfolgreich sein können, dann erhält diese Rolle eine fast geschlechtsneutrale Anmutung. Um sich in den hier nicht abgedeckten elementaren Dimensionen ihres Frauseins zu bestätigen, sind Psychoanalytikerinnen also auf Bereiche außerhalb ihrer Berufsrolle verwiesen. Diese Art der Rollenspaltung ist sozial akzeptiert und solange nicht konfliktträchtig, als private, familiale Beziehungen den von der Berufsrolle abgetrennten Part der Geschlechtsrolle kompensierend abdecken. Wie ich noch zeigen werde, sind Psychoanalytikerinnen aber auch hier in einer besonderen Position, aus der heraus die Partner- ebenso wie die Mutterrolle diese Befriedigungen nicht immer in ausreichendem Maße bereitstellen.

Als vorläufiges *Fazit* kann festgestellt werden: Die Rolle der Psychoanalytikerin ist nur in einem eng umschriebenen Bereich mit ihrer Geschlechtsrolle kongruent. In allen anderen Sektoren besteht ein Rollenkonflikt. Den Psychoanalytikerinnen wird in ihrer Therapeutenrolle weitgehend Geschlechtsneutralität abverlangt, während sie in öffentlichen professionellen Rollen, wie wissenschaftlicher oder Verbandstätigkeit, auf Grund ihres Geschlechts spürbaren Diskriminierungen ausgesetzt sind. Sie erfüllen ihre Therapeutenrolle deshalb „im stillen", eine Rolle, deren Aufwertung durch den Erwerb öffentlichen Prestiges innerhalb der Profession nur in den seltensten Fällen gelingt. Der Rollenkonflikt bedingt hier also (anders als bei ihren männlichen Kollegen) eine *Einengung* persönlicher Entfaltungsmöglichkeiten sowohl im Bereich der Berufs- als auch der Geschlechtsrolle.

1.2 Negative Frauen- und Mutterstereotype im psychoanalytischen Sozialisationsprozeß

Nun könnte man sagen, daß Psychoanalytiker, gleich welchen Geschlechts, spätestens in ihrer Lehranalyse gelernt haben müßten, derartige Rollenkonflikte bewußt und vor allem selbstbewußt auszutragen und dabei gleichzeitig die inneren Hemmungen abzubauen, die es anderen Menschen vielleicht schwerer machen, sich über soziale Vorurteile hinwegzusetzen. Ich möchte diesem Einwand meine zweite These entgegenhalten, die lautet: *Der geschlechtsspezifische Rollenkonflikt von Psychoanalytikerinnen verschärft sich durch die Internalisierung eines überwiegend negativen Frauen- und Mutterstereotyps im Verlauf der psychoanalytischen Sozialisation.*

Während einer Lehranalyse internalisieren alle angehenden Psychoanalytiker mehr oder minder die Werte und Normen der psychoanalytischen Subkultur. Dabei wird, wie ich behaupten möchte, auch ein latentes, negativ gefärbtes Frauen- und Mutterstereotyp verinnerlicht, und zwar von männlichen und weiblichen Analysanden gleichermaßen. Eine eingehendere Analyse dieses Stereotyps würde den Rahmen dieses Beitrags sprengen. Ich muß mich deshalb auf einige prägnante Hinweise beschränken und verweise darüberhinaus auf *Mitchell* (1976), die in ihrem Buch über „Psychoanalyse und Feminismus" eine hervorragende Untersuchung dieses Problemkreises vorgelegt hat. Die von *Freud* geprägten Vorstellungen vom „primären Masochismus" und vom „Penisneid" der Frau gerieten bereits durch *Karen Horney* (1939) unter Beschuß und brauchen hier nicht weiter erörtert zu werden. Erinnert sei aber doch an so allgemein akzeptiertes psychoanalytisches Gedankengut wie „weibliche Kastration", „Gebären als Restitution eines körperlichen Defekts", „weiblicher Exhibitionismus als Reaktionsbildung gegen die Enttäuschung der Penislosigkeit" u. ä. Es geht mir hier nicht darum, die Stichhaltigkeit dieser Erklärungen für die Entstehung von Neurosen in Zweifel zu ziehen, sondern um die Feststellung, daß sie, als Aussagen über das „Wesen der Frau" mißverstanden, sich leicht zu einem Stereotyp summieren, in welchem Frausein sich grundsätzlich mit der Assoziation eines Mangels verbindet.

Diese Gefahr liegt deshalb besonders nahe, weil *positive* Definitionen des Frauseins in der psychoanalytischen Theorie bis heute praktisch fehlen. Dies mag unter anderem mit der in der Psychoanalyse vertretenen These von der grundsätzlichen Bisexualität des Menschen zusammenhängen, nach welcher Mann und Frau die durch soziale Festlegung der Geschlechtsrollen jeweils ausgeklammerten Seiten als verdrängtes Erlebens- und Verhaltenspotential in sich tragen. Die partielle Rückgängigmachung dieser Verdrängung mit dem Ziel größtmöglicher Selbstentfaltung ist wesentlicher Bestandteil der psychoanalytischen Kur. Im Verlauf dieser „Selbstbefreiung" finden jedoch unbemerkt subtile Umwertungen statt, die hinter der emanzipatorischen Zielsetzung verborgen bleiben und sich für die Frau in vielfacher Weise nachteilig erweisen. Frauen verlieren in diesem Prozeß, wie ich behaupten möchte, geschlechtsspezifische Bestätigungen und Privilegien für einen großen Bereich „weiblichen" Rollenverhaltens, ohne dafür unbedingt etwas Neues hinzu zu gewinnen. Aus der Frau ist ein „weiblicher Mensch" geworden, der deshalb jedoch noch lange nicht das Gleiche darf wie ein Mann. Dies wird spätestens dann deutlich, wenn sie den Kampf um die ihr scheinbar zugestandene und auch zugemutete Selbstverwirklichung aufnimmt, die ihr auf Grund ihres Geschlechts unter den gegebenen sozialen Bedingungen eben *nicht* kampflos in den Schoß fällt. Der Kampf, notwendigerweise gegen eine Männerwelt ausgefochten, stempelt sie unversehens zur „phallischen Frau", zum „Mann-Weib", möglicherweise zur konkurrenzbesessenen „Hysterika", wie überhaupt erotisch anziehende und verführerisch wirkende Frauen unter Psychiatern und Psychoanalytikern leicht in den Hysterie-Verdacht geraten. Der Begriff „Hysterie", immer noch als Schimpfwort geeignet, ist trotz *Schwidders* Mahnung (1972, S. 391) fest in den kategorialen Rastern der psychoanalytischen Neurosenlehre verankert, und er wird überwiegend auf Frauen angewandt, obwohl seine Geschlechtsspezifität längst widerlegt ist (vgl. *Mentzos* 1980, S. 104f.; *Hoffmann* 1979, S. 285ff.). Auf ganz ähnliche Weise erscheint „Schwachsein", lange Zeit hindurch eines der gesichertsten weiblichen Privilegien, unversehens umdefiniert in „infantil" und „abhängig". So gesehen, wirken Frauen tatsächlich „kastriert", d. h. um ihre positive Geschlechtsrollendefinition betrogen durch eine subtile Umdeutung von Weiblichkeit, deren sozial positiv sanktionierte Elemente auf *den* Menschen (und das heißt: auf den Mann) hin generalisiert werden, während das negative Stereotyp von Weiblichkeit als nunmehr einzig spezifisches Rollenelement weiter an der Frau haftet. (Einem Kollegen verdanke ich den Hinweis, daß Männer in der Analyse möglicherweise komplementär dazu ihre „Kavalierstugenden" wie z. B. „Ritterlichkeit" abbauen und stattdessen lernen, vor manipulierenden und „fressenden" Frauen auf der Hut zu sein.

Die wohl weitreichendste Rollendeprivation der Frau geschieht, wie ich meine, aber durch die latente Abwertung von Mütterlichkeit in der Psychoanalyse, der Degradierung der Mutterrolle allgemein. Psychoanalytiker sind tagtäglich damit beschäftigt, bei ihren Patienten die Fehler von Müttern auszubügeln, die „fressend", gleichgültig, abwesend oder sonst in irgendeiner Weise unzureichend waren. Ebenso häufig sind sie damit befaßt, Patienten die innere Ablösung von einer Mutter zu ermöglichen, von der sich der Patient mit allen möglichen unfairen Mitteln festgehalten fühlt. Während in psychoanalytischen Theorien über die frühe Mutter-Kind-Beziehung die Bedeutung der Mutter immer wieder positiv hervorgehoben wird, erhält der Begriff „Mutter" in der psychoanalytischen Praxis deshalb leicht eine negative Konnotation. Zugespitzt fand sich ein solches negatives Muttersterotyp in den sechziger Jahren in der Vorstellung von der „schizophrenogenen" Mutter, die eine Zeitlang geradezu eine Hexenjagd auf die Mütter psychotischer Patienten auslöste, wie psychiatrische Dokumentationen beweisen (*Angermeyer* 1981). Natürlich gibt es auch gute Mütter. Die Bandbreite zwischen der „durchschnittlich guten Mutter" (*Winnicott* 1949) und der „*zu* guten Mutter" (*Shields* 1969) ist jedoch schmal und fallenreich. Wie schwer es sein kann, in dieser Situation ein wirklich positives Mutterbild zu etablieren, wird in der psychoanalytischen Subkultur an vielen Stellen sichtbar (z. B. in der Verlegenheit, mit der manche psychoanalytische Kollegen von einem Besuch bei ihrer Mutter berichten, wenn diese nicht gerade krank und hilfsbedürftig ist). Mir selbst wurde von Kollegenseite einige Male zu meinem Mut gratuliert, weil ich eines meiner Bücher offiziell meiner Mutter gewidmet hatte.

1.3 Außerprofessionelle Rollenkonflikte

Unter diesen Umständen ist es schwer, selbst Mutter zu sein. Dies führt zu meiner dritten These: *Psychoanalytikerinnen sind auch in ihren außerprofessionellen familialen Beziehungen geschlechtsspezifischen Rollenkonflikten ausgesetzt, die mit ihrer Berufsrolle zusammenhängen. Sie geraten dabei häufig in eine Überforderungssituation.*

Psychoanalytikerinnen sind Mütter, die „die Unschuld verloren haben und wissen, was sie tun" (*Mitchell* 1976, S. 318). In der täglichen Berufsausübung sind sie unaufhörlich mit den Produkten des Versagens anderer Mütter befaßt, um dann selbst als Mutter in die Familie zurückzukehren. Sie wollen, sie *müssen* es besser machen, antizipieren sie doch die langfristigen Konsequenzen mütterlichen Versagens mit unerbittlicher Klarsichtigkeit. Vor allem aber hören sie die tagtäglichen Klagen von Patienten über eine Mutter, die „nie da war". Müssen sie sich nicht fragen, ob ihre eigenen Kinder in einem solchen Augenblick nicht gerade den gleichen Vorwurf äußern, an eine fremde Adresse, weil die Mutter „Patienten" hat und deshalb nicht erreichbar ist? Für diesen quälenden Dauerkonflikt von Psychoanalytikerinnen, die selbst Mütter sind, besteht innerhalb der Profession eine krasse Wahrnehmungslücke. Man übernimmt bedenkenlos das Muster, nach welchem es die Privatangelegenheit jeder Frau ist, Berufs- und Familienrolle miteinander in Einklang zu bringen. Unsere Ausbildungskandidatinnen, die fast alle in der Prokreationsphase ihres Lebenszyklus stehen, sitzen in Seminaren, wo sie über die Bedeutung der frühen Mutter-Kind-Beziehung belehrt werden. Für die Zeit dieses Seminarbesuchs mußten sie ihre eigenen Kinder einer fremden Aufsichtsperson übergeben (es sei denn, der Ehemann springt ein). Ich kenne kein einziges psychoanalytisches Institut, das auch nur erwogen hat, für diese Mütter Voraussetzungen zu schaffen, ihre Kinder mitzubringen, wohl aber Institute, an denen empfohlen wird, in den ersten Ausbildungsjahren die Mutter-Kind-Interaktion in fremden Familien teilnehmend zu beobachten. Die Forderung nach einer Ganztagsausbildung für angehende Psychoanalytiker treibt diesen Konflikt auf die Spitze. Vermitteln wir unseren Ausbildungskandidatinnen hier nicht eine zweifache Botschaft, die nach allen Regeln des Double-Bind konstruiert ist? Eine Doppelbotschaft, über die keine Metakommunikation stattfindet, weil Frauen gewohnt sind, den Konflikt zwischen Berufs- und Familienrolle für sich allein oder innerhalb der Familie auszutragen, um sich innerhalb der Berufsrolle nicht zu diskriminieren!

Wenn ich von einem Kollegen höre, die Rückkehr in die Familie nach einem anstrengenden Behandlungstag sei für ihn der Augenblick von Entspannung und Rekreation, der ihn für die Strapazen seines psychoanalytischen Berufs entschädige, dann weiß ich, der Sprecher ist ein Mann. Die meisten mir bekannten Kolleginnen berichten, daß Nachhausekommen für sie bedeutet, nunmehr in den wenigen verbleibenden Stunden des Tages statt für die Patienten für die Familie, insbesondere für die Kinder, da zu sein. Sie erleben ihre Familienrolle eher als Fortsetzung ihres Berufsalltags und weniger als Möglichkeit zur Entlastung und des Zu-sich-selber-Kommens. Es hat den Anschein, als ob auch hier die heimkehrenden *Väter* eine Familie anträfen, die bereit ist, sich auf ihre Bedürfnisse, z. B. nach Ruhe und Entspannung, einzustellen, während die *Mutter* erwartet wird, um die angehäuften Erwartungen von Kindern (und Ehemann?) zu befriedigen. Die daraus entstehende Überforderungssituation für die Frau, die auf diese Weise kaum dazu kommt, Zeit und Ruhe für sich zu beanspruchen oder sich regressiv in den „Schoß der Familie" fallen zu lassen, wird von vielen Psychoanalytikerinnen doppelt empfunden, weil sie sich wegen ihrer sensibilisierten Wahrnehmung für die Bedürfnisse anderer in Beziehungen weniger abkapseln können und wohl auch wollen.

Die Mütter pubertierender Kinder, die als Psychoanalytikerinnen tätig sind, geraten nach meinem Eindruck überdies leicht in eine zusätzliche seelische Überforderungssituation, die aus der teilweisen Gleichartigkeit der psychoanalytischen Beziehung zum Patienten und zu Kindern in dieser Entwicklungsphase herrührt. Das Ziel der Analyse ist es, den Psychoanalytiker für den Patienten entbehrlich zu machen. Heranwachsende Kinder trennen sich von ihrer Mutter in einem langen Prozeß, bis sie ihr schließlich sagen können: „Ich brauche dich nicht mehr". Die Aufgabe der Mutter ist es, das Kind innerlich loszulassen und ihm eine Entwicklung zu ermöglichen, an deren Ende sie allein zurückbleiben wird. Für die Mutter bedeutet dies oft lange Jahre des Abschiednehmens und einer Trauerarbeit, die ihr in der Regel allein aufgebürdet wird. Das gleiche Thema, nämlich Trauer und Abschiednehmen, füllt auch die Analysen unserer Patienten. Psychoanalytikerinnen sind also möglicherweise eine lange Phase ihres Lebens hindurch mit einer allgegenwärtigen Forderung des Loslassens und des Abschiednehmens konfrontiert, der sie keinen Protest, geschweige denn eigene Ansprüche entgegensetzen dürfen. „Loslassenkönnen" entspricht ihrem eigenen Ideal als Psychoanalytikerin und Mutter, Festhaltenwollen wird von der psychoanalytisch trainierten Gewissensinstanz verurteilt. Ich glaube, daß diese Last auch von persönlichkeitsstarken Frauen oft nur schwer zu tragen ist. Selten wird gefragt, wie sie es schaffen.

Die Partnerbeziehung ist oft nicht in der Lage, diese und andere Konflikte aufzufangen. Partnerbeziehungen von Psychoanalytikerinnen sind krisenanfällig, und zwar aus mehreren Gründen. Oft wird die Partnerwahl bereits in der Lehranalyse in Frage gestellt, bis hin zur Auflösung einer gerade gegründeten Familie (*Rohde-Dachser* 1981). In jedem Falle aber ändern sich die an eine Partnerschaft gestellten Erwartungen und Ansprüche. Dabei werden nicht nur neurotische Fehlerwartungen abgebaut. Es entstehen auch Wünsche nach größerer Nähe, nach Selbstentfaltung in der Partnerschaft, vor allem aber: ein Anspruch an die Qualität der zwischenmenschlichen Kommunikation. Der männliche Partner fühlt sich diesen Erwartungen oft nicht gewachsen und entzieht sich. Hat er selbst keine eigene Analyse absolviert, gerät er außerdem leicht in die Situation des Unterlegenen oder nimmt sich zumindest auf diese Weise wahr. Seine Partnerin kann ihn „analysieren", er selbst hat dem nichts entgegenzusetzen als möglicherweise den Vorwurf, sie wolle ihn beherrschen und manipulieren. Psychoanalytikerinnen scheitern in der Partnerbeziehung oft an einem solchen Konflikt, den sie selbst durchschauen, ohne ihn lösen zu können, denn ihre „Interpretationen" werden vom Partner aus den genannten Gründen als Machtanspruch und Schuldzuschreibung zurückgewiesen. Auch wo dies nicht der Fall ist, leiden Psychoanalytikerinnen oft unter der Unmöglichkeit, sich über ihre beruflichen und persönlichen Erlebnisse mit einem berufsfremden Partner auszutauschen, dem das psychoanalytische Erfahrungsfeld verschlossen bleibt.

Die Instabilität der Partnerbeziehung ist, wie ich glaube, zudem das unausweichliche Resultat eines fortschreitenden Individuationsprozesses, hier beim weiblichen Partner, der in der Lehranalyse eingeleitet wurde und nie mehr rückgängig zu machen ist. Die Individuation verunmöglicht Verklammerungen, Abhängigkeiten und Kollusionen, die viele Partnerbeziehungen sonst stabil erhalten. Der Glücksfall, daß dieser Individuationsprozeß bei beiden Partnern annähernd parallel verläuft, ist selten gegeben. In der Regel befindet sich der analysierte Partner, in unserem Falle also die Frau, in der „progressiven Position" (*Willi* 1975). Der Mann leidet unter dieser Entwicklung und lastet sie häufig genug seiner Partnerin an. Wenn solche Beziehungen auseinandergehen, fällt es dem männlichen Partner unter den gegebenen sozialen Bedingungen meist nicht schwer, eine neue Wahl zu treffen. Oft fällt diese Wahl auf eine jüngere, ihm sozial unterlegene, abhängige Frau, die ihm nun ihrerseits fraglos die progressive Position einräumt (zumindest am Beginn der Beziehung) und sein lädiertes Selbstbild auf diese Weise wieder stabilisiert. Die zurückgebliebene Partnerin ist im Vergleich dazu in der ungünstigeren Position. Wesentlich jüngere oder sozial unterlegene Männer kommen für sie nach dem in unserer Gesellschaft immer noch gültigen Muster für die Partnerwahl kaum in Frage (vgl. *Pross* 1978, S. 80ff; *Pearlin* 1975). Engen sich ihre Wahlmöglichkeiten auf diese Weise schon durch soziale Vorbedingungen erheblich ein, so verringern sie sich nochmals durch die Ansprüche, die sie, gezwungen durch ihre Vorerfahrung, an die Persönlichkeitsentwicklung eines neuen Partners stellen muß. Psychoanalytikerinnen, die sich im mittleren Lebensalter von einem Lebenspartner trennen, riskieren deshalb, allein zu bleiben. Einsamkeit kann dann der Preis sein, den sie für ihre Individuation bezahlen.

2. Die Negierung der sozialen Dimension des Emanzipationskonflikts in der psychoanalytischen Subkultur und ihre Auswirkungen

2.1 Kollektive Abwehrmanöver: Verleugnung, Projektion und Psychodynamisierung

Die bis hierher vorgestellten Thesen scheinen mir geeignet, den typischen Rollenkonflikt von weiblichen Psychoanalytikern und Psychotherapeuten in groben Umrissen zu skizzieren. Die Skizze hat Modellcharakter. Wie jedes Modell abstrahiert sie deshalb aus einem konkreten Phänomen, in unserem Fall der sozialen Existenz als Psychoanalytikerin, bestimmte problemrelevante Aspekte, um auf diese Weise zu allgemeinen Aussagen zu kommen, mit denen wiederum *ein* wesentlicher Aspekt dieser konkreten Realität erklärt werden kann. Es handelt sich also um eine *idealtypische Betrachtungsweise*, die keinen Anspruch erhebt, diese Realität in toto zu erfassen, zum Beispiel den je individuellen Lebenslauf oder die konkrete Lebenssituation einer Frau Doktor X oder Y. Wir könnten uns deshalb jetzt die Frage stellen, auf welche Weise der hier postulierte Rollenkonflikt in konkreten Einzelschicksalen seinen Ausdruck gefunden hat; auch, ob und unter welchen Bedingungen Frauen in ihrem psychotherapeutischen Beruf eine Karriere gemacht haben, die unsere Hypothesen zu widerlegen scheint.

Ich möchte stattdessen hier einem anderen Phänomen nachgehen, das sich mir in Situationen aufdrängte, wo ich dieses Konfliktmodell in einer größeren Gruppe von Psychoanalytikerinnen zur Diskussion stellte. Das Reaktionsmuster dieser Gruppe unterschied sich in auffälliger Weise von dem Gesprächsverlauf, wie er mir aus privaten Kontakten mit Kolleginnen vertraut ist. Es war auch von anderer Art als die übliche Kommunikation in berufs-unspezifischen Frauengruppen, die sich unter einer emanzipatorischen Zielsetzung zusammenfinden. Während sich hier wie dort meist schnell eine Art weiblicher Solidarität herstellte, die ihren Elan aus dem gemeinsamen Erlebnis sozialer Deprivation bezog, war dies in reinen Psychotherapeutinnen-Gruppen *nicht* der Fall. Angesichts der Tatsache, daß das Thema andererseits in allen professionellen Zirkeln, in denen ich es ankündigte, auf ein unerwartet hohes Interesse stieß, sich, wie man ohne Übertreibung sagen könnte, sogar als ausgesprochener „Renner" erwies, schien diese Beobachtung zunächst schwer einzuordnen.

Deutlich war nur, daß die anfängliche, auch während des Vortrags noch deutlich spürbare Faszination an den aufgeworfenen emanzipatorischen Fragestellungen im Kreis der weiblichen Psychotherapeuten bald einer spürbaren *Abwehr* Platz machte. Dabei wurde insbesondere die Benennung von Konflikten, die sich im unmittelbar erlebbaren professionellen Umfeld darstellen, also etwa im Rahmen der psychoanalytischen Ausbildungsinstitute oder Berufs-Organisationen, geradezu peinlich vermieden. Es schien leichter zu sein, den Konflikt ganz allgemein unter dem abgedroschenen Motto „Frau und Gesellschaft" abzuhandeln, als ihn unmittelbar auf die eigene Berufsrolle als Psychoanalytikerin zu beziehen. Die weitere Auseinandersetzung mit dem in dieser Verallgemeinerung bereits entschärften Konflikt erfolgte dann auf eine Weise, in welcher sich gewisse Regelhaftigkeiten abzeichneten. Ich bekam zu hören, manches sei wohl nicht ganz so schlimm, wie ich es glauben machen wollte. Der „klagsame" Unterton mancher Äußerungen wurde moniert, so als ob es sich dabei um etwas Unanständiges handle. Man könne (und dürfe) sich schon deshalb nicht beschweren, weil die männlichen Kollegen es (wenn vielleicht auch auf andere Weise) in ihrer Rolle auch nicht gerade leicht hätten. Fairerweise hätte ich dies mitbedenken müssen. Über längere Strecken der Diskussion wurde dann eher das schwere Los der Männer, die *ihnen* durch ihre Geschlechtsrolle aufoktroyierte Entfremdung, bedauert; vom eigenen Schicksal war dabei kaum mehr die Rede. Stattdessen wünschte man sich jetzt männliche Kollegen in den Kreis, die in der Lage gewesen wären, das Problem aus ihrer Sicht heraus zu definieren und damit sozusagen zu vervollständigen.

Ein anderes Reaktionsmuster dokumentierte sich in wiederholten wechselseitigen Versicherungen, daß der weibliche Rollenkonflikt lösbar sei, wenn man sich nur genügend anstrenge. Sorgsame Zeiteinteilung etwa oder die Einschränkung der Berufsausübung, solange die Kinder noch klein sind, könnten geeignete Mittel sein, um die sicher schwierige Situation angemessen zu bewältigen. Vor allem aber müsse der Konflikt „bearbeitet" werden, indem man sich immer wieder nach dem eigenen Anteil daran frage. Auffallend war dabei vor allem die Selbstverständlichkeit, mit der die Kolleginnen bereit waren, die im Umfeld des Rollenkonflikts auftretenden Schwierigkeiten sich selbst anzulasten und die volle Verantwortung dafür zu übernehmen. Der *soziale* Konflikt wurde dabei so behandelt, als ob er ein innerpsychischer wäre, seine Auflösbarkeit von daher prinzipell in die Verfügung des einzelnen gestellt. Klagen, z. B. über soziale Ungerechtigkeit und Deprivation, waren demgemäß nicht statthaft; sie wurden als peinlich empfunden, waren Eingeständnis eigenen Versagens. Die diesem Deutungsmuster immanente Verleugnung objektiver Realitäten und ihre Kopplung mit eigenen Omnipotenzphantasien erwies sich als kaum hinterfragbar.

2.2 Das kollektive Macht-Tabu als Barriere für die Bewältigung von Emanzipationskonflikten

Stattdessen stieg der Aggressionspegel in der Gruppe. Der Meinungsaustausch unter den Kolleginnen nahm streckenweise den Charakter eines Streites an, dessen Anlaß verschwommen blieb oder immer wieder wechselte. Dabei schob sich das Thema „Macht" immer wieder in den Vordergrund. Die Macht von Männern und Frauen wurde verglichen, und „aufgedeckt", daß Frauen eigentlich gar nicht so schwach seien, dem Manne „in Wirklichkeit" vielleicht sogar überlegen. Die „übermächtige Mutter" kam ins Spiel, von der jeder Psychoanalytiker weiß, daß ihre Macht durch keine andere zu übertreffen ist. Mit diesen Feststellungen verband sich kein Triumphgefühl, sondern eher peinliche Verlegenheit und das Erlebnis von Schuld, oft gepaart mit Trauer über die Unentrinnbarkeit, mit der Frauen als Psychoanalytikerinnen, aber nicht nur dort, mit dem Bild dieser übermächtigen Mutter befrachtet werden. Macht- und Ohnmachtsgefühle gingen hier also nahtlos ineinander über.

Die Entlastung im kollektiven Trauererlebnis war jedoch von kurzer Dauer und machte schnell wieder einer aggressiven Auseinandersetzung Platz, jetzt um den Begriff „Macht" und seine „richtige" Auslegung. Es nimmt vielleicht nicht wunder, daß diese Definitionsleistung in keiner der hier beschriebenen Gruppen erbracht werden konnte. Der Versuch dazu endete in allgemeiner Verwirrung. Die Psychoanalyse liefert, wie ich meine, kein gültiges Erklärungsmodell für gesellschaftliche Machtphänomene, ebensowenig wie die Vielschichtigkeit persönlicher Machtmotive etwa mit der Narzißmustheorie oder dem theoretischen Postulat eines „analen Bemächtigungstriebes" adäquat erfaßt werden kann. Obwohl also nur verschwommen konturiert, besitzt der Begriff „Macht" in der Sprache der Psychoanalytiker doch fast immer eine negative Konnotation. Ich glaube nicht, daß dies allein auf seine „anale" Einfärbung zurückzuführen ist, auch nicht auf die häufiger zitierte Unvereinbarkeit von Machtausübung und emanzipatorischer Zielsetzung der Psychoanalyse. Professionelle Helfer *müssen* ihre Macht verleugnen, wie *Schmidbauer* in seiner Analyse des „Helfersyndroms" eindrücklich dargestellt hat. Dementsprechend entstand in den Diskussionen, von denen ich hier berichte, der Eindruck, als ob an ein Tabu gerührt worden wäre. Auf der Suche nach einem Ausweg wurde „Macht" auf die Referentin projiziert: *Sie* wurde aufgefordert, die schuldige Definition von Macht zu leisten und sich dabei gleichzeitig zu ihren persönlichen Machtmotiven zu bekennen. Unklar war dabei, ob sie als Identifikationsmodell anvisiert wurde oder als möglicher Sündenbock; nach meinem Eindruck überwog eher die letztere Tendenz.

2.3 Schuldübernahme versus solidarischem Protest

Ich habe diese kollektiven Reaktionsmuster deshalb so ausführlich geschildert, weil sie mir etwas Wesentliches auszusagen scheinen über den normativen Druck, unter dem vor allem weibliche Psychoanalytiker stehen, wenn sie die Wertmuster der psychoanalytischen Subkultur internalisiert haben. Dieser normative Druck verhindert die Bewußtwerdung oder zumindest doch die Artikulation gemeinsam erlebter Deprivation, die deshalb hier nicht zur Solidarisierung führt, sondern eher in weitere Isolation. Kollektive Normen und Idealvorstellungen verbieten diesen Frauen zu klagen, geschweige denn anzuklagen. Als Psychotherapeutinnen müssen sie stark sein; das Leid der anderen hat immer Vorrang vor ihrem eignen. Diese habituelle Hinwendung zu fremdem Elend, und sei es das der männlichen Geschlechtsgenossen, lenkt ab von eigener Bedürftigkeit, auf die man kein Recht zu haben glaubt. Das offene Eingeständnis eigener Bedürftigkeit wäre gleichbedeutend mit dem Eingeständnis eigenen Versagens und damit letzten Endes eigener Schuld. Dabei scheint sich ein Konflikt, der *sozial* induziert und deshalb zuerst auch im sozialen Umfeld zu orten ist, unversehens in Selbstvorwurf umzusetzen, mit dem Frauen scheinbar bereitwillig die „Schuld" für sozial-kulturelle Restriktionen auf sich nehmen, wie sie zumindest den Müttern unter ihnen immer zugeschrieben wurde, vielleicht schon seit Evas Zeiten. „Feministisches" Aufbegehren ist demgegenüber neurose-verdächtig.

Vielleicht ist dies der Grund, warum Psychoanalytikerinnen das Ringen um eine eigenständige weibliche Selbstdefinition gegenwärtig fast ganz den Frauenbewegungen überlassen und sich eher naserümpfend von diesen abwenden. In der psychoanalytischen Subkultur besteht die Forderung, Konflikte durch reflexive Innenschau auszutragen; davon abweichende Lösungsstrategien erhalten leicht den abwertenden Stempel des „Agierens". Die damit verbundene Überzeugung von der ubiquitären Zuständigkeit der psychoanalytischen Theorie und Methode ist nicht allein das Resultat unbearbeiteter Omnipotenzphantasien. Für alternative Deutungen des Konflikts fehlt meist auch das dafür notwendige begriffliche Repertoire, welches in den Nachbarwissenschaften, vor allem der Soziologie und Sozialpsychologie, bereitsteht, aber nicht aufgegriffen wird, weil es für das psychodynamische Weltbild der psychoanalytischen Subkultur scheinbar keine Relevanz besitzt.

Vor allem aber scheitern Psychoanalytikerinnen beim Austragen ihres Emanzipationskonflikts am professionsinternen *Tabu der Macht*. Macht, vor allem aber Lust an der Macht, ist diffamiert und wird von daher, wie ich meine, gar nicht so ungern den Männern zugeschrieben und auch überlassen. Oft kulminiert diese Form der Delegation in der (von den Frauen unter den Psychotherapeuten erhobenen) Forderung nach bewußtem weiblichen Machtverzicht. Dabei wird verleugnet, daß man sinnvollerweise nur auf etwas verzichten kann, das man hat oder doch wenigstens haben könnte. In Wirklichkeit gehen Frauen in der psychoanalytischen Profession nach meinem Eindruck Machtauseinandersetzungen auch deshalb aus dem Wege, weil sie sich auf diesem Terrain nicht sicher bewegen können und also lieber gleich resignieren. Gleichzeitig scheint die Möglichkeit der Macht eine riesige Versuchung darzustellen. Dies wird an Stellen deutlich, wo sich Psychoanalytikerinnen unvermutet mit der ihnen angesonnenen Imago der „übermächtigen Mutter" so identifizieren, als ob sie *real* diese Macht besäßen. Solche Phantasien aber münden zwangsläufig in *Schuld*, weil die Macht über Leben und Tod, die in den archaischen Mutter-Imagines verkörpert ist, sogar den potentiellen Tötungsakt am hilflosen, ausgelieferten Objekt mit einschließt, und weil Töten-Können, Töten-Wollen und Getötet-Haben in diesem magischen Bereich ineinanderfließen. Darüber hinaus wird in solchen archaischen Macht-Phantasien zwangsläufig auch das Bild der eigenen Mutter als übermächtige Imago reaktiviert und mit ihm die eigenen Fusions- und Vernichtungsängste, die an dieser Imago haften. So gesehen, sind Machtphantasien und -wünsche für Frauen vielleicht auch deshalb besonders erschreckend, weil sie diesem regressiven Sog unterliegen, während sie bei Männern eher der Identifizierung mit Vater-Imagines entspringen, die der Regression in frühe symbiotische Beziehungen entgegenwirken und also eine ich-stabilisierende Funktion besitzen. Das Bild vom grundsätzlich überlegenen Mann, vom unentbehrlichen, oft lebensrettenden Führer, Beschützer und Erlöser, ist möglicherweise auch deshalb so tief im weiblichen Denken verankert, weil es der Vater der frühen Triangulierung war, also ein Mann, der die Macht hatte, das Kind aus der Symbiose herauszuführen und die scheinbar allmächtige Mutter der Dyade in ihre Schranken zu verweisen. Daraus folgt aber schließlich, daß auch Psychoanalytikerinnen auf diesen rettenden Dritten angewiesen bleiben und ihm die Macht nicht streitig machen können, solange sie die Machtwünsche in sich selbst dämonisieren und deshalb immer wieder an den Mann delegieren müssen.

3. Von der Schwierigkeit, ein Fazit zu ziehen

Damit komme ich zum Schluß meiner Überlegungen, mit denen ich die typischen Rollenkonflikte von Psychoanalytikerinnen aufzeigen wollte, deren angemessene Bewältigung oft an berufsspezifischen inneren Barrieren scheitert, die ein gemeinsames, auf Veränderung zielendes Handeln unterbinden. Das Resümee bleibt so zwiespältig wie das vorgetragene Problem. Ich habe deshalb lange zwischen zwei möglichen Schlußformulierungen geschwankt und mich schließlich entschlossen, beide niederzuschreiben und dem Leser die Wahl zu überlassen.

Das erste Fazit könnte lauten: Wenn es gelingt, den Frauen, die gleichzeitig Psychotherapeutinnen sind, ihr Emanzipationsproblem *auch* als einen Rollenkonflikt ins Bewußtsein zu heben, der nach anderen Lösungsformen verlangt, als dies für intrapsychische Konflikte gilt; wenn es weiter möglich ist, im Wege dieses Bewußtwerdungsprozesses auch die Gebote und Tabus der psychoanalytischen Subkultur in Frage zu stellen, die ihm im Wege stehen, dann könnte vielleicht gerade von weiblichen Psychotherapeuten ein wirksamerer Impetus für weiterreichende emanzipatorische Veränderungen ausgehen als von jeder anderen Berufsgruppe.

Der zweite Schluß-Satz entstammt einer Geschichte frei nach *Tucholsky*. Dort kommt ein Mann von einer abendlichen Parteiversammlung nach Hause und wird von seiner Frau gefragt, wie es gewesen sei. Er antwortet: „Et war scheen, viele Jenossen waren da, und se haben janz lange über die Revolution jeredet; aber — unter uns jesagt — ick gloobe, mit *der* Partei kommt se nich."

Literatur

Angermeyer, M., Der Psychiater und die Angehörigen schizophrener Kranker: Eine Untersuchung zur personalen Wahrnehmung, Z. f. klin. Psych. Psychother. 29 (1981) S. 43-52.

Hoffmann, S. O., Charakter und Neurose, Suhrkamp, Frankfurt 1979.

Horney, K. (1939), New Ways in Psychoanalysis; dt.: Neue Wege der Psychoanalyse, Kindler, München 1977[2].

Kohut, H. (1967), Die Begutachtung von Bewerbern um die psychoanalytische Ausbildung, in: Introspektion, Empathie und Psychoanalyse. Aufsätze zur psychoanalytischen Theorie, zu Pädagogik und Forschung und zur Psychologie der Kunst, Suhrkamp, Frankfurt 1977.

Mentzos, S., Hysterie. Zur Psychodynamik unbewußter Inszenierungen, Kindler, München 1980.

Mitchell, J., Psychoanalyse und Feminismus, Suhrkamp, Frankfurt 1976.

Parsons, T., Bales, R. F., Family, Socialization and Interaction Process, The Free Press, Glencoe/Ill. 1955.

Pearlin, L. I., Status Inequality and Stress in Marriage, *American Sociological Review* 40 (1975) S. 344-357.

Pross, H., Die Männer. Eine repräsentative Untersuchung über die Selbstbilder von Männern und ihre Bilder von der Frau, Rowohlt, Reinbek 1978.

Rohde-Dachser, Ch., Dyade als Illusion? Überlegungen zu einigen Strukturbedingungen der Zweierbeziehung am Beispiel von Partnerschaft und Psychoanalyse, Z. f. Psychosom. Psycho-Anal. 27 (1981) S. 318-337.

Schmidbauer, W., Die hilflosen Helfer. Über die seelische Problematik der helfenden Berufe, Rowohlt, Reinbek 1977.

Schwidder, W., Klinik der Neurosen, in: *Kisker, K. P., Meyer, J. E., Müller, M., Strömgren, E.* (Hrsg.), Psychiatrie der Gegenwart, Bd. II/1, Springer, Berlin 1972.

Shields, R. W., The Too-Good Mother, *Int. J. Psycho-Anal.* 45 (1964) S. 885-889.

Treinen, H., Die Stellung der Frau in Industriegesellschaften, in: *Oeter, K., Wilken, M.* (Hrsg.), Frau und Medizin, Psychosoziale Probleme, Folgerungen für die Praxis, Hippokrates, Stuttgart 1979.

Willi, J., Die Zweierbeziehung, Rowohlt, Reinbek 1975.

Winnicott, D. W. (1949), The Ordinary Devoted Mother and her Baby, in: The Child, the Family and the Outside World, Penguin Books, Harmondsworth 1964.

Plastiken aus meiner Analyse (1)

Lisa Bock

Vermittelte Weiblichkeit

Psychoanalytische Notizen zur Ermöglichung und Verunmöglichung von Weiblichkeit in der frühen Mutter-(Vater-)Tochter-Beziehung.

Edith Frank-Rieser, Innsbruck

Die Zielvorstellung meines Beitrages war es anfangs, eine Beschreibung „ursprünglicher" Weiblichkeit zu finden, die in ihrem Wesen nicht auf ständige „Gegen"-Definition zum Männlichen, Phallischen oder Väterlichen angewiesen ist. Diese Vorstellung hat sich emotional aus persönlichem Zorn auf die immer noch bestehende Dominanz männlicher psychoanalytischer Definitionen von Weiblichkeit/Mütterlichkeit ergeben, die sich bis in den Ausbildungs- und Praxisalltag von Psychologinnen und Psychoanalytikerinnen ausbreiten und m. E. auf der Ebene sozialer Gegenwart tatsächlich auf ein „Zeitalter des Narzißmus" (*Lasch* 1982) verweisen — ich möchte ergänzen, eines von Männern und auch Frauen gleichmaßen bevorzugten „phallischen" Narzißmus. Konkrete Äußerungsformen jener männlichen Definition von Weiblichkeit waren vor allem gegenüber aktiven Frauen hörbar, und zwar im Stil moralischer Abwertungen: phallische Frau, kastrierende Weiblichkeit/Mütterlichkeit, Intelligenzbestie, oder aber Vermittlerin, Diplomatin und Helferin. Eigenständige Weiblichkeit ist daraus nicht ableitbar. Im Gegenteil, das alles klingt nach Interpretationen, die nur aus einem „phallischen Monismus" *Freuds* heraus, einer Zuschreibung von Kompensation eines „Penisneides" sowie der Auffassung der Männlichkeit der Libido eine (schlecht fundierte) theoretische Legitimierung beziehen können. Weiblicher Narzißmus, Passivität, Masochismus und mangelhaft strukturiertes Über-ich sind die darunter spürbaren überlieferten Definitionen: eine korrekturlose Übernahme *Freud*'scher Ansätze, die ahistorisch aus seiner Zeit Gegenwartsbedeutung bewahren sollten. Überflüssig zu sagen, daß weiblicher Zorn auf solche Fremd-Definition und deren Ausschließlichkeit wiederum Gefahr lief, als Beweis für die Kompensation von Penisneid genommen zu werden. Was Wunder, daß mir aus solchen Beobachtungen und Erlebnissen heraus die Idee einer unabhängigen Neu-Definition von Weiblichkeit und weiblicher Entwicklung als dringendste erschien.

Nun gab es auch Erfahrungen und Beobachtungen anderer Art (berufliche und vor allem private), die mit Ehe und Familie, noch konkreter mit Schwangerschaft, Geburt, Mutterschaft und den dabei erfahrbaren Beziehungen zu Weiblichkeit/Mütterlichkeit und Männlichkeit/Väterlichkeit zu tun haben und eine vom Mann/Vater abgelöste Definition von Weiblichkeit zu einseitig werden ließen. Aus diesen Beobachtungen und dem Erfahren der Wiederbelebung eigener frühestkindlicher Erinnerungen und Beziehungsmuster bot sich die Mutter-Tochter-Beziehung an als Ort, an dem Definitionen von Weiblichkeit unmittelbar spürbar werden.

Darüber hinaus wurde mir mehr und mehr die Spaltung der gegenwärtigen Frau nach durchaus patriarchalischen Bedürfnissen in Mutter und Weib unmittelbar spürbar als Nische für und Aufforderung zu gestörten weiblichen wie auch mütterlichen Beziehungen, die jede für sich ein Übermaß an narzißtischen Legitimationen anzubieten scheinen: auf der einen Seite als wahre, befriedigende Ideal-Mutter, auf der anderen Seite als emanzipierte, phallisch-genitale Frau. Umso anstrengender ist es also für jene Frauen, die sich gegen eine solche kollektive Spaltung wehren wollen und dabei auf die zusätzliche Forderung stoßen, die negativen Reaktionen der Männlichkeit mütterlich mit zu beachten und zu verstehen.

Zeitgleich fiel mir (insbesondere in Analysen von Frauen bzw. jungen Müttern) die Schwierigkeit für die Frau auf, zugleich Mutter der Kinder und Frau des Mannes zu sein auf einer tiefen, psychischen Ebene einer frühen Mutterbeziehung, die einer weiblichen Körperlichkeit kaum Raum gab.

Die bisher genannten Beobachtungen, Erlebnisse und Fragestellungen ließen mich auf die frühe Mutter-Tochter-Beziehung stoßen und auf die darin vermittelte Weiblichkeit. Die Weiblichkeit der Mutter wiederum äußert sich dabei in der Art, wie sie der Tochter die Tatsache des Mann/Vaters, also der Vaterschaft und Männlichkeit vermittelt, von der meines Wissens weniger oft die Rede ist, die aber in frühkindlichen Phantasien (insbes. Sexualphantasien) zentral ist.

Aus diesem Blickwinkel heraus enthält die *Freud*sche Beschreibung von Weiblichkeit eine konkrete Vermittlung patriarchalischer Männlichkeit der damaligen Zeit: Die bürgerliche Frau war in ihrer Mutterschaft eine „Phallus"-gebärende bzw. „Phallus"-behaltende Frau, deren Weiblichkeit einer Kompensation eigener Nicht-Männlichkeit (vgl. Penisneid, Tatsache der Kastration für das Mädchen, Männlichkeit der Libido, Bedeutung der phallischen Phase für beide Geschlechter, weiblicher Narzißmus, Passivität, Masochismus, symbolische Gleichung Penis-Kind, vgl. *Freud* 1908, 1925, 1931, 1932/33, 1937, 1938/40) entsprang. Die Begründung solcher Weiblichkeit als sekundäre Bildung ohne eigenständige psycho-biologische Basis läuft zirkulär und begünstigt die ewig gleiche Tradierung kompensatorischer Weiblichkeit, die aber vom Blickwinkel frühkindlicher Erlebnisse aus oft genug durch widersprüchliche Phantasien in Frage gestellt zu sein scheint. Doch wurden auch frühkindliche Phantasien um eine „omnipotente" Mutter lediglich als Beweis der durch den Penis des Vaters gewonnenen Macht der Mutter interpretiert. Die von Frauen und Männern „gemeinsame" Mutter wurde kaum hinterfragt, aus der „beneidenden" Frau erwachsen glückliche Mutter-Sohn-Beziehungen als Optimum kompensatorischer Weiblichkeit (Sohn als Phallus) und abhängig-bleibende narzißtische Mädchen, die von Anfang an in eine Rivalität mit der Mutter-Frau um die Kompensationsmöglichkeit „Phallus" hineingeboren werden. Die gesamte Weiblichkeit/Mütterlichkeit erhielt ihre Bestimmung aus der phallisch-ödipalen Zeit, primäre Mutter-Kind-Beziehungen enthielten lediglich Vorläufer der phallisch-ödipalen Stufe gemäß der Umkehrung der Gleichung Phallus-Kind als Kind-Phallus der Mutter. Was Penisneid und Kastrationsangst als Reaktion auf frühe Mutterbeziehungen bedeuten könnten, blieb unbeachtet. Das bedeutet für die Entwicklungstheorie von Männlichkeit und Weiblichkeit, daß mit der ausschließenden Zentrierung um die ödipale Stufe dieselben Reaktionen auf frühe Mutterbeziehungen rationalisiert und eigentlich geleugnet wurden bzw. für die damalige gesellschaftliche Struktur kollektiv als nicht existent bezeichnet wurden.

Obwohl schon sehr früh in der psychoanalytischen Bewegung Theorien entstanden, die auf die Eigenständigkeit der weiblichen Sexualentwicklung einerseits und auf eine Beziehung des ödipalen Konfliktes auf präödipale Stadien der Ablösung von der Mutter andererseits verwiesen, blieb *Freud* (1925, 1931, 1937) bei seiner Ansicht von Weiblichkeit und fand erstaunlicherweise Unterstützung durch Psychoanalytikerinnen, die offensichtlich bereit waren, Züge praktisch überprüfbarer Weiblichkeit männlich zu definieren (z.B. *Lampl-de-Groot, Deutsch, Bonaparte,* nach der Darstellung von *Fliegel* 1975). Die damals kontroversen Ansichten stellten schon die Bedeutung des Penisneides für die Frau in Frage, äußerten Vermutungen zum männlichen Mutterschaftsneid, zu frühen Verletzungsängsten des Mädchens und zu einer frühen Wahrnehmung der Vagina (*Horney* 1926/1931, *Klein* 1928, *Jones* 1928).

Nach dieser schon frühen Auseinandersetzung mit der Entwicklung der weiblichen Sexualität (die in der offiziellen Geschichtsschreibung der Psychoanalyse gänzlich fehlt) folgte eine lange Pause zu diesem

Thema, das erst vor wenigen Jahren wieder mehr in den Blickwinkel psychoanalytischen Interesses kam. Die Emanzipationsbewegung hatte dabei einen ambivalenten Einfluß genommen, wie auch die Darstellungen der Psychoanalyse durch den Feminismus nicht nur zur gegenseitigen Befruchtung beigetragen haben (vgl. *Mitchell* 1976). Dementsprechend finden sich in der gegenwärtigen Literatur, grob gesprochen, zwei Ausrichtungen in der Behandlung der Frauenfrage: eine emanzipatorische Frauenliteratur (oft auch psychoanalytisch), die sich häufig den mehr oder weniger deutlichen Anstrich der Gegnerschaft zum Mann mit gleichzeitiger Dominanz weiblicher Werte gibt, und eine andere Art Literatur (sowohl Fachliteratur als auch Essayistisches), die sich mit der Mutter-Tochter-Beziehung befaßt und von da her konkretere Aspekte gelebter und tradierter Weiblichkeit zu erfassen sucht.

Auch in der Literatur zeichnen sich die beiden Möglichkeiten auf der Suche nach einer Neu-Definition von Weiblichkeit/Mütterlichkeit ab (wie im Verlauf der Fragestellung hier). Was m. E. beide Möglichkeiten enthalten, ist die Reaktion auf jene Fremdbestimmung von Weiblichkeit sowohl durch die noch immer patriarchalisch strukturierte Gesellschaft („Neo-Paternalismus", vgl. *Lasch* 1982) und Theoriebildung als auch durch die Mutterschaft in dieser so strukturierten Rollenverteilung. In dazu paralleler Weise kann die Beschäftigung mit der frühen Mutter-Tochter-Beziehung einen ähnlichen Verweis auf die Frage nach der durch die Mutter vermittelten Männlichkeit/Väterlichkeit sein, die es zu ergründen gilt. Hierher würden auch die Überlegungen zum psychischen Matriarchat der frühen Kindheit gehören, das auch für den Jungen andere Bedingungen schaffen kann als die, die *Freud* als optimal für die Mutter-Kind-Beziehung bezeichnete.

Schon während der Schwangerschaft beginnt in der Mutter die Vorbereitung auf Abhängigkeit und Gegenabhängigkeit, die alle Bedeutungen der eigenen Geschichte enthalten, auch die damaligen symbiotischen Beziehungen zur eigenen Mutter. Es bahnt sich die Regression im Dienste der Dual-Einheit an, welche, von *Winnicott* (1956) als „primäre Mütterlichkeit" bezeichnet, das passende Gegenstück zu den symbiotischen und narzißtischen Bedürfnissen des Kindes ist. Der Notwendigkeit optimaler Versorgung des Neugeborenen entspricht die Möglichkeit einer narzißtischen Einheit, die sowohl dem Kind als auch der Mutter eine Omnipotenz zuschreibt. Die Verschmelzung oraler mit genitaler Lust bei der Mutter (insbes. deutlich beim Stillen) und auch beim Säugling, für den Trinken eine Gesamtempfindung des „oralen" Körpers ist, beweist die Geschlechtlichkeit jener nährend-taktiler

Beziehungsmodi im sozialen Uterus. Diese enge Wechselseitigkeit wird immer nur für die beiden Symbiose-Partner Mutter und Kind angenommen, der Vater wird für diese Zeit als noch unwesentliche dritte Person bezeichnet, die erst mit der Errichtung des Dritten, der ersten unabhängigen Objektwahrnehmung, bedeutsam wird.

Nun entspricht das m.E. nicht den Tatsachen, und zwar den Tatsachen des Gezeugtseins durch ihn, der vollzogenen Männlichkeit im Geschlechtsakt während der Schwangerschaft, der Beziehung zur Mutter-Frau nach der Geburt und der Anfangsbeziehung zum Kind bzw. den beiden Symbiose-Partnern. Selbstverständlich bleiben der Mutter die speziell an ihren Körper gebundenen Beziehungen (Stillen z.B.) zum Kind, doch ist der Vater implizit anwesend als Miternährer oder Behinderer der Symbiose. Da er als solcher noch nicht getrennt von der Mutter wahrgenommen wird, ergibt sich für die Mutter die Möglichkeit, jene väterlichen „Kontakte" unter ihre eigene Potenz zu subsumieren; in entsprechender Analogie kann ich mir vorstellen, daß spätere Kinderphantasien um einen im Leib der Mutter verbliebenen, geraubten Penis des Vaters kreisen mit dem Ziel der Erhaltung mütterlicher Omnipotenz. Aus dem primären Narzißmus des Kindes heraus bedeutet es eine erste Kränkung, das Bild der omnipotenten Mutter in das einer in Beziehung zum Vater stehenden Mutter-Frau aufzulösen. Was die narzißtische Möglichkeit für die Mutter betrifft, ist mir schon mehrmals in Analysen die Phantasie einer erhofften totalen Unabhängigkeit vom Mann und Kindesvater aufgrund dieser narzißtischen Vollkommenheit der ersten Zeit begegnet, die oberflächlich gesehen als endlich geglückte Lösung aus dem Penisneid imponieren könnte, sich letztlich aber auf eine Wiederbelebung früher Verschmelzungsphantasien mit der eigenen Mutter als „phallusbesitzender" Frau entpuppte und eine Flucht vor der eigenen Weiblichkeit und damit Ablösung von dieser Mutter nahelegte. Enttäuschungen aus mangelnder Väterlichkeit des Mannes bzw. bereits des eigenen Vaters haben dabei verstärkende Wirkung. Damit parallel gingen häufig Schilderungen von Ekel und Abscheu dem eigenen Genitalbereich gegenüber, der erst spät entdeckt wurde und oft bis zur Geburt des eigenen Kindes eigentlich nahezu ohne psychische Repräsentanz im Ich geblieben ist.

Ist das Kind der sich partnerlos darstellenden Mutter ein Sohn, erhält dieser doch durch den Besitz des Penis (Beweis der Getrenntheit von der Mutter) die Möglichkeit, sich identifikatorisch an den Vater zu wenden und seine frühen weiblichen Identifikationen in eine von der Mutter getrennte Männlichkeit zu integrieren.

Ist dieses Kind ein Mädchen, hat dieses es ungleich schwerer, die Differenzierung und Loslösung von der gleichgeschlechtlichen Mutter, mit der es ja auch die Identifikation aufrechterhalten muß, zu vollziehen. Konkret vollzieht sich diese Ablösung im durch die Mutter vermittelten Körper-Ich des Mädchens, worauf ich jetzt näher eingehen will.

Das spontane Erleben kontaminierter oraler und genitaler Sensationen bei der Mutter hat eine Entsprechung beim Mädchen, welches bereits früh oral-vaginale Empfindungen hat. Die Reizbarkeit der Klitoris kann dabei eine Vermittler-Rolle jener Empfindungen mit übernehmen. Orales Saugen könnte somit eine Entsprechung in einer vaginalen „saugenden" Empfindung erhalten (*Kestenberg* 1968). Der orale Modus wäre somit ein in der vaginalen Empfindung der erwachsenen weiblichen Sexualität natürlicherweise mitenthaltener früher Anteil.

In dieser Frühzeit einer durchaus als erotisch zu bezeichnenden Beziehung zwischen Mutter und Tochter besteht für beide eine starke Verführung (*Moeller-Gambaroff* 1980), die auf der Basis der wiederbelebten Mutterbeziehung bei der Mutter selbst Verschmelzungswünsche aktualisiert. Auf narzißtische Weise würde sich die Omnipotenz der Mutter sowohl durch Verschmelzung mit der eigenen Mutter als auch mit der Tochter aufrechterhalten lassen. Damit wäre sowohl der Mann und Miterzeuger des Kindes als auch der leibliche Vater und Mann der Mutter auf Dauer geleugnet. Auf der anderen Seite der symbiotischen Notwendigkeit dieser Frühzeit steht also auch die fatale Möglichkeit zur Verlängerung dieser Omnipotenz in ein dauerndes psychisches Matriarchat (*Moeller-Gambaroff* 1977), einer Verlängerung in etwas, das den phallischen Monismus ins genaue Gegenteil verkehrt, in die alleinige Dominanz von Weiblichkeit, die aus sich selbst Kinder macht und gebärt.

Nun ist gerade die gegenwärtige Betonung der Ideal-Mutter als allein gewährende, Nähe-spendende und z.B. möglichst überlang stillende eine sonderbare Provokation ebensolchen psychischen Matriarchats, das die Spaltung der Frau in Mutter und Weib verschärft. (Auf die diese Spaltung verstärkenden Anteile aus der Vater-Tochter-Beziehung sei hier nur verwiesen.) Wenn diese mütterliche Aufgabe nun auch eine von Männern bzw. Vätern so mitpropagierte Wertvorstellung in der frühen Erziehung durch die Mutter ist, so mag das auf Identifikationsversuche mit der durch Schwangerschaft und Geburt im übertragenen Sinn zur eigenen Mutter gewordenen Frau verweisen oder aber auch einen Versuch bedeuten, einen früheren väterlichen Beziehungsmodus in Anlehnung an die Mütterlichkeit wiederzufinden. Es fällt auf, daß gerade Männer sich als Gynäkologen, „Experten" und „Ermöglicher" von sanfter Geburt, Geburtstechniken etc. anbieten, als läge darin auch die Möglichkeit eines männlich-väterlichen Zugriffs auf die Mutterschaft, sowohl als Reaktion im Sinne eines Mutterschaftsneides als auch einer Sicherung der Beteiligung als Erzeuger.

Was aus all dem hervorgeht, scheint mir doch die Notwendigkeit zu sein, daß die Mutter die Realität des Geschlechtspartners in der Beziehung zur Tochter nicht leugnet bzw. ihre Regression zu optimaler Dual-Einheit eine partielle ist und das omnipotente Bild der aus-sich-selbst-produzierenden Mutter aufgelöst werden kann. Die Leugnung des väterlichen Parts bei der Zeugung wäre somit zugleich eine Leugnung einer wesentlichen Bedeutung des weiblich-sexuellen Beziehungsmodus: der lustvollen körperlichen Ergänzung in der geschlechtlichen Begegnung. Bei einer solchen Leugnung wäre die Vagina als ein mangelhaftes Geschlechtsteil definiert, das nur im Erfülltsein durch Schwangerschaft bis nach der Geburt akzeptiert werden kann, und Klitoris wäre somit ein kaum existentes Analogon zum Penis des Mannes. All dies würde vermittelt auf der Ebene des Körper-Selbst der Mutter, die den Mann-Vater leugnet bzw. vereinnahmt hat. Was hier vom Negativ-Bild her gezeichnet ist, enthält die positive Möglichkeit, durch Bewahrung der eigenen genitalen Bezogenheit auf den Mann dem Mißbrauch der Mutter-Tochter-Beziehung für die eigene Selbstbezogenheit (welche gleichzeitig die Minderwertigkeitsidee des eigenen Genitals aufrechterhält) zu entgehen. Das hieße auch ganz konkret z. B. für die oral-geschlechtliche Beziehungsmöglichkeit des Stillens vom Mädchen, daß eine rechtzeitige Zurücknahme dieser „Angebote" erst die aktive oral-aggressive Auseinandersetzung mit der Umwelt ermöglicht, ohne latente Schuldzuschreibungen an das sich trennende Kind. Eine solche Freigabe entspricht dem Entwicklungsdrang des Kindes hin zur Vorbereitung aktiver Objektbeziehungen, insbes. auch auf den nun als getrennt wahrgenommenen Vater gerichtet, sowie hin zur aktiven Auseinandersetzung mit der eigenen geschlechtsspezifischen Körperlichkeit.

Bereits im zweiten Lebensjahr wird die Etablierung einer sicheren sexuellen Identität angenommen (*Mahler* 1968). Der masturbatorischen Erforschung des Genitalbereiches kommt nun die Aufgabe einer deutlichen Abgrenzung eigener Genitalität von der Genitalität der Mutter zu wie auch die Errichtung der psychischen Repräsentanz dieser eigenen Geschlechtlichkeit im Körper-Ich. Die Entdeckung der Klitoris als Quelle lustvoller Empfindungen ermöglicht das Erleben eines Körperbesitzes als Handlungsmöglichkeit und vermittelt das Auffinden der bisher „oralen" Vagina als innere Genitalität (*Kestenberg* 1968). Dieses In-Besitz-Nehmen des eigenen Genitals ist die Voraussetzung für die Ablösung von der Mutter (*Moeller-Gambaroff* 1980). In der folgenden analen Phase wäre dann auf der Basis der Sauberkeitserziehung eine ähnliche Ablösungsthematik gegeben: der Konflikt mit der den körperlichen Inhalt der Tochter noch vor der Defäkation kontrollierenden Mutter.

Nun scheint mir noch eine zweite Realität in der elterlichen Geschlechtsbeziehung für das Kind zu liegen, die häufig geleugnet wird: die bleibende Realität des Generationsunterschiedes, der letztlichen Unerreichbarkeit von Mutter und (wichtig für die ödipale Wunschsituation) Vater als genital-geschlechtlich definierte Partner (*Chassequet-Smirgel* 1974). Gerade diese Seite des Inzest-Tabus ist eine der wesentlichen narzißtischen Kränkungen, die schon sehr früh im Erleben der Hilfosigkeit und dem Ausgeliefertsein an die Mutter spürbar werden. Die Schwierigkeit der Bewältigung dieser narzißtischen Kränkung ist auch verantwortlich zu machen für den Beziehungsmodus des phallischen Narzißten — nach *Grunberger* (1982) die „ödipale Maskerade" —, der die konkrete ödipale Auseinandersetzung umgeht zugunsten einer Selbstüberschätzung hinauf in die Elterngeneration als siegreicher ödipaler Partner von Mutter oder Vater. Auf dieser Ebene wäre die narzißtische Verführung der Tochter seitens der Mutter ein Angebot einer quasi-inzestuösen Beziehung auf dem Platz des männlichen Geschlechtspartners, der dabei als Miterzeuger des Kindes und Mann/Partner für nichtexistent erklärt wird.

Sowohl für die Errichtung der psychischen Repräsentanz eigener Geschlechtlichkeit in Ablösung von der Mutter als auch für einen ersten Versuch der Bewältigung der narzißtischen Kränkung aus dem Generationsunterschied und also derselben Ablösungsnotwendigkeit bietet sich der väterliche Penis als Symbol an. Und zwar als Symbol für den Mangel in der Omnipotenz der Mutter (und damit identifikatorisch mit dem eigenen Mangel der Tochter) und für die Bezogenheit auf den Vater als getrennte Existenz. Dieses Getrenntsein des Vaters von der Mutter ist die Gegenbedingung für das Bedürfnis des Kindes nach dem dritten Objekt, das dem Autonomiebedürfnis entspringt. Eine je verschiedene Beziehung zu zwei verschiedenen Objekten wird dann erst möglich; getrennte Selbst- und Objektrepräsentanzen können aufgebaut werden. Durch die Möglichkeit der vorübergehenden Projektion aggressiver Impulse auf die Mutter und libidinöser auf den Vater wird die „Triangulierung" als Vorbedingung späterer ödipaler Dreierkonstellationen eingeleitet (*Rotmann* 1978).

Es ist also anzunehmen, daß die vorübergehende Idealisierung des Phallus (als Symbol weitgehend unabhängig geworden von der engeren Bedeutung des Penis) ein Übergangsobjekt schafft zur tatsächlichen Wahl des Vaters zum ödipalen Objekt. Dieser Form eines „normalen" Penisneides (der mit Neid nichts mehr zu tun hat) kommt dann eine Bedeutung innerhalb des Wechsels libidinöser Objektbesetzungen zu (*Torok* 1974). Letztlich kann dies auch nur gelingen, wenn die Projektion aggressiver Impulse gegen die Mutter nicht mit der Bedeutung der Zerstörung der narzißtischen und leeren Mutter einhergeht, was massive Schuldgefühle wecken würde, die wiederum eine Ablösung verunmöglichen. Eine natürliche Rivalität mit der Mutter würde dann nicht erreicht.

Auf die eingangs gestellte Frage nach eigenständigen Aspekten der Weiblichkeit ergibt sich eine enge Abhängigkeit des Weiblichkeitsbildes von der Vermittlung durch die Mutter, die ihrerseits die Bereiche des (als Entsprechung zum gesellschaftlichen Patriarchat wirksamen) psychischen Matriarchats für sich lösen muß, um nicht die eigene Mutterbeziehung und deren Problematik auf die Tochter zu übertragen. Was hier für eine frühe Mutter-Tochter-Beziehung versucht wurde, wäre notwendig auch für jene enorm tabuierten Bereiche späterer Weiblichkeit zu verfolgen: der Menstruation, der Jungfräulichkeit und Defloration, der Schwangerschaft und Geburt, der Menopause. Denn diese Äußerungsformen von Weiblichkeit fielen kollektiven, patriarchalischen Abspaltungsprozessen und Mythologisierungen anheim und wurden mit Ausschluß aus der Öffentlichkeit belegt. Da diese Leugnung mit ein Werk jener kindlich-männlichen Reaktionsweisen auf die frühe Mutter ist, entspricht sie einem ähnlichen Problem der Ablösung von der Mutter-Imago wie beim Mädchen. Erfahrungen mit der frühen Mutter werden anläßlich eigener Vaterschaft und Partnerschaft zur Mutter eigener Kinder ebenso wiederbelebt wie spätere Vaterbeziehungen. Das hieße nun, den Mann und Miterzeuger des Kindes in seiner Beeinflussung von Schwangerschaft und Geburt, Symbiose etc., insbes. ödipaler Konstellationen, in seiner speziellen Vaterschaft für das Mädchen neu zu durchleuchten, da ja auch die Mann- und Vaterrolle eine die Frauen- und Mutterrolle vermittelnde ist.

In der Zeit der „werdenden Vaterschaft" des Mannes reaktiviert dieser seine Beziehungsformen und -ängste zu seiner eigenen Mutter, was sich vor allem auf die Produktionsfähigkeit der Frau bezieht, auf ihre Potenz des Ernährens oder Verschlingens. Angst vor der weiblichen Vagina scheint ein wesentlicher Anteil daran zu sein. In meiner Beobachtung von männlichen Reaktionen auf die werdende Mutterschaft der Frau fand ich immer wieder eine narzißtische Angstabwehr, die m.E. eine direkte Beziehung zu patriarchalischen Möglichkeiten der Leugnung der Frau als vollwertiges geschlechtliches Subjekt hat.

Hier, etwas karikaturistisch verkürzt, einige solcher männlich-narzißtischer Leugnungen weiblicher Mutterschaft:

Ein „oraler Narzißt", der seiner eigenen Primärprozeßhaftigkeit sehr nahesteht, mag sich seiner Ernährungs- und Genußmöglichkeit beraubt fühlen durch den miternährten Einwohner im Leib seiner Frau und die Möglichkeit ergreifen, sich entweder miternähren zu lassen oder sich selbst als Ur-Ernährer beider darzustellen (Erbe aus einem oral fütternd-fressenden omnipotenten Mutterbild).

Der „anale Narzißt" wiederum leidet unter der „Leistung" der Frau in der Mutterschaft, die sich unter Ausschluß seines kontrollierenden Zugriffs vollzieht. Eine Entwertung dieser weiblichen Leistung etwa in einem Vergleich mit biologischen Natürlichkeiten solcher leiblicher Vorgänge wäre einerseits eine mögliche Folge (also die Frau nicht als Schwangere zu behandeln); eine andere wäre, den wachsenden Bauch der Frau als männliches Leistungsprodukt der Welt vorzuführen in Verbindung mit einer Ungeduld, das Produkt „Kind" endlich ausgehändigt zu bekommen.

Der „phallische Narzißt" fühlt seine phallische Dominanz und Unabhängigkeit von der Frau bedroht durch ihre Macht, über ein Produkt von ihm, das er als in Auftrag gegebenen, eigentlichen Beitrag zum Entstehen des Kindes phantasiert, zu verfügen. Daß er dazu die Frau benötigt und er sich nicht aus sich selbst allein reproduzieren kann, wirft ihn in eine erhöhte Ambivalenz der Frau gegenüber, deren Regression im Dienste der Mutter-Kind-Symbiose er verhindern will, da dies seine phallische Erzeugerpotenz auf das normale Maß reduziert.

Alle diese narzißtischen Abwehrformen können einer Wiederbelebung alter Beziehungsmodi entsprechen mit dem Ziel einer Rettung von Kindes- und Mannespositionen zur Frau unter dem Druck der „werdenden Vaterschaft". Die selbst erlebte Vaterschaft des eigenen Vaters rückt dabei auch in den Vordergrund. Ich denke, daß jede wachsende Vaterschaft notwendigerweise solche Stadien kennt, daß aber bei einem Festhalten der narzißtisch-patriarchalischen Abwehr die Übernahme von wirklicher Vaterschaft unmöglich wird. Bei solcher Nicht-Übernahme von Vaterschaft erhöht sich dann die Bereitschaft der Frau zur Ausübung eines prolongierten psychischen Matriarchats und zur Verführung der Tochter zu einer inner-genitalen Partnerschaft anstelle des „abwesenden" Vater-Mannes.

Aus solchen Beobachtungen erhält für mich auch der als für die Frau typisch beschriebene weibliche Narzißmus einen zusätzlichen Delegationscharakter seitens des männlichen Narzißmus mit dem Ziel der Sicherung der Bedeutung des männlichen Liebens für die Frau, die nur im Geliebtwerden Befriedigung finden darf. Auf diese Weise verdoppelt sich der männliche Partner in den Geschlechtspartner und den patriarchalisch sich selbst bestätigenden dominanten Vater. Diese Form der Erschaffung von Weiblichkeit durch den Mann wäre durchaus als Wunsch nach einer ausgleichenden Analogie zum „Erschaffen" des Kindes über das Zeugen hinaus zu denken.

Nun zum Schluß: Ich denke, daß sich in der gegenwärtig deutlichen Gegnerschaft von sozialem Patriarchat und psychischem Matriarchat mit all den narzißtischen Deformationsmöglichkeiten der Verlust eines Bezogenseins auf eine gesicherte Leiblichkeit zeigt: der Verlust der Möglichkeit, aus körperlich-sinnlichen Bestimmtheiten weiblicher bzw. männlicher Erfahrungen je eigene Definitionen von männlich und weiblich zu finden. So bestimmen doch Erfahrungen mit einer vaginal-klitoridalen Erlebniswelt, Räumlichkeit und Zeitlichkeit die weibliche Objektbeziehung und die phallische Erlebniswelt, Räumlichkeit und Zeitlichkeit die männliche. D.h. auch, daß m.E. jene auf der Ebene gegengeschlechtlicher Identifikationen möglichen Beziehungsformen (und Denkmuster) letztlich doch auf eine Bereitschaft innerhalb der eigenen Geschlechtlichkeit rückzubeziehen sind. Eine grundsätzliche Bisexualität wäre dazu nicht notwendig.

Was weibliche Erfahrung ausmacht, was männliche Erfahrung ausmacht, scheint mir erst nach Ausräumung jener hierarchischen Vermittlungen von Geschlechtlichkeit definierbar zu werden; hierarchisch meint hier herrschende Fremddefinitionen sowohl durch soziales Patriarchat als auch durch psychisches Matriarchat. Die Notwendigkeit und Tatsache der Vermittlung bleibt dabei unwidersprochen bestehen. Erst eine solche Mit-Reflexion eigener privatgeschichtlich und historisch gewordener Positionen, oft eigentlich mehr ein Mit-Spüren, schafft Raum für eine andere Form von Erfahrungsaustausch, einen Raum, den ich zwischen wissenschaftlichen und poetischen Auseinandersetzungen vermute.

Literatur

Abraham, K., Äußerungsformen des weiblichen Kastrationskomplexes, 1921, in: ders., Psychoanalytische Studien II, Fischer, Frankfurt 1971.
Bornemann, E., Das Patriarchat, Fischer, Frankfurt 1975.
Caruso, I. A., Narzißmus und Sozialisation: entwicklungspsychologische Grundlagen gesellschaftlichen Verhaltens, Bonz, Stuttgart 1976.

—, Geborensein zum Leben und zum Tode, Referat der 5. Tagung der Internationalen Studiengemeinschaft für Pränatale Psychologie, Salzburg, 1. 4. 1978.

Chadwick, M., Menstruationsangst, Zeitschrift f. Psychoanalytische Pädagogik, 5/6, 1931.

Chassequet-Smirgel, J., Die weiblichen Schuldgefühle, 1964, in: dies. (Hrsg.), Psychoanalyse und weibliche Sexualität, Suhrkamp, Frankfurt 1974.

—, Bemerkungen zu Mutterkonflikt, Weiblichkeit und Realitätszerstörung, 1974, Psyche 9, 1975.

Chesler, Ph., Frauen, das verrückte Geschlecht, Rowohlt, Reinbek 1977.

Daly, C. D., Der Menstruationskomplex, Imago 14, 1928.

Fleck, L., Weiblicher Orgasmus, Kindler, München 1977.

Fliegel, Z. O., Freuds Theorie der psychosexuellen Entwicklung der Frau, Psyche 9, 1975.

Freud, S., Über infantile Sexualtheorien, 1908, GW VII.

—, Einige psychische Folgen des anatomischen Geschlechtsunterschiedes, 1925, GW XIV.

—, Über die weibliche Sexualität, 1931, GW XIV.

—, Neue Folge der Vorlesungen zur Einführung in die Psychoanalyse, 1932/33, GW XV.

—, Die endliche und die unendliche Analyse, 1937, GW XVI.

—, Abriß der Psychoanalyse, 1938/40, GW XVII.

Gillespie, W., Freuds Ansichten über die weibliche Sexualität, Psyche 9, 1975.

Grunberger, B., Beitrag zur Untersuchung des Narzißmus in der weiblichen Sexualität, in: Chassequet-Smirgel, J. (Hrsg.), Psychoanalyse und weibliche Sexualität, Suhrkamp, Frankfurt 1974.

—, Narziß und Ödipus und die Entwicklung der psychoanalytischen Theorie, Psyche 6, 1982.

Hagemann-White, C., Die Kontroverse um die Psychoanalyse in der Frauenbewegung, Psyche 8, 1978.

Horney, K., Flucht aus der Weiblichkeit. Der Männlichkeitskomplex der Frau im Spiegel männlicher und weiblicher Betrachtung, Internat. Zeitschrift f. Psychoanalyse 12, 1926.

—, Die prämenstruellen Verstimmungen, Zeitschrift f. Psychoanalytische Pädagogik 5/6, 1931.

Jakobson, E., Wege der weiblichen Über-Ich-Bildung, Internat. Zeitschrift f. Psychoanalyse 23, 1937; Nachdruck in: Psyche 8, 1978.

—, Das Selbst und die Welt der Objekte, 1964, Suhrkamp, Frankfurt 1978.

Jones, E., Die erste Entwicklung der weiblichen Sexualität, 1927, Internationale Zeitschrift f. Psychoanalyse 14, 1928.

Kestenberg, J., Outside and inside, male and female, Journal Amer. Psa. Assoc. 16, 1968.

Klein, M., Frühstadien des Ödipuskonfliktes, Internat. Zeitschrift f. Psychoanalyse 14, 1928.

Kohut, H., Narzißmus, Suhrkamp, Frankfurt 1973.

Kuiper, P. C., Die seelischen Krankheiten des Menschen, Klett, Stuttgart 1973[3].

Lasch, Chr., Das Zeitalter des Narzißmus, Bertelsmann, München 1982.

Mahler, M., Symbiose und Individuation, Klett, Stuttgart 1972.

Mitchell, J., Psychoanalyse und Feminismus, Suhrkamp, Frankfurt 1976.

Mitscherlich-Nielsen, M., Psychoanalyse und weibliche Sexualität, Psyche 9, 1975.

—, Zur Psychoanalyse der Weiblichkeit, Psyche 8, 1978.

Moeller-Gambaroff, M., Emanzipation macht Angst, Kursbuch 47, 1977.

—, Einfluß der frühen Mutter-Tochter-Beziehung auf die Entwicklung der Sexualität, Vortragsmanuskript, 1980.

Nathan, T., Ideologie, Sexualität und Neurose, Suhrkamp, Frankfurt 1979.

Neumann, E., Die große Mutter, 1956, Walter, Olten 1981.

Reinke-Köberer, E., Zur Diskussion über die psychosexuelle Entwicklung der Frau, *Psyche* 8, 1978.

Rhode-Dachser, Chr., Rollenkonflikte von Psychoanalytikerinnen, *Zeitschrift f. Gruppentherapie u. Gruppendynamik* 18, 1982.

Rotmann, M., Die „Triangulierung" der frühkindlichen Sozialbeziehung, *Psyche* 12, 1978.

Schmidbauer-Schleibner, U., Mutterschaft und Psychoanalyse, in: Frauen und Mütter, Beiträge zur 3. Sommeruniversität von und für Frauen, Berlin 1978.

Shuttle, P., Redgrove, P., Die weise Wunde Menstruation, 1978, Fischer, Frankfurt 1982.

Spitz, R. A., Vom Säugling zum Kleinkind, Klett, Stuttgart 1967.

Torok, M., Die Bedeutung des „Penisneides" bei der Frau, in: Chassequet-Smirgel, J. (Hrsg.), Psychoanalyse der weiblichen Sexualität, Suhrkamp, Frankfurt 1974.

Windhoff-Héritier, A., Sind Frauen so wie Freud sie sah?, Rowohlt, Reinbek 1976.

Winnicott, D. W., Primäre Mütterlichkeit, 1956, in: ders., Von der Kinderheilkunde zur Psychoanalyse, Kindler, München 1976.

Angst
Lotte Kottek

Ich presse mein Gesicht
an dunkle Mauern,
die lautlos nachts
an meinen Rücken treten,
um durch sie durch
in deinem großen Atem
mich zu bergen;
vielleicht
sind aber deine Atemzüge
nur die Angst
in meinen fieberhellen Ohren?
Der Lampion
ist an seiner Illusion verbrannt.

Jetzt flackert Sturmlicht, denn:
die Mauern treten näher.

Aspekte weiblicher Destruktivität
Überlegungen aus der Perspektive Jungscher Tiefenpsychologie

Edith Konecny, Wien

Einleitung

So wie Tag und Nacht gemeinsam erst den Zeitenablauf ergeben und so wie die Natur nicht nur lebensspendende, positive, sondern auch tötende, negative Aspekte hat, so gehören ebenfalls in der Existenz des Menschen unter den Bedingungen der Endlichkeit notwendigerweise positive und negative Eigenschaften zusammen. Ohne die einen wären auch die anderen nicht vorhanden.

Spätestens seit den Arbeiten des *Jung*-Schülers *Erich Neumann* (z.B. 1952, 1956) ist es in unser Bewußtsein gedrungen, daß die Frau — und im besonderen die Frau als Mutter — nicht nur positive, zu Recht hoch eingeschätzte Eigenschaften besitzt, sondern auch über dunkle, negative, destruktive Aspekte verfügt. Über negative Merkmale des Weiblichen zu sprechen, ist längst kein tabuisiertes Thema mehr; die einstmals idealisierte Gestalt der hingebungsvollen, selbstvergessenen Frau ist in den Hintergrund getreten und im Gegensatz dazu die Figur der „bösen Mutter", die an allem Unglück schuld ist, vielfach allzu sehr in den Vordergrund gerückt. Vielleicht ist es aber erst nach dem Aufzeigen beider Pole möglich geworden, sowohl von der übertriebenen Idealisierung als auch der einseitigen Schuldzuschreibung abzurücken und solchermaßen die Frau wiederum zu „vermenschlichen". Von diesem allgemeinen Hintergrund her mögen die folgenden Ausführungen über destruktive Aspekte des Weiblichen verstanden werden, nämlich als Möglichkeiten innerhalb der menschlichen Existenz.

Neumann (1956) hat zwei Manifestationen des Weiblichen dargestellt, die jeweils über einen negativen und einen positiven Pol verfügen, wobei die Übergänge zwischen „gut" und „böse" fließend sind. Die *Jungfrau* imponiert in ihrem positiven Aspekt als „Weisheit", „Sophia", und negativ als „junge Hexe", z.B. als männerbetörende und -vernichtende „Circe"; die *Mutter* erscheint einerseits als gute, aufopfernde, nährende (z.B. repräsentiert in Demeter und Isis), andererseits als böse, verschlingende Mutter, als „alte Hexe" oder furchtbare Göttin (wie Hekate und Kali).

Begriffsbestimmung

Bevor auf die Aspekte weiblicher Destruktivität eingegangen werden kann, wäre als erstes zu klären, was unter „Destruktivität" zu verstehen ist. Seit *Erich Fromms* berühmtem Werk über die „Anatomie der menschlichen Destruktivität" (1974) werden verschiedene Formen der Aggressivität unterschieden: 1) Aggressivität, welche der Selbstbehauptung und der Durchsetzung eigener lebensnotwendiger Ziele und Bedürfnisse dient (*instrumentelle* Aggression), 2) Aggression, die als Reaktion auf schädigende, beeinträchtigende, bedrohliche Einflüsse aus der Umwelt auftritt (*reaktive* Aggression), und 3) die *bösartige* Aggessivität oder Destruktivität, welche es (mangels produktiver Orientierung) zum Ziel hat, über andere Macht auszuüben, ihnen den eigenen Willen aufzuzwingen, andere leiden zu sehen und an diesem Leiden eine Befriedigung zu erleben.

Hier soll „Destruktivität" nicht in einem ausschließlich bösartigen, sondern in einem umfassenden Sinne verstanden werden; es sollen darunter alle Handlungen, Intentionen oder Phantasien subsumiert werden, die im Gegensatz zur Erhaltung oder Förderung des Lebens stehen. Destruktiv ist alles, was andere Personen beeinträchtigt, schädigt oder gar vernichtet, aber auch in Form von „Selbstdestruktivität" gegen die eigene Person gerichtet ist.

Es erhebt sich nun weiter die Frage, ob es im Gegensatz zu oder als Abhebung von einer männlichen eine spezifisch weibliche Destruktivität gibt. Es besteht kein Zweifel darüber, daß man sowohl bei Personen männlichen als auch solchen weiblichen Geschlechts von der gleichen Destruktivität sprechen muß, wenn man sie im Sinne der obigen Beschreibung versteht, nämlich als ausgeführte, beabsichtigte oder auch nur phantasierte Schädigung anderer Personen oder seiner selbst.

Andererseits ist es aber sicher, daß (wie auch die Arbeiten von *Neumann* gezeigt haben) die Destruktivität bei Personen weiblichen Geschlechts andere Ausdrucksformen annehmen kann. Dies mag sich einerseits aus dem Wesen der Frau, andererseits aber auch aus ihrer besonderen Situation unter den jeweiligen kulturellen und gesellschaftlichen Bedingungen ergeben[1].

So sind es z.B. seit Jahrhunderten vornehmlich Männer, die in den Krieg ziehen und die im Rahmen eines Kriegsgeschehens andere Menschen töten bzw. töten müssen. Es gibt wohl dunkle Andeutungen darüber, daß in historisch nicht mehr nachvollziehbaren Zeiten Frauen, z.B. als Amazonen, Krieg führten und sich ähnlich gebärdeten wie männliche Krieger in geschichtlich belegten Epochen. Kulturanthropologische Studien (z.B. von *Margaret Mead* 1979) zeigen uns, daß es wohl auch Gesellschaften gibt, in denen Frauen „männliches" Gehabe an den Tag legen, zu dem vor allem größere Aggressivität, Kämpfen und Dominieren gehört; doch besteht kein Zweifel darüber, daß dieses Äußerungsbild viel häufiger bei Männern und viel seltener bei Frauen anzutreffen ist. Es ist den Männern im allgemeinen auch von der Gesellschaft ein größeres Maß an Aggressivität „erlaubt" als Frauen, sei es mit dem Hinweis auf biologische Gegebenheiten, wie den Hormonhaushalt, sei es unter Berufung auf ihre gesellschaftliche Funktion.

Es ist denkbar, wenn auch unter den Bedingungen der Endlichkeit schwer vorstellbar, daß das von *Ovid* besungene „Goldene Zeitalter" ein Zeitalter des Matriarchats war und daß dort ebenso wie in dem folgenden sogenannten „Silbernen Zeitalter" keine oder nur wenig Destruktivität bekannt war und diese erst im „Eisernen Zeitalter" (welches wohl mit dem Zeitalter des Patriarchats gleichzusetzen ist bzw. dieses in dichterischer Form charakterisiert) aufzutreten begann. Als Phantasievorstellung naheliegender ist es jedoch, daß in einer von Frauen beherrschten Kultur ebenfalls unter den Frauen eine Rangordnung vorhanden war, in welcher die ranghöreren Frauen Gewalt über die rangniedrigeren und insgesamt selbstverständlich über die Männer hatten und diese Vormachtstellung möglicherweise durch aggressive und destruktive Mittel zu wahren wußten (*Fester, König* u.a. 1979).

Wie schon eingangs ausgeführt, verfügt das Weibliche jedoch jenseits aller Spekulationen (zumindest unter den kulturellen Bedingungen des Patriarchats) über einige besondere destruktive Ausdrucksformen, die näher zu beschreiben Ziel dieses Aufsatzes sein soll. Zunächst soll jedoch noch kurz auf die Ursachen destruktiven Verhaltens eingegangen werden.

Lieblosigkeit als Wurzel der Destruktivität

Wenn wir, um destruktives Verhalten aufzuzeigen, chronologisch vorgehen und mit der Geburt eines Kindes beginnen, dann müssen wir feststellen, daß der Säugling selbst noch nicht gegen andere destruktiv sein kann, wohl kann es aber seine Umgebung gegen ihn sein, indem sie ihm das für sein Leben Notwendige vorenthält.

René *Spitz* (z.B. 1965) hat eindrucksvoll die Folgen solcher destruktiven Einflüsse beschrieben: Selbst wenn Kinder, die im Verlauf des ersten Lebensjahres mit allem materiell Nötigen (also Nahrung, Pflege) versorgt werden, jedoch die liebevolle Zuwendung der Mutter oder einer mütterlichen Person entbehren müssen, tragen sie schwerste

Schäden davon. Sehr häufig sterben sie; ein Säugling oder Kleinkind kann am Mangel an Liebe allein, auch wenn er ausreichend genährt wird, zugrundegehen. Wenn die Kinder aber überleben, bleiben sie oft geistig zurück, tragen schwere seelische Fehlentwicklungen davon und werden später häufig kriminell.

Spitz beobachtete bei Kleinkindern in Findelhäusern, denen die affektive Zuwendung längere Zeit entzogen wurde, die aber am Leben geblieben sind, eine „kontaktlose, objektlose Destruktivität"; bei Kindern, denen nach einigen Monaten der Abwesenheit die Mütter wiedergegeben worden waren, fand *Spitz* Kinder, die für eine Zeitlang neben der wiedererwachenden Lebensfreude eine Zerstörungswut gegen andere an den Tag legten, wie z.B. Beißen und Haare-Ausreißen, bevor sie sich wiederum wie andere Kleinkinder mit normaler Entwicklung gebärdeten.

Jede Destruktivität hat ihre Wurzeln in einem Mangel an Liebe. Wer nicht geliebt worden ist, wird destruktiv. Diese Destruktivität richtet sich gegen die eigene Person ebenso wie gegen die anderen, ist also prinzipiell nach diesen beiden Seiten gerichtet; es kann jedoch einmal mehr die eine und das andere Mal mehr die andere Richtung hervortreten.

Destruktivität gegen sich selbst und gegen andere

Als Beispiel kann ein junges Mädchen angeführt werden, das aus der geschiedenen Ehe eines Trinkers stammt und dem trunksüchtigen Vater mit Recht vorwirft, daß er sich um keines seiner Kinder je bemüht hat, was im übrigen in diesem Fall auch von der Mutter gilt. Dieses Mädchen ist mit 16 Jahren in einem Heim dadurch auffällig und kriminell geworden, daß es mit anderen eine junge Frau überfallen, gefesselt und gequält hat.

Dieses Mädchen legt in zahlreichen schriftlichen Äußerungen ihren Haß gegen den Vater ebenso wie ihre Selbstmordneigungen nieder. Sie schreibt zum Beispiel: „Ein Vater, der sieben Kinder auf die Welt setzt und sich um keines kümmert, gehört qualvoll umgebracht", und: „Wenn mein Vater kommt, werde ich ihn anspringen und werde auf ihn schlagen", oder: „Mein Vater muß umgebracht werden", gleichzeitig aber: „Ich habe Angst vor der Liebe, aber keine Angst vorm Sterben", und: „Sich zu Tode Saufen ist der schönste Tod", und: „Ich möchte Ruhe, nichts als Ruhe".

Eine andere Patientin, ein im Krieg weggelegtes Kind einer polnischen Zwangsarbeiterin, hat in ihrem Zimmer in einem psychiatrischen Krankenhaus (die Patientin ist nicht psychotisch und, soweit feststellbar, unbeeinflußt von Vorbildern) einen Satanskult, eine Teufelsanbetung entwickelt und das Zimmer mit Satansbildern und Teufelsmasken ausgestattet. Dieselbe Patientin hat mehrmals Mitpatientinnen überfallen und zu töten versucht.

An diesen Beispielen — sie sind natürlich nicht *typisch* weiblich — sieht man deutlich, wie die Destruktivität (hier ist die bösartige Aggression im Sinne von *Fromm* beschrieben) sich zugleich gegen die eigene Person und gegen andere richtet.

Im Verlauf und vor allem bei weniger schweren traumatischen Einflüssen in der Entwicklung kann einmal die eine Komponente und einmal die andere mehr oder weniger isoliert in den Vordergrund treten.

Selbst-Destruktivität

Da die Destruktivität nicht ein weibliches Spezifikum, sondern ein allgemein menschliches Verhalten ist, sind die Grenzen zwischen der weiblichen und männlichen Destruktivität und Selbstdestruktivität schwer zu ziehen. Während die Frauen die Selbstzerstörung in der Depression, in der Trunksucht und in der Rauschgiftsucht durchaus mit den Männern teilen, findet sich in der krankhaften *Magersucht* (*anorexia nervosa*) eine spezifisch weibliche Form der Selbstschädigung. Die Magersucht kommt fast nur bei Mädchen vor; es gibt nur ganz seltene Ausnahmefälle, in denen auch junge Männer dieses Krankheitsbild zeigen.

Man weiß, daß bei Mädchen mit Magersucht der Wunsch, nicht Frau zu werden — auch dem äußeren Erscheinungsbild nach —, eine wesentliche Bedeutung hat. Ziel des Abmagerns ist es, einen engelsgleichen, körperlosen, durchgeistigten Zustand zu erreichen (*Wirth* 1983) und die gelungene Triebkontrolle wird von dem Gefühl, stark und mächtig zu sein, begleitet, wie folgendes Zitat eines anorektischen Mädchens zeigt: „Man macht aus einem Körper ein ganz eigenes Königreich, in dem man als Tyrann, als absoluter Diktator herrscht" (*Bruch* 1980, zit. nach *Wirth* 1983).

Auch das Gegenteil der Magersucht, die krankhafte *Fettsucht (adipositas)*, findet sich gehäuft bei Frauen.

Da die Magersucht fast ausschließlich und die „Eßsucht" vorwiegend bei Frauen auftritt, wird vermutet, daß es sich bei beiden Erscheinungen um den Ausdruck einer Rebellion gegen eine vorgeschriebene weibliche Rolle handelt; bei der Magersucht richtet sich die Verweigerung eher auf die Rolle des „Sexualobjektes", bei der Eßsucht eher auf eine Klischee-Vorstellung der nährenden, aufopfernden Mutter (*Orbach* 1978; zit. nach *Wirth* 1983). Diese Ablehnung der weiblichen Rolle dürfte bei den Betroffenen deshalb so dramatisch ihren Ausdruck finden, weil die weiblichen Vorbilder (vornehmlich in der Figur der Mutter) äußerst negativ, als etwas Minderwertiges, apperzipiert wurden. Adipöse Frauen sind häufig als einzige Tochter unter Brüdern aufgewachsen und wurden schon früh zu Dienstleistungen an der Familie herangezogen; Freiheiten, die die Brüder genießen durften, mußten sie entbehren.

In diesem Zusammenhang kann ebenfalls ein Phänomen erwähnt werden, welches allerdings in der Gegenwart seltener anzutreffen sein wird als in früheren, offensichtlich prüderen Zeiten. Viele Frauen berichten, daß sie als junge Mädchen das Einsetzen der Menstruation als etwas Bedrohliches und Unanständiges erlebten, etwas, wofür man sich zu schämen hat und das man verbergen muß. Es gibt Frauen, die erzählen, daß sie von der Menarche so erschreckt waren, daß sie es nicht wagten, der Mutter ein „Geständnis" zu machen, sondern sie wie ein Verbrechen geheimhielten.

Destruktivität gegen andere

Nach Darstellung dieser typischen Formen der Selbst-Destruktivität bei Frauen bzw. Mädchen soll im folgenden destruktives Verhalten von Frauen anderen Personen, anderen Frauen und Männern sowie den eigenen Kindern gegenüber beschrieben werden.

1. Destruktivität gegen den Mann

Destruktive Tendenzen gegenüber dem anderen Geschlecht treten häufig als Reaktionen auf eine *Zurückweisung* auf, wie etwa am Beispiel der *Salome* dargelegt werden kann, die das Haupt des Täufers verlangt, um diesen, wenn schon nicht lebendig, dann wenigstens tot zu besitzen. Die aggressive Tat ist hier also nicht nur eine Reaktion auf die Zurückweisung, sondern gleichzeitig eine Methode, um den Geliebten doch noch in irgendeiner Form zu besitzen (zumindest in der Version der Oper von Richard Strauß; in der biblischen Vorlage ist die Tötung des Täufers ein Akt der Rache bzw. des Selbstschutzes der Mutter der Salome, deren ehebrecherisches Verhältnis zu Herodes von Johannes dem Täufer öffentlich angeprangert worden war).

Ein weiteres Motiv für destruktives Verhalten gegenüber dem Mann, welches manchmal ebenfalls einen tödlichen Ausgang finden kann, ist der Versuch, sich von einer nicht mehr als erträglich empfundenen

92

Unterdrückung, von Mißhandlungen und Brutalität, wie sie z.B. häufig in Ehen oder Partnerschaften mit einem trunksüchtigen Mann vorkommen, zu befreien.

Vielleicht weniger drastisch, jedoch im Grunde nicht weniger destruktiv gestaltet sich eine Beziehung, in welcher die Frau mit ihrem Partner einen *Machtkampf* austragen will und ihrerseits versucht, die Macht an sich zu reißen. Anstatt eine Partnerschaft in gegenseitiger Liebe und gegenseitigem Respekt aufzubauen, in welcher die Partner in gleichberechtigter Weise entweder verschiedene Funktionen ausfüllen oder auch diese Funktionen miteinander gleichberechtigt teilen (wie z.B. Berufstätigkeit und Haushalt, Kinderpflege), wird ein nervenaufreibender Machtkampf ausgefochten. Dieser „Kampf um die Macht" wird selbstverständlich meist nicht nur der Frau anzulasten sein, sondern es zeigen sich beide Partner destruktiv. Die dem weiblichen Geschlecht angelastete Zanksucht, Nörgelei und das Inszenieren „hysterischer" Anfälle sind aber (unbeschadet einer „Schuldfrage") zweifellos destruktive Verhaltensweisen, die für die Familie das bekannte Klima einer „Hölle auf Erden" schaffen können. In ihnen manifestiert sich wohl der ohnmächtige Ausdruck von fehlgeleiteter seelischer und körperlicher Energie infolge unterdrückter positiver Möglichkeiten; es ist kein Wunder, wenn diese destruktiven Aspekte häufiger dem weiblichen Geschlecht zugeschrieben werden. Natürlich trifft ein solches destruktives Verhalten gleichzeitig wie ein Bumerang auch die eigene Person, da es die liebevolle Zuwendung der Umgebung (vor allem der betroffenen Kinder, denen an der eigenen Unbefriedigtheit keine persönliche Schuld angelastet werden kann) seinerseits erschwert oder unmöglich macht.

Wenn es einer Frau, die es darauf abgesehen hat, gelingt, die Macht zu ergreifen, bzw. wenn sie diese von Anfang an innehat, dann wird diese dem „Unterlegenen" gegenüber in direkter Form, sozusagen als Befehlsgewalt, ausgeübt. Die Konstellation einer dominierenden Frau und eines unterjochten, manchmal (vergeblich) aufbegehrenden Ehemannes ist seit eh und je ein Thema für Witzblätter; es sei nur darauf hingewiesen, daß es sich beim Witz, wie seit *Sigmund Freud* bekannt ist, um eine Form der Abwehr von Angst handelt, hier der Angst (und vielleicht einer Ur-Angst) des Mannes vor der ihn entmündigenden, „kastrierenden" Frau.

Allerdings kann die Macht über den Mann auch auf andere Weise errungen werden; die Sprache verrät es uns, indem sie bezeichnenderweise von den „Waffen einer Frau" spricht. Die Figur des von den Reizen einer Frau betörten, ihr als willenloses Werkzeug dienenden, unter

Umständen bis zur Selbstvernichtung hörigen Mannes wurde in zahlreichen Romanen verewigt; die „bezaubernde" Lorelei, die Männer in den Tod lockt, Circe, die sie in Schweine verwandelt, bieten hier eine archetypische Parallele.

Aber auch der Versuch, den Partner „hintenherum" zu manipulieren, sich mit List und Tücke, durch Schmeicheleien, Tränen, Launen usw. alle Wünsche erfüllen zu lassen, den Partner sozusagen für die eigenen Zwecke zu mißbrauchen, ohne selbst zu schenken, kann als (alltäglicheres) destruktives Verhalten der Frau bezeichnet werden. (Es erübrigt sich, darauf hinzuweisen, daß selbstverstänlich in den meisten Fällen des Alltags destruktives Verhalten nicht unvermischt auftreten wird, sondern durchaus mit liebevollem Verhalten vermischt.)

Letztlich soll nicht jene Variante weiblichen destruktiven Verhaltens unerwähnt bleiben, bei der Frauen ihren Ehrgeiz nach Erhöhung der gesellschaftlichen Position durch ihre Ehemänner zu befriedigen trachten und ihm zu diesem Zwecke oftmals Leistungen abringen, die ihn überfordern, wenn nicht gar seelisch und körperlich ruinieren.

2. Destruktivität gegen andere Frauen

Destruktives Verhalten gegenüber Geschlechtsgenossinnen, gegen andere Frauen, ist sowohl aus der Geschichte als auch in Erfahrungen des Alltags zahlreich belegt.

Der Haß gegen andere Frauen wird häufig durch das Motiv der *Rivalität* um den Mann begründet. Der Neid gegenüber der Hübscheren oder aus sonstigen Gründen beim anderen Geschlecht Erfolgreicheren kann im subjektiven Erleben, als Phantasie oder als Intention zu einer Tat bestehen, er kann aber auch in Taten münden.

Das Motiv des Hasses und Neides (wobei der Gesichtspunkt des Kampfes um einen Mann meist nicht direkt angesprochen ist, aber vermutet werden darf) ist in zahlreichen Märchen dargestellt. Häufig wird eine äußerlich zwar unterdrückte, jedoch schönere und mit zahlreichen Tugenden ausgestattete weibliche Person von einer anderen, meist teilweise vom Schicksal begünstigten Frau (etwa der leiblichen Tochter der Stiefmutter) benachteiligt, verfolgt und gehaßt. Wir finden dieses Motiv z.B. im Märchen vom Aschenputtel, vom Schneewittchen, bei Frau Holle usw.

Vielfach wird im Falle eines Ehe- oder Treuebruches seitens des Partners nicht dieser, sondern in erster Linie die Rivalin als die einzig Schuldige, Böse, die „Verführerin" angeprangert. Aus der Geschichte können zahlreiche Beispiele genannt werden: *Herodot* etwa berichtet über die Frau des persischen Königs *Xerxes*, die ihrer Rivalin die Brüste abschneiden ließ. In der Nähe von Florenz ließ *Veronica Cibo* den Kopf ihrer Rivalin *Caterina Carnacci* ihrem Ehemann *Jacopo Salviati* in einem Korb, unter einem gestickten Hemd, als Neujahrsgeschenk überreichen.

Grausamkeiten von Frauen gegen andere Frauen haben aber nicht immer direkt etwas mit einer Rivalität gegenüber einer vom Mann oder sonst vom Schicksal (oft nur vermeintlich) Begünstigten zu tun; es gibt Frauen, die andere Frauen gefangenhalten, geißeln, martern und sonst sadistisch quälen: Am Beispiel der *Ilse Koch* aus den Konzentrationslagern des Dritten Reiches kann ein Verhalten illustriert werden, welches noch grausamer und sadistischer als das männlicher Schergen auffällt.

Es erhebt sich hier freilich die Frage, ohne dabei etwas beschönigen zu wollen, ob eine solche Grausamkeit nicht in gleicher Weise bei Männern vorhanden ist und nur wegen des „atypischen" Auftretens bei einer Frau als besonders grauenvoll in die Augen sticht, oder ob tatsächlich der volkstümliche Ausspruch von Frauen als „Hyänen" seine Berechtigung haben kann.

Die als „Blutgräfin" bezeichnete *Elisabeth Báthori* (um 1600) ließ — die Motive sind nicht zur Gänze bekannt — angeblich 600 junge Mädchen in ihren Verließen umbringen, um in deren Blut zu baden bzw. dieses für kosmetische Zwecke zu verwenden. Vordergründig richtet sich hier das Motiv offensichtlich auf die Befriedigung narzißtischer Bedürfnisse, der Erhöhung oder Erhaltung der eigenen Schönheit. Die Frage, ob diese Mädchen vielleicht wegen ihrer Jugend ein Gegenstand des Neides waren, bleibt zwar der bloßen Vermutung überlassen, es kann aber jedenfalls darüber hinaus dieser Massenmord allgemein als instruktives Beispiel einer *nekrophil-destruktiven* Orientierung im Sinne von *Fromm* aufgefaßt werden. Weil es nicht gelingt, eine positive Beziehung zur Welt herzustellen, weil sich die „Objekte" der Umwelt einer solchen Beziehung entziehen und dadurch übermächtig zu werden drohen, müssen sie, um dieser Bedrohung zuvorzukommen, zerstört werden.

3. Destruktive Aspekte der Mutter

Das (auch beim Tier wohlbekannte) Motiv des Vaters, der seine Kinder frißt, steht mit *Uranos, Kronos* und *Zeus* geradezu am Anbeginn der Mythologie des klassichen Altertums; ein analoges Motiv von gleicher Einprägsamkeit und zentraler Bedeutung für das Weibliche fehlt; gerade nur das Beispiel der *Agaue*[2] scheint sich in der Mythologie auf den ersten Blick zu finden (abgesehen natürlich von *Medea*, welche aber einerseits als Zauberin und fast schon professionelle Meuchelmörderin selbst für archaische Zeiten eine atypische Persönlichkeit, andererseits zum Kindesmord nur durch die besondere Verstrickung in die Welt des Mannes getrieben worden ist!).

Auch in der Psychologie der Gegenwart wird ausführlich besprochen, daß Mütter ihre Kinder als Besitz betrachten, sie unterdrücken und „mit falscher Liebe erdrücken" und daß sie solchermaßen die Kinder nicht die lebensnotwendige Freiheit und Selbständigkeit gewinnen lassen und sie damit psychisch mehr oder weniger stark schädigen (diese Form der „Destruktivität" soll später kurz beschrieben werden). Daß Mütter aber ihre Kinder *direkt töten*, wird nur selten besprochen.

Das Motiv des Tötens, des Auffressens der Kinder durch den Vater, welches wohl ein mythologischer Ausdruck des Kampfes ums Dasein unter den Bedingungen der Endlichkeit ist, wo einer dem anderen im Weg steht und einer den anderen als Konkurrent bedroht, scheint dem Bewußtsein näher; das Motiv des Kindesmordes seitens der Mutter scheint ichferner zu liegen.

Dabei werden tatsächlich doch wohl mehr Kinder von ihren Müttern als von ihren Vätern getötet (vgl. dazu auch die Figur des *Gretchens* im „Faust"); aber es hat fast den Anschein, als neigte das Bewußtsein der Öffentlichkeit dazu, die Tötung unwillkommener, störender Kinder leichter zu vergessen wie auch leichter als Affekthandlung[3] zu beurteilen als andere Tötungshandlungen.

Es findet sich dabei eine interessante Parallele zu dem Motiv der *Agaue* unter Bedingungen, die dem Psychiater als gar nicht so selten auftretend wohlbekannt sind: die Tötung des eigenen Kindes in einer akuten psychotischen Attacke oder der Versuch einer Kindestötung in einer solchen akuten Geistesstörung. Eine verhältnismäßig gewöhnliche Art des Vorgehens ist dabei die, das Kind aus dem Fenster zu werfen (*Lindinger* 1983).

Forscht man den Motiven in diesen Fällen nach, dann stößt man zunächst, wie zu erwarten war, auf Halluzinationen und Wahnerlebnisse, meist des Inhalts, daß in dem Kind „das Böse" schlechthin (oder „der Böse") verkörpert gewähnt wurde.

Forscht man aber weiter, dann kommt regelmäßig, von den Betroffenen selbstverständlich keineswegs bereitwillig zugegeben, zusätzlich das Motiv zu Tage, daß das Kind die Freiheit der Mutter eingeengt hat, speziell aber der Freiheit, sich zu vergnügen, Tanzen zu gehen[4] etc., im Wege gestanden ist, also genau das, was auch der Fehler des *Pentheus*[5] war.

Auch zahlreiche Beispiele von Äußerungen in therapeutischen Gruppen weisen in die gleiche Richtung. Die Aussage: „Ihr könnt euch ja nicht vorstellen, wie es ist, ein paar kleine Kinder am Hals hängen zu haben, die einen beanspruchen und einem jede Bewegungsfreiheit nehmen, so daß man sie oft am liebsten erwürgen möchte" ist nicht so selten und ist gut belegt[6].

Ein wesentliches Motiv der zerstörerischen Aspekte des Mütterlichen scheint somit die *Reaktion auf die Einengung der eigenen Freiheit* zu sein, wobei die Freiheit, dem eigenen Vergnügen nachzugehen, eine besondere Rolle spielen dürfte.

Vielleicht erklärt dies die Tatsache, daß diese mütterliche destruktive Tendenz stärker von der Gesellschaft zensiert wird als die analoge väterliche, die, besser rationalisiert, moralische Berechtigung oder Bemäntelung für sich zu haben scheint[7].

Wahrscheinlich aber gehört die mütterliche destruktive Neigung, die Kinder zu töten, weil sie die eigene Freiheit einengen und dem eigenen Vergnügen im Wege stehen, ganz ebenso zum Leben, zur Natur und zum Menschen dazu wie die väterliche destruktive Regung, die Kinder zu töten, weil sie den eigenen Lebensunterhalt und die eigene Position bedrohen, und ebenso die Tatsache, daß diese Regungen zumeist unterdrückt und aufgegeben, zugunsten der Fürsorge für die Kinder korrigiert werden.

Naturgemäß hat auch der Archetypus der Mutter (vgl. *Neumann* 1956) seinen „Schatten"[8]: Der Schatten des Mütterlichen ist der Wunsch, nicht Mutter zu sein, ganz ebenso wie der Schatten des Väterlichen der Wunsch ist, nicht Vater zu sein, sondern das Vorhandene für sich zu haben und zu behalten und es selbst zu genießen. Es ist also vielleicht nicht ganz richtig, vom destruktiven Aspekt des Mütterlichen zu sprechen, denn der destruktive Aspekt gehört ja dem außerhalb des Mütterlichen liegenden, dem Schatten desselben zuzurechnenden Wunsch, nicht mütterlich zu sein, an.

Vom destruktiven Aspekt der Mutter, die ein Mensch mit mütterlichen und auch entgegengesetzten, der Mütterlichkeit feindlichen Neigungen ist, kann selbstverständlich gesprochen werden (dies ist eine terminologische Frage). Darüber hinaus liegen die Verhältnisse bei dem beschriebenen destruktiven Aspekt verhältnismäßig einfach, weil hier nur die gegen das Kind *offen* und *direkt manifest* werdenden Äußerungen subsumiert sind. Entscheidend ist hier wohl, daß die Neigung zu tödlicher Aggression auch gegen die eigenen Kinder zum Leben unter den Bedingungen der Endlichkeit dazugehört. Glücklicherweise werden diese Tendenzen jedoch in der Regel zugunsten der liebevollen und aufopfernden Fürsorge für die Kinder aufgegeben. Bei den destruktiven Neigungen von Müttern gegenüber ihren Kindern dürften jedoch Denkweisen einer patriarchalischen Gesellschaftsordnung die Charakteristika dieser destruktiven Neigung bei der Frau, der Mutter, gegenüber dem männlich analogen Verhalten verformt haben.

Weniger drastische Formen „mütterlicher Destruktivität" begegnen uns allerdings schon häufiger im Alltag, und sie wurden ebenfalls häufig in der psychologischen Literatur beschrieben.

Es wurde bereits auf die Untersuchungen von *René Spitz* hingewiesen, der die Folgen der fehlenden oder nicht ausreichenden liebevollen mütterlichen Zuwendung beim Säugling und Kleinkind beschrieben hat.

Aber auch dort, wo ein Kind nicht in einem Heim aufwachsen muß, sondern bei seiner Mutter verbleiben kann, ergeben sich durch mütterliche Charakteristika und dem von ihr gepflegten „Erziehungsstil" verschiedene Varianten auch destruktiven, d. h. schädigenden Verhaltens: Die *kalt-abweisende*, harte oder überstrenge Mutter, die ihr Kind eigentlich nicht richtig lieben kann, begegnet uns häufig in Klagen pessimistischer, depressiver Menschen.

Aber nicht nur eine offensichtlich Liebe versagende Mutter wirkt auf das Kind destruktiv, sondern ebenfalls die sogenannte „*überfürsorgliche*" Mutter, die es dem Kind nicht erlaubt, seine eigene Persönlichkeit, seine Fähigkeiten und sein eigenes Selbstbewußtsein aufzubauen. Ebenso wie ein Kind die liebevolle Zuwendung des mütterlichen Wesens lebensnotwenig braucht, um zu einem individuellen Menschen, der den Aufgaben des Lebens gewachsen ist, heranzuwachsen, ebenso ist das „Zuviel" an „Liebe" tötend und krankmachend, ja, es ist bekannt, daß die Folgen noch schlimmer sein können als bei der zurückweisenden Mutter.

Die Resultate einer solchen „erdrückenden Liebe", bei welcher aber in Wahrheit die Mutter das Kind unter dem Deckmantel liebevoller Fürsorge für sich festhalten will, sind Töchter, die nicht selbst Frau und Mutter werden dürfen, und Söhne, die „Sohn" bleiben müssen und nicht zum Mann und Vater heranreifen dürfen. Denn es gehört ja zum Wesen des (positiven) Mütterlichen, das Kind nach und nach in das eigene Leben zu entlassen und nicht auf lebenslängliche kindliche Abhängigkeit zu fixieren[9].

Menschen, die in einem solchen kindlich-abhängigen Zustand verbleiben, finden in der Regel nur sehr schwer einen Partner, denn es wird die Abnabelung von der Mutter häufig als Untreue empfunden und verursacht schwere Schuldgefühle. Wenn es aber letztlich doch gelingt, einen Partner zu finden (bzw. von der Mutter finden zu lassen), dann ergeben sich häufig typische Konstellationen: Der Sohn einer überfürsorglichen Mutter muß eine Frau heiraten, die entweder von seiner Mutter dirigiert wird, oder aber eine, die ihrer Schwiegermutter so ähnlich ist, daß er weiterhin „Sohn" bleibt. Die Tochter wiederum heiratet oft einen Mann, der als zweiten Partner die Schwiergermutter mitheiraten muß und von dieser häufig ebenso wie die Tochter total entmachtet wird oder allenfalls nur als Nebenfigur neben beiden Frauen in Szene tritt.

Es wäre der Vollständigkeit halber noch kurz anzuschneiden, ob es eine spezifische Destruktivität der Mutter gegen die Tochter gibt. Man hört, daß früher (z. B. in fernöstlichen Ländern) bei armen Familien eine neugeborene Tochter getötet wurde, um einem mehr erwünschten Sohn Platz zu machen. Es soll dies auch heute noch hin und wieder in China vorkommen, wo es den Eltern unter Sanktionen verboten ist, mehr als ein Kind zur Welt zu bringen. Allerdings ist hier zweifellos der Vater ebenso an der Tat beteiligt wie die Mutter.

Als häufiger anzutreffendes, minder destruktives Verhalten der Mutter gegen die Tochter ist die Tendenz zu nennen, die eigene Tochter nicht aufkommen zu lassen. Unter dem Motto: „Was ich nicht gehabt habe, das braucht auch sie nicht zu erhalten", darf der weniger begabte Sohn studieren bzw. wird für eine entsprechende berufliche Ausbildung gesorgt, die Tochter erhält aber nur das Minimum an Ausbildung und wird dazu angehalten, den Haushalt zu führen, zu kochen und sonstige Dienstleistungen für die Familie zu erbringen (darauf wurde bereits im Zusammenhang mit der Fettsucht bei Frauen hingewiesen). Es dürfte jedoch diese Einstellung, zumindest in unseren Kulturkreisen, seltener werden, obwohl sie sicherlich noch immer, besonders in den ärmeren Bevölkerungsschichten, anzutreffen ist.

Anmerkungen

[1]) Es ist praktisch unmöglich zu unterscheiden, was zum „Wesen" der Frau, zu ihrer „Natur" gehört und was an weiblichem Verhalten Folge kultureller Einflüsse ist. Es ist sicher, daß ursprüngliche, naturhafte Tendenzen durch kulturelle Einflüsse verändert, evtl. auch „deformiert" sind, was im übrigen nicht nur für Frauen, sondern auch für Männer gilt. Andererseits ist es sicher, daß Unterschiede zwischen beiden Geschlechtern bestehen; für die Frau muß jedoch gesagt werden, daß sie in einer patriarchalen, d. h. im wesentlichen von Männern gemachten Kultur lebt, die sie ebenfalls von klein auf eingesogen hat, und sich in diese Kultur einordnen muß. Auch dann, wenn sie sich durchsetzt oder „emanzipiert", gelingt ihr dies leichter, wenn sie männliche Verhaltensmuster übernimmt; es bleibt ihr auch nichts anderes

übrig, da sie weiblicher Vorbilder ermangelt, die nicht durch eine männlich dominierte Gesellschaftsordnung geformt bzw. verformt sind. So ist sie sicherlich in einem größeren Ausmaß sich selbst entfremdet als der Mann.

2) *Agaue* ist die Mutter des *Pentheus*, Königs von Theben, die am orgiastischen Dionysoskult teilnimmt. Pentheus will den Kult unterbinden, und es gelingt ihm sogar, Dionysos gefangenzunehmen. Der Gott verleitet den König, von einer Fichte aus das Treiben der Bacchántinnen insgeheim zu beobachteten, er wird jedoch entdeckt und auf der Stelle von den rasenden Mänaden ergriffen und zerfleischt. Agaue trägt das blutende Haupt des Sohnes triumphierend nach Hause (aus: *Herbert Hunger*, Lexikon der griechischen und römischen Mythologie, rororo 6178, 1980).

3) Es darf dabei selbstverständlich nicht vergessen werden, daß viele unwillkommene Kinder ihre Mütter nicht nur in ihrer Freiheit und in ihrer Möglichkeit, sich zu vergnügen, eingeschränkt, sondern sie ernstlich in ihrer Existenz bedroht haben.

4) Der Tanz ist wohl nicht nur oberflächlich als banales Vergnügen, sondern als nur teilweise gebändigter Ausdruck archaisch ungestalteter starker Triebanteile zu sehen. Der Tanz ist ja die Möglichkeit, sehr starke archaische ungestaltete Triebenergie halb und halb gebändigt und rhythmisiert, aber eben doch, zum Ausdruck zu bringen; vom Tanz abgehalten zu werden, bedeutet, wie zahlreiche, auch kulturgeschichtliche Beispiele und auch Mythen- und Märchenmotive deutlich machen, eine sehr erhebliche Triebrestriktion.

5) Vgl. dazu die Anmerkung 2.

6) Beispiel aus: *H. Lindinger* „Biophile" und „nekrophile" Momente in der Gruppe, *Gruppenpsychotherapie und Gruppendynamik* 18, 3, 1983, S. 237 f.: „Ihr könnt euch nicht vorstellen, wie das ist, wenn man immer zwei schreiende und schmutzige Kinder, die sich jeden zweiten Moment anmachen, am Hals hat, daß man immer gebunden und keinen Augenblick frei ist und nie fortgehen und nie tun kann, was man möchte, bis man schon solche Aggressionen gegen sie hat, daß man sie am liebsten umbringen möchte, wenn man könnte."

7) Vielleicht handelt es sich auch nur um eine Deformation des Motivs durch ein Denken, welches einer patriarchalischen Gesellschaftsordnung entspricht, die dem Mann die ernste Rolle des Familienerhaltens, die Aufgabe, für den Lebensunterhalt zu sorgen, der Frau hingegen die unernste des „Vergnügens" zurechnet. Vielleicht ist ursprünglich die destruktive Regung nichts anderes als eine Reaktion auf die Furcht, verdrängt zu werden. Warum sollte diese Bedrohung durch den Nachdrängenden, dieses bekannte Motiv für die Kindesaussetzung, nur für *Laios* und nicht auch für *Iokaste* gelten? Vielleicht wäre in einem Matriarchat die Tötung der Kinder durch die Mutter, damit sie ihre Position nicht bedrohen, ebenso selbstverständlich wie ihre Ermordung durch den Vater im Patriarchat, etwa in einer orientalischen (aber keineswegs nur in einer orientalischen) Monarchie. In Märchen wird dieses Motiv meist der Stiefmutter, oft der Königin-Stiefmutter zugeschrieben, also: auf sie verschoben. In diesem Zusammenhang ist es ebenso bei der Schwiegermutter (vgl. Erzherzogin Sophie, Kaiserin Elisabeth, Kronprinz Rudolf) äußerst lebendig.

8) Der „Schatten" umfaßt in *Jung*'scher Sicht alle negativen, unerwünschten Eigenschaften einer Person, die aber dennoch zu ihrer Ganzheit gehören.

9) Vgl. *E. Fromm*, Anatomie der menschlichen Destruktivität, S. 325 ff, wo er auf S. 330 die Überzeugung vertritt, daß er „die bösartige inzestuöse Bindung hypothetisch als eine der frühesten Wurzeln, wenn nicht als *die* Wurzel der Nekrophilie ansehen möchte".

Literatur

Bruch, H., Der goldene Käfig. Das Rätsel der Magersucht, Frankfurt 1980.

Fester, R., König, Marie E. P., Jonas, D. F., Jonas, D., Weib und Macht. Fünf Millionen Jahre Urgeschichte der Frau, S. Fischer, Frankfurt 1979.

Fromm, E., Anatomie der menschlichen Destruktivität, Deutsche Verlags-Anstalt, Stuttgart 1974.

Lindinger, H., mündliche Mitteilung.

Mead, M., Mann und Weib, Rowohlt, Reinbek 1979.

Neumann, E., Zur Psychologie des Weiblichen, Kindler, München 1952.

—, Die Große Mutter. Eine Phänomenologie der weiblichen Gestaltungen des Unbewußten, Walter-Verlag, Olten und Freiburg 1956.

Orbach, S., Anti-Diätbuch. Über die Psychologie der Dickleibigkeit, die Ursachen von Eßsucht, Frauen-Offensive, München 1979.

Spitz, R., The First Year of Life. A Psychoanalytic Study of Normal and Deviant Development of Object Relations. International Universities Press. Inc., New York 1965; dt.: Vom Säugling zum Kleinkind. Naturgeschichte der Mutter-Kind-Beziehung im ersten Lebensjahr, Klett, Stuttgart, 5. Auflage 1976.

Wirth, B., Psychosoziale Faktoren der Adipositas bei Frauen: Die Bedeutung bei der Genese sowie als Prädiktoren des Behandlungserfolges im Langzeitverlauf, Unveröffentl. Diss., Wien 1983.

„Raum schaffen, in dem weibliche Imagination entstehen kann"

Gestalttherapie als Mikropolitik der Frauen.[1)]

Annedore Prengel, Frankfurt

Für Laura Perls

Frauenbewegung und Gestalttherapie haben Berührungspunkte und Gemeinsamkeiten: Beide stellen die herrschende patriarchalisch-instrumentelle Vernunft in Frage. Beide formulieren neben vielen anderen Bewegungen (Human-Potential Movement, Ökologiebewegung, Friedensbewegung ...) Aspekte jener vielgestaltigen Zivilisationskritik, die sowohl im Hinblick auf die „äußere Natur" als auch auf die „innere Natur" die zerstörerischen Wirkungen der okzidentalen Rationalität[2)] entdeckt. Beiden ist die Wahrnehmung von Körperlichkeit und Emotionalität zentral. Beide klären auf über mikropolitisch-feine Beziehungs- und Machtstrukturen, das Körpergefühl wird zum Seismographen der „kleinen" und der „großen" Politik. Beide entdecken den „lebendigen Körper als Weltfühler"[3)], denn sie nehmen Wechselwirkungen zwischen Individuum und sozialem Umfeld wahr und beginnen, die Vermittlungen zwischen Mikro- und Makropolitik zu erkunden (vgl. *Perls, Hefferline, Goodman* 1979, S. 19). Ziele sind für beide die Aneignung abgespaltener Leiblichkeit, verdrängter Gefühle und enteigneter Macht. Beide favorisieren „Lebendigkeit" als Potential, das es zu entfalten gelte: die Gestalttherapie z. B. mit der Metapher vom „lebendigen Wachstum"[4)], die Frauenbewegung, indem sie z. B. die Produktivität der Frau als die menschliches Leben ermöglichende Tätigkeit bewußt machte.

Auf dem Hintergrund dieser Gemeinsamkeiten können spezifische Differenzen von Frauenbewegung und Gestalttherapie produktiv werden: Frauenbewegung und die aus ihr hervorgehende Frauenforschung gewannen Einsichten in die Bedingungen weiblicher Existenz, die in der vorwiegend aufs Individuelle und Konkrete bezogenen Gestalttherapie verstärkt soziologische und historische Perspektiven eröffnen können. Die in Therapien erarbeiteten Einsichten in weibliche Lebensgeschichten und neue Lebensentwürfe können so auch in ihrem sozial- und psychohistorischen Kontext verständlich werden. Die Gestalttherapie andererseits kann mit ihrer Betonung der Leib-Seele-Geist-Einheit auf besondere Weise Selbsterkenntnisprozesse der Frau im Hinblick auf im

Laufe der Biographie im sozialen Umfeld sozialisierte, feinste innerpsychisch-somatische Strukturen ermöglichen und zur Wertschätzung der unverwechselbaren Einmaligkeit und Besonderheit jeder Frau anregen[5].

Ich möchte mit meinem Text dazu beitragen, die in der Gestalttherapie vorherrschende Tendenz der Fokussierung auf das „Hier und Jetzt"[6] um eine historische Dimension zu erweitern. Denn ein Zusammenspiel von Intensität durch Augenblicksbewußtheit und von Verstehen durch Geschichtsbewußtsein kann die Erkenntnisreichweite in der Gestalttherapie *und* in der Frauenbewegung erweitern. Dieses Zusammenspiel kann meines Erachtens besonders produktiv werden in der Frage nach weiblicher Leiblichkeit, der ich in meinem Beitrag nachgehe. „Leiblichkeit bedeutet Geschichtlichkeit", und die Geschichte ist „als im Gedächtnis des Leibes eingefleischte sowie in der Gestalt des Leibes *präsent*ierte anwesend. Und wie für mich selbst *hier und jetzt* bewußt, mitbewußt oder unbewußt meine Vergangenheit und meine Zukunft (in Wünschen, Ängsten, Plänen und Lebensentwürfen) gegenwärtig ist, so ist im sozialen Kontext unsere gemeinsame Vergangenheit und Zukunft — ganz gleich wie ich deren Ausdehnung fasse — anwesend" (*Petzold* 1981, S. 278, 280).

In den folgenden Arbeitsschritten sollen Anknüpfungspunkte zum Verständnis der psycho- und sozialhistorischen Dimension weiblicher Leiblichkeit gefunden werden:

1. Eine stichwortartige Zusammenfassung der Aktivitäten und Themen der Frauenbewegung und -forschung gibt Einblick in den Stand der Erkenntnisse zur Situation der Frau und verweist auf weitere Informationsquellen.

2. Auf diesem Hintergrund beschränke ich mich im weiteren Text auf die Frage nach den Traumatisierungen weiblicher Leiblichkeit im Patriarchat, u. a. von den Hexenprogromen bis zu subtilen Ausgrenzungsformen in der Gegenwart.

3. In einer kritischen Auseinandersetzung mit den Formen der Wiederaneignung des Körpers durch die Frauenbewegung wird die Produktivität der Gestalttherapie für eine Mikropolitik der Frauen diskutiert.

1. Themen der Frauenbewegung

Frauenbewegung und Frauenforschung haben in der BRD in den letzten 10 bis 15 Jahren eine Fülle von Einsichten in die Existenzweise und Existenzbedingungen des „anderen Geschlechts" gewonnen, öffentlich zur Diskussion gestellt und Veränderungen initiiert. Diese manifestieren sich z. B. in Frauenarbeitskämpfen, im Kampf gegen den § 218 und Vergewaltigung, in Selbsterfahrungs- und Selbstuntersuchungsgruppen, in den Häusern für mißhandelte Frauen, in Buchläden-, Zeitungs-, Verlags-, Werkstatt-, Landwirtschafts-, Wohn-, Gesundheitsläden-, Musik- und Forschungsprojekten, in Gruppen von Lesben, Müttern, älteren Frauen und Schülerinnen. Naturwissenschaftlerinnen, Handwerkerinnen, Sekretärinnen, Lehrerinnen, „Gesundheitsarbeiterinnen" und viele andere organisierten eigene Kongresse. Frauen gestalteten für sich vielerlei Ferien und Feste. Auf der Basis dieser heterogenen Aktivitäten, von denen hier lediglich einige angedeutet wurden, konnte die Frauenforschung mit einer Theoriebildung beginnen, die nach Form und Inhalt Elemente des weiblichen Lebenszusammenhangs begrifflich faßt[7]:

Ökonomie: Studien zur volkswirtschaftlichen Bedeutung von Hausarbeit (Produktion der Ware Arbeitskraft).

Soziologie: Erforschung der Ursachen geschlechtsspezifischer Arbeitsteilung; Vermittlung von Klassenkampf und Geschlechterkampf, Marxismus und Feminismus; Klassenlage, Schichtspezifik und Geschlechterdifferenz; Kritik der Rollentheorie; Frauen in der Dritten Welt.

Sozialisationstheorie: Geschlechtsspezifische Sozialisation.

Soziolinguistik: Geschlechtsspezifisches Sprachverhalten; Kritik der Männerzentriertheit der Sprache.

Sozialpsychologie: Gewalt gegen Frauen; Ausländerinnen in der BRD; Sozialpsychologie der Mütterlichkeit, der Mutter-Tochter-Beziehung.

Psychoanalyse: Kritik der an männlichen Parametern orientierten Weiblichkeitskonstruktionen; psychoanalytisch orientierte (Selbst-) Kritik der Frauenbewegung.

Psychotherapie: Feministische Therapie; Psychosomatik der Menstruationsstörungen; verrücktmachende Faktoren im Lebenszusammenhang von Frauen; geschlechtsspezifische Psychiatrisierung.

Medizin: Kritik der Gynäkologie; alternative Verhütungs- und Geburtsmethoden; Kampagnen gegen gefährliche Arzneimittel und Behandlungsmethoden, z. B. Duogynon; Kritik der Klitorisdetektomie in afrikanischen Gesellschaften.

Naturwissenschaften: Perspektiven von Frauen in naturwissenschaftlich-technischen Berufen; Kritik patriarchaler Formen von Naturbeherrschung, -ausbeutung und -zerstörung.

Jura: Kampf gegen § 218; sexistische Gesetzgebung und Rechtssprechung; Forderung „Gleicher Lohn für gleiche Arbeit"; Rechtlosigkeit der Frau in der bürgerlichen Gesellschaft; Kritik sexistischer Rechtstheorien.

Theologie: Theologie der Frauen oder feministische Theologie (z. B. Imagination einer weiblichen Gottheit).

Kunst, Kunstgeschichte: Frage nach weiblicher Ästhetik; Entdeckung der historischen Bedeutung von Künstlerinnen, Ausgrenzung der Frauen aus der Kunstproduktion.

Geschichte: Geschichte der Frauenarbeit und Frauenunterdrückung; Bedeutung der Hexenvernichtung in der abendländischen Zivilisation; Geschichte der alten Frauenbewegung; Frauenwahlrecht; Hypothesen zu Matriarchatstheorien.

Pädagogik: Geschichte der Mädchenbildung; Sexismus in der Schule; Geschichte des Lehrerinnenberufs; Mütterlichkeit als Beruf; Analyse der Unterrichtsmaterialien.

Philosophie: Kritik der Verdrängung des Weiblichen als konstituierend für abendländische Philosophie.

Anthropologie / Ethnologie: Kritik der Anthropologie als Wissenschaft vom Mann; Kritik des männlichen Blicks bei Feldforschungen.

Erkenntnistheorie / Methodologie: Feministische Wissenschafts- und Ideologiekritik; Entwicklung von Kriterien feministischer Wissenschaft.[8]

Der Überblick über die Vielfalt der Themen, die sich bisher herauskristallisierten, macht unmittelbar einsichtig, daß die Zweigeschlechtlichkeit eine durch alle Lebensbereiche wirksame Bedingung menschlicher Existenz ist, deren seit Jahrtausenden bis in die Gegenwart vorherrschende historisch-gesellschaftliche Form mit dem Begriff des Patriarchats beschrieben wird.

Leider gibt es bisher noch keine konsistente Theorie zur Analyse des Geschlechterwiderspruchs, geschweige denn eine Theoriebildung, die bereits jene heterogenen Formen gesellschaftlicher Ungleichheit, die sich als Geschlechter- und Klassengegensatz auf unser Leben auswirken, schlüssig miteinander vermitteln könnte. Es kann hier nicht darum gehen, die Diskussionen um die verschiedenen Matriarchats- und Patriarchatstheorien oder um die Vermittlung von Klassentheorie und Theorien zur geschlechtsspezifischen Arbeitsteilung vorzustellen, dazu sei auf die einschlägige Literatur verwiesen[9]. An dieser Stelle möge zur groben Orientierung die Feststellung genügen, daß (nach dem Paläolinguisten *Richard Fester*) der erst etwa dreitausendjährigen Entwicklung des Patriarchats eine nicht-patriarchale Phase von fünf Millionen Jahren Menschheitsgeschichte vorausging. „Wenn man sich die Zeit des Menschen auf dieser Erde mit 2000 Jahren vorstellt, dann gibt es Männerherrschaft erst seit einem Jahr. Und wenn man das graphisch darstellt und dazu eine gerade Linie von zwei Metern Länge verwendet, dann ist der letzte Abschnitt, der männerrechtliche, nur einen Millimeter lang" (*Fester* 1980, S. 11).

Die Kontroversen in der Matriarchatsforschung, das sei hier nur kurz angedeutet, befassen sich u. a. mit der Frage, ob die matristische Frau überhaupt Macht inne hatte, ob ihre Produktivität nicht bereits in den Fruchtbarkeitskulten in der Reduktion auf Mütterlichkeit ausgenutzt wurde, ob nicht eine eigenständige weibliche Sexualität bereits unterdrückt bzw. verdrängt wurde. Es kann nicht darum gehen, *eine* Ursache oder *einen* Ursprung dieser Entwicklung benennen zu wollen; hier besteht die Gefahr vorschnell-verkürzender Interpretationen, wie z. B. bei *Doris F. Jonas,* die eine überlegene weibliche Orgasmusfähigkeit postuliert, die die biologische Notwendigkeit der Unterdrückung der weiblichen Sexualität durch den Mann begründe (1980, S. 193). Ich nehme vielmehr an, daß wir nicht wissen, warum die gesellschaftliche Entwicklung diesen Verlauf genommen hat (*Kurnitzky* 1980, S. 145). Wir können aber, bestimmt und beschränkt durch die jeweils eigene Perspektive[10], das Gefüge von Entwicklungsgängen ausschnittweise erkunden und so sichtbar werdende Phänomene und Strukturen benennen.

2. Traumatisierungen weiblicher Leiblichkeit im Patriarchat

In den folgenden Abschnitten werde ich kurze Streiflichter auf einige markante historische und ideologische Manifestationen des Patriarchats werfen, die die Leiblichkeit der Frau bestimmen. Denn zivilisatorische Leibfeindlichkeit realisiert sich in der Frauenfeindlichkeit, die sich, wie in Therapien unübersehbar offenbar wird, in Formen der Selbstverachtung der Frauen wiederfindet und durch diese tradiert wird.

Um weibliche Verachtung des eigenen Körpers auch mit den Mitteln der Therapie aufheben zu können, ist es sinnvoll, ihren historischen Kontext zu verstehen. Denn weibliche Selbstverachtung ist weder zufällig noch vereinzelt-exzeptionell noch krankhaft[11] oder marginal, sondern ihre Installation in den Körpern/Gefühlen/Gedanken der Frauen hat System unter dem Patriarchat und bestimmt die weibliche Normalität. Patriarchale Herrschaft verstümmelt(e) und zerstört(e) durch physische Eingriffe in den verschiedenen historischen Epochen und Kulturen auf je verschiedene Weise die Bewegungsfreiheit, die Genußfähigkeit oder sogar das Leben von Frauen, teilweise vom Säuglingsalter an[12]. Herausragende Beispiele dieser Praxis sind: 1000 Jahre verkrüppelndes Einbinden der Füße der Mädchen in China, so daß sie sich nicht ungehindert frei fortbewegen konnten; das Hinduritual der Witwenverbrennung „Sati" in Indien, dem oft noch junge Mädchen „freiwillig" zum Opfer fielen; die Klitoris-Beschneidung in Afrika.

Für die Frauen der okzidentalen Moderne, und das heißt auch für uns zeitgenössische Frauen, ist die Massenvernichtung von Frauen in den Hexenverfolgungen zu Beginn der Neuzeit (zwischen 1400 und 1700) ein noch weitgehend unverstandener, tiefgreifender Einschnitt, der die Körperlichkeit, Beziehungsstrukturen und die öffentliche Stellung der Frau in jener Phase des Patriarchats, die die Industrialisierung darstellt, neu geprägt hat. Ein wesentlicher Schritt zur Installation der zivilisatorischen Körperfeindlichkeit wurde hier vollzogen. Auf je verschiedene Weise wurde sie sowohl in den die Körper der Frauen folternden männlichen Inquisitoren als auch in den weiblichen Opfern und potentiellen Opfern und in den gesellschaftlich verbreiteten und dominierenden Ideologien durchgesetzt[13].

Die geschlechtsspezifischen Differenzen in der Geschichte der Zivilisation wurden bisher nicht systematisch erforscht. In der Literatur zum Prozeß der Zivilisation stehen die Ausbreitung von Selbstzwang und Selbstbeherrschung, ausgehend von den Männern der Oberschicht, wie sie etwa durch die Figuren des angelsächsischen „gentleman" und seinen antiken Vorläufer Odysseus symbolisiert werden, im Mittelpunkt des Interesses (vgl. *Theweleit* 1977, S. 395f.; *Horkheimer* u. *Adorno* 1979, S. 32ff.).

Mary Daly bezeichnet den weiblichen *Selbsthaß* als die langfristig andauernde Wirkung der Frauenvernichtung am Anfang der Neuzeit, die mindestens ebenso zerstörerisch wirkt wie die körperlich vollzogenen Genitalverstümmelungen und Verkrüppelungen der Füße in außereuropäischen Kontinenten. Dieser Selbsthaß unterscheidet sich von typisch männlicher Selbstbeherrschung darin, daß er die Frauen bereit macht, die Beherrschung ihrer selbst abzugeben und sich beherrschen zu lassen. Die durch Selbstzwang im männlichen Subjekt entstehende, sich gegen eigene Regungen richtende Körper- und Gefühlsverachtung wurde auf Frauen projiziert und realisierte sich als Frauenverachtung. Indem Frauen während der grauenvollen Politik der Scheiterhaufen ihrer Macht und Selbstachtung beraubt wurden, trat Selbst*ver*achtung an ihre Stelle, und Macht und Wertschätzung konnten in einem gewaltsam und real verursachten Projektionsprozeß nur noch als von Männlichkeit verkörperte erfahrbar werden[14].

Heinsohn, Knieper, Steiger (1979, S. 54) vertreten in ihrer „Allgemeinen Bevölkerungslehre der Neuzeit" die Auffassung, daß die verborgene Rationalität des irrationalen Vernichtungswahns, der wahrscheinlich Millionen von Frauen tötete, in bevölkerungspolitischem Kalkül zu suchen sei. Aufgrund der Auslöschung des Nachwuchsverhütungswissens stieg zwischen 1450 und 1700 die europäische Bevölkerung von 50 auf 115 Millionen an (a. a. O. S. 52). Im Mittelalter wurden wesentlich weniger Kinder geboren als zur Zeit des beginnenden Kapitalismus, denn weise Frauen verfügten nachweislich über 103 verschiedene chemische und physikalische Praktiken der Verhütung, Abtreibung, Geburtsheilkunde (a. a. O. S. 54). Die Bevölkerungspolitik der absolutistischen Regierungen bekämpfte den Menschenmangel, indem sie die „kunstreichen" Frauen foltern und töten ließ.

Diese staatlich-kirchliche Politik zerstörte so nicht nur radikal die in der weiblichen Bevölkerung verbreiteten Künste zur Nachwuchsverhütung, sondern auch die ebenso verbreitet praktizierten Liebeskünste. Um die kapitalistisch-zweckrationale Verwendung des Körpers möglich zu machen, mußten nicht nur massenweise Menschen „produziert" werden, sondern die zügellose, anläßlich von vielerlei Festen und Feiern ausufernde mittelalterliche Sinnesfreude und Ekstasefähigkeit hatte einer disziplinierten Organisation des Alltags in linearen Zeitstrukturen zu weichen.

Von den Hexen selbst sind keine Zeugnisse überliefert, dennoch wird in der Literatur zur Hexenverfolgung deutlich, daß mittelalterliche Frauen in ihrem Alltag und in Ritualen von besonderer Bedeutung eine reiche sexuelle Kultur entfaltet hatten und daß magisch-matristische Elemente u. a. in den vom Christentum nur dünn übertünchten Rudimenten eines Diana-Kultes fortgelebt hatten (*Honegger* 1978, S. 65, *Brenner, Morgenthal* 1977). An jenem Schnittpunkt der historischen Entwicklung, den der Beginn des bürgerlichen Zeitalters darstellt, ereignet sich im Hexenprogrom, dessen indirekte Opfer auch alle nicht unmittelbar von der Inquisition gemarterten Frauen sind, eine neue Phase der patriarchalischen Machtergreifung (vgl. *Bovenschen* 1977, S. 292). „Die Veränderungen am Ideenhimmel, für die der Begriff der Aufklärung als Orientierungshilfe und globaler geistesgeschichtlicher Fixpunkt firmiert, bezeichnen die Überwindung des magischen Weltbildes ... In diesem abstrakten Ideenkleid hatte die Magie keinen Platz. Das mimetische Vermögen der Frauen, das sich der Natur über die Mechanismen der Verdoppelung, sympathetischen Angleichung und Wiederholung näherte, wurde unter das Besondere, Willkürliche und Akzidentelle subsumiert und ging als Bestandteil jener Naturverhältnisse, die nun der geregelten Beherrschung unterliegen sollten, unter" (*Bovenschen* 1977, S. 289). Nicht im mimetischem Einklang mit den Naturverhältnissen, sondern in einer Naturbeherrschung, die vermißt, etikettiert, systematisiert, verplant, konstruiert und effektiv ausnutzt, setzt sich die instrumentelle Vernunft in den einzelnen Lebensbereichen fest.

Die Kolonisierung der Frauen geht einher mit der Kolonisierung der Kindheit, der Menschen in außereuropäischen Erdteilen, der systematischen Ausbeutung der äußeren Natur und der Entfremdung von der inneren Natur (*Gstettner* 1981, *Theweleit* 1977, *Griffin* 1980). Der materiellen Zerstörung in der Phase des Progroms gegen Frauen folgt das Ghettoisieren, Psychiatrisieren, Disziplinieren, Verschweigen und Verdrängen in späteren Phasen (*Honegger* 1978, S. 94, 126ff.). Die gesellschaftliche Ohnmacht der Frauen, ihre Eingrenzung auf häusliches Leben, ihre Ausbeutung an schlecht bezahlten Arbeitsplätzen seit Beginn der Industrialisierung, ihr Ausschluß aus Politik, Bildung, Kunst und Wissenschaft gehen einher mit einer Rechtlosigkeit am eigenen Leib. Die häusliche Vormundschaft des Mannes über die Frau kommt einer Situation der Leibeigenschaft gleich (*Schröder* 1979, S. 38), auf die Frauen mit den Widerstandsformen der „Listen der Ohnmacht" reagierten (*Honegger, Heintz* 1981).

Unter der dünnen Schicht der formalen Gleichberechtigung leben Frauen informell auch gegenwärtig in einer Situation der Machtlosigkeit über ihre Körper. Die zusätzliche Belastung der Frauen mit Hausarbeit für Ehemann und Kinder — Frauen leisten in Erwerbs- und Hausarbeit zwei Drittel der gesellschaftlich notwendigen Arbeit (*Werlhof* 1981, S. 189) —, die Existenz des § 218, das Fehlen eines Straftatbestandes der Vergewaltigung in der Ehe und das bisher ungeahnte Ausmaß des sexuellen Mißbrauchs weiblicher Kinder (*Rush* 1982) sind nur einige bezeichnende Fakten, die das Andauern der Fremdbestimmtheit weiblicher Leiblichkeit erkennen lassen.

Während der Hexenprogrome wurden weibliche Sinnlichkeit und Macht direkt bekämpft und zerstört; im 19. Jahrhundert war dieser Prozeß so weit fortgeschritten, daß die Frauen entsinnlicht waren (*Honegger* 1978, S. 75). Darum entsprach es sehr wohl der vorherrschenden Realität und dem Selbstbild vieler Frauen der bürgerlichen Gesellschaft, wenn *Freud* (1932) erkannte, Libido sei spezifisch männlich, und das spezifisch weibliche Charakteristikum sei die Kastration. Die Geschlechterspannung (*Heinrich* 1980) als Spannung zwischen zwei Verschiedenen war so verschüttet, daß *Freud* Weiblichkeit nur in Begriffen des Männlichen verbalisieren konnte und bekannte, das Rätsel des *„dark continent"* nicht gelöst zu haben: Er begriff die Klitoris nur als verkümmerten *Penis*, die Vagina nur als Wunde eines herausgerissenen *Penis* oder *Penis*herberge, das kleine Mädchen nur als kleinen *Mann*, das Begehren des kleinen Mädchens nur als Wunsch nach dem *Penis*, den Trotz des kleinen Mädchens nur als Verharren in *Männlichkeit*; die Liebe der Frau konnte nur *männlichen* Objekten gelten, sei es dem Kind als *Penis*-Ersatz, der Mutter als *phallischer* Mutter oder — in reinster Form — dem *Sohn*; die Phase der Lust ist eine *phallische* Phase, und es gibt keine Phase der Vulva, keine vaginale oder uterine Phase (vgl. *Freud* 1932, *Irigaray* 1980, *Schlesier* 1981).

Die *Freud*sche Unfähigkeit, weibliche Körpersensationen (z. B. die Lust der Vulva) und weibliche Wünsche überhaupt in Worte zu fassen, spiegelt den allgemeinen ideologischen Zustand im Patriarchat zu

Beginn des 20. Jahrhunderts wider. Die Wissenschaft war nicht in der Lage, die Geschlechterdifferenz als wirkliche Differenz zu denken, sondern Weibliches trat nur in der Subsumption unter das „Apriori des Gleichen", unter das eine herrschende männliche Prinzip diskursiv in Erscheinung (*Irigaray* 1980). Der wissenschaftlichen Verdrängung der Geschlechterspannung entsprach die Sprachlosigkeit der Frauen selbst; beide sind Ergebnis jahrhundertelanger Disziplinierungen, die den Frauen die Selbstaufgabe Generation für Generation anerzogen.

Um hier nur ein Beispiel dafür zu nennen, wie sehr Selbstverachtung das Ziel der „Erziehung zum Weibe"[15] war, sei von den vielen möglichen patriarchalischen Denkern und Erziehern[16] lediglich *Rousseau* erwähnt, in dessen „Emile" (1762) es im letzten Teil um die richtige Behandlung von Emiles weiblichem Gegenstück, Sophie, geht: „... sie müssen beizeiten an den Zwang gewöhnt werden, ... damit es ihnen später keine Mühe mehr macht, ihre Launen zu beherrschen und sie dem Willen eines anderen unterzuordnen" (1981, S. 399). „Geduldig leidet sie das Unrecht, das ihr andere antun, und macht ihr eigenes mit Freuden wieder gut ... Die Frau ist dafür geschaffen, dem Mann nachzugeben und sogar seine Ungerechtigkeit zu ertragen" (1981, S. 433).

Wie sehr auch in unserer Epoche der „sexuellen Befreiung" auch in „fortschrittlichen" Kontexten die Kolonisierung der Körper der Frauen fortgesetzt wird, indem weibliche Andersartigkeit und damit die Geschlechter*differenz* geleugnet wird, wird anhand einer besonderen Literaturgattung, den Aufklärungsbüchern für Schulkinder mit sehr wohl emanzipatorischem Anspruch, offenbar. Weil sie symptomatisch dafür sind, wie wenig ein Bewußtsein von autonomer weiblicher Körperlichkeit selbst bei „Fachleuten" verbreitet ist, seien sie hier vorgestellt. *Barbara Schaeffer-Hegel* (1982) belegt eindrucksvoll in ihrer Studie über Sexualkundebücher, wie auch hier Weiblichkeit verdrängt wird und nur in dem Maße und in den Formen vorkommt, die für das Funktionieren der männlichen Sexualität und für die Produktion von Nachwuchs nötig sind. Während der männliche Körper immer wieder als interessant beschrieben wird und die verbalen und bildlichen Darstellungen zu lustvollen Identifikationen einladen, werden die interessanten Aspekte und lustvollen Potentiale des weiblichen Körpers auf Abbildungen und in Texten verschwiegen. So wird der Neid der Mädchen auf die männlichen Organe, der als scheinbar unumgängliche Tatsache in den Texten „verständnisvoll" erwähnt wird, durch diese Bücher selbst auch produziert. Es bleibt den Autoren offensichtlich unbewußt, daß sie den Mädchen keine positiven Identifikationsmöglichkeiten anbieten.

„,Sie spüren die Wärme des anderen, Vaters Glied wird groß und steif. Nun möchten sich die Eltern besonders nahe sein. Vorsichtig steckt Vater sein Glied in die Scheide der Mutter'; oder: ‚wenn ich mit Vati allein bin und wir uns ganz lieb haben, dann wird Vatis Glied groß und steif. Dann tut er sein Glied in meine Scheide. Das ist für uns beide schön' (1982, S. 105); oder: ‚Mutter und Vater küssen einander. Vaters Glied ist groß geworden, es steht steif heraus. Vater und Mutter möchten gerne, daß Vaters Glied in Mutters Scheide kommt. Das ist nämlich schön'.

Derartige Schilderungen ließen sich aus anderen Büchern mit Leichtigkeit ergänzen. Sie alle zeichnen sich durch zwei auffallende Gemeinsamkeiten aus: Erstens finden präkoitale Veränderungen nur im Manne statt. Im Klartext heißt dies: Sobald der Penis erigiert ist, kann der Koitus beginnen; oder: weibliche Vorbedingungen für den Geschlechtsverkehr sind nicht nötig, nicht zu beachten, jedenfalls nicht der Rede wert . . . Im Schulbuch mindestens braucht auf weibliche Bedürfnisse keine Rücksicht genommen zu werden" (1982, S. 105).

Die weibliche Erotik kommt nicht vor: die orgastischen Fähigkeiten der Frau, die lustvollen körperlichen Veränderungen wie Anschwellen der Brustwarzen, der großen und kleinen Labien, der Klitoris, die Veränderungsfähigkeit der Scheide, die Empfindungsfähigkeit der sichtbaren und der nicht sichtbaren Organe und die Dauer weiblicher Lüste.

„Und dennoch, das ist das zweite gemeinsame Merkmal dieser Literatur, macht es den Frauen Spaß! Obgleich nur die männliche Physiologie, der Ablauf nur der männlichen Erregungskurve und der männlichen Lust beschrieben wird, macht es den Frauen Spaß, ‚wollen beide', ‚ist es für beide schön'. Das Schema ist einfach: Es tut sich was beim Vater-Mann, beide wollen, was Vater will, und dann ist es für beide schön! Er hat die Lust und die Beruhigung, daß es für sie auch schön sei; sie hat das Nachsehen und dazu die Pflicht, so zu tun, als ob es auch für sie schön wäre. Und den Jungens wird wieder einmal suggeriert, daß die Erfüllung der eigenen Triebe die Partnerin automatisch mitbefriedigt. Sie erfahren nichts davon, daß ganz im Gegenteil Männer lernen müssen, ihre sich aus vielerlei Gründen oft zu schnell entladenden Bedürfnisse zurückzuhalten, wenn sie gemeinsam Lust herstellen wollen. Mädchen wird verschwiegen, daß sie eigene Lust empfinden können und daß sie von ihren Partnern Rücksichtnahme auf die eigene Lust verlangen können. Nach der Lehrmeinung der Schulbücher werden nur Männer befriedigt . . ." (1982, S. 106).

Schulbücher sind ein Mosaikstein im Ensemble der gesellschaftlichen Verhältnisse, die, der formal öffentlich propagierten Emanzipation der Frau spottend, weibliche Sprachlosigkeit, Ohnmacht am eigenen Leib, den *gesellschaftlichen* Zustand des Kastriertseins in alter Tradition immer wieder neu herstellen. Der Streifzug zu einigen Manifestationen patriarchaler Geschichte läßt die beiden korrespondierenden Linien der Unterdrückung der Frauen durch gewaltsame Eingriffe und Verdrängung des Weiblichen einerseits und der Selbstunterdrückung der Frauen als Resultat patriarchaler Machtverhältnisse und patriarchaler Pädagogik andererseits prägnant werden. Auf beiden Ebenen spielen sich die Prozesse der Aufarbeitung und Wiederaneignung durch Frauenbewegung und politisch bewußte Gestalttherapie ab, um die es im nächsten Abschnitt geht.

3. Gestalttherapeutische Perspektiven

In Frauengruppen breiteten sich seit den Anfängen der neuen Frauenbewegung Elemente eines neuen Selbstbewußtseins aus. (Die „alte" Frauenbewegung lasse ich hier außer acht.) Die Wut über erlittene Demütigungen in allen Bereichen, insbesondere über die Unterdrückung der weiblichen Sexualität war Konsens. Sie läßt sich noch heute nachempfinden anhand der damals in den Frauengruppen überall gelesenen Texte. Diese Texte beinhalten meist eine emphatische Kritik der Hypothese vom Penisneid, des Totschweigens oder Verkennens der Klitoris und der Reduzierung der Frau aufs Objektsein in der „Penetration" und in der Funktion als „Gebärmaschine". Zum Beispiel kursierte noch vor dem Erscheinen in einem Buch als Hektographie der Text von *Anne Koedt*, „Der Mythos vom vaginalen Orgasmus", und regte Frauen dazu an, in Selbsterfahrungsgruppen ihre sexuellen Wünsche in Worte zu fassen und sich im Anspruch auf sexuelle Befriedigung gegenseitig zu stärken (vgl. *Koedt* o. J., *Millett* 1971, *Schwarzer* 1975, *Stefan* 1976). Das Streben nach Emanzipation in dieser ersten Phase kam vielfach darin zum Ausdruck, daß Frauen sich den Männern vorbehaltene Bereiche aneignen wollten, gleiche Rechte forderten, und daß die Phantasien über den Ausweg aus der Unterdrückung von traditionell männlichen Standards mit beeinflußt waren.

In einer nächsten Phase entdeckten die Frauengruppen für sich mehr die Potentiale der traditionellen Weiblichkeit. Im Schutz der Schwesternhorde machten sie sich in Selbstuntersuchungsgruppen mit den verborgenen Teilen ihres Genitals vertraut, bildeten Mütter- und Stillgruppen und gründeten feministische Gesundheitszentren. Mütterlichkeit, steinzeitliche Matriarchate, Amazonen, Lesbengemeinschaften, Hexen und Heilkundige wurden als utopische Gegenbilder zu patriarchalisch-kapitalistischen Zwängen imaginiert.

In Auseinandersetzung mit den beiden Tendenzen des Aufbruchs aus Unterdrückung, der Aneignung traditionell männlicher Werte und der Aufwertung traditioneller Weiblichkeit, analysierten psychoanalytisch orientierte Theoretikerinnen[17], insbesondere indem sie sich auf die in den Frauengruppen viel gelesenen Texte beziehen, kollektive Verdrängungen der Frauenbewegung. Sie zeigten einmal mehr, wie Unterdrückung und Verdrängung nicht nur von außen gegen Frauen gerichtet sind, sondern wie sie quer durch die Frauen selbst hindurch gehen. *Marina Moeller-Gambaroff* (1977, S. 23) wies beispielsweise darauf hin, daß nicht nur Psychoanalytikerinnen besonders repressive sexuelle Normen für Frauen propagieren, wie etwa *Helene Deutsch*, sondern daß sich bei einflußreichen Feministinnen, zum Beispiel *Simone de Beauvoir* und *Sulamith Firestone*, eine feindselige Haltung dem eigenen weiblichen Körper gegenüber auffinden läßt.

Renate Schlesier (1980) kritisiert die feministische *und* psychoanalytische Reduktion der Vagina als Lust-Ort nur des Mannes und plädiert für die Möglichkeit einer Frauenautonomie, der auch die Vagina als bedeutsames lustvoll-aktives, nicht nur passiv-aufnehmendes Organ gilt. Im Gegensatz zu *Renate Schlesier* meine ich, daß die Abwendung von der Vagina zu Beginn der neuen Frauenbewegung notwendig und sinnvoll war. Denn die Vagina war so sehr Ort der Unterdrückung und Entfremdung der Frauen von sich selbst, gerade auch zu Zeiten der sexuellen Liberalisierung, daß „frau" sich zunächst — etwa im Sinn der Erarbeitung von Polaritäten in der Gestalttherapie — bei den ersten gemeinsamen Selbstfindungsversuchen ganz auf die Aneignung der Selbständigkeit und Unabhängigkeit konzentrierte, die die Klitoris symbolisiert. Die zeitweilige Verleugnung der Vagina durch viele Frauen wurde produktiv, indem sie ein zuvor nicht denkbares Aussprechen der Zärtlichkeitswünsche des ganzen weiblichen Körpers als je *für sich* bedeutsam und nicht als der Vorbereitung von Koitus und Orgasmus dienend möglich machte. In der Phase der Verleugnung der Vagina entstand in der sexuellen Kultur das Bewußtsein eines nicht teleologischen, sondern die Potentiale des ganzen Körpers zulassenden fließenden Genusses.

Die Gedanken dieses Artikels hätten so nicht gefunden werden können ohne die Lektüre der Texte von *Luce Irigaray*[18], eine französische, ursprünglich aus der *Lacan*-Schule stammende Psychoanalytikerin. Sie ermöglicht Einsichten in die Struktur der Verdrängung des Weiblichen als konstitutiv für die abendländische Philsophie. Ihre *Freud*- und *Plato*-Analysen zeigen, wie diese Verdrängung in Texten, die vom „Gesetz des Selben", das heißt von Männlichkeit als *einzig* gültigem Wert aus konstruiert sind, funktioniert. *Luce Irigaray* erarbeitet in ihrer Kritik patriarchaler Diskurse die Vorstellung einer Geschlechterdifferenz, in der das Weibliche als *anderes* entfaltet wird, das sich weder in der Angleichung noch in der Negation an Männlichkeit orientiert. Aber, und hier liegt ihre besondere Bedeutung: sie verzichtet konsequent darauf, dieses andere zu definieren. Sie regt dazu an, die Unsicherheit, Spannung, Offenheit auszuhalten, daß es jetzt keine Leitbilder für das, was „emanzipierte" Weiblichkeit sein könnte, gibt. Die Chance der Befreiung aus alten Fesseln liegt vielmehr in der „Rückkehr an den Ort der Unterdrückung". Gerade die bewußt wiederholende Aneignung der entmachtenden, kränkenden, traumatisierenden

Geschehnisse birgt paradoxerweise die Möglichkeit, nicht länger auf diese reduziert und fixiert zu bleiben.

Die paradoxe innovative Wirkung der „Rückkehr an den Ort der Unterdrückung" erlangt durch die im Gestaltansatz entwickelte Fähigkeit der Bewußtheit (Awareness) besondere Intensität (vgl. auch *Beisser* 1970). Die Szenen der Kränkung, Verletzung und Entmachtung in der Lebensgeschichte der Frauen, die mit jeder weiblichen Biographie die lange Tradition des Patriarchats fortsetzen, werden im Gang der „Rückkehr an den Ort der Unterdrückung" wiederbelebt. In dieser Wiederbelebung von Schmerz und Demütigung werden die Fesseln und Lasten des Selbsthasses prägnant, und Ansatzpunkte zu ihrer Lösung werden auffindbar.

Die Abwesenheit eines Theoriegebäudes der Weiblichkeitskonstruktion in der Gestaltkonzeption kann die Offenheit für zu entdeckendes, noch unbekanntes Empfinden und Handeln ermöglichen und hindert nicht das Experimentieren mit den unterschiedlichsten Frauengestalten, sei es mit alten Klischees[19], sei es mit neuen Phantasien. Diese Offenheit, welche eine Voraussetzung für eine Entfaltung der Geschlechterspannung ist, läßt Raum für alle möglichen heterogenen Imaginationen. „Die Aufhebung von Herrschaft, wirkliche Gleichheit wird sich nur und gerade über die Entfaltung von Verschiedenheiten realisieren lassen; nicht über die Vereinheitlichung, die eine Fortsetzung des Phallozentrismus in die Vorstellung von der Befreiung ist" (*Theweleit* 1978, Bd. 2, S. 123).

Das (mittlerweile viel kritisierte) „Ich bin ich — du bist du" des *Fritz Perls* kommt hier befreiend zur Geltung, denn es fordert dazu auf, sich von der Vorstellung einer richtigen Lösung, vom Messen mit gleichem Maß, von den Denkgewohnheiten der Vereinheitlichung zu befreien. Die gestalttherapeutische Aufforderung „Don't be judgemental" trifft sich mit der besonders im französischen Poststrukturalismus formulierten Kritik an abendländisch-rationalistischen, phallozentrischen und logozentrischen Urteils-, Bestimmungs- und Entscheidungspostulaten (*Derrida* 1982). Sie trifft sich auch mit den im weiblichen mimetischen Vermögen tradierten Fähigkeiten. „Das Geschlecht, das nicht eins ist" heißt eine Publikation von *Luce Irigaray*; die Vielfalt der weiblichen Leiblichkeit ist zugleich Metapher für die potentielle Vielfalt weiblicher Lebensentwürfe und Diskurse.

Mit der Körperbewußtheit der Gestalttherapie lassen sich unterschiedliche, widersprüchliche oder noch unbekannte Elemente aus der Ausgrenzung holen[20]: weibliche Gestik und Mimik ebenso wie die tabuierte Vielfalt des Geschlechts aus Brüsten, Vulva mit den großen und kleinen Labien und der Klitoris, Vagina, Muttermund, Gebärmutter ebenso wie die Lebensphasen und -zyklen, die alle auch körperliche Veränderungen sind, aus Kindheit, Menarche und Pubertät, monatlichen Zyklen mit den Menstruations- und Eisprungzeiten, Schwangerschaft, Geburt, Stillen, Klimakterium und den Zeiten des Alters. Welche Gefühlspotentiale, welche Qualitäten von Wissen, Wohlbefinden und Selbstbewußtsein in diesen und anderen Momenten weiblicher Leiblichkeit mit der Lösung vom Selbsthaß entstehen können, davon existieren nur Ahnungen, da sie in den Jahrhunderten seit der Hexenverfolgung systematisch kolonisiert, diszipliniert, verschwiegen, verkannt und verdrängt und ihre Entfaltung und Kultivierung verhindert wurden.

Solange nicht die Aneigung des eigenen Körpers möglich ist, solange Frauen nicht zur Sprache, mit der sie ihre Wünsche formulieren können, finden, kann von Aufhebung des Selbsthasses und der Selbstverleugnung keine Rede sein. Denn der Körper ist der erste und wichtigste „Ort der Unterdrückung". Die gestalttherapeutischen Methoden[21] können wirksam dazu beitragen, „Introjektionen" und „Retroflexionen", die die weibliche Selbstverleugnung ausbilden, zu bearbeiten. Die gestalttherapeutischen Konzepte von „Kontakt" und „Kontaktgrenze" aber ermöglichen die Unterscheidung zwischen Selbstunterdrückung und den unterdrückenden Faktoren aus der patriarchalen Umwelt. Die Fähigkeit zur Unterscheidung dieser beiden Ebenen aber ist notwendig, wenn Frauen freier werden wollen, da beide sich wechselseitig bedingen und in vielen Situationen verwirrende Mischungen bilden.

Voraussetzung der Wahrnehmung der Interessen der Frauen in der Therapie ist allerdings nach wie vor die *kollektive* Reflexion und Aktion. Sonst besteht die Gefahr der Verführung zur Abhängigkeit von guruhaften Therapeuten (*Giere* 1982) oder der subtilen Fortsetzung der Frauenverachtung auch von Therapeutinnen und somit eine verhängnisvolle unbemerkte Tradierung des Selbsthasses durch Frauen.

Wenn in diesem Beitrag auf das Phänomen des weiblichen Selbsthasses fokussiert wurde und über weibliche Liebesfähigkeit, die im Patriarchat teils subversiv überlebte, teils dieses System erst ermöglicht, nicht geschrieben wurde, so geschah dies in dem Wissen, daß erst die uneingeschränkte Wahrnehmung der (Selbst-)Unterdrückung der Frau ihre Liebes-, Lust-, Denk- und Handlungsfähigkeit zum Vorschein kommen läßt.

Anmerkungen

[1]) Der erste Teil des Titels ist ein Diktum *Luce Irigarays,* welches zusammen mit dem zweiten Teil die Ziele *und* die Grenzen des Artikels andeutet: Mit dem Wunsch nach Integration gesellschaftlicher und historischer Bewußtheit reflektiert der Text den Beitrag der Gestalttherapie zu einer Politik der Frauen auf der Ebene der *Intentionalität und theoretischen Begründung* und *nicht* auf der Ebene der Methodik oder Behandlungstechnik. Für kritische Hinweise danke ich *Ute Wirbel* und *Wiltrud Kraus.*

[2]) In den Texten der Kritischen Theorie wurde die „Dialektik der Aufklärung" von antiken Ursprüngen ausgehend in ihren befreienden und zerstörerischen Wirkungen analysiert. (Z. B.: *Horkheimer, Adorno* 1979, *Horkheimer* 1972). Die Erkenntnisse von *Elias* (1978/79), *Ariès* (1972), *Badinter* (1981) lassen die Geschichte der Zivilisation als Geschichte des Körpers erkennbar werden. Vgl. auch in der neueren deutschen Diskussion *Dürr* (1978), *Heinrich* (1981), die Zeitschriften : *Konkursbuch —* Zeitschrift für Vernunftkritik und *Notizbuch.* Vgl. auch die amerikanischen Feministinnen *M. Daly* (1981) und *S. Griffin* (1978).

[3]) Vgl. die „Kritik der zynischen Vernunft" von *Peter Sloterdijk* 1983, S. 20. Zum Begriff der Mikropolitik: *Guattari* (1977).

[4]) Vgl. das Kapitel „Die Struktur des Wachstums" in *Perls, Hefferline, Goodman* 1979, S. 9-18.

[5]) Für die Erforschung beispielsweise der Lehrer/innen-Arbeit in ihrem sozialen und historischen Kontext liefern feministische Pädagogik und Gestaltpädagogik sich ergänzende Impulse. (Vgl. *Prengel* 1980, 1982, 1983).

[6]) Vgl. die Ausführungen von *Petzold* zum „I and Thou in the Here and Now" in der *Perls*schen Gestalttherapie (1981, S. 265-273).

[7]) Dokumentiert wurden die Aktivitäten der autonomen Frauenbewegung u. a. in den populären Zeitschriften *Emma* und *Courage* und in vielen regionalen und lokalen Frauenblättern, in Frauenjahrbüchern (seit 1975), in den Beiträgen zur Berliner Sommeruniversität für Frauen (seit 1976), in hektographierten Skripten und den großangelegten Frauen-Reihen der bald nachziehenden etablierten Verlage. Folgende wissenschaftliche Zeitschriften betreiben eine feministische Theoriebildung: *Beiträge zur feministischen Theorie und Praxis,* im Verlag Frauenoffensive, München; *Schwarze Botin,* im Verlag Maria Auder, Berlin, Paris, Wien; *Feministische Studien,* im Beltz-Verlag, Weinheim u. Basel; *Wissenschaft und Zärtlichkeit,* im Verlag Ruth-Eva Schulz-Seitz, Tübingen.
Weitere Texte zur Frauenforschung: *Großmaß, Schmerl* (1981), *Wartmann* (1980), *Janshen* (1979).

[8]) Diese Liste von Themen der Frauenforschung entstand bei der Arbeit an meiner Diss. (*Prengel* 1984). Auf detaillierte Literaturangaben zu den einzelnen Fachgebieten verzichte ich an dieser Stelle; Interessentinnen finden sie zum Beispiel in der Bibliographie „Thema Frau" von *Bock, Witych* (1980).

[9]) Vgl. hier folgende Studien: *Mies* (1980), *Meillassoux* (1978), *Kittler* (1980), *Wolf-Graaf* (1981), *Negt, Kluge* (1981), *Bornemann* (1975), *Kurnitzky* (1980), *Werlhof* (1981), *Zinser* (1981), *Göttner-Abendroth* (1980).

[10]) Möglichkeiten und Grenzen der Erkenntnis historischer Forschungen wurden von *Devereux* (1967) im Hinblick auf die ethnologische Feldforschung analysiert.

[11]) Weibliche Normalität hat eine bestimmte Nähe zu dem, was in unserer Gesellschaft als „krank" gilt, (vgl. *Burgard* 1977, *Chessler* 1975).

[12]) Die Amerikanerin *Mary Daly* (1981) stellt in ihrem Buch Gyn/ökologie diese patriarchalen Praktiken vor und kritisiert sie radikal aus langfristig-globaler Perspektive.

[13]) Die Hexenprogrome sind nicht dem Mittelalter zuzurechnen, sondern ereignen sich, mittelalterliche Deutungsmuster tradierend, zu Beginn der Neuzeit, zu Beginn der Ausbreitung der cartesianischen Rationalität; vgl. *Honegger* (1978), *Becker* u.a. (1977), *Kimmerle* (1980).

[14]) Dieser Projektionsvorgang wurde von *Ingeborg Bachmann* in ihrem Roman „Malina" als immer noch aktueller weiblicher Selbstzerstörungsprozeß dichterisch gestaltet. Vgl. auch das Kapitel: Die Anziehungskraft der Männergewalt, von *C. Hagemann-White* (1979).

[15]) So der Titel einer Studie von *Monika Simmel* (1980) über Mädchenerziehung im 19. Jahrhundert.

[16]) Traurige Berühmtheit erlangte in diesem Zusammenhang *Fichte; K. Hansen* gibt einen Überblick über die Hauptmotive sexistischer Ideologien. Vgl. auch *Badinter* (1981).

[17]) Ohne in diesem Aufsatz auf die feministisch beeinflußte Psychoanalyse eingehen zu können, sei auf einige Publikationen hingewiesen: *Chassequet-Smirgel* (1977), darin besonders interessant für eine produktive Interpretation des Penisneid-Theorems der Beitrag von *Maria Torok, Mitchell* (1976), *Hagemann-White* (1979), *Reinke-Köberer* (1983), Zeitschrift *Psyche*, Themenhefte Psychoanalyse und weibliche Sexualität (9/75 u. 8/78).

[18]) Die Tatsache, daß an einige Vorschläge von *Luce Irigaray* mit Hilfe der Gestalttherapie Annäherungen probiert werden können, ist dem phänomenologischen Hintergrund sowohl des Gestalt- als auch des strukturalistischen Denkens geschuldet. Außerdem wurde der französische Strukturalismus besonders bei *Lacan*, dessen Schülerin *Irigaray* einmal war, auch von der frühen deutschen Gestalttheorie beeinflußt.

[19]) *Ernst Bloch* (1962, S. 49-59) stellt in seinem Aufsatz „Kampf ums neue Weib" eine lange Liste der Klischees des Weiblichen vor.

[20]) Zur Wiederaneignung abgespaltener Momente weiblicher Leiblichkeit anregende Texte, auf deren Hintergrund die Stichworte dieses Abschnitts gesammelt wurden, sind immer noch nur vereinzelt zu finden, zum Beispiel: *Wex* (1979), *Foucault* (1976), *Rentmeister* (1979), *Lesbenverlag WIR* (1978), *Schuller* (1979), *Sherfey* (1974), *Devereux* (1981), *Sichtermann* (1982), *Shuttle, Redgrove* (1982).

[21]) Konkrete und differenzierte Darstellungen solcher Gestaltarbeit finden sich in diesem Buch.

Literatur

Ariès, P., Geschichte der Kindheit, dtv., München 1979.

Bachmann, I., Malina, Suhrkamp, Frankfurt 1981.

Badinter, E., Die Mutterliebe, Piper, München 1981.

Becker, Bovenschen, Brackert, Brauner, Brenner, Morgenthal, Schneller, Tümmler, Aus der Zeit der Verzweiflung. Zur Aktualität und Genese des Hexenbildes, Suhrkamp, Frankfurt 1977.

Beisser, A., The Paradoxical Theory of Change, in: *Fagan/Shephard* (Hrsg.), What is Gestalt Therapy?, New York 1970.

Bloch, E., Kampf ums neue Weib, in: *Das Argument* 22 (1962), wieder abgedruckt in: *Das Argument*, Studienheft 36, Berlin 1980.

Bock, U., Witych, B., Thema Frau. Bibliographie der deutschsprachigen Literatur zur Frauenfrage 1949-1979, AJZ, Bielefeld 1980.

Bovenschen, S., Die aktuelle Hexe, die historische Hexe und der Hexenmythos. Die Hexe: Subjekt der Naturaneignung und Objekt der Naturbeherrschung, in: *Becker, G. u. a.* 1977.

Bornemann, E., Das Patriarchat, Fischer, Frankfurt 1983.

Brenner, I., Morgenthal, G., Sinnlicher Widerstand während der Ketzer- und Hexenverfolgungen. Materialien und Interpretationen, in: *Becker u. a.* 1977.

Brückner, M., Die Liebe der Frauen. Über Weiblichkeit und Mißhandlung, Neue Kritik, Frankfurt 1983.

Burgard, R., Wie Frauen verrückt gemacht werden, Frauenselbstverlag, Berlin 1977.

Carter, C., Sexualität ist Macht. Die Frau bei de Sade, Rowohlt, Reinbek 1983.

Chang, J., Das Tao der Liebe. Unterweisungen in altchinesischer Liebeskunst, Rowohlt, Reinbek 1983.

Chassequet-Smirgel, J. (Hrsg.), Psychoanalyse der weiblichen Sexualität, Suhrkamp, Frankfurt 1977.

Chessler, P., Frauen: das verrückte Geschlecht, Rowohlt, Reinbek 1974.

Daly, M. Gyn/ökologie. Eine Meta-Ethik des radikalen Feminismus, Frauenoffensive, München 1981.

Derrida, J., Descamps, C., Jacques Derrida sur les traces de la Philsophie, in: *Le Monde Dimanche* — 31 Janvier 1982.

Devereux, G., Angst und Methode in den Verhaltenswissenschaften, Hanser, München 1967.

—, Baubo, Die mythische Vulva, Syndikat, Frankfurt 1981.

Droß, A., Die erste Walpurgisnacht. Hexenverfolgung in Deutschland, Rowohlt, Hamburg 1981.

Dürr, H. P., Traumzeit. Über die Grenze zwischen Wildnis und Zivilisation, Syndikat, Frankfurt 1978.

Elias, N., Über den Prozeß der Zivilisation, 2 Bde., Suhrkamp, Frankfurt 1978 u. 1979.

Eichenbaum, Orbach, Feministische Psychotherapie. Auf der Suche nach einem neuen Selbstverständnis der Frau, Kösel, München 1984.

Fester, König, Jonas, Jonas, Weib und Macht. Fünf Millionen Jahre Urgeschichte der Frau, Fischer, Frankfurt 1980.

Fischer-Homberger, E., Krankheit Frau. Zur Geschichte der Einbildungen, Luchterhand, Neuwied 1984.

Foucault, M., Mikrophysik der Macht, Merve, Berlin 1976.

Freud, S., Die Weiblichkeit (1932), G. W. 15, Imago, London 1940; Studienausgabe Bd. I, Fischer, Frankfurt 1978.

Giere, W., Der Trainer und die Macht, in: *Bachmann, C. H.* (Hrsg.), Kritik der Gruppendynamik, Fischer, Frankfurt 1981.

Gilligan, C.: Die andere Stimme. Lebenskonflikte und Moral der Frau, Piper, München 1984.

Göttner-Abendroth, H., Die Göttin und ihr Heros, Frauenoffensive, München 1980.

Griffin, S., Woman and Nature, Harper & Row, New York 1980.

Großmaß/Schmerl (Hrsg.), Philosophische Beiträge zur Frauenforschung, Germinal, Bochum 1981.

Gstettner, P., Die Eroberung des Kindes durch die Wissenschaft — aus der Geschichte der Disziplinierung, Rowohlt, Reinbek 1981.

119

Guattari, F., Mikro-Politik des Wunsches, Merve, Berlin 1977.
Hagemann-White, C. (Hrsg.), Frauenbewegung und Psychoanalyse, Roter Stern, Frankfurt 1979.
Hansen, K., Die Polarisierung der Geschlechtscharaktere, in: *Rosenbaum, H.* (Hrsg.), Seminar Familie und Gesellschaftsstruktur, Suhrkamp, Frankfurt 1978.
Haug, F., Frauenformen 2. Sexualisierung der Körper, Argument, Berlin 1983.
Heinrich, K. Dahlemer Vorlesungen, tertium datur. Eine religionsphilosophische Einführung in die Logik, Roter Stern, Frankfurt 1981.
—, Geschlechterspannung und Emanzipation, *Das Argument* 4 (1962); Nachdruck in: *Das Argument*, Studienheft 36, Berlin 1980.
Heinsohn, G., Knieper, R., Steiger, O., Menschenproduktion. Allgemeine Bevölkerungslehre der Neuzeit, Suhrkamp, Frankfurt 1979.
Honegger, C. (Hrsg.), Die Hexen der Neuzeit. Studien zur Sozialgeschichte eines kulturellen Deutungsmusters, Suhrkamp, Frankfurt 1978.
Honegger, C., Heintz, B. (Hrsg.), Listen der Ohnmacht. Zur Sozialgeschichte weiblicher Widerstandsformen, EVA, Frankfurt 1981.
Horkheimer, M., Adorno, T. W., Dialektik der Aufklärung, Fischer, Frankfurt 1979.
Horkheimer, M., Zur Kritik der instrumentellen Vernunft, Fischer, Frankfurt 1972.
Illich, I., Genus — Zur historischen Kritik der Gleichheit, Rowohlt, Reinbek 1983.
Irigaray, L., Das Geschlecht das nicht eins ist, Merve, Berlin 1979.
—, Speculum. Spiegel des anderen Geschlechts, Suhrkamp, Frankfurt 1980.
Janshen, D., Langes Warten im Bauche des Zeus. Zur Situation von Frauen im Wissenschaftsbetrieb, in: *Münzberg, Wilkens* (Hrsg.), Aufmerksamkeit. Klaus Heinrich zum 50. Geburtstag, Roter Stern, Frankfurt 1979.
Jonas, D. F., Aufstieg und Niedergang weiblicher Macht. Eine biopsychologische Übersicht, in: *Fester* u.a. 1980.
Kavemann, B., Lohstöter, J.: Väter als Täter. Sexuelle Gewalt gegen Mädchen, Rowohlt, Reinbek 1984.
Kimmerle, G., Hexendämmerung. Studie zur kopernikanischen Wende der Hexendeutung, Konkursbuch, Tübingen 1980.
Kittler, G., Hausarbeit. Zur Geschichte einer Natur-Ressource, Frauenoffensive, München 1980.
Koedt, A., Der Mythos vom vaginalen Orgasmus, in: 1. Frauendruck, Frauenzentrum Berlin o.J.
Kurnitzky, H., Triebstruktur des Geldes. Ein Beitrag zur Theorie der Weiblichkeit, Wagenbach, Berlin 1980.
Lesbenverlag WIR (Hrsg.), Klitorisbilder, Hamburg 1978.
Mander, Rush, Frauentherapie. Frauenbewegung als heilende Energie, Frauenoffensive, München 1977.
Meillassoux, C., Die wilden Früchte der Frau. Über häusliche Produktion und kapitalistische Wirtschaft, Syndikat, Frankfurt 1978.
Meyer, E., Zählen und Erzählen. Für eine Semiotik des Weiblichen, Medusa, Berlin 1983.
Mies, M., Gesellschaftliche Ursprünge der geschlechtlichen Arbeitsteilung, *Beiträge zur feministischen Theorie und Praxis* 3/1980, Verlag Frauenoffensive, München.
Millett, K. Sexus und Herrschaft, die Tyrannei des Mannes in unserer Gesellschaft, Desch, München 1971.
Mitchell, J., Psychoanalyse und Feminismus, Suhrkamp, Frankfurt 1976.
Mitscherlich-Nielsen, M., Zur Psychoanalyse der Weiblichkeit, *Psyche* 8/1978.
Mitscherlich-Nielsen, M., Psychoanalyse und weibliche Sexualität, *Psyche* 9/1975.

Möller-Gambaroff, M., Emanzipation macht Angst, *Kursbuch* 47, Berlin 1977.

Neumann, E., Die große Mutter. Eine Phänomenologie der weiblichen Gestaltungen des Unbewußten, Walter, Olten 1956.

Negt, O., Kluge, A., Geschichte und Eigensinn, Zweitausendeins, Frankfurt 1981.

Perls, F. S., Hefferline, R. F., Goodman, P., Gestalt-Therapie, 2. Bde., Klett, Stuttgart 1979.

Perls, F. S., Gestalt, Wachstum, Integration (hrsg. v. *H. Petzold*), Junfermann, Paderborn 1980.

Perls, L., Begriffe und Fehlbegriffe der Gestalttherapie, in: *Perls, F. S.* (1980).

Petzold, H., Das Hier- und Jetzt-Prinzip und die Dimension der Zeit in der psychologischen Gruppenarbeit, in: *Bachmann, C. H.* (Hrsg.), Kritik der Gruppendynamik. Grenzen und Möglichkeiten sozialen Lernens, Fischer, Frankfurt 1981.

Prengel, A., Vom Schweigen und Schreiben der Lehrerinnen, in: *Beck, Boehncke* (Hrsg.), Jahrbuch für Lehrer 5, Rowohlt, Reinbek 1980.

—, Die schlechte Schülerin: ängstlich, angepaßt, isoliert und ignoriert, in: *Enders-Dragässer, U.* (Hrsg.), Gutachten „Frauen und Schule". Schülerinnen — Lehrerinnen — Mütter, Gießen 1982; erscheint 1984 auch beim DJI, München.

— (Hrsg.), Gestaltpädagogik — Therapie, Politik und Selbsterkenntnis in der Schule, Beltz, Weinheim u. Basel 1983.

—, Schulversagerinnen — Versuch über diskursive, sozialhistorische und pädagogische Ausgrenzungen des Weiblichen, Diss., Focus, Gießen 1984.

—, Naturwissenschaft aus weiblicher Perspektive? Fragmente zur Frage nach der Seinsweise der Frauen, in: Wuppertaler Hefte, Arbeitspapiere zum Kongreß: Auf der Suche nach einer „sanften Naturwissenschaft", Ev. Akademikerschaft in Deutschland, Stuttgart 1984.

Reinke-Köberer, E., Zur Diskussion über die psychosexuelle Entwicklung der Frau, *Psyche* 8/1978.

Reinke-Köberer, E., Sexualität in der Psychoanalyse heute — ein Tabu? in: *Lohmann, H.-M.* (Hrsg.), Das Unbehagen in der Psychoanalyse, Eine Streitschrift, Qumran, Frankfurt 1983.

Rentmeister, C., Frauen, Körper, Kunst: Mikrophysik patriarchalischer Macht, *Ästhetik und Kommunikation* 10 (1979).

Rousseau, J. T., Emile oder Über die Erziehung (1762), VTB, Paderborn/München 1981.

Rush, F., Das bestgehütete Geheimnis: Sexueller Kindesmißbrauch, Subrosa, Berlin 1982.

Schaeffer-Hegel, B., Vom langen Marsch der Samenzellen. Sexismus in schulischer Aufklärungsliteratur, *Ästhetik und Kommunikation* 4 (1982).

Schlesier, R., Die totgesagte Vagina. Zum Verhältnis von Psychoanalyse und Feminismus. Eine Trauerarbeit, in: *Wartmann* 1980.

—, Konstruktionen der Weiblichkeit bei Sigmund Freud, EVA, Frankfurt 1981.

Schmidt, R., Westdeutsche Frauenliteratur in den 70er Jahren, Fischer, Frankfurt 1982.

Schröder, H., Die Rechtslosigkeit der Frau im Rechtsstaat, Campus, Frankfurt/M., New York 1979.

Schuller, M., Keine Bilder zum Nachmachen, *Ästhetik und Kommunikation* 10 (1979).

Schwarzer, A., Der ‚kleine Unterschied' und seine großen Folgen, Fischer, Frankfurt 1975.

Sherfey, M. J., Die Potenz der Frau, Luxemburg 1974.

Shuttle, P., Redgrove, P., Die weise Wunde Menstruation, Fischer, Frankfurt 1982.

Sichtermann, B., Über die verlorene Erotik der Brüste, *Ästhetik und Kommunikation* 47 (1982).

Simmel, M., Erziehung zum Weibe. Mädchenbildung im 19. Jahrhundert, Campus, Frankfurt 1980.

Sloterdijk, P., Kritik der zynischen Vernunft, 2 Bde., Suhrkamp, Frankfurt 1983.

Stefan, V., Häutungen, Frauenoffensive, München 1976.

Theweleit, K., Männerphantasien, 2 Bde., Verlag Roter Stern, Frankfurt 1977 und 1978.

Torok, M., Die Bedeutung des „Penisneides" bei der Frau, in: *Chassequet-Smirgel,* (Hrsg.), Psychoanalyse der weiblichen Sexualität, Suhrkamp, Frankfurt 1977.

Wartmann, B. (Hrsg.), Weiblich-Männlich. Kulturgeschichtliche Spuren einer verdrängten Weiblichkeit, Ästhetik u. Kommunikation, Berlin 1980.

Werlhof, C. v., Frauen und Dritte Welt als „Natur" des Kapitals oder: Ökonomie auf die Füße gestellt, in: *Dauber, Simpfendörfer* (Hrsg.), Eigener Haushalt und bewohnter Erdkreis. Ökologisches und ökumerisches Lernen in der „Einen Welt", Peter Hammmer, Wuppertal 1981.

Wex, M., Weibliche und männliche Körpersprache als Folge patriarchalischer Machtverhältnisse, Hamburg 1979.

Wolf-Graaf, A., Frauenarbeit im Abseits. Frauenbewegung und weibliches Arbeitsvermögen, Frauenoffensive, München 1981.

Zinser, H., Der Mythos des Mutterrechts. Verhandlung von drei aktuellen Theorien des Geschlechterkampfes, Ullstein, Frankfurt 1981.

Vom regressiven Erleben zum aggressiven Handeln
Gedanken zum Thema „Frau im Bildungsprozeß"

Sylvia Cserny, Salzburg

An den Anfang meiner Ausführungen möchte ich einige kurze persönliche Bemerkungen stellen. Nach meinem Studium der Psychologie und Pädagogik begann ich vor nunmehr 10 Jahren, in der Erwachsenenbildung zu arbeiten, und habe mich nach einer Zusatzausbildung in Konzentrativer Bewegungstherapie als Leiterin von Selbsterfahrungsgruppen viele Jahre intensiv mit den Problemen der Gruppenpsychotherapie auseinandergesetzt. Dieser Artikel soll nun einerseits einen Erfahrungsbericht aus der Erwachsenenbildung beinhalten, andererseits eine Reflexion über die Zusammenhänge der beiden Gebiete sein. Da ich keinen Anspruch auf Wissenschaftlichkeit erheben will, habe ich bewußt von Zitaten aus gelehrten Büchern abgesehen. Mein Beitrag zum Thema „Frau und Bildung" will einige Trends aufzeigen und zum Weiterdenken anregen.

In unserer jetzigen Bildungsgesellschaft sollte eigentlich das Thema „Frau und Bildung" gar kein spezielles mehr sein. Waren Frauen bis zum Ende des vorigen Jahrhunderts nur vereinzelt und in Ausnahmefällen zur Universität zugelassen, sind es heute schon mehr als 50 % Mädchen und Frauen, die höhere Schulen und Universitäten besuchen. Der Spruch: „Wenn du eine Frau bist, brauchst du nicht soviel zu lernen" gilt zwar heute noch in manchen verirrten Vätergehirnen, doch diese „Weisheit" kann sich bei jungen Mädchen und Frauen nicht mehr in einem so hohen Ausmaß durchsetzen, wie es früher der Fall war. Analog zur gesellschaftlichen Situation hatte die Erwachsenenbildung lange Zeit die Aufgabe, kompensatorische Bildung zu vermitteln, d. h. die mangelnde Schulbildung zu ersetzen. Die Gründung von Arbeiterbildungsvereinen, Volkshochschulen und Bildungswerken war ein deutliches Zeichen für diese Notwendigkeit. Politische Richtungen, die die These, daß Wissen Macht ist, nicht mehr nur für eine Elite formuliert sehen wollten, prägten die neuen Ziele unter dem Motto „Bildungschancen für alle". In der Folge kam es in Mitteleuropa zu einem rasanten Ausbau des Schul- und Bildungswesens. War nun zwar der Zugang zu mehr Bildung geschaffen, so muß sicherlich hier erwähnt werden, daß damit noch lange nicht alle Bildungsschranken für die Frauen beseitigt werden konnten.

Nicht nur im Bereich der Frauenbildung, sondern für die gesamte Erwachsenenbildung stellten sich neue Aufgaben. Einerseits wurde die Weiterbildung Erwachsener, d. h. der Erwerb höherer Berufsqualifikationen, notwendig im beruflichen Bereich, andererseits erhob sich an die Erwachsenenbildung die Forderung, Bereiche aufzugreifen, die durch schulische Bildung nicht oder nur unzureichend abgedeckt werden. Zwar wurde die Erwachsenenbildung jetzt durch etliche Inhalte erweitert, Themenbereiche wie Lebensorientierung und Sinnfindung, Elternbildung, Kommunikation, soziale und politische Bildung in die Programme der Institutionen aufgenommen, doch blieben die Formen der Bildung gleich; die Vorlesung und der Vortrag waren das vornehmliche Instrument der Wissensvermittlung. Waren die gelehrten Referate noch mehrheitlich für Männer gehalten worden, zeigte sich in der Veränderung der gefragten Themen ein immer stärker werdendes Interesse der Frau an Bildungsmöglichkeiten. Veranstaltungen in den Bereichen Elternbildung, Kreativität, Kommunikation und Alternativen wurden immer mehr von Frauen besucht. Sicherlich hat auch die gesellschaftliche Entwicklung dazu beigetragen, die Frauen für die Erwachsenenbildung zu motivieren. Da nach wie vor die Frauen fast ausschließlich die Verantwortung für die Familie im atmosphärischen Bereich tragen, die Erziehung der Kinder in ihrer Verantwortung liegt, die Frage der Ernährung und gesunden Lebensweise ihr zugeordnet wird und in vielen Fällen auch noch die Berufstätigkeit dazukommt, konnten sich Frauen nicht mehr auf ihre „natürlichen Instinkte" verlassen, sondern mußten neue Fähigkeiten erwerben.

Die Aufgabe der Erwachsenenbildung war es nun, sich auf neue Themen einzustellen und eine Didaktik und Methodik zu entwickeln, die den Teilnehmerbedürfnissen einerseits nach Interaktion und Kommunikation, andererseits nach Information und Lernmöglichkeiten entsprach. Der Weg mußte gegangen werden vom Monolog zum Erfahrungsaustausch. „Lernen durch Tun" wurde das neue Schlagwort. Auf der Suche nach neuen Methoden ist die Erwachsenenbildung natürlich mit Formen der Gruppendynamik, Kommunikationspädagogik und der humanistischen Psychologie und Psychotherapie konfrontiert worden. Immer mehr wurde ein individualistischer Ansatz gewählt, und Elemente der Selbsterfahrung fanden Eingang in die Erwachsenenbildung. Ist der Besuch von Therapiegruppen noch immer einer bestimmten Elite vorbehalten, und die Schwellenangst der Normalbürgerin und des Normalbürgers eher sehr hoch, so konnte die

Erwachsenenbildung gerade in diesen Schichten mit ihren Angeboten wirksam werden. Bemerkenswert ist auch, daß wesentlich mehr Frauen, gut zwei Drittel eines Kurspotentials, sich für solche Gruppen und Kurse anmelden. Die Frauen haben entdeckt, daß die Möglichkeiten, aus ihrer Isolation herauszukommen, sich entscheidend erhöhen. Sie wollen leben lernen.

So haben viele Frauen erkannt, daß sie durch die Belastungen in der Familie, in diesem oft äußerst bedrohlichen Netz von Beziehungen, grenzenlos überfordert sind. Zuständig zu sein für alle zwischenmenschlichen Beziehungen, für den Lernerfolg der Kinder, für den Haushalt und schlechthin für alle Ansprüche ans „traute Heim", kann nur zu einer Krise der Frau führen. Die bekannten Symptome von psychosomatischen Krankheiten bis hin zu schweren depressiven Verstimmungen zeigen ein deutliches Reaktionsbild. Dieser große Leidensdruck führt zu Veränderungswünschen, wobei nun Institutionen die Aufgabe haben, Möglichkeiten zu schaffen und neue Wege aufzuzeigen. Das kath. Bildungswerk in Salzburg hat versucht, mit Frauenwochen zum Thema „betrifft: Frau" einen Anfang zu setzen. Dieses Beispiel soll hier kurz beschrieben werden:

Bei der Erstellung des Programms waren mehrere Gesichtspunkte maßgebend, die zu einer großen Vielfalt von Inhalten und Veranstaltungstypen führten. So wurden die Bereiche Kultur, Politik, Psychologie, Theologie, Musik, Literatur und Kreativität aufgegriffen. Seminare zu den Themen: „Wie vertragen sich Emanzipation und Partnerschaft", „Macht Frau-Sein krank", „Werdegang — Seminar zum Selbstwert der Frau", „Vom Mädchen zur Frau — Frauen zwischen Ablösung und Selbstfindung", „Frauen finden sich selbst — Von der Fremdbestimmung zur Selbstbestimmung" gaben den Frauen die Möglichkeit, sich auf ihre persönliche Situation einzulassen und sich mit ihrer Frauenrolle auseinanderzusetzen. Aus der Erkenntnis, daß der Rückzug ins Private in eine Sackgasse führt und sich auch Frauen den gesellschaftlichen Einflüssen nicht entziehen können, wurden intensive Gespräche zu den Themen „Frauen in der Politik", „Frau und Schule", „Weibsbilder — das Bild der Frau in Werbung und Kitsch", „Frauen im Dilemma — Kinder oder Karriere" geführt. Aus der Wichtigkeit heraus, verschiedene Gruppen anzusprechen, fanden Clubabende für Alleinerziehende, für Frauen in der Lebensmitte, für geschiedene Frauen und zum Thema „Neuer Start mit 35" statt. Als kirchliche Einrichtung war es eine Selbstverständlichkeit, theologische Themen wie z. B. die Frauengeschichte im Neuen Testament, die Stellung der Frau im Alten Testament und feministische Theologie anzubieten. Aber nicht nur der wissenschaftliche Aspekt sollte hier zum Tragen kommen, sondern im Rahmen einer Podiumsdiskussion „Frauen in der Kirche" kamen die konkreten Möglichkeiten und Rechte der Frau zur Sprache.

Ausgehend von einer Ausstellung unter dem Motto: „Frauen sehen Frauen" wurde eine Fülle von kulturellen und kreativen Veranstaltungen angeboten. Ergänzt wurde das Programm von einigen informativen Vortragsveranstaltungen, z. B.: „Die Anfänge der Frauenbewegung in Österreich", oder „Frau-Sein in Österreich". In diesem Zusammenhang sei ein kurzer statistischer Hinweis erlaubt. Es konnten bei 42 Veranstaltungen im Zeitraum von einem Monat 2.156 Teilnehmerinnen gezählt werden. 63 Meldungen in Zeitungen und 15 Berichte im Österr. Rundfunk, zum Teil 1- bis 2stündige Sendungen, waren das öffentliche Echo auf diese Veranstaltungsreihe.

Diese Erfahrung, daß über 2000 Frauen an diesem Programm teilnahmen, hat zur Erkenntnis geführt, daß es notwendig ist, immer mehr Frauenprogramme durchzuführen und Möglichkeiten für Frauen zu eröffnen, sich selbst zu organisieren, Eigeninitiativgruppen zu gründen und Selbsthilfegruppen ins Leben zu rufen. Die Altersstruktur der Teilnehmerinnen lag im Bereich zwischen 25 und 40 Jahren, wobei ja bekannt ist, daß in diesem Alter für die Frauen die Belastungen am höchsten sind, einerseits durch die familiären Aufgaben, andererseits durch hohe Berufsanforderungen. Gleichzeitig ergibt sich am Ende dieser Periode die Aufgabe zu Neuorientierungen, sei es von der Familie zur Ehe zurückzufinden oder allein leben zu müssen (hohe Scheidungsraten).

Diese Fülle von Problemen kann nur in den seltensten Fällen von den Frauen allein bewältigt werden. Darin liegen große Chancen, aber auch Aufgaben für die Erwachsenenbildung. Angesichts dieser Existenz- und Lebensprobleme ist deutlich geworden, daß rein kognitive Verfahren der Wissensvermittlung zwar vielleicht zu größerer Einsicht führen, aber kaum Hilfe geben, geschweige denn zu einer einschneidenden Veränderung oder Verbesserung der Situation der Frau ausreichen. Ein Ausweg aus diesem Dilemma schien die immer stärker werdende Einbeziehung von Methoden der Selbsterfahrung zu sein. Kurse im Rahmen der Erwachsenenbildung konnten die Schwellenangst hin zur Therapie senken. Darüber hinaus ging man von der Theorie aus: wenn sich die Menschen besser kennen, ihre Strukturen wahrnehmen, mit Beziehungen bewußter umzugehen lernen, dann machen sie eher Schritte zu neuen Einsichten und können ihr Leben dementsprechend umgestalten. Diese Hoffnung war aber zu hoch angesetzt. Sehr häufig wurden nun in der Selbsterfahrung zwar Zugänge zum Gefühl gefunden, die oft verfahrenen Beziehungen erkannt und die in vielen Fällen nicht besonders glücklich verlaufene Kindheit bewußt, aber dieser Prozeß ist vielfach im regressiven Erleben steckengeblieben.

Die alten Wertvorstellungen wurden aufgelöst; was gut und richtig war, wurde in Frage gestellt. So ist es nun an der Zeit, daß sich die Erwachsenenbildung neu besinnt, welche Aufgaben auf sie zukommen. Nachdem jahrelang versucht wurde, prophylaktisch zu wirken, also gröbere Störungen zu verhindern, und dann auch bestimmten Trends nachgehend, durch Methoden der humanistischen Psychologie neue Wege zu gehen, so steht sie heute wieder vor einer Trendwende. Handlungsmodelle und alternative Wertvorstellungen müssen entwickelt und nicht als neuerliche Zwänge präsentiert werden und sind in Konfrontation gemeinsam zu verarbeiten.

Die Frau hat sich auf den mühsamen Weg von der Fremdbestimmung zur Selbstbestimmung begeben; trotzdem ist damit noch nicht genug geschehen. Um zur vollen Identität zu gelangen, sind weitere Schritte notwendig. Durch „aggressives Handeln", im Sinne eines durch das Gefühl bestimmten und durch kognitive Erkenntnisse geleiteten „Herausgehens" in die Gruppe, in die Familie und in die Gesellschaft, wird es der Frau möglich sein, ihre Lebenssituationen umzugestalten.

Bei diesem Prozeß kann Erwachsenenbildung hilfreich sein, nicht im Sinne des Besserwissens, sondern vor allem im Bereich des Ermöglichens. Qualifizierte Mitarbeiter müssen den Selbsthilfe-, Gesprächs- und Initiativgruppen zur Verfügung stehen; ihr Ziel sollte sein, sich letztlich überflüssig zu machen. Weiteres Ziel in der Frauenbildung wird aber auch sein müssen, immer mehr Männer in diese Prozesse miteinzubeziehen. Bis jetzt wurde, vielleicht mit Recht, noch immer von notwendigen Freiräumen für Frauen gesprochen, damit sie sich mit ihren Problemen in geschützten Räumen auseinandersetzen können. Es darf aber nicht übersehen werden, daß dadurch die Kluft zwischen den verschiedenen Bewußtwerdungsgraden von Mann und Frau vergrößert wird. Eine Kluft, die im unterschiedlichen Fortbildungsinteresse von Mann und Frau begründet ist.

Die vermehrt kognitive, berufsorientierte Weiterbildung des Mannes steht dem hohen Sozialwissen der Frau ohne wechselseitige Kommunikationsmöglichkeit gegenüber. Wenn es stimmt, daß durch die immer höher werdende Arbeitslosigkeit oder durch zumindest starke Arbeitszeitverkürzungen gerade die Männer in einen großen Leidensdruck

kommen und sich dadurch wieder enorme Ansprüche an die zwischenmenschlichen Beziehungen stellen werden, wird es höchste Zeit, daß
wir gemeinsam leben lernen. Zu leicht wird freiwerdendes Aggres-
sionspotential für kriegerische Auseinandersetzungen genützt, um dem
Leben wieder „einen Sinn" zu geben, wenn „sinnvoller Sinn" nicht
mehr gefunden wird. Starres Festhalten an bestimmten Systemen, wie
z. B. an einer Familien- oder Mutterideologie, führt sehr häufig zu
einem radikalen Ausbrechen, oftmals ohne Rücksicht auf Verluste.

So wird es die Aufgabe der ganzen Gesellschaft, insbesondere aber
der Psychotherapie und Erwachsenenbildung sein, an Modellen des
menschlichen Zusammenlebens für eine friedliche Welt zu arbeiten. Es
wird also unter Miteinbeziehung des individualistischen Ansatzes zur
Persönlichkeitsentwicklung des einzelnen auch eine soziale Dimension
geben müssen, die politisches Handeln zum Gemeinwohl aller ermöglicht.

Frauen und Friedenspolitik
Über Beziehungsstörungen in der Politik

Ursula Schmidbauer-Schleibner, München

Es ist zehn Jahre her, daß ich mich zu einer Psychoanalyse entschloß und gleichzeitig zur aktiven Mitarbeit in einer politischen Gruppe, der *Humanistischen Union*, einer Bürgerrechtsorganisation. Seither beschäftigt mich das Spannungsfeld zwischen Psychotherapie und Politik.

Die Psychoanalyse ist bis heute der rote Faden geblieben, der mich durch das bewußtere Erleben und Einschätzen von Gruppen- und Massenprozessen führt. Das hängt nicht nur damit zusammen, daß ich eine intellektuell orientierte Frau bin: mein Kopf hat mich gerettet. Die Psychoanalyse ist auch die Wissenschaft, die sich als erste der „Arbeit der Frauen" — wie *Jean Baker Miller* (1977) das ausgedrückt hat — angenommen hat: der „Beziehungsarbeit", wie feministische Soziologinnen (*Kontos/Walser* 1979) später sagten. Sie ist die Wissenschaft, in der Frauen als Personen weniger diskriminiert wurden als in anderen, angefangen mit *Lou Andreas-Salomé* und *Anna Freud*. Daß sich die Therapeutinnen und Theoretikerinnen erst heute von der Bindung an den Vater und Theoretiker *Sigmund Freud* lösen, sich den Perversionen der Psychoanalyse widersetzen und Theorie und Praxis selbständig weiterentwickeln, ist *ihre* Sache. Alice *Miller* (1979, 1980, 1981) läßt uns ihren Weg der Emanzipation verfolgen, und *Thea Bauriedl* (1980) erweitert das Konzept um den „weiblichen", den grundlegenden Beziehungsaspekt. Es wird noch einige Arbeit kosten, das „revolutionäre Potential der Psychoanalyse" (*Bauriedl* 1980) für die Frauenbewegung (und die Politik überhaupt) nutzbar zu machen, in der ein vulgäres Freund- und Feindbild übermächtig ist. *Juliet Mitchell* (1976) hat als erste einen Rehabilitierungsversuch unternommen; ich (*Schmidbauer-Schleibner* 1979a) habe einen Aufklärungsversuch zum Thema Mutterschaft angestellt, beschäftige mich aber hauptsächlich praktisch mit der Anwendung psychoanalytischen Wissens in der politischen Arbeit.

Meine Erfahrungen mit den Psychotherapien verschiedener Schulen (vor allem auch „Life Energy Therapy", vgl. *Sabetti* 1980) haben mich zu der Überzeugung geführt, daß die Wegweiser zum Zentrum der

Menschen und Dinge nicht die Schulen und Ideologien, sondern die Personen und Beziehungen sind. Die Überlegungen, die ich hier vorstelle, haben eben deshalb noch kaum Einzug in die politische Diskussion gefunden, weil sie „frauenspezifische" Themen betreffen und von (meinen) Erfahrungen aus der Psychotherapie durchdrungen sind.

Mich interessiert die Frage, warum sich Frauen nicht entschlossener und offener einem lebensfeindlichen System widersetzen, in dem atomare Hochrüstung, Umweltzerstörung und der Gegensatz zwischen Überfluß und Elend die Spitze des Eisbergs darstellen. Diese äußeren und außerordentlich bedrohlichen Phänomene sehen natürlich nicht nur Frauen, sondern alle Menschen, die nicht völlig blind durchs Leben stolpern. Ich gehe angesichts des immer noch geringen Widerstands davon aus, daß es nicht ausreicht, zu sehen und zu erkennen, um höchst persönliche Konsequenzen zu ziehen. Dazu gehört als Bedingung, daß wir uns *betroffen* fühlen und *erleben*, was uns schadet und was uns guttut (vgl. *Macy*). Es scheint, als sei die Bereitschaft oder Fähigkeit der Frau größer, Leidensdruck zu erleben, bevor er sich somatisch, d. h. materiell festsetzt. „Sie erscheint als diejenige, die in der Lage ist, einen ausweglos erscheinenden Zirkel durchbrechen zu können, weil sie ihm direkt ausgesetzt ist und seine zerstörerische Kraft am eigenen Leib erfährt" (*Melitta Mitscherlich,* zit. nach *Moeller-Gambaroff* 1977, S. 18).

Ich will jedoch nicht übersehen, daß Frauen in unserer Gesellschaft dazu ermutigt werden, Gefühle von Verletzlichkeit, Abhängigkeit und Hilflosigkeit zu bejahen, während Männer dazu angehalten werden, sie zu verabscheuen und ihr Erleben zu vermeiden (*J. B. Miller* 1977). Deshalb hat das bewußtere Erleben von unbefriedigenden Herrschaftsverhältnissen zwar dazu geführt, daß mehr Frauen als Männer psychotherapeutische Hilfe in Anspruch nehmen, nicht aber dazu, daß Frauen ihre Sache klar und direkt als Politikum nach außen vertreten. In der Suche nach Hilfe und Solidarität in persönlichen Beziehungen bewegen sie sich innerhalb der frauenspezifischen Norm. Dagegen gelten „Frauenangelegenheiten" nicht als politisches Thema. *Innerhalb eines politisch definierten Rahmens müßten Frauen die Norm überschreiten. Jede Normüberschreitung macht große Angst* (vgl. *Bauriedl* 1980). Deshalb ist für Frauen der erste Schritt leichter gewesen und hat zur neuen Frauenbewegung geführt. Der zweite Schritt, die direkte (weder defensive noch offensive) Auseinandersetzung mit politischen Machtinhabern, damit auch das Wagnis gleichberechtigter Beziehungen zu Männern, ist bislang vermieden worden. Die Bewegung trat deshalb allzulang auf der Stelle.

Das Persönliche ist politisch, aber nicht politisch genug

Das Persönliche ist politisch, das war und ist eine neue und wesentliche Erkenntnis der politischen Frauen (vgl. *Sander* 1982). Der Spruch bezog sich ursprünglich auf das höchst „private" Herr- und Magdschaftsverhältnis zwischen Mann und Frau, speziell in der Ehe; er meinte nicht nur die ökonomische Abhängigkeit der Frau, sondern ebenso die Geringschätzung und Verachtung der Menschenwürde der Frau, wie sie sich überall ausdrückt, häufig unterstrichen durch physische und materielle Gewalt: in Bevormundung und Besserwisserei, in der selbstverständlich-fordernden Annahme der unentlohnten weiblichen Versorgungsarbeit, in roher und plumper sexueller Belästigung bis hin zur Vergewaltigung, in der Verantwortungslosigkeit von Männern gegenüber Empfängnisverhütung und Kindern, um nur die wichtigsten Bereiche der Kränkung zu benennen.

Das Wesentliche der Erkenntnis der neuen Frauenbewegung liegt darin, daß sie *die Alltäglichkeit der gestörten Beziehung* betrifft. Sie definiert „Politik" nicht mehr als die Machenschaften von wenigen Inhabern der extremen ökonomischen, militärischen und funktionellen Macht und auch nicht mehr als die Macht der Masse, wie das die Arbeiterbewegung tat.

Die Erkenntnis richtet den Blick auf das *Prinzip Macht*. In der Konsequenz sind Spitzenpolitiker nicht mehr besondere Menschen, z. B. besonders machtgierige, sondern sie sind nur *sichtbarer*, d. h. aber in einer materiell beherrschten Welt auch gefährlicher. *Den Folgen ihrer Entscheidungen können wir uns nicht nur persönlich entziehen.* Wenn wir uns darauf beschränken, in den psychischen Untergrund abzuwandern, tragen wir wenig bei zur Lösung des Problems, den verlorengegangenen Zusammenhang zwischen der Spitze des Eisbergs und seinen „unteren sieben Achteln" (*Nöstlinger* 1978) wiederherzustellen. Die Spitze des Eisbergs ist, im Politischen wie im Persönlichen, die vom Erleben abgehobene Rationalität. Mühsam halten wir den Kopf über Wasser, wenn wir den Kontakt zu unserer Basis, sogar die Ahnung von Ganzheit verloren haben.

Christa Wolf (1982, S. 155) hat diese kulturelle Entwicklung so charakterisiert: „Was nicht meßbar, wägbar, zählbar, verifizierbar ist, ist so gut wie nicht vorhanden. Es zählt nicht. So wie überall, wo das ‚Wirkliche', das wirklich Wichtige, entworfen, geplant und hergestellt wird, Frauen nicht zählten und nicht zählen: seit dreitausend Jahren. Die Hälfte der Menschen, die in einer Kultur leben, haben *von Natur aus* keinen Anteil an den Hervorbringungen, in denen sie sich erkennt.

Also auch keinen Anteil, fällt mir ein, an den Gedanken- und Produktionsexperimenten, die ihren Untergang betreffen. Tatsächlich: an den Forschungen für die Waffen unserer Zeit, an der Entwicklung der Technik für sie, an der Planung ihres Einsatzes und an der Befehlsgewalt über sie hat keine einzige Frau Anteil."

Daß es so einfach nicht ist, führt uns in erschreckender Banalität die britische Premierministerin als Mitinitiatorin eines der letzten Kriege vor Augen. Wichtiger ist, daß auch *wir* (wie hier *Christa Wolf*) versucht sind, in der Konzentration auf die sichtbare Realität die Augen vor der Frage zu verschließen, warum und wie Frauen zur Entwicklung und Aufrechterhaltung des status quo beitragen und beigetragen haben.

Das Persönliche ist politisch, aber das Persönliche und das Politische in jedem Macht-Ohnmacht-Gefälle ist Teil *jeder* beteiligten Person, auch der unterdrückten und bevormundeten. Das gilt in dieser Klarheit nicht in Militärdiktaturen und in Ländern, in denen Menschen Hunger leiden, wo sich also die Unterdrückung in extremer Form materialisiert hat, aber es gilt *für uns Frauen in den reichen Ländern und in den formalen Demokratien*, die uns Gleichheit vor dem Gesetz garantieren. Allerdings wäre es verhängnisvoll, aus dieser formalen Gleichheit vor dem („männlichen") Gesetz kurzzuschließen, unsere politische Einflußnahme müsse in Stil, Form und Inhalt der Politik gleichen, die uns an den Rand der Katastrophe geführt hat (vgl. *Rossanda* 1980).

Wir müssen, als Frauen, unsere Sache selbst in die Hand nehmen, und wir müssen, als Therapeutinnen, Frauen dazu ermutigen, das zu tun. Unsere Sache, das sind zunächst die Lebens- und Arbeitsbereiche, in denen wir alltäglich besondere Verantwortung haben, an und für sich und erst in zweiter Linie deshalb, weil die meisten Männer diese Arbeiten verweigern, ja sie nicht einmal als Arbeit definieren: weil nur zählt, was Geld einbringt (*Kontos/Walser* 1979).

Diese Arbeit ist *für fast alle Frauen* die Versorgung und Betreuung der eigenen Kinder und das Bereitstellen und Pflegen eines Platzes in der Welt: des „Haushalts". Diese Arbeit (sowie die der meisten frauenspezifischen Dienstleistungsberufe) läßt uns im Gegensatz zur Industriearbeit unmittelbar erkennen, wozu Menschen arbeiten: um für sich selbst und für ihre Kinder und letztlich für alle Menschen das Leben lebenswert zu gestalten. Tatsächlich sind jedoch Mütter und Hausarbeiterinnen der Fortschrittsideologie des Machbaren und Zählbaren genauso verfallen wie andere Menschen; *es gibt dort wenig innere Emigration und keinen spürbaren Widerstand*. Frauen neigen dazu, der gängigen gesellschaftlichen Bewertung von Arbeit durch materielle Entlohnung zu folgen, ihre Arbeit selbst geringzuschätzen und sich bezüglich der Arbeitsergebnisse auf den äußeren Schein zu konzentrieren, um so wenigstens Lob und Anerkennung (der verinnerlichten Mutter, des Ehemanns, des Schulsystems usw.) statt Bestrafung und Mißbilligung zu erhalten. Erst wenn *wir* dieser Arbeit den Stellenwert geben, der ihr zukommt, werden wir glaubwürdig in politischer Aufklärungsarbeit, die die Alltäglichkeit begleitet und sich nicht von ihr abhebt.

Mindestens zwei Jahre lang habe ich mich in der politischen Diskussion sehr stark auf den Gegensatz zwischen unentlohnter (Frauen-)Arbeit in den Familien und entlohnter Arbeit konzentriert, ein offenbar grundlegendes soziales Problem, das jedoch weder in der sozialistischen noch in der feministischen noch auch in der ökologischen Diskussion jemals radikal und mit realisierbaren Vorschlägen zur Veränderung *hier und heute* angegangen wurde. Anstoß zur Beschäftigung mit dem Thema war meine eigene Betroffenheit: Geburt meines Sohnes, dreijährige Beurlaubung von meiner Berufstätigkeit als Lehrerin — und meine Unzufriedenheit in dieser Zeit.

Erst heute nehme ich ganz bewußt wahr, wie sehr ich mich mit meinen Überlegungen zur Notwendigkeit der Umverteilung von Familien- und Erwerbsarbeit auf beide Geschlechter über das grundlegende Problem der Beziehung zu meinem Mann hinweggesetzt habe. Wenn ich heute meine durchaus stimmigen Verknüpfungen psychoanalytischer, soziologischer und politischer Analysen zu diesem Thema (*Schmidbauer-Schleibner* 1979b, c) durchlese, stelle ich fest, daß dort die Beziehung zwischen den Eltern nicht vorkommt. Erst heute kann ich mir vorstellen, daß es für liebende und verantwortungsbewußte Eltern egal ist, ob eine(r) von beiden eine Zeitlang hauptsächlich im Haus und direkt für die Familie arbeitet und wer von beiden das tut. (Nicht egal ist das allerdings für die gesellschaftsspezifische Arbeitsmarktsituation.)

Ich glaube heute zwar noch, daß die simple politisch-gesetzgeberische Folgerung, die ich aus meinen Überlegungen und dem angelesenen soziologischen Wissen (vor allem *Tornieporth* 1977, auch *Oakley* 1978) zog, richtig und immer noch aktuell ist: Bei der Geburt eines Kindes sollen beide Eltern bei vollem Lohnausgleich für eine bestimmte Zeit von der Erwerbsarbeit freigestellt werden. (Dies wäre eine wesentliche Voraussetzung zur Erfüllung des Grundgesetzauftrags in Artikel 6, Absatz 2: „Pflege und Erziehung der Kinder sind das natürliche Recht der Eltern und die zuvörderst ihnen obliegende Pflicht. Über ihre Betätigung wacht die staatliche Gemeinschaft.")

Ich glaube aber auch, daß solche an sich vernünftigen Forderungen an den Gesetzgeber wie etwa auch die nach einem „Anti-Diskriminierungs-Gesetz" vor allem von unten wachsen müssen, wenn sie Aussicht haben sollen, im Sinne des Gesetzes verwirklicht zu werden; von unten im gesellschaftlichen Sinn, d. h. von einer breiteren Basis getragen, und von unten im individuell-psychischen Sinn, d. h. von den Bedürfnissen und dem Willen der Einzelnen getragen. Was nützte uns ein „Vaterschutz", wenn die Väter (wie am „Vatertag") vor allem ins Wirtshaus gingen und Vulgäres über Politik und Sex austauschten? Oder Frauen eine männliche Einmischung in „ihre" Sphäre gar nicht wollten und zur eigenständigen Einmischung in die Gestaltung des öffentlichen Lebens nicht bereit wären?

Das Netzwerk der Probleme: Geschlechtsspezifische Arbeitsteilung, militaristische Politik und Beziehungsstörungen sind miteinander verknüpft

Was haben die heute bestehenden Rollenzuweisungen für Männer und Frauen mit Frieden zu tun? Ich denke, ziemlich viel, auf verschiedenen Ebenen und in mehreren Beziehungen. Die Zusammenhänge kann ich hier nur andeuten:

— Die Programmierung einer lebensfeindlichen Zukunft ist auch Erbe sich verweigernder Väter. Wer im Umgang mit einem Säugling und Kleinkind tiefergehende Einsichten und Gefühle erwirbt für die Verletzlichkeit des Lebens und für elementare menschliche Bedürfnisse, wird eher Abstand nehmen von größenwahnsinnigen Phantasien, in denen das Risiko und die Gestaltung des Lebens als unbegrenzt manipulierbar erscheinen.

— Während die Gebärfähigkeit der Frau Geschlechtsrolle und primäre soziale Aufgabe automatisch definiert, definiert der Mann seine sozialen Aufgaben durch Aktivitäten, die außerhalb seines Körpers liegen (*Korte-Pucklitsch* 1978). Durch die Erfahrungen von Schwangerschaft, Geburt und Sorge für das Kind erwirbt die Frau (zumindest potentiell) ein enges Verhältnis zu den menschlichen Grundproblemen Geburt und Tod und zur Natur. Dagegen ist die Integration von Gefühlen der Verletzlichkeit, Abhängigkeit und Hilflosigkeit, aber auch Vertrauen, Männern in der Regel erschwert. Solche Gefühle gelten ihnen oft als unakzeptabel, „unmännlich" und werden häufig durch Hyperaktivität abgewehrt, so auch in der Verteidigung mit geistigen und materiellen Waffen. Die Umverteilung von Familienarbeit und Erwerbsarbeit auf beide Geschlechter würde deswegen auch einen Bewußtseinswandel initiieren. Der Mensch ist eine „physiologische Frühgeburt", die das erste Lebensjahr im „sozialen Uterus" verbringt, wo die soziale Gruppe „den Mutterkörper zu vertreten und die Rolle des mütterlichen Leibes zu übernehmen hat" (*Portmann*, zit. nach Alexander *Mitscherlich* 1963, S. 62). Der soziale Uterus ist nicht natürlicherweise die Mutter; die Mutter ist vielmehr eine Beschränkung des sozialen Uterus. Die Beteiligung des Mannes an der Betreuung und Versorgung des Säuglings enthält für ihn die Chance, am „natürlichen Schöpfertum" der Frau teilzuhaben und den Kampf der Geschlechter um bevorzugte Positionen („natürliche" versus „kulturelle" Überlegenheit) aufzugeben.

— Dem gesellschaftlichen Patriarchat steht ein psychisches Matriarchat gegenüber. In beiden Bereichen wird Macht ausgeübt, die den Kontakt verhindert, den persönlichen wie den sozialen, zwischen den verschiedenen Bereichen von Leben und Arbeit. Es wird keine Gleichberechtigung zwischen Frau und Mann, keine Emanzipation (des Menschen) und keinen inneren und äußeren Frieden geben, wenn nicht beide Geschlechter als Erwachsene die „Doppelrolle" und die sich daraus ergebenden Arbeiten übernehmen. Erst dann werden beide Geschlechter (in ihrer Verschiedenheit gleichberechtigt) öffentliche Aufgaben wahrnehmen können. (Derzeit gilt bekanntlich die Erziehungsarbeit der Frauen als Äquivalent für den Militärdienst der Männer.)

— Entgegen verbreiteter Meinungen ist nicht die „Doppelrolle für Frauen" das Novum der industriellen Revolution, sondern der durch die Verlagerung der Produktionsarbeit aus dem Haus bedingte Verlust der familialen Funktionen des Mannes: „Da die Strukturen des Erwerbsbereichs seit Beginn der Industrialisierung zugeschnitten sind auf die ohne Einschränkung zur Verfügung stehende Arbeitskraft des Mannes, ist die legitimierende Funktion der Doppelrollenideologie für die Erhaltung der überkommenen Wirtschaftsstrukturen von großer Bedeutung. Ein Abbau der die Frauen benachteiligenden Rollenstereotypen würde notwendig eine Veränderung des Erwerbsbereichs bedingen. Auf diese Weise ist zu erklären, warum sowohl in den sozialistischen als auch in den kapitalistischen Industrieländern von Seiten der regierenden Parteien und der Arbeitgeber- und Arbeitnehmerverbände bzw. der Staatsparteien wohl eine Perfektionierung der „Doppelrolle der Frau", nicht aber ein Abbau des gängigen Leitbilds unterstützt wird" (*Tornieporth* 1977, S. 425). Es fällt auf, daß in der Diskussion um die anstehende Erwerbsarbeitszeitverkürzung der Verweis auf die Notwendigkeit der Umverteilung der Familienarbeit auf Männer und Frauen völlig fehlt.

— *Ein* Beispiel dafür, wie eine nichtbeachtete grundlegende soziale Problematik, hier der Gegensatz zwischen entlohnter und unentlohnter Arbeit, selbstverständlich eine beschränkte Sicht angrenzender Bereiche zur Folge hat, ist dies: In der volkswirtschaftlichen Gesamtrechnung tauchte die Frauenarbeit in den privaten Haushalten nicht auf. Es wurde angenommen, die privaten Haushalte seien lediglich der Ort der *Verwertung* von Produkten. Erst als das Umweltproblem unübersehbar wurde, wurden die Haushalte auch als der Ort der *Produktion* (von Müll) begriffen, d. h. daß dort die Produkte nur umgewandelt werden, nicht jedoch verschwinden (*Tornieporth* 1983).

— Durch den Verlust des Bezugs zum Alltag des Familienlebens und durch die Trennung von „privater" und „öffentlicher" Arbeit gerät sowohl die Erwerbsarbeit als auch die politische Arbeit leicht zum Selbstzweck und führt u. a. zur Produktion von Waffensystemen und anderen lebensfeindlichen Produkten und zu deren Rechtfertigung. Dabei wird verdeckt, wieweit auch in diesen Bereichen höchst persönliche Bedürfnisse, primär nach Liebe, verschoben auf das Bedürfnis nach Anerkennung der Leistung, nach Anpassung, Macht und Aggressionsabfuhr, den Lauf der Dinge bestimmen. Dagegen fehlt den Frauen als „Doppelrollenfrauen" oft die Zeit, als „Familienfrauen" oft Selbstbewußtsein und Wissen, um die Gestaltung des öffentlichen Lebens kreativ mitzubestimmen. Vor allem aber ist der Widerstand im Privaten gegen die mächtigen Normen des Erwerbssektors und des politischen Trends der Fortschreibung minimal (vgl. *Rosenbaum* 1978).

Erpressung mit *militärischer* Überlegenheit und das Vermeiden von Kontakt zwischen den Ideologien, vor allem aber zwischen den persönlichen Inhabern der politischen „Supermacht" ist die äußerst karikiert-verzerrte Darstellung desselben Konflikts, der auf der *sozialpolitischen* Ebene durch die Vermeidung des Kontakts zwischen den Lebens- und Arbeitsbereichen gekennzeichnet ist und auf der *persönlichen* durch die „Beziehungsstörungen". Es kann keine Auflösung, sondern nur ein Krisenmanagement des Konflikts geben, wenn sich die Annäherung und das Ertragen des Risikos nicht auf *allen* Ebenen vollzieht.

Für mich war die Sprache und der Umstand, daß ich mit den politischen und den psychoanalytischen Inhalten derselben Sprache vertraut bin, der Hinweis darauf, daß es sich im Persönlichen und im Politischen um dieselben, wenn auch oft wie im Traum verschlüsselten äußeren Erscheinungsformen grundlegender menschlicher Konflikte handelt: hier wie dort geht es um Macht, Drohung, Erpressung, Abwehr, Verteidigung, Bündnisse, Besetzung, Widerstand. Es hat mich, speziell bei der Lektüre des Vortrags „Emanzipation als Verzicht auf die Macht" (*Bauriedl* 1982) und von „Die tödliche Utopie der Sicherheit" (*Eppler* 1983) immer wieder frappiert, daß die Versuche der Umgehung von Konflikten in persönlichen Beziehungen und in militärischen Strategien zwischen den Supermächten mit demselben Vokabular beschrieben werden und auf dasselbe Prinzip hinauslaufen: durch Erpressung und Drohung mit psychischer Kränkung und materiell-körperlicher Tötung oder durch vermeintliche Absicherung im Bündnis soll das Risiko umgangen werden, eine verwundbare Stelle zu erleben und zu akzeptieren, daß dieser Unsicherheitsfaktor zum Leben gehört. Tatsächlich bedeutet jedoch die Verfolgung dieser Strategie den psychischen und den körperlichen Tod. Solange wir im Persönlichen die Verwundbarkeit und Betroffenheit vermeiden, delegieren wir im Politischen die Frage der Verteidigung und erzwingen die Betroffenheit: wenn der Kampf gegen das Risiko des Lebens auf der materiellen Ebene, in einem Krieg, ausgefochten wird.

Die Konzentration von Macht über Leben und Tod in den Entscheidungen von Spitzenpolitikern ergibt sich aus der *Verknüpfung* der an sie delegierten Sicherheitsbedürfnisse der Mehrheit mit dem jeweils persönlichen Sicherheitsbedürfnis des Entscheidungsträgers. Dieses persönliche Sicherheitsbedürfnis einzelner Politiker bezieht sich nur in der Rationalisierung auf außenpolitische Feinde, im direkten (oft vermiedenen) Erleben aber auf die „innere Sicherheit" in der Mehrheitsnorm der Partei, Fraktion und Wählerschaft sowie auf die „äußere Sicherheit" des Postens, d. h. des Erwerbs und eines gewissen Images.

Wir kennen die Bereitschaft zu dieser Verknüpfung als alltägliches Problem in der Psychotherapie, wenn der/die Hilfesuchende das Risiko der eigenen Entscheidung und Handlung delegieren will und der/die Helfer/in aus eigener Angst, in der Nichterfüllung der Erwar-

tung angegriffen oder verlassen zu werden, in irgendeiner Form mit-
spielt (*Bauriedl* 1980, 1982). Als Therapeutinnen haben wir (vielleicht
mehr als andere „Doppelrollenfrauen") die Chance, „nach unten", in
die Tiefe, *und* „nach außen", in die Breite, heilend Einfluß zu nehmen:
auf Frauen und auf innere Prozesse emanzipatorisch einzuwirken und
zugleich unser Wissen nicht nur inhaltlich in der politischen Auseinandersetzung zu vertreten, sondern auch persönlich auf der „Beziehungsebene" (vgl. *Wölpert* 1983).

Politische (Frauen-)Arbeit ist Beziehungsarbeit

Es kann heute keinen Zweifel mehr daran geben, daß auch unsere
Kinder uns fragen werden: Warum habt ihr das nicht verhindert? Was
habt ihr getan? Unsere Antwort kann nicht mehr heißen: Wir haben
es nicht gewußt, und auch nicht: Wir konnten nichts tun, ohne Kopf
und Kragen zu riskieren.

Wir wissen, daß jede Minute ein Kind an Unterernährung stirbt,
während jede Minute mindestens eine Million Dollar für Rüstung ausgegeben werden. Wir wissen, daß mit einem Bruchteil unserer
Rüstungsausgaben der Hunger in der Welt gestillt werden könnte. Wir
wissen, daß unsere Verschwendung überall, aber am direktesten in der
Hochrüstung, tödlich ist: heute für die hungernden Völker, morgen,
wenn wir jetzt nicht Halt sagen, für uns. Wenn wir uns nicht auf die
hungernden Menschen als Brüder und Schwestern beziehen können,
werden wir zur Betroffenheit gezwungen werden, sei es durch eine mi-
litärisch-atomare Katastrophe (dazu zähle ich auch ein „technisches"
Unglück) oder durch eine ökologische. Die Katastrophe ist zugleich
unvorstellbar und wohl auch unvorstellbar nahe. Es gibt dazu eine
Fülle von Literatur, so daß ich hier nur diejenige anführe, die mir persönlich die Augen geöffnet hat: *Eppler* 1975, 1981, 1983; *Strahm* 1975;
Kidron/Segal 1981; *Brock* 1981.

Egal, wie klar wir sehen, daß wir, diesmal ferner von uns, im Fernse-
hen nah, riesige Konzentrationslager hungernder und gefolterter Menschen mitzuverantworten haben, oder wie sehr wir die Augen davor
verschließen, wir werden allenfalls sagen können: Zwar wußten wir
es, aber wir wußten nicht, was wir dagegen hätten tun sollen. Das
führt uns zurück in die Katastrophe der faschistischen Herrschaft:
„Wenn man sich nicht an die Vergangenheit erinnern kann, ist man
dazu verurteilt, sie zu wiederholen." (*George Sanayana*, zitiert nach
einer Ausspruchsammlung ohne Quellenangabe).

Wieder fällt auf, daß das sowohl für das Individuum als auch für das
Ganze, in diesem Fall ein Volk, gilt. Wie wir uns oft nur im Traum an

die Kränkungen erinnern, die wir als Kinder erlebt haben, und sie in der Wirklichkeit weitergeben, so haben wir als Volk den Faschismus und den Krieg als bösen Traum behandelt, aus dem wir wieder aufgewacht sind. Unversehens sind wir in die nächste Katastrophe gestolpert, was ein Ausspruch des derzeitigen bayerischen Ministerpräsidenten *Franz-Josef Strauß* so beschreibt: Ein Volk, das einen derartigen wirtschaftlichen Aufschwung erarbeitet hat, hat das Recht, von Auschwitz nichts mehr zu hören. (Ich zitiere hier den Wortsinn, den ich an verschiedenen Stellen so gelesen habe.)

Dieser wirtschaftliche Aufschwung stellt zusammen mit der Remilitarisierung die nächste katastrophale Gefahr dar. Gegenüber der Situation im Dritten Reich ist der Widerstand heute insofern *nicht vergleichbar*, als er nicht mit Todesstrafe, Folter und gänzlich willkürlicher Haft bedroht ist (vgl. *Kaufmann* 1982). Allem Anschein nach wird jedoch der bekennende und handelnde Widerstand gegen weitere Militarisierung, gegen umweltzerstörende und den Menschen erniedrigende Großprojekte und gegen die Industrialisierung des sozialen und geistigen Lebens durch neue Informationstechnologien *von derselben Angst* beschränkt. Die Angst bzw. ihr Erleben *wird delegiert* an die Repräsentanten der Verantwortung, die politischen Mandatsträger. In der Frage der Stationierung von Atomwaffen in der Bundesrepublik delegieren die Mandatsträger die Verantwortung weiter an die Supermacht USA: In unserem Land mit der größten Atomwaffendichte der Welt (in Relation zur Größe) liefern sie uns den Entscheidungen „fremder" Machtinhaber aus (*Wernicke* 1982). Unsere Angst tritt nun in Erscheinung als durchaus berechtigte *Angst vor dem Bruch der Gesetze* (z. B. bei Blockaden von Stationierungsorten oder beim Rüstungssteuerboykott), die diese Repräsentanten nach dem Mehrheitsprinzip erlassen haben. Meist tritt sie jedoch schon im psychischen Vorfeld solcher Handlungsentscheidungen auf, wenn wir uns von erworbenen Normen der Pflichterfüllung lösen und eine abweichende, unabgesicherte, eigenständige Position beziehen müßten.

Es entspricht der sich abzeichnenden Evolution des menschlichen Bewußtseins (vgl. etwa *Capra* 1982, *Ferguson* 1982), daß wir diesmal die Bedrohung und die Betroffenheit auf der psychischen Ebene realisieren müssen, wenn wir uns nicht dem von uns gestalteten Zwang der Materie, d. h. der mißbrauchten Natur(-wissenschaft) ergeben wollen. Es mag sein, daß ich dem Menschen als Verursacher des militärischen, ökologischen und sozialen Dilemmas innerhalb eines kosmischen Ganzen relativ (zu) große Bedeutung beimesse. Innerhalb des erdplanetarischen Ganzen, auf das ich mich beschränke, erscheint der Mensch als das größte Ungeziefer, das diese Erde jemals bevölkert hat, wie das ein Künstler ausdrückte, ich glaube, es war *Friedensreich Hundertwasser.*

Weil ich den *Menschen als Verursacher* des Dilemmas einschätze, bekenne ich mich trotz absolut ernüchternder Erfahrungen mit Theorie und Praxis des Sozialismus (womit ich *hier* weniger den „realen Sozialismus" meine als Erfahrungen innerhalb sozialistischer Gruppierungen in der Bundesrepublik) zu dieser politischen Richtung. Der schlimmste Fehler dieser Richtung besteht darin, sich, ganz im Gegensatz zu der Grundidee, daß *jeder Mensch* gleich viel gelte, auf herrschende Repräsentanten oder gar das („entmenschlichte") System als Feind zu beziehen und vergleichsweise kaum auf die Basis mit all ihren *Ängsten vor Selbstbestimmung und Wünschen nach Delegation.*

Die Ökologiebewegung hat, meiner vorläufigen Einschätzung folgend, ihre Wurzeln eher in den Symptomen: Die im Verlauf und mit Hilfe der Industrialisierung und Technologisierung *massenhaft organisierte Ausbeutung* des Menschen durch den Menschen hat nun im großen Stil auf die „außermenschliche" Natur übergegriffen. Wie wir als Individuen Fehlentwicklungen oft erst an den Symptomen wahrnehmen, so geschieht dasselbe für die größere Einheit aller Menschen auf der Erde in der hautnahen Berührung mit der weltweiten Vergiftung und Verstümmelung unserer Lebensgrundlagen. *Deswegen* haben die Ökologiebewegung und die Friedensbewegung die Chance, immer mehr Menschen zu erreichen, die, aus was für Gründen auch immer, dem Versuch der Realisierung sozialistischer oder radikalhumanistischer Ideen abweisend gegenüberstehen. Unweigerlich naht der Zeitpunkt, an dem auch der Mensch, der gewohnt ist, nur bis zur eigenen Nasenspitze zu denken und zu fühlen, davon betroffen ist, daß von seiner Nase der nächste Raketenstützpunkt, das nächste Giftgaslager, das nächste Atomkraftwerk, die nächste Schnellstraße entsteht und der nächste Baum stirbt.

In der Zwischenzeit haben wir, die wir diese Entwicklung erkennen können und die wir die Angst kennen, eigenver*antwortlich* zu handeln (und das heißt unter Umständen im Widerspruch zu den von Repräsentanten der Wachstumsideologie gemachten Gesetzen oder auch nur Vorstellungen), die Aufgabe, uns dieser Verantwortung und dieser Angst zu stellen. Es bedarf *auf der Beziehungsebene weniger Angstabwehr, auf der Erkenntnisebene mehr Einsicht* in immer verflochtenere, gewissermaßen abstraktere, sich anscheinend vom menschlichen Auslöser verselbständigende Zusammenhänge, um Widerstand zu leisten, der nach Möglichkeit *nicht* den Widerstand und die Abwehr derer verstärkt, die uns vielleicht innerhalb eines Systems kämpfender Parteien als Gegner erscheinen: der sogenannten Herrschenden, die wir erkennen als Repräsentanten von Mehrheiten. Diese Mehrheiten delegieren die Macht ihrer Angst vor Selbstbestimmung.

Dabei kann es für uns nicht darum gehen, in irgendeiner Form Strategien der Angstvermeidung oder -verminderung zu entwickeln. Nur wenn wir die eigene Angst realisieren, können wir die der anderen in ihrer ganzen Bedrohlichkeit wahrnehmen (*Bauriedl* 1980). Das ist unsere Aufgabe als Frauen, wenn wir, auch als Trägerinnen des menschlichen Lebens, mitverantwortlich sein wollen und die Verantwortung für unser Leben nicht an die *Herr*schenden abgeben. Es ist unsere Aufgabe, weil wir mit dieser Beziehungsarbeit in der Praxis vertraut sind und sie deshalb thematisieren können, wenn wir uns nicht stillschweigend der Mehrheitsnorm in der Definition, was politisch sei, beugen. *Das Relativieren der Mehrheitsnorm und das Erleben der Angst, sich zu einer Minderheitenposition zu bekennen, wird zum entscheidenden politischen Moment.*

Jede Minderheitsposition entsteht aus einer *persönlichen* Position. Beim Offenlegen der (immer vorläufigen, unabgesicherten) eigenen Position wird sich regelmäßig herausstellen, daß dieser *eine* Mensch seine Stimme einer schweigenden Gruppe leiht und ausspricht, was andere sich nicht auszusprechen trauten. Diese Erfahrungstatsache schützt als Wissen nicht vor der Angst, ausgelacht und geächtet zu werden, und sie schützt auch nicht davor, daß dies so geschieht. Die meisten politischen Organisationen und Zusammenschlüsse funktionieren mehr schlecht als recht nach dem Prinzip „Aufbau eines Feindbilds zur Festigung des inneren Zusammenhalts". *Jede einzelne Person*, die dieses Prinzip in Wort und Tat in Frage stellt, ist wichtig, *in jeder dieser Gruppen: Es ist das Prinzip, das schon immer zu Kriegen geführt hat*. Wir kommen nicht weiter, wenn es nicht auf allen Ebenen und in jedem Stadium der Arbeit aufs Neue aufgedeckt und schrittweise aufgelöst wird (vgl. *Schmidbauer-Schleibner* 1983).

Diese destruktiven Mechanismen nach innen und nach außen treten umso mehr in Erscheinung, je hierarchischer und zentralistischer eine Organisation strukturiert ist und je starrer ihr ideologischer Rahmen ist. Sie sind umso weniger aktiv, je kleiner die Einheiten sind und je mehr jede Person ganzheitlich anwesend ist: mit den einfachsten Fragen, mit kreativen Ideen, mit Wünschen, Ängsten, Unsicherheiten. Kleinere Einheiten sind nicht automatisch „unorganisiert"; ihre innere Struktur entwickelt sich aus den Beziehungen der Mitglieder, die nicht unbedingt durch ein Thema „diszipliniert" sind. Nach außen strecken sie wie die Knotenpunkte eines Netzes die Arme aus zu anderen Einhei-

140

ten. So ist vor allem die Friedensbewegung gewachsen, die ich als die wichtigste und größte demokratische Bewegung der geschriebenen Geschichte ansehe, und so ist auch die Frauenbewegung und die Ökologiebewegung organisiert. Das heißt nun wiederum nicht, daß nicht auch diese politischen Bewegungen die Tendenz haben, Feindbilder zur Vermeidung der Angst vor Kontakt mit „den anderen" zu produzieren. So gibt es in der Frauenbewegung das Feindbild „Mann" und „männliche" Organisationen, und die Friedensbewegung läuft Gefahr, sich selbst als „die Guten" anzunehmen, die anderen als „die Bösen" (vgl. *Schmidbauer-Schleibner, Bauriedel, Wölpert 1984*).

Kämpfen für den Frieden ist ein Widerspruch in sich

Diese Erkenntnis ergab sich für mich zunächst aus der Logik der Sprache. Ich werde immer hellhörig, wenn in der politischen Diskussion militärische Begriffe auftauchen, wenn von Taktik und Strategie die Rede ist, von Wahlkampf, Niederlage und Sieg und davon, daß man sich wappnen müsse, um gerüstet zu sein. Ich gehe davon aus, daß die Bemühungen um Abrüstung und Frieden umso schneller Erfolg haben werden, je mehr Menschen bereit sind, auf die militärische Verteidigung „ihres" staatlichen Terrains zu verzichten, diese Einstellung öffentlich zu vertreten und den Verzicht auf weitere Rüstung von „ihrer" Regierung zu fordern (vgl. die Initiative des Arbeitskreises: *„Ohne Rüstung leben"*). Deshalb ist es mir wichtig, die Bedingungen zu erforschen, unter denen sich die Friedensbewegung ausbreiten kann.

Bei Diskussionen auf Veranstaltungen und auf der Straße fällt immer wieder auf, daß mit Argumenten *gekämpft* wird und oft keine Annäherung stattfindet. Freunde, mit denen ich über das Thema Abrüstung spreche, haben oft Scheu davor, ihren Standpunkt öffentlich zu vertreten, weil sie meinen, nicht über genug *stichhaltige* Argumente zu verfügen. Politisch Aktive sind oft deprimiert und zornig darüber, wie wenig sie ausrichten können in Diskussionen, obwohl sie mit Informationen und „moralischer *Überlegenheit*" gut *gerüstet* sind. Kurzum: die Diskussionsteilnehmer(innen) vertreten zwar auf der Inhaltsebene verschiedene Positionen, unterscheiden sich aber oft kaum in ihren Positionen auf der Beziehungsebene. (Als Beispiel führe ich eine Aussage des Leiters der Europaabteilung im US-Außenministerium, *Richard Burt*, an: „Ich habe den Eindruck, daß wir, die Regierungen der Nato, die *Schlacht* (Hervorhebung von mir) um die öffentliche Meinung in Europa gewonnen haben.")

Sobald wir uns nicht ausschließlich auf die Rationalität und auf die Moral, sondern auf die ganze Person beziehen, merken wir, daß wir Gefahr laufen, einen *Machtkampf* zu führen. Wir wollen es besser wissen und besser sein als die anderen. Wir wollen, daß sie von uns lernen, aber wir wollen nicht von ihnen erfahren, wie sie sind und warum sie eine andere Meinung zum Thema haben. Wir wollen belehren und nicht lernen, warum sie sich gegen die Belehrung wehren: Sie wollen eben auch etwas zu sagen haben. Es ist ein Kampf ums Überleben, in dem jede(r) „Ich" schreit und „Wie du mir, so ich dir" und in dem kein Kontakt stattfindet: wie zwischen den Supermächten. Und wir sind immer ein bißchen besser, weil wir's besser wissen und nicht ganz so laut schreien. Das ist ein *gradueller* Unterschied, der vielleicht dem schrittweisen Abbau von Rüstungspotentialen entspräche, angefangen bei denen, die sowieso schon besser gerüstet sind — aber es ist kein prinzipieller.

„Das ist immerhin *etwas*". Das muß ich mir immer wieder sagen, wenn ich etwa Debatten im Bundestag verfolge und mich darüber entsetze, daß auch Frauen und Vertreter(innen) mir näherstehender Parteien in die Mechanismen von Verteidigen, Schuldzuweisen und Lächerlichmachen verfallen, wenn sie nicht bei sich und der Aufgabe von Problemfindung, Problemlösung und Kontaktaufnahme bleiben, sondern sich auf den „politischen Gegner" beziehen mit dem ausschließlichen und verächtlichen Blick auf dessen (oft haarsträubende und gefährliche) Unzulänglichkeiten.

Da stellt sich auf der persönlichen Ebene immer wieder die Frage, ob wir den „politischen Gegner" zur eigenen Stabilisierung brauchen oder ob wir etwas ausrichten wollen: *bei uns und auch bei ihm, für uns und womöglich auch für ihn*. Die Rebellion und der Kampf sind die Kehrseite der Anpassung und Unterwerfung, und das Wesentliche scheint tatsächlich zwischen den geprägten Oberflächen der Medaille zu liegen: in der Mitte. Das ist vor diesem Forum wohl eine Binsenwahrheit, aber in der politischen Auseinandersetzung ist es eine mir Angst machende Minderheitenposition, auch innerhalb einiger Gruppen, in denen ich arbeite. Wer will schon in der Mitte stehen, wenn das Image nach „links außen" anwächst, weil die Meinung vorherrscht, im Kampf bezuge sich die wahre Radikalität und der kompromißlose Mut?

Die sogenannte oder vielleicht „reale" politische Mitte ist nicht identisch mit einer gewachsenen psychischen Mitte, dem inneren Zentrum, von dem aus eine Person ihrem Willen *und* ihrer Verantwortung entsprechend handelt, ohne in der Ambivalenz zwischen Unterwerfung und Rebellion gefangen zu sein. Die persönliche Mitte ist der Punkt, dem wir uns nur immer, unser gesamtes Inneres strukturierend, annähern können in der Spannung zwischen Kontakt und Abgrenzung. Und es ist der Punkt, von dem aus Veränderungen ihren Anfang nehmen, wenn ich als ganze und deshalb weniger für Fremdbestimmung anfällige (*Bauriedl* 1980) Person Kontakt aufnehme zu einer anderen, die will, daß ich für sie bestimme oder die über mich bestimmen will, oder gar, in der Ambivalenz, beides (*Schmidbauer-Schleibner* 1983).

Das System der repräsentativen Demokratie birgt die Gefahr in sich, diejenigen zu Repräsentanten werden zu lassen, die gerne über andere bestimmen. (Selbstverständlich beziehe ich in diese Unterstellung unbewußte Wünsche ein.) Das heißt nicht, daß diejenigen, die z.B. diese Repräsentanten wählen und sich nicht darum bemühen, gewählt zu werden, das prinzipiell nicht wollten. Jeder Mensch, der in einem Herrschaftsverhältnis groß geworden ist, wird später selber versucht sein, eine Herrschaftsposition einzunehmen, jeder auf dem Platz, auf dem es für ihn möglich ist: in der Familie, im Beruf, in der Politik. Wer etwa in der Familie eine Machtposition einnimmt, kann sich im Beruf in einer Ohnmachtsposition vorfinden, wobei er oder sie einmal Macht ausübt, das andere Mal Macht delegiert. Die Ambivalenz kann also auch zwischen den verschiedenen Arbeitsbereichen gespalten sein. Weder in der inneren noch in der äußeren Macht-Ohnmacht-Schaukel entkommen wir der Frage, wie wir's in jeder Situation, in jedem Augenblick mit der Macht halten. Auch wir Frauen nicht: unser Stillhalten und unser Stillschweigen *ist* eine Machtposition, indem wir Macht delegieren.

Wenn es nun stimmt, daß sich im politisch-parlamentarischen Raum besonders viele Menschen zusammenfinden, die in diesem Rahmen für andere bzw. über andere bestimmen wollen, dann verwundert es nicht, daß dort besonders viel gekämpft wird. Die Bezugspersonen sind nämlich in diesem Rahmen nicht diejenigen, die einerseits Macht abgeben, sich andererseits mit der delegierten Macht identifizieren, sondern es sind lauter Menschen, die nicht nur die gesetzliche Legitimation haben, sondern auch ein (sozusagen „normales", der Norm entsprechendes) inneres Bedürfnis, für und über andere zu bestimmen. Als persönlich tragende Elemente der parlamentarischen Auseinandersetzung ergeben sich auf dieser Grundlage zwangsläufig Kampf, Verteidigung und Schuldzuweisung, umso mehr, wenn die grundlegenden Beziehungsprobleme unerkannt und uneingestanden sind: es stoßen Menschen aneinander, die für andere bestimmen sollen und wollen, die sich innerhalb der Fraktionen disziplinieren sollen, das oft *aus*

Angst vor der Minderheitenposition bzw. dem Verlust des Mandats tun und den Druck dann gegenüber dem „politischen Gegner" loslassen, wofür sie auch noch von der eigenen Fraktion beklatscht werden. (Dasselbe geschah und geschieht im Vorfeld der Parteipolitik.) Wie soll in so einer Atmosphäre Friedenspolitik gedeihen?

Sie kann ihren Anfang nur darin nehmen, daß wir diese Realität sehen. Aus der Psychotherapie wissen wir, daß Veränderung entsteht in der Konfrontation mit der Realität, wie sie sich ergibt, wenn die Sicht, das Empfinden und die Einschätzung *aller* Beteiligten als Teile dieser Realität erlebt und eingesehen werden. Es geht darum, ohne Haß und ohne Schuldzuweisung zu konfrontieren: Es darf so sein, wie es ist. Das bedeutet, im Gegensatz zur vorherrschenden Meinung, nicht, daß es so weitergehen soll. Es ist vielmehr der Punkt, an dem wir erst ohne Wahrnehmungsbehinderung durch Angst vor Schuldzuweisung die Realität sehen können und von dem aus *wir* entscheiden, sie zum Befriedigenderen hin zu verändern: Erst von diesem Punkt aus wird das Not-wendige machbar (ich beziehe mich auf den Untertitel „Von der Machbarkeit des Notwendigen" von *Eppler* 1975), weil wir erst dort die Augen nicht mehr vor der von uns selber mitverursachten Not verschließen müssen.

Mich berühren bei der politischen Arbeit „an der Basis" immer die Konfrontationen mit älteren Menschen, deren Einschätzungen oft besonders starr sind. Diese Starrheit ist an sich *keine Altersfrage*, aber mir wurde mit dem Blick auf die Geschichte (und auf den Altersdurchschnitt in Parlamenten, vor allem unter Spitzenpolitikern in Ost und West) das Problem am Generationenproblem deutlich. Wenn wir heute älteren Menschen gegenüber das Wirtschaftswachstum, die Hochrüstung, das Festhalten an Feindbildern und die Wissenschaftsgläubigkeit in Frage stellen, treffen wir andauernd auf Punkte, die ihr ganzes Leben in Frage stellen könnten. Innerlich könnte das Erschrecken sich so artikulieren: erst waren wir am Faschismus mitschuld, dann am Krieg, dann wollten wir alles wieder gut machen, aus einem Trümmerhaufen haben wir eine Hochleistungsgesellschaft aufgebaut, wir haben viel gelitten, alles hingenommen und alles getan, was von uns verlangt wurde — und das alles soll nun wieder falsch sein? Wenn wir diese innere Stimme hören können, dann stehen wir eher ent-rüstet und betroffen vor dieser Tragik, als daß wir uns vornehmen, uns für das nächste Mal noch besser zu rüsten mit Argumenten, die (wieder mit dem inneren Ohr vernommen) beweisen sollen, wie dumm, verantwortungslos und schuldig diese Leute sind. Vielleicht können wir einen Spruch von *Konfuzius* zuerst auf uns beziehen und ihn dann, dadurch glaubwürdiger, anderen nahebringen: „Fehlen ohne sich zu bessern, das nennt man Fehlen. Hast du einen Fehler gemacht, so schäme dich nicht, ihn gutzumachen."

Vielleicht können wir auch dazu helfen, diese kindliche Stimme direkt zu hören, wenn wir *fragen*, statt belehren zu wollen. Und vielleicht können wir, wiewohl wir uns informieren (z.B. *Eppler* 1981), auf die Frage, wie es denn dann gehen soll, auch mal sagen, daß wir es für das Ganze nicht wissen und nicht programmieren können, daß wir auch manchmal das Gefühl haben, vor einem großen schwarzen Loch zu stehen (vgl. *Ende* 1979), daß, wo das Dunkle wahrgenommen wird, auch das Licht ist und daß es besser ist, eine Kerze anzuzünden als über die Dunkelheit zu jammern oder noch ein Atomkraftwerk zu bauen.

Kerzen anzünden oder: Was tun?

Eine der für mich eindrucksvollsten Friedensdemonstrationen fand an Weihnachten 1982 statt in Greenham Common, GB. Frauen „umzingelten" den Militärflughafen, sich an den Händen haltend, Kerzen anzündend, als symbolische Umarmung. Es kann keinen Zweifel daran gebe, daß die Friedensbewegung in die „Spitzenpolitik" hineinwirkt. Die Einwände der Menschen, die an der Abschreckungspolitik festhalten, lauten regelmäßig: „Und wer demonstriert in Moskau?" (Das war die Frage auf einem großen Spruchband, das von einem Flugzeug über der ersten großen Friedensdemonstration in Bonn am 10. 10. 1981 gezogen wurde; vgl. *Aktion Sühnezeichen/Friedensdienste/Aktionsgemeinschaft Dienst für den Frieden* 1981.) Und: „Ihr arbeitet den Russen in die Hände!"

Gerade weil Demonstrationen für Selbstbestimmung und Abrüstung in den Staaten des Warschauer Pakts unterdrückt werden, gehört es zu unserer Verantwortung, daß *wir* uns für Selbstbestimmung und Abrüstung einsetzen (zuerst für und bei uns und, wie sich herausstellen wird, damit zugleich für alle). Ich könnte mir gut vorstellen, daß eine der nächsten großen Demonstrationen an der Grenze zu Warschauer Pakt-Staaten stattfindet (z. B. als Menschenkette entlang der Grenze): um deutlich zu machen, daß wir auch diese Waffen und diese Unterdrückung meinen, selbst wenn sie defensiver sein sollten, da Defensive und Offensive sich gegenseitig bedingen. Übrigens entspringen auch solche Ideen und die darauf folgenden Initiativen immer einzelnen Menschen, die dann Kontakte zu anderen, zu Gruppen und Organisationen aufnehmen.

Speziell diese Idee müßte jedoch genauer überlegt werden, auch mit Angehörigen der osteuropäischen Friedensbewegung. Es könnte sein, daß riesige Menschenansammlungen vor der Haustür den Herrschenden im sogenannten kommunistischen Machtbereich so viel Angst einflößen, daß sie blindlings mit verschärften Repressionen gegen das „eigene" Volk reagieren würden. *Beinahe* undenkbar erscheint mir jedoch die Vision, „die Russen" könnten ein Land und Volk überfallen, das die eigene Regierung zum Einfrieren der Aufrüstung gezwungen hat. Sollte daraus so schwer zu schließen sein, daß dieses Volk sich auch einer anderen Herrschaft widersetzen würde — die Friedensbewegung im Bündnis mit dem derzeitigen „innenpolitischen Gegner", dieses Bündnis womöglich nochmal verbündet mit dem „eigenen" (russischen) Volk? (Das ist allerdings eine Utopie, und ich weiß wohl, daß es zu einer tragfähigen Realisierung der sozialen Verteidigung (*Ebert* 1981) noch ein längerer Weg ist.) Vielleicht könnten sich die dort Herr-schenden auch nicht mehr unbegrenzt lange der Einsicht widersetzen, daß hier zwar keine Diktatur des Proletariats stattfinden würde (weil wir von *keiner* Diktatur mehr etwas wissen wollen), aber eine Umwälzung, die deshalb greift, weil sie nicht ersonnen, geplant und gesteuert wurde von einzelnen und wenigen *Köpfen*, sondern die tatsächlich getragen wird von vielen *ganzen* Menschen.

So wichtig die großen Demonstrationen waren und wohl auch noch sein werden (beeindruckend allein schon dadurch, daß eine solche Menschenansammlung friedlich sein kann), so wichtig ist es, daß jede einzelne Person die Form der Demonstration ihres Willens findet, die ihr *ganz* ent-spricht. Es gibt, gerade innerhalb des Bildungsbürgertums, genug Menschen, die sich davor scheuen, auf Demonstrationen zu gehen. Wenn in der Bundesrepublik das Demonstrationsrecht verschärft wird, werden vermutlich diejenigen abgehalten werden, die sonst vielleicht erstmalig diesen Schritt getan hätten. Tatsächlich wird es dann gute Gründe dafür geben, zu Hause zu bleiben, nämlich die Sorge um die persönliche Sicherheit. Aber welche guten Gründe gibt es dafür, am nächsten Tag stillzuhalten und zu schweigen bei Diskussionen in der Familie, am Arbeitsplatz, auf der Straße, wenn Demonstranten nicht nur diffamiert wurden als Chaoten und Kommunistenknechte, sondern womöglich auch verletzt oder festgenommen?

Es erscheint mir nicht sinnvoll, aufzulisten, was man tun kann. In der ganzen Bundesrepublik (und übrigens weltweit) sind die Bemühungen um Druck auf die Regierungen einerseits, Verbreiterung der Friedensbewegung andererseits, so groß und vielgestaltig, daß es niemandem schwerfallen dürfte, eine Gruppe zu finden, der man sich anschließen kann. Für berufsspezifische Aktionen verweise ich auf den *„Arbeitskreis Psychotherapie und Politik"* sowie die *„Münchner Ärz-*

te-Initiative gegen atomare Bedrohung". Es kommt auch nicht so sehr darauf an, sich auf Möglichkeiten zur Reduzierung und Abschaffung von Massenvernichtungsmitteln im engeren Sinn zu konzentrieren, da Frieden, wie ich darzulegen versuchte, ein allgegenwärtiges Motiv ist. So sind z.B. die Boykott-Aktionen der evangelischen Frauen gegen Apartheid (*Stelck* 1980) oder die Aktionen von *Greenpeace* (1983) nur im (nicht allzu) konventionellen Sinn politischer als etwa die der *Aktion Humane Schule* (1981, vgl. auch *Singer* 1981). Was ferner politisch ansteht (und zwar unter dem Stichwort „innerer Friede"), sind die schwierigen Fragen der Humanisierung der industriellen Arbeitswelt und ihrer Produkte, die wir nicht mehr ohne kreative Einmischung den Gewerkschaften überlassen dürfen.

Für die *langfristige* Arbeit scheint mir die wichtigste Aufgabe für jede und jeden, die und der erstmalig Kontakt zu einer politischen Gruppe aufnimmt, das Wagnis zu sein, dort die eigene (im Prozeß der Bewegung immer vorläufige) Position zu vertreten. Jede Anpassung an eine Gruppennorm ist im Prinzip dasselbe wie die Anpassung an die schweigende Mehrheit. Es ist entscheidend wichtig, in eine gefestigte Gruppe kritische Ideen einzubringen, etwa Unbehagen am Arbeits- und Beziehungsstil zu äußern oder die Effektivität einer geplanten Aktion zu hinterfragen. Allzu leicht geraten Aktivitäten zum Selbstzweck. Die einfachsten Fragen zu stellen, erfordert oft den größten Mut. Diesen Mut brauchen wir, um die Angst derer zu verstehen, die nicht kommen, denn die Verbreiterung der Bewegung (und das heißt: der Kontakt mit den vermeintlichen Feinden, den Befürwortern der Abschreckungspolitik und den Gleichgültigen) ist die vordringlichste Aufgabe. Diese Arbeit geschieht wie die psychotherapeutische Arbeit nicht nur, aber vor allem im stillen. Es ist die Arbeit, die getragen wird von Beziehungsfähigkeit und persönlicher Glaubwürdigkeit. Man kann sich hierbei nicht einfach anschließen und anderen etwas nachmachen. So können etwa die Erfahrungen anderer (z.B. der Münchner *„Arbeitsgruppe Psychotherapie und Politik"*) nur Anregung sein, den eigenen Weg zu finden.

Es gibt innerhalb der Friedensbewegung immer noch eine übergewichtig starke Konzentration auf die äußere Kriegsgefahr. Diese Konzentration ist der Situation angemessen. Gerade deswegen ist sie nur kurzfristig sinnvoll (wir wollen die Situation ja nicht aufrechterhalten helfen), während wir langfristig nur etwas ausrichten werden, wenn wir die politische Situation auch als Spiegel des Kriegs in uns (vgl. *Greiner* 1983) und mit unseren Nächsten erleben und erkennen. Aus guten Gründen schauen wir lieber nach draußen und in die (nicht allzu ferne) Ferne, wo uns der Krieg zwar physisch bedroht, wir aber das Erleben der psychischen Existenzbedrohung vermeiden können (vgl. *Bauriedl, Wölpert* 1984).

In einem Gespräch unter Aktivistinnen, die sich öffentlich engagieren, an Blockaden von Raketenstützpunkten teilnehmen, Anzeigen in die Zeitung setzen usw., stellte sich heraus, daß fast alle dieser anscheinend so couragierten und selbstsicheren Frauen große Scheu davor hatten, in ihrem Haus, in ihrer Straße etwa Unterschriften unter einen Appell zur Abrüstung oder für den persönlichen Verzicht auf den Schutz atomarer Rüstung zu sammeln. Ich selbst habe zwar ein Tuch mit der Aufschrift „Atomwaffenfreie Zone" an meine Hauswand gehängt, und ich werfe auch schon mal nachts ein Flugblatt in die Briefkästen der Umgebung, aber das persönliche Gespräch mit meinen Nachbarn habe ich noch nicht begonnen.

Mich würde interessieren, ob und inwiefern dieser Artikel eine Leserin oder einen Leser dazu motiviert hat, „was zu tun" oder, falls das herauszufinden ist, warum nicht. Meinen eigenen Einstieg in die Friedensbewegung habe ich als „Ausbruch aus dem Irrenhaus" (*Schmidbauer-Schleibner* 1982) beschrieben.

Literatur

Aktion Humane Schule, Leitziele für eine humane Schule, Eigendruck, München 1981. (Die Broschüre kann bezogen werden gegen Voreinsendung von DM 2,— plus Porto von der Aktion Humane Schule Bayern, Leonrodstr. 19, 8000 München 19).

Aktion Sühnezeichen/Friedensdienste und Aktionsgemeinschaft Dienst für den Frieden, Bonn, 10. 10. 81, Lamuv, Bornheim 1981.

Arbeitskreis Psychotherapie und Politik, Lützowstr. 27, 8000 München 60. (Bei Anfragen bitte ein frankiertes Rückantwortkuvert beifügen.)

Bauriedl, Th., Beziehungsanalyse, Suhrkamp, Frankfurt 1980.

—, Der emanzipatorische Prozeß der Auflösung von Machtstrukturen in einem psychoanalytisch-familiendynamischen Konzept, *Psychoanalyse* 4 (1982) (leicht gekürzte Fassung des Vortrags „Emanzipation als Verzicht auf die Macht", 1982).

Bauriedl, Th., Wölpert, F., Vermiedene Konflikte führen zum Krieg, in: Warum nicht Frieden? Sonderheft Psychologie heute, Beltz Verlag, Weinheim 1984.

Brock, L., Hunger und Rüstung, *Vorgänge* 51 (1981).

Capra, F., Wendezeit, Scherz, Bern — München — Wien 1982.

Ebert, Th., Soziale Verteidigung, Waldkirchner Verlagsgesellschaft, *Waldkirch* 1981, 2 Bände.

Ende, M., Die unendliche Geschichte, Thienemanns Verlag, Stuttgart 1979.

Eppler, E., Ende oder Wende, Kohlhammer, Stuttgart 1975.

—, Wege aus der Gefahr, Rowohlt, Reinbek 1981.

—, Die tödliche Utopie der Sicherheit, Rowohlt, Reinbek 1983.

Ferguson, M., Die sanfte Verschwörung, Sphinx, Basel 1982.

Greenpeace, Wir kämpfen für eine Umwelt, in der wir leben können, Rowohlt, Reinbek 1983.

Greiner, U., Der Krieg in uns, *Die Zeit* (2. 7. 1983).

Kaufmann, A., Das Widerstandsrecht der kleinen Münze, Süddeutsche Zeitung (1. 1. 1982).

Kontos, S., Walser, K., ... weil nur zählt, was Geld einbringt, Burckhardthaus-Laetare, Gelnhausen 1979.

Korte-Pucklitsch, I., The Androgynous Person, *Women Speaking* (January-March 1978).

Macy, J., „Despair Work". Mit der Hoffnungslosigkeit leben. Eigendruck, Hamburg, o.J. (Die Broschüre kann bezogen werden gegen Einsendung von DM 1,80 von Bea Fröhlich, Emilienstr. 5, 2000 Hamburg 19).

Miller, A., Das Drama des begabten Kindes, Suhrkamp, Frankfurt 1979.

—, Am Anfang war Erziehung, Suhrkamp, Frankfurt 1980.

—, Du sollst nicht merken, Suhrkamp, Frankfurt 1981.

Miller, J. B., Die Stärke weiblicher Schwäche, Goverts im S. Fischer Verlag, Frankfurt 1977.

Mitchell, J., Psychoanalyse und Feminismus, Suhrkamp, Frankfurt 1976.

Mitscherlich, A., Auf dem Weg zur vaterlosen Gesellschaft, Piper, München 1963.

Moeller-Gambaroff, M., Emanzipation macht Angst, *Kursbuch* 47 (1977).

Münchner Ärzteinitiativen gegen die atomare Bedrohung, Krieg ist keine Krankheit, Informationsbüro für Friedenspolitik, München 1983. (Kontaktadresse der Ärzteinitiativen: c/o E. F. Schumacher-Gesellschaft, Görresstr. 33, 8000 München 40.)

Nöstlinger, Ch., Die unteren sieben Achtel des Eisbergs, Beltz und Gelberg Literatur, Weinheim 1978.

Oakley, A., Soziologie der Hausarbeit, Roter Stern, Frankfurt 1978.

Ohne Rüstung leben, Aufruf an alle Christen, Eigendruck, Stuttgart o.J. (Der Aufruf kann bezogen werden von „Ohne Rüstung leben", Kornbergstr. 32, 7000 Stuttgart 1.)

Rosenbaum, H., Familie als Gegenstruktur zur Gesellschaft, Enke, Stuttgart 1978.

Rossanda, R., Einmischung, Syndikat/Europäische Verlagsanstalt, Frankfurt/Main 1980.

Sabetti, S., Einführung in die Life Energy Therapy, Eigendruck, München 1980. (Diese Broschüre kann gegen Voreinsendung von DM 5,— plus Porto bezogen werden über das Institute for Life Energy, Trautenwolfstr. 3, 8000 München 40. Sabettis Buch über Life Energy wird voraussichtlich im Herbst 1984 erscheinen.)

Sander, H., Über die Beziehungen von Liebesverhältnissen und Mittelstreckenraketen, in: *Geiger, R.-E.* (Hrsg.), Nicht friedlich und nicht still, Frauenbuchverlag, München 1982.

Schmidbauer-Schleibner, U., Mutterschaft und Psychoanalyse, in: Frauen und Mütter, Verein 3. Sommeruniversität für Frauen 1978 e.V., Berlin 1979a.

—, Chancen der Elternschaft, in: *Ostermeyer, H.* (Hrsg.), Ehe — Isolation zu zweit? Fischer, Frankfurt 1979b.

—, Über die notwendige Annäherung von Familie und Gesellschaft, *Vorgänge* 6 (1979c).

—, Ausbruch aus dem Irrenhaus, in: *Pestalozzi, H., Schlegel, R., Bachmann, A.* (Hrsg.), Frieden in Deutschland, Goldmann, München 1982.

—, Machtbewegung, in: *Horn, K., Senghaas, E.* (Hrsg.), Persönliches und Politisches, Fischer, Frankfurt 1983.

—, *Bauriedel, Th., Wölpert, F.*, Ein neuer Weg für die Friedensbewegung? Eigendruck, München 1984. (Kann bezogen werden gegen Einsendung von DM 1,— von Ursula Schmidbauer-Schleibner, Schirmerweg 90, 8000 München 60).

Singer, K., Maßstäbe für eine humane Schule, Fischer, Frankfurt 1981.

Stelck, E., Politik mit dem Einkaufskorb, Jugenddienst-Verlag, Wuppertal 1980.
Strahm, R., Überentwicklung — Unterentwicklung, Laetare, Stein 1975.
Tornieporth, G., Studien zur Frauenbildung, Beltz, Weinheim 1977.
Tornieporth, G., mündliche Mitteilung 1983.
Wernicke, J., Wir haben noch ein Jahr Zeit, Eigendruck, Berlin 1982. (Die Schrift ist gegen Voreinsendung von DM 0,50 plus Porto zu beziehen über das Friedenszentrum im Niemöllerhaus, Pacelliallee 61, 1000 Berlin 33.)
Wölpert, F., Sexualität — Sexualtherapie — Beziehungsanalyse, Urban & Schwarzenberg, München, Wien, Baltimore 1983.
Wolf, Ch., Ein Brief, in: *Krüger, L.* (Hrsg.), Mut zur Angst, Luchterhand, Darmstadt und Neuwied 1982.

2. die Projektgruppe:

ein Ganzes mit einer eigenen Geschichte, mit einem Gruppenanliegen, sich daraus ergebenden Normen und Regelforderungen, Tabuisierungen und Rollenzuschreibungen sowie mögliche Dauerkrisensituationen.

3. die interpersonale Ebene:

die Ebene der Beziehung der Frauen untereinander. (Als Betrachtungsaspekt wähle ich hier zumeist die Bedürfnisse nach Zugehörigkeit, Autonomie, nach Zuneigung und Getrenntsein. Ich sehe die betrachteten Bedürfnisse als polar. In Frauengruppen ist es hilfreich, alte Erfahrungen mit der Mutter als eine Polarität mit den Dimensionen Konfluenz und Isolation in die Betrachtung einzubeziehen. Auf dieser Ebene arbeite ich zumeist auch die vorgestellten Probleme mit den Klientinnen durch. Das war früher meine bevorzugte Ebene, mit der ich supervisorisch tätig war, die Aufmerksamkeit eher klientenzentriert zu halten, ohne zu berücksichtigen, daß Frauen im Projekt selbst in einem Wachstumsprozeß begriffen sind, dessen deutlichster Ausdruck das Projekt selbst ist.

4. die intrapersonale Ebene:

die Ebene der Gewißheiten, der Ängste, der Schwächen, der Stärken, der Kreativität der Einzelnen, der Beschränkungen und des Wachstums.

Den inhaltlichen Bezugsrahmen der auf den verschiedenen Ebenen bearbeitbaren Probleme leite ich aus den bisherigen Ergebnissen feministischer Theorie und Therapieforschung ab (*Cox 1983; Eichenbaum, Orbach 1984; Hagemann-White 1979; Mitscherlich 1978*). Das dargestellte Modell ergibt sich im wesentlichen aus dem Gestaltansatz von *Perls, Hefferline, Goodman* (1951), sowie aus der Gruppendynamik *Lewins* (1951). Als wichtiges Nebenergebnis möchte ich festhalten, daß Gestaltarbeit, entgegen der Popularität eines *F. Perls*, eine andere Qualität besitzt als lediglich die Einzelarbeit vor der Gruppe. Dieses Modell ermöglicht mir mit seinem ganzheitlichen Ansatz eine vielfältige Betrachtensweise, seine Struktur ist beweglich und formal genug, z. B. die Eigendynamik geschlechtshomogener Gruppen zu erfassen. Es bietet mit den zentralen Begrifflichkeiten der Gestalttherapie von Kontakt und Kontaktgrenze, von Bewußtheit und Selbstregulation, vom Denken in dynamischen Polaritäten und Figur-Grund-Relationen, dem Postulat der persönlichen Verantwortlichkeit, hinreichende Bedingungen für eine frauenspezifische Gruppenarbeit, deren zentrale Problempunkte die Erweiterung persönlicher Handlungsspielräume, die Überwindung von Isolation, Rollenflexibilität und Auseinandersetzung mit Selbsthaß und Minderwertigkeit darstellen.

Einige notwendig wiederkehrende Krisenpunkte in der Dynamik selbstorganisierter Frauengruppen möchte ich beschreiben und begründen, nachdem ich den gesellschaftlichen Standort von Frauenprojekten bestimmt habe. Diese Bestimmung gehört für mich bereits in die erste Arbeitsebene der Betrachtung und Berücksichtigung der sozialen und politischen Umfeldsituation. Aus der Einschätzung auf dieser Ebene ergibt sich für mich die vornehmliche Interventionsstrategie für eine Arbeitsphase.

Aus der Geschichte der Frauenbewegung entwickelten sich Frauenprojekte mit einem ausgeprägten Selbsthilfegruppenprofil (vgl. *Psychologinnengruppe München* 1978, S. 221; *Moeller, M. L.* 1978, S. 329ff.). Der Entwicklungsverlauf verdeutlicht insbesondere im Bereich von „Selbsthilfe, Beratung, Therapie" die von den angegebenen Autoren postulierte Akzentsetzung in den sozialen Dienstleistungsbereich hinein, ganz abgesehen von der generellen Verwandschaft zwischen Frauenbewegung und sozialen Berufen.

Während der *Psychologinnengruppe München* (1978) noch überwiegend die Entwicklung der Problematik ihrer eigenen Gruppe beschreibt und analysiert, dabei die Verschränkung von eigener Entwicklung und Öffentlichkeitsarbeit betont und den Selbsthilfeansatz als Modell beschreibt, waren etwa ein Jahr später alle Gruppen bereit, eigene Selbsthilfe- und Beratungsgruppen anzubieten. Heute existieren in der BRD in allen größeren Städten, ebenso in West-Berlin, neben den Frauenhausinitiativen Beratungs- und Therapieangebote von Frauen für Frauen. Bereits *Moeller* (1978) betont, der Selbsthilfeansatz sei „sozusagen mit der professionellen Therapie in jedem Grade mischungsfähig, wenn die verzerrenden Momente, vor allem die beabsichtigte oder ungewollte Dominanz der Experten, vermieden werden. Diese Mischungsfähigkeit hat auch für den Experten-Selbsthilfegruppen-Verbund eine sehr hohe Bedeutung, weil sie erlaubt, die wechselseitigen Ängste zu dosieren ... Es gibt zahllose Übergangsformen" (Moeller 1978, S. 351). Damit aber stellen sie eine grundsätzliche Bedrohung und Kritik professioneller Hilfsangebote für Frauen dar und vermögen langfristig „auf professionelle Therapie, Emanzipation der helfenden Beziehung" rückzuwirken (*Moeller* 1978, S. 354; vgl. *Peyton, Holewa* 1983; *Schriftenreihe des Bundesministers für Familie/Jugend/Gesundheit 1981, Bd. 124*).

Moeller (1978, S. 329) charakterisiert Selbsthilfegruppen mit der folgenden Merkmalskombination:

„1. Identitätswerkstatt: die alltägliche Bedeutung

2. Gruppenselbstbehandlung: die therapeutische Bedeutung

3. Bürgerinitiative: die politische Bedeutung."

Bezogen auf die politische Bedeutung nennt er „die Aspekte der Selbstbestimmung, der Solidarisierung, der Klärung der eigenen Bedürfnisse, die Befähigung zum Dialog, das gemeinsame Handeln in der Gruppe" als „Momente der Entdeckung politischer Einstellung".

Die *Psychologinnengruppe München* (1978) meint, daß der Schwerpunkt der Erfahrung eher in der „kollektiven Potenz" liege als in „traditionell partizipatorischer Mitwirkung".

Je mehr sich der Schwerpunkt der Arbeit auf ein öffentliches Angebot verlagerte, desto intensiver betrieben die Frauen die öffentliche Finanzierung. (Auch in Zeiten der Krise ist der politische Anspruch nach der Anerkennung eines strukturellen Gewaltverhältnisses durch die Forderung der Frauenhausinitiative nach einer Finanzierung der Frauenhäuser, unabhängig vom § 72 BSHG, eine Bundestagsdebatte wert.) In den anderen Bildungs- und Therapieprojekten ist es üblich und eine Grundvoraussetzung, die Finanzierung der Mitarbeiterinnen aus der öffentlichen Hand zu gewährleisten oder anzustreben.

Frauenprojekte, in denen ich gearbeitet habe oder arbeite, stellen in dieser Mischung zwischen konventioneller politischer Forderung und der Erprobung anderer Lebens- und Arbeitsbedingungen keinesfalls eine „Nische" dar oder das „erkaufte Glück im Winkel" (*Atkinson* 1982, S. 23). Sie spiegeln mit ihrer Gradwanderung die Widersprüchlichkeit einer Minderheitengruppe, die Recht und Geld beansprucht, die sich öffentlich zu machen beginnt und die gleichzeitig in die Gefahr gerät, als „ideales Konzept für Dienstleistungssysteme in Finanzkrisen" betrachtet zu werden (*Kickbusch* 1977, S. 16).

Es ist hier nicht mein Anliegen, die politische Wirksamkeit solcher alternativer Arbeitsansätze zu vertiefen und zu bewerten. In bezug auf die von *Moeller* (1978) beschriebenen Merkmale neige ich eher dazu, die Beziehungsbedeutung und die therapeutische Bedeutung für Frauen stärker zu gewichten, da sie eine direkte Fortsetzung der Inhalte der neuen Frauenbewegung darstellen, mit Stichworten wie „Parteilichkeit und Betroffenheit", „das Persönliche ist politisch", und einer antihierarchischen Grundhaltung. Die Randständigkeit, die sich sowohl aus dem inhaltlichen Anliegen wie der Zugehensweise und dem anders gearteten Auftreten ergeben, hat als Systemvariable Auswirkungen sowohl auf die inhaltliche Projektarbeit wie auf die Mitarbeiterinnen.

Die finanzielle Ungesichertheit trägt auf der Gruppenebene und der interpersonalen Ebene dazu bei, daß auch, wie draußen, Konkurrenzkämpfe stattfinden. Macht und Einflußsphäre werden hartnäckig an unterschiedlichen Verteilungsmodi für generell zu gering vorhandene Gelder geprobt. Die finanzielle Situation führt bei Frauen besonders schnell zur Überforderung (neben einer regulären Berufstätigkeit, als Doppelbelastung), oder sie führt zu einer Reserviertheit, macht ein „Sich-nicht-Einlassen" aus berechtigter Existenzangst verständlich. Der Verzicht, das Leben am Existenzminimum, macht wachsam für die verwirklichten Konsumansprüche der anderen Projektfrau. Der „Fetischcharakter" von Geld führt auch in Frauenprojekten und gerade da zu einem bedeutsamen Ringen um Anerkennung. Frauen begreifen in diesem Gruppenzusammenhang, häufig zum ersten Mal, ihre Bedeutsamkeit und die ihrer Arbeit; sie beginnen zu fordern, und sie trauen sich, ihre Arbeitskraft nicht mehr als unbezahlte Beziehungsarbeit (Arbeit aus Liebe) zu betrachten, sondern als Reproduktionsarbeit mit gesellschaftlichem Wert, der sich über Geld vermittelt, einzufordern.

Ich habe regelmäßig erfahren, daß am „Fetisch Geld" Sackgassen entstanden, die zu Brüchen und Verletzungen führten, wenn der Wunsch nach „persönlicher Autonomie", ausgedrückt in Geldforderungen, und die Berechtigung dieser Forderung nicht akzeptiert werden kann. Es gibt dann Untergruppen, die meinen, daß man ohne Statussymbole leben können müsse. Sie versuchen, das Problem des knappen Geldes mit einem Introjekt zu verarbeiten, oder sie trauen sich noch gar nicht, ihr Tun zu messen, schon gar nicht an einem solch gesellschaftskonformen Wert wie Geld.

Solche Konflikte versuche ich, kognitiv und emotional zu bearbeiten, indem ich den Konflikt zunächst auf der interpersonalen Ebene als den Dissens zwischen zwei Frauen aufgreife; weiter versuche ich, die Ängste vor Geld und eigener Wertigkeit persönlich bewußter zu machen. Diese Betrachtungsweise reicht allein jedoch häufig nicht; es gibt noch eine Gruppenebene, die etwa eine Norm wie „Verzicht" und „wir brauchen als Feministinnen nur das unbedingt Nötigste" spiegelt. Diese Norm kann ich intrapersonal differenzieren und sie im Zusammenhang mit der Gruppengeschichte entschlüsseln.

Frauenprojektgruppen tragen an einer weiteren Schwierigkeit, die im engen Zusammenhang mit dem Umfeld steht, in das sie hinein wirken. Soziologisch ist die Gruppe eine Gruppe mit Minderheitenstatus, und ihr Verhalten als Gruppe spiegelt dies auch. Sie sind als Frauen in besonderer Art und Weise gezwungen, sowohl ihre Arbeits*form* wie auch ihre Inhalte und ihre Professionalität zu legitimieren. Dagegen wäre an sich ja nichts einzuwenden; nur besitzt in diesem Fall die dominante Gruppierung auch die kulturellen und politischen Konzepte und Mittel; es gibt so etwas wie eine „patriarchalische Öffentlichkeit". Entscheidend sind noch nicht einmal die direkten Rückschläge und Entmutigungen, die die Frauen hinnehmen müssen; entscheidender sind die je subjektiven Repräsentationen dieser Minderheitensituation, in der persönliche Lebensgeschichte und Projektgeschichte im Selbstverständnis und Verhalten der Frauen untereinander ineinanderfallen.

Die Folge ist, daß die Frauen auch in diesen Gruppen immer noch wenig Achtung vor sich selbst und anderen Frauen haben und daß sie sich wenig vertrauen. In Krisensituationen verhalten sie sich gegeneinander eher, wie Männer sich gegenüber Frauen verhalten (Identifikation mit dem Aggressor), d. h. sie gleiten in entsprechend abwertende Zuschreibungen. Dabei bestehen sie als Gruppe auch, um Beziehungskonzepte zu gestalten und zu entwickeln, die die bisherigen Möglichkeiten von Frauen, sich als Mütter, Freundinnen, Schwestern, Geliebte, Kinder zu verhalten, transzendieren. Aus meinen Erfahrungen versuchen sie, neue Repräsentanzen zu schaffen; Konzepte für den Umgang der Frauen miteinander werden differenziert und entmystifiziert.

Der zuletzt beschriebene Versuch, Verhaltensformen zu gestalten, leitet über zur zweiten Betrachtungsdimension. Ich möchte anmerken, daß ich dieses Modell nicht wie eine Crèmetorte mit unterschiedlichen Schichtungen betrachte, die scharf voneinander zu trennen wären. Ich betrachte die beschriebenen Ebenen vom Gestaltansatz her prozeßhaft, wo in Beziehung zur Aufgabe und Befindlichkeit der Mitgliederinnen unterschiedliche Gestalten in den Vordergrund treten, in einem beschreibbaren Zyklus wichtig werden und wieder verschwinden (vgl. *Zinker* 1983, S. 85; *Perls, Hefferline, Goodmann* 1951, Kap. XII, XIII, S. 467 ff.).

Die Frauen, die in solchen Gruppen mit Frauen arbeiten, sind in ihrem vorgängigen Selbstverständnis Parteiliche, potentiell Betroffene und Expertinnen aus der prinzipiell vergleichbaren unterdrückenden Lebenserfahrung, sie leiden bei der Durchsetzung und Verwirklichung ihrer Selbstbestimmung und Handlungsspielräume an genau den Verhaltensweisen, die zu verändern sie angetreten sind: Selbstzweifel, Nachgiebigkeit bzw. endlose Einfühlungsfähigkeit, Scheu, Konflikte offen anzusprechen, Unentschiedenheit und unterdrückte Wut. So ist das Ziel der Gruppe über lange Zeit hin auch der eigene Prozeß, nämlich andere Arbeits- und Umgangsformen zu finden, die jede einzelne Frau des Projekts auch persönlich wachsen läßt.

Gruppen entwickeln auf diesem Weg „sehr eigen gestrickte Muster", um das Gleichgewicht, das zumeist nicht nur ein labiles, sondern durch die Drucksituationen häufig ein labilisiertes ist, aufrecht zu erhalten. Eine Möglichkeit ist es auch hier, in das „Sündenbockmuster" zu verfallen; hier liegt dann die Symptomatik meist offen zu Tage, wenn wieder einmal „eine Frau geht" oder gehen will. Die Veränderung der Dynamik ist langwierig, sie hat etwas mit der Bereitschaft und Fähigkeit der Gruppe zu tun, sich Differenzierungen zu gestatten, Individuelles sehen zu dürfen, ohne die Bedrohung des „Auseinanderfallens" zu spüren. Es hat weiter zu tun mit der Weigerung, die zu geringe Vertrautheit und Intimität zu erleben, die nicht bewußt werden kann, wenn die Frauen die Möglichkeit haben, sich auf andere und deren „dynamische Merkmale" einzuschießen.

Eine weitere Möglichkeit, Sicherheit und Struktur zu schaffen, entsteht über Rollenzuschreibungen und Verfestigungen, deren sich keine Frau mehr entledigen kann, z. B. „das Kind, die Kranke, die Macherin". Mit dieser Dynamik bewirken die Frauen zwar eine relative Sicherheit, aber auch Stagnation und wirkliche Isolation; vermieden wird dabei Zuneigung oder Vertrautheit oder Interdependenz als wechselseitige Bezogenheit. Solche Verfestigungen in Langzeitgruppen sind spielerisch mit Rollentausch angehbar und machen die Notwendigkeit einer bestimmten Fixierung für jede Frau im Verhältnis zu einer anderen deutlich, als verantwortlichen eigenen Beitrag zum Gruppengeschehen.

Das Erleben und die Erkenntnis, in einer nahezu ständigen Krisensituation zu arbeiten, mit unzulänglichen Hilfsmöglichkeiten und einer schlechten Prognose, fördert eine besondere Art von Gruppenwiderstand, resp. Gruppenschutz, dies vor allem in Frauenhausprojekten (vgl. *BMJFG* 1981, S. 390). Die Mitarbeiterinnen verschließen sich gegenüber der komplexen Problematik mißhandelter Frauen, sie fühlen sich ihr nicht gewachsen, oder sie sehen, daß ihre Arbeit nicht wirksam genug ist. Das Leid und die persönliche Bedrohung, die sie alltäglich spüren, führt entweder zu persönlichen psychischen Krisen, die auf die Gruppe zurückwirken, oder zu einer ständigen Bedrohung der Beständigkeit der Gruppe, indem ständig eine Frau die Gruppe zu verlassen droht oder tatsächlich verläßt. Diese Situation führt zu einem, wie ich es genannt habe, „depressiven Gruppengesicht". Die Gruppe wirkt müde, ausgelaugt, unkreativ, sie klagt über die Unwirksamkeit ihrer Arbeit und ist der Überzeugung, daß ihr Verhalten keinerlei Wirksamkeit mehr hat. Sie praktizieren als Gruppe so etwas wie „gelernte Hilflosigkeit" (*Seligman* 1979). Hier ist eine kognitive Betrachtung angezeigt und eine realistische Einschätzung der Möglichkeiten im situativen Kontext für die betroffene Frau wie die einzelne Betreuerin. Häufig geht es an dieser Stelle auch um eine Bearbeitung der Helferinnenproblematik, die verknüpft ist mit einer sehr frauenspezifischen Sozialisationsgeschichte (hohe Anspruchshaltung, hohe Verantwortlichkeit, geringe Selbstachtung, destruktive, selbstabwertende Gedankenketten).

In der Geschichte fast aller Frauenprojektgruppen ist der Konflikt, der mit der unterschiedlichen sexuellen Orientierung der Frauen verbunden ist, einprogrammiert (der sog. Lesben-Hetero-Konflikt). Die Frauenbewegung beinhaltet als eine der wesentlichsten Basisaussagen eine Neudefinition unterdrückter Sexualität für Frauen als die Entdeckung eigener sinnlicher und sexueller Wünsche und Bedürfnisse. Von dieser Aussage her und der grundsätzlichen Tendenz, Frauen unabhängig von ihren Beziehungen zu sehen, hat die Frauenbewegung eine hohe Akzeptanz für den lesbischen Lebensstil und von der Art der Lebensführung her eine große Affinität dazu. Die Befreiung von Unterdrückung und Diskriminierung und ein total auf Frauen bezogener Lebensstil wurde zeitweilig für einige Gruppierungen der Frauenbewegung gleichsam zum Paradigma für Frauenbefreiung überhaupt. Lesbisch sein sollte eine politische Alternative sein (*Wilson* 1983, S. 180).

Diese Politisierung habe ich immer argwöhnisch betrachtet, fand doch damit auch gleichzeitig eine Entsexualisierung dieses Lebensstils statt. Es war nicht mehr von Sehnsucht, Begierde und Wollust mit Frauen die Rede, sondern lesbisch sein hieß, eigenverantwortlich und unabhängig zu leben, mit Frauen zu arbeiten, mit Frauen zärtlich zu sein, sich mit Frauen zur Durchsetzung von Interessen zu verbünden. Die Verknüpfung einer Normvariante von Sexualität mit einer politischen Aussage wirkt heute noch konfliktfördernd; die Klischees werden auf beiden Seiten dazu benutzt, die Angewiesenheit aufeinander, das Bedürfnis nach Anerkennung der unterschiedlichen Lebensstile, den Wunsch nach Zuneigung nicht spürbar werden zu lassen. So trauen sich die Frauen, die Männer lieben und mit ihnen leben, nicht mehr von zu Hause und den Bedeutsamkeiten dort zu reden, während die lesbischen Frauen sich häufig „verraten, verlassen oder nicht genügend beachtet" vorkommen. Sie nehmen damit selbst ständig in gemilderter Form die befürchtete oder erfahrene Diskriminierung oder Isolation vorweg. Dies ist damit auch ein Problem der intrapersonalen Ebene; es deutet sich an, daß der Prozeß der Bildung lesbischer Identität nicht abgeschlossen ist (*Cass* 1979, S. 219). Ich habe jedoch bei diesem Thema eine wundervolle erotisch-sinnliche Gruppensitzung im Sinn, wo es uns gelang, Erotik untereinander zu thematisieren; die Frauen begannen nach einem solchen Konflikt, miteinander zu teilen, was sie aneinander anziehend fanden. Wir sprachen über Erotik, die so sehr auf die Mann-Frau-Beziehung reduziert ist, daß wir Mühe haben, Peinlichkeit und Scham zu überwinden, um uns sagen zu können, was wir attraktiv, liebenswert, sinnlich, anregend und aufregend aneinander finden. Die Klassifizierungen der Frauen untereinander

158

nach Lesben und Hetero-Frauen wurde für diese Sitzung unwichtig, weil es möglich geworden war, sich *mitzuteilen*.

Das anti-hierarchische, für Macht und Einfluß hoch sensible Gruppenregelsystem wirkt zuweilen arbeitsblockierend und wachstumshemmend. Mit endloser (mütterlicher) Geduld wird auf die „langsamste Frau" gewartet, die „Emotionalität" so in den Vordergrund geschoben, daß es unmöglich wird, etwas Inhaltliches zu klären. Die Auseinandersetzung mit „Autoritäten" und deren Kontrolle spult sich ab an der in einer Frage kompetentesten Frau. Sie wird zur Auseinandersetzung mit Autoritäten überhaupt; Mütter, Väter, ältere Brüder und Schwestern werden lebendig und beherrschen die Szene. Die vom Anspruch her geforderte Rollenflexibilität und die gleichzeitige Kontrolle bewirken Stagnation und Unzufriedenheit, die wiederum den Wunsch entstehen läßt, das Projekt zu verlassen. Frauen werden in solchen Gruppen zuweilen so sensibel gegen strukturierendes und durchsetzendes, dominierendes Verhalten, daß die Auseinandersetzungen fast immer „persönliche Geschichten mit Autoritäten" verbergen. Ich kläre solche Konflikte, von meinem vorgängigen Wissen um die Sozialisation der Frauen aus, auf der intrapersonalen Ebene oder auf der Beziehungsebene zwischen den Frauen. Zuweilen ist dann auch eine Diskussion über Arbeitsformen und eine andere Verteilung möglich.

Ich habe auf der Systemebene „Gruppe" bisher „Gruppenintrojekte und deren hemmende Wirkung" beschrieben. Die Ansprüche, die hinter solchen Verarbeitungen stehen, sollen nicht abgewertet werden. In vielen Gruppen gibt es nicht genügend Autonomie, Vertrauen und Flexibilität, die Notwendigkeit von Normen für das Bestehen der Gruppe zu prüfen und Tabus offen zu legen. Manchmal habe ich die Phantasie, daß die Gruppe alle idealen Frauenbilder und Mütter bei weitem übertreffen muß in bezug auf die Bedürftigkeit, Forderungen und Wünsche jeder einzelnen Frau, und jede Frau fordert sich selbst als Mütterliche, Fürsorgende, Wachende, Gebende und Kontrollierende bis zum letzten heraus.

Auf dieser Ebene der ganzen Gruppe sehe ich die Dynamik so, daß alte Schalen und Orientierungen lebendig werden, zuweilen auch bewußt und verändert werden können; dabei stellt sich neben der sachlichen Arbeit die Gruppe als Ort der Veränderung, des Schutzes und der Diskussion zur Verfügung. Die Gruppe ist dann mit den Einzelnen Projektionsfläche; Introjekte und Ansprüchlichkeiten werden verdeutlicht, Retroflektionen, eigene Behinderungen und Brüche erlebbar, konfluente Wünsche werden erlaubt oder abgegrenzt. Häufig bewundere ich die Frauen dafür, welchen Entwicklungsraum sie sich gegenseitig geben, wie zäh sie sind, auch unter schlechten Bedingungen für sich und damit für die anderen Frauen weiter zu arbeiten.

Einige der Charakteristika der interpersonalen Ebene sind schon im vorherigen Abschnitt angeklungen. Ich will zunächst eine Einschätzung der Arbeit mit den Klientinnen geben. Die Klientel dieser Beratungsstellen kommt entweder aus eher mittelschichtigem progressivem Milieu und ist an persönlichen Wachstumsprozessen interessiert, oder die Frauen, die kommen, sind durch alle Maschen des sozialen Netzes durchgefallen. Manche Gruppen konzentrieren sich auch auf bestimmte Zielgruppen in ihrer Arbeit, wie Hausfrauen oder Alkoholikerinnen, manche beschäftigen sich verstärkt mit psychosomatischen Störungen. Die Arbeitsform orientiert sich durchweg an humanistischen Verfahren der Psychotherapie, die jedoch kritisiert und abgewandelt werden. Wenn nicht eine Anleitung zu Selbsthilfegruppen geboten wird, kann man die Arbeit der Frauen am besten als sozialtherapeutisch beschreiben. Die Zugehensweisen sind stützend und betreuend, und es wird immer in einer partnerschaftlichen Beziehung gearbeitet. Die häufigsten Supervisionsprobleme liegen in den Bereichen der Abgrenzung und des eher fordernden und konfrontativen Arbeitens. Beides sind Bereiche, die eng verknüpft sind mit der Sozialisationsgeschichte von Frauen und der Eigenidentität der Mitarbeiterin. Die Arbeit mit Klientinnen wird einfacher und eigenständiger, die Erfahrung und Kompetenz der Beratungsfrauen nimmt zu; damit meine ich ihre Kreativität, ihre Fähigkeiten, mit manchen Problemen professionell umzugehen, und ihre Fähigkeit, sich innerlich zu distanzieren. Die Norm der Projektgruppen von der Parteilichkeit und Betroffenheit beginnt sich zu differenzieren, es entwickelt sich ein Konzept von frauenspezifischer Beratung, das in Dynamik und Prozeß eine eigenständige Haltung beweist und erfolgreich ist. Insofern könnte die These der Emanzipation der Klient-Therapeutin-Beziehung als bestätigt gelten (*Moeller* 1978). Auch amerikanische Erfahrungen beschreiben die Eigenständigkeit dieses frauenspezifischen Ansatzes als Erweiterung humanistischer Verfahren (vgl. *Kaschak* 1981; *Sturdivant* 1980).

Ich erlebe, daß im Focus der interpersonalen Arbeit (d. h. der Klärung des Kontaktes und der Beziehung) die nachfolgenden genannten Thematiken stehen:

1. Identität als Bedürfnis nach Zugehörigkeit:
   „Ich will wissen, was und wer ich bin, und ich fürchte mich".

2. Abgrenzung als Ringen um Macht und Einfluß:
   „Ich will, daß ihr seht, daß ich anders bin, und daß ihr mich anerkennt;
   ich will, daß ihr wißt, was ich alles durchsetzen kann, wie unabhängig ich von euch
   bin;
   ich will wissen, wo eure Grenze ist".
3. Intimität als Gewahrsein der gegenseitigen Bezogenheit:
   „Ich will vertraut mit dir sein, auch mit dem, was uns unterscheidet;
   ich will mich darauf verlassen, von dir unterstützt und gefordert zu werden".

(vgl. *Kepner* 1983, S. 19).

Bedingt auch durch die Art der Außeneinflüsse (es ist ja keine Selbsterfahrungsgruppe im klassischen Sinne), durch die Komplexität der
Anforderungen und Belastungen, schwingt die Dynamik der Gruppe
zwischen den beschriebenen Dimensionen hin und her.

Ich erinnere eine Gruppe, die sich „total verhakt" hatte, es gab
Untergruppen um ein Thema, um zwei Frauen als Protagonistinnen,
wobei die eine Frau noch an „Sündenbockanteilen" zusätzlich trug.
Nach Erleben des einen Teils der Gruppe hatte sie die Regel und Bereitschaft der Gruppe zur Unterstützung durch ihr langes Kranksein bei
weitem überzogen und überstrapaziert, die andere Gruppe der Frauen
fühlte sich ausgenutzt. Auf der interpersonalen Ebene wurde eine
Menge Wut und Verletzung (sich verlassen fühlen) deutlich offen und
erlebbar. Die Bearbeitung auf dieser Ebene erbrachte keine Veränderung der Atmosphäre, die Gruppe blieb hart, die spitzen Abwertungen
beherrschten die Szene. Die Frauen begannen ängstlich zu werden —
ich übrigens auch —, es ging nichts mehr. Schließlich wandelte ich
meinen Eindruck von „es reicht jetzt" um in den Vorschlag für ein
Experiment. Zunächst vergewisserte ich mich ihrer Bereitschaft, etwas
auszuprobieren. Mir war lediglich klar, daß mit diesem Beharren auf
dieser Krankheit eine Stagnation gehalten werden sollte, also probierte
ich auch selbst aus, überzeugt von meinem Eindruck und meiner persönlichen Sättigung mit dem Problem. Ich ließ jede Frau versprechen,
daß die Krankheit von X nun keine Rolle mehr spiele und absolut kein
Gegenstand der Erörterung mehr sei; die Frauen sollten sich etwas
überlegen, was sie symbolisch aus der Gruppe tragen.

Nach einer anfänglichen Stille, in der mich viele der Frauen irritiert
anschauten, platzte eine Frau in die Gruppe: „Näääh, das geht doch
nicht, da muß ich mich dann zu dir (zu X) ja ganz anders verhalten,
wenn ich das ernst nehme." Zu mir hin meinte sie erleichtert, lachend,
brummig: „Du hast mir wirklich was weggenommen, Unverschämt-
heit." Die übrigen Frauen änderten ihre Sitzhaltung, sie bewegten sich
wirklich und lachten eher hilflos. Dann fährt sie zu X gewandt fort:
„Da muß ich dich ja ernst nehmen, da kann ich mich ja gar nicht mehr

an deinen Macken aufhalten, (sie schnauft) es gibt ja nichts, was mich hindert, mich auf dich zu verlassen." Das sachliche Problem einer neuen Arbeitsaufteilung in der Gruppe wurde anschließend von der Gruppe alleine gelöst.

Das geschilderte Beispiel spiegelt für mich eine Blockierungssituation („Impass-Ebene" nach dem Veränderungsmodell von *Perls*, 1976) beim Übergang von einer Beziehungsebene des Kampfes um Macht und Einfluß zu einer Situation, wo die Frauen bereit sind, die gegenseitige Abhängigkeit und Bezogenheit zu begreifen. Das Beispiel wirft auch ein Licht auf meine eigene Position in solchen Gruppen und auf das Selbstverständnis meiner Arbeit. Ich erfülle aus meiner relativen Distanz heraus Strukturierungs- und klärende Aufgaben, ich experimentiere und probiere mit den Frauen entlang von Veränderung und möglicher Bewegung. Ich verdeutliche mit meiner Arbeit die Bewegungen und Gestalten, die Blockierungen in der Gruppe. Die Frauen engagieren mich dazu und bezahlen mich dafür, und sie gestatten mir, so zu arbeiten.

Auf diesen Ebenen mit Frauen zu arbeiten, fasziniert mich immer wieder; es gibt die Möglichkeit eines qualitativ anderen Umgangs von Kontext und Gruppe, der so greifbar nahe und auch spürbar ist. Genau in dieser Art von Bezogenheit wirkt sich der Rahmen des Arbeitsprojektes positiv aus, kein formales hierarchisches Gefälle und ein prinzipiell gleiches Interesse am Gelingen der Arbeit sowie die Gewißheit, miteinander zu arbeiten und zu teilen. Für Momente ist das für mich „ein Winkel konkreter Utopie", der mir die Gewißheit gibt, daß Frauen miteinander umgehen lernen.

Die intrapersonale Ebene zu beschreiben, wird mir hier schwer. Ausgehend von der Gruppe handelt es sich zumeist um Selbsterfahrungsarbeiten; den Arbeitsansatz dabei zu schildern, würde den Rahmen dieser Arbeit sprengen. Die häufigsten Themen, die entstehen, sind verständlicherweise verbunden mit der Neigung zu Überforderung, mit eigenen depressiven Strukturen und dem Kontakt zu Ärger und Wut; häufig werden auch in der Auseinandersetzung mit den Frauen eigene Lebensstrukturen deutlich, durch den engen Kontakt, den die Frauen zueinander haben. Die Arbeit hier ist in besonderem Maße auf persönliches Wachstum hin zentriert.

Dabei möchte ich im folgenden meine frauenspezifische Arbeitshaltung verdeutlichen. „Gestalttherapeutisch ausgedrückt bietet eine ‚gute', funktionierende Gruppe jene sichere, stützende Umgebung, die es ihren Mitgliedern, den einzelnen Organismen, ermöglicht, sich zu öffnen, zu zeigen und zu experimentieren. Diese Atmosphäre bildet

dann den Hintergrund für die ‚geschützte Notsituation' (‚the safe emer-
gency', Anm. d. Übers.), das Gestaltexperiment, das einem Gelegenheit gibt, neue und schöpferische, bisher unerprobte Lösungen zu
wagen, entscheidend ist jedoch das Bewußtsein des Leiters/der Leiterin, daß die Gruppe-als-Ganzes zu einem Organismus wird, der für
seine Entwicklung gute Nahrung und Pflege braucht" (*Ronall, Feder*
1983, S. 14).

Neben den klassischen Aufgaben einer Gruppenleiterin, wie Förderung von Gewahrsein über die Gruppenregeln, Ermutigung zu Konflikt und Differenzierung, Schutz von Außenseiterinnen, Beratungs-
und Strukturierungsaufgaben, hat die Arbeit in selbstorganisierten
Frauenprojekten besondere Reize und Schwierigkeiten, wie z. B. die
Komplexität der Gruppensituation und das Abenteuer der gegenseitigen Beziehungsgestaltung, das ja auch für mich als Leiterin gilt. Mir
geht es dabei in meiner Arbeit um eine bestimmte Grundhaltung und
Einstellung zu Frauenprojekten und zu den Frauen, um ein Wert- und
Überzeugungssystem, das in methodisches Verhalten einfließt, das ich
mir mühsam aneignete und eintauschte gegen meine eigenen sexisti-
schen und frauenfeindlichen Haltungen. Die Studien über den „Dop-
pelstandard für weibliche Gesundheit" weisen darauf hin, daß es sich
in der Arbeit mit Frauen häufig um Überzeugungs- und Einstellungssy-
steme handelt, um Konzepte und kognitive Systeme, die sowohl die
Behandelnden wie die Behandelten leiten und unterdrückend sind
(*Broverman* 1970; *Chessler* 1975). Es geht um Grundvoraussetzungen
und -annahmen in der Arbeit mit Frauen, die erwächst aus einer Kritik
der Chancengleichheit für Frauen, die erwächst aus einer Kritik der
weiblichen Rolle und ihrer grundsätzlichen Widersprüchlichkeit, die
erwächst aus einer Kritik der einschränkenden Lebenssituationen für
Frauen, die erwächst aus dem Wissen um die häufige Pathologisierung
von berechtigtem Konflikterleben und unterdrückten Gefühlen (vgl.
Sturdivant 1980).

Zum zweiten arbeite ich in Frauenprojekten in der Überzeugung,
daß ich dort Kompetenz und politisches Engagement am besten verwirklichen kann. Das ist mein Beitrag, den ich zu liefern bereit und
fähig bin. Neben diesen Grundüberzeugungen unterscheidet sich die
Arbeit dort durch ihre vielschichtigeren Anforderungen. Es geht dort
zumeist nicht um ein „übliches Supervisionssetting", die Gruppenarbeit ist nicht frei von der Geldfrage; es geht auch zuweilen um die Diskussion der nächsten Kampagne oder um Öffentlichkeitsarbeit, es ist
vielseitig, lebendig und kompliziert dort. Es geht auch mal um Diskus-
sionsleitung und Entscheidungsfindungsprozesse. Bei dieser „Bera-

tungsarbeit" ist zu verwirklichen, was die Gestalttheorie als „kreative Anpassung" beschreibt.

Für mich haben diese Frauengruppen Modellcharakter, ich gehe dort immer wieder hin als Staunende und Lernende, und ich komme zurück als Erschöpfte und Bereicherte.

Literatur

Atkinson, Ti-Grace, Die Frauenbewegung hat versagt, *Courage,* 1982, 7 (10), S. 23.

Broverman, I. K., Broverman, D. M., Clarkson, F. E., Sex role sterotypes and clinical judgement of mental health, *Journal of Consulting and Clinical Psychology,* 1970, 34 (1), S. 1.

Cass, V., Homosexual Identity Formation: A Theoretical Model, *Journal of Homosexuality,* 1979, 4 (3), S. 219.

Chesler, Phyllis, Frauen — das verrückte Geschlecht, Hamburg 1977.

Cox, Sue, Female Psychology, The Emerging Self, New York 1981.

Eichenbaum, Luise, Orbach, Susie, Understanding Women, A Feministic Psychoanalytic Approach, New York 1983.

Hagemann-White, Carol, Frauenbewegung und Psychoanalyse, Frankfurt 1979.

Kaschak, Ellyn, Feminist Psychotherapy: The First Decade, in: *Cox, Sue,* Female Psychology, The Emerging Self, New York 1981, S. 387.

Kepner, Elaine, Der Gestaltgruppenprozess, in: *Ronall, Ruth, Feder, B.,* Gestaltgruppen, Stuttgart 1983, S. 19.

Kickbusch, Ilona, The body politic. Vortrag, Kongress der Deutschen Vereinigung für politische Wissenschaft, 4.-7.10.77, Bonn.

Krechel, Ursula, Selbsterfahrung und Fremdbestimmung, Bericht aus der Neuen Frauenbewegung, Neuwied 1983.

Lewin, Kurt, Die Lösung sozialer Konflikte, Bad Nauheim 1968.

Mitscherlich, Margarete, Zur Psychoanalyse der Weiblichkeit, *Psyche,* 1978, 32 (8), S. 669.

Moeller, M. L., Selbsthilfegruppen, Hamburg 1978.

Perls, F., Grundlagen der Gestalttherapie, München 1976.

Perls, F., Hefferline, R. F., Goodman, P., Gestalttherapy, New York, 1951.

Peyton, Christine, Holewa, Michaela, Psychosoziale Versorgung von Frauen, Berlin 1983.

Psychologinnengruppe München, Spezifische Probleme von Frauen und ein Selbsthilfeansatz, in: *Keupp/Zaumseil* (Hrsg.), Die gesellschaftliche Organisierung psychischen Leidens, Frankfurt 1978, S. 221.

Ronall, Ruth, Feder, B., Gestaltgruppen, Stuttgart 1983.

Schriftenreihe des Bundesministers für Jugend, Familie und Gesundheit, Hilfen für mißhandelte Frauen, Stuttgart 1981, Bd. 124.

Seligman, M., Erlernte Hilflosigkeit, München 1979.

Sturdivant, Susan, Therapy With Women, A Feminist Philosophy of Treatment, New York 1980.

Wilson, Elisabeth, I'll climb the Stairway to Heaven. Lesbianism in the Seventies, in: *Cartledge, Sue, Ryan, Joanna,* Sex & Love, New Thoughts on Old Contradictions, London 1983.

Zinker, J. C., Der Entwicklungsprozeß in einer Gestaltgruppe, in: *Ronall, Ruth, Feder, B.,* Gestaltgruppen, Stuttgart 1983.

Frauen in der Therapeutischen Gemeinschaft
aus der Sicht eines weiblichen Direktors*

Almut Ladisich-Raine, Starnberg

Margaret Mead beschreibt in einer ihrer anthropologischen Studien, wie sie Frauen eines „primitiven" Stammes beobachtete, bei dem eine hohe Rate von Säuglingssterblichkeit infolge von Infektionskrankheiten herrschte. Sie sah, wie die Mutter sich um das kranke Kind kümmerte und es so gut, wie sie es vermochte, versorgte, die Hilfe des Medizinmannes in Anspruch nahm und alle Erfahrung und das Wissen ihrer Leute einsetzte, verbunden mit ihrer eigenen Wärme und Liebe, um das Kind zu retten, und oft gelang es ihr.

Aber was geschah, wenn das Kind starb? Die Anthropologin war überrascht zu sehen, daß die Mutter in dem Moment, als sie sicher war, daß ihr Kind nicht mehr zu retten war, sich abwendete, keine Minute länger mehr mit dem sterbenden Kind verbrachte, sondern alle Energie und Fürsorge auf ihre anderen Kinder oder andere Aktivitäten richtete. So brutal und hart dies dem „zivilisierten" Beobachter erscheinen mag, es schien die einzige Möglichkeit zu sein, mit dem Verlust zurecht zu kommen ohne zuviel emotionale Erschütterung für die Mutter und die betroffene Familie. Wenn ich mich an meine 8-jährige eigene Erfahrung mit Suchtkranken erinnere, davon 4 1/2 Jahre als Leiterin eines Daytop-Hauses, so kommt mir dieses Bild der Frau in den Sinn, die trotz einer Umgebung, in der Grenzerfahrungen wie der Umgang mit dem Tod alltäglich waren, doch immer instinktiv dem Prinzip der Lebenserhaltung folgte, immer bereit, das Positive zu stützen.

In der direkten und intensiven Arbeit mit Alkohol- und Drogenabhängigen, so wie sie in einer Therapeutischen Gemeinschaft geleistet wird, bedeutete das für mich, eine Balance zu schaffen zwischen Sanftheit und Strenge, zwischen fürsorglicher Sensibilität und bisweilen harten und konsequenten Entscheidungen. Nur durch diese ständige Gratwanderung konnten die therapeutischen Momente erzielt werden,

---

*) Präsentiert auf der III. Weltkonferenz für Therapeutische Gemeinschaften in Rom 1978.

die bei diesen leicht kränkbaren, resignativen und manipulativen Patienten zum Erfolg führen konnten.

Alle Fachkenntnis und eine durch Erfahrung gewonnene „coole" Einstellung konnte jedoch nicht verhindern, daß ich oft tief enttäuscht und verletzt war, wenn ein Bewohner des Hauses, der plötzlich rückfällig wurde, sich gegen mich wandte und mir die Schuld an seinem Versagen gab. Es gab Tage der Resignation und den Wunsch, alles hinzuschmeißen. Und doch, wenn ich ein zweites Mal schaute und die „Familie" sah, eine Gruppe von Leuten, die es schaffen wollten, ängstlich-zuversichtlich-verwirrt und voller Potential, dann schien der Verlust nicht mehr so wichtig zu sein, die Aufgabe wieder lohnend, und ich begann wieder von Neuem.

Ich wurde auch oft belohnt durch schöne, tiefe Begegnungen voller Zärtlichkeit, Glanz und neuerwachter Lebendigkeit. Jeder, der in einer Therapeutischen Gemeinschaft arbeitet, kennt diese Gefühle, ob Mann oder Frau. Ohne diesen grundsätzlichen Optimismus ist eine solche Arbeit überhaupt nicht zu schaffen. Ich meine jedoch, daß es gerade die weiblichen Kräfte sind, die hier heilend wirken können. In der Geschichte der Therapeutischen Gemeinschaft wurde diese Tatsache lange vernachlässigt, bis in den letzten Jahren das Familienkonzept mehr Beachtung fand. Es war auffallend, daß prozentual viel mehr Frauen als Männer die Behandlung abbrachen; man begann sich Gedanken darüber zu machen, wie man die weiblichen Bewohner besser halten könnte.

Die Gründe für die hohe Abbruchrate wurde bald offenbar: Die traditionellen Therapeutischen Gemeinschaften waren vorwiegend von Männern konzipiert, und es fehlten wesentliche Aspekte, die Frauen von Natur aus leicht in eine Gruppe einbringen können. So basierten die Daytop- und Phönix-Häuser lange auf einer militärisch-strengen, auch an ein karges Klosterleben erinnernden Struktur, sexual- und hintergründig frauenfeindlich. Die Organisation war klar und stark, Hackordnungen und Rivalität um Führungspositionen sehr auffällig, eine starke Leistungsorientiertheit herrschte vor, es fehlte an Wärme und konstanter, verläßlicher, emotionaler Zuwendung — eine unangenehm harte Atmosphäre, wo nicht nur Frauen, sondern auch sensible, kreative Männer sich nicht wohlfühlen konnten. In dieser Situation wurden die typischen pathologischen Geschlechtsrollenidentifikationen der weiblichen Bewohner verstärkt (die Therapeutischen Gemeinschaften boten den Frauen keine Alternativen zu den krankmachenden Faktoren, die sie auch „draußen" erlebten), das Muster ihrer selbstzerstörerischen Lebensstrategie setzte sich fort.

Auch die Männer konnten in dieser Umgebung ihre Einstellung zu Frauen kaum ändern, konnten nicht lernen, gesunde Beziehungen aufzubauen, Frauen als potentielle Freundinnen, Partnerinnen, Kolleginnen, Mütter ihrer Kinder zu sehen, weder bedrohlich noch als ausnutzbare Objekte noch als Drogenersatz, sondern als Gleichberechtigte mit komplementären Talenten, eigenen Quellen, Möglichkeiten und Kräften. In meiner Arbeit als Leiterin eines Daytop-Hauses war ich daher sehr daran interessiert, den Frauen bei ihrer Identifikationssuche zu helfen, was dazu geführt hat, daß eine Art Familienkonzept realisiert werden konnte und daß die Atmosphäre im Hause ausgeglichener wurde.

Meine eigene Erfahrung als Ehefrau, Mutter eines Sohnes, dann Geschiedene, später Mutter einer unehelich geborenen Tochter, jetzt wieder Ehefrau und als die ganze Zeit auch Berufstätige waren sehr hilfreich, um die typischen Probleme unserer weiblichen Bewohner verstehen zu können. Als „Insider" weiß ich Bescheid. Als Gestalttherapeutin sehe ich, wie Menschen in ihrem Kampf um Erfüllung in ihrem Leben das auf die beste Weise versuchen, die sie kennen; auch Sucht ist eine Art Lösungsversuch.

Ich will ein Beispiel geben: Es geht um eine junge Frau, zwanzig Jahre alt, abhängig von Heroin, Alkohol und Tabletten seit ihrem vierzehnten Lebensjahr. Sie war in Heimen und bei verschiedenen Pflegeeltern groß geworden, mit dem Wissen, daß ihre Mutter ihren jüngeren Bruder hatte verhungern lassen. Die Behörden hatten sie und den älteren Bruder daraufhin in Heimen untergebracht, als sie drei Jahre alt war. Sie hatte keinen Schulabschluß und keine Berufsausbildung. Als sie achtzehn war, war ihr Freund an einer Überdosis Heroin, ihr Bruder bei einem Autounfall gestorben. Sie war bekannt als rebellisch, unfähig, sich in eine Gruppe zu integrieren, hatte schon mehrmals Therapien begonnen und wurde meistens hinausgeworfen wegen hochmanipulativem, asozialem und aggressivem Verhalten und sexueller Promiskuität. Wieder auf der Straße, begann sie sofort wieder zu fixen, zu dealen und ging auf den Strich, bis sie erschöpft war.

Als ich Monika das erste Mal sah, kannte ich ihre horrende Vergangenheit, war auch entsprechend vorgewarnt. Und doch beeindruckte sie mich sofort mit einer erstaunlichen natürlichen Intelligenz, Vitalität und Kühnheit, die mir gefiel. Sofort begann sie damit, ihre Rolle in der Gruppe zu etablieren: außerordentlich aggressive Sprache, Geschrei über alles, was nach Struktur und Ordnung aussah, weiblich nur in ihrer sehr offen dargebotenen Sexualität, wobei ich hier auch mehr Show als echte Sinnlichkeit vermutete. Ihre Härte und kastrierende

Feindseligkeit gegen Männer war schwer zu ertragen, und was schlimmer war, sie war eine Expertin im Manipulieren von Gruppendynamik. Z.B. machte sie sich an den Mann heran, der in der Haushierarchie am höchsten stand, der ihr wiederum dafür Privilegien verschaffte, nahm das eine Weile in Anspruch, dann lachte sie ihn aus, weil er auf sie reingefallen war.

Außerdem weigerte sie sich, eine Arbeit richtig auszuführen, machte kaum einmal etwas sorgfältig oder für sie und uns befriedigend. Sich-Anpassen-Müssen an Gruppennormen war für sie eine sehr angstbesetzte Sache; sie hatte wirklich fast Todesängste, daß sie ihre letzte individuelle Freiheit, also eigene Entscheidungen treffen zu können, verlieren würde, wenn sie nachgab. Sie mußte auf extreme Weise ihre Umwelt kontrollieren, um die einzig mögliche Identität, die sie kannte, die der Rebellion, aufrecht erhalten zu können, diese Rolle, die sie am Leben erhalten hatte durch alle die morbiden und lieblosen Erfahrungen, die sie während ihrer Sozialisation gemacht hatte, wo ihr Potential nicht zu gesunder Integration wachsen konnte, sondern sich zusammengeballt hatte in einem einzigen Kampf gegen alles und jeden, ohne Vertrauen, daß irgendjemand wirklich an ihr interessiert war. Drogen und Alkohol konnten einige Erleichterung bringen und bis zu einem gewissen Grad ihr Bedürfnis nach Liebe und Wärme ersetzen.

Ihre Sehnsucht, noch einmal ein Kind sein zu dürfen, anerkannt und respektiert zu werden für ihren guten Willen, ihre Kreativität, ihren Ideenreichtum, fand einige Erfüllung in ausgeprägten Tagträumen, in denen sie sich ideale Eltern und Geschwister erfand. Als ihre Therapeutin mußte ich erst einmal versuchen, ihr Vertrauen zu gewinnen, und sie gleichzeitig wissen lassen, daß ich wenigstens so schlau war wie sie, d.h. ich wollte mich nicht mißbrauchen oder manipulieren lassen.

Natürlich machte sie weiter mit ihren alten Spielen, ein Rätsel, meistens eine Bedrohung für die anderen Bewohner. Sie provozierte, wo sie nur konnte, durch erbitterte Kämpfe mit Schimpfen und Schreien (trotz Sanktionen durch die Gruppe) und mit geschickt eingesetzten Tränen von ihrer Seite. Gleichzeitig war da aber auch eine langsam wachsende Neugier an meiner Person. Sie redete öfter mit mir, mißtrauisch und vorsichtig zuerst, aber hinter ihrer manipulativen Schale spürte ich Hilflosigkeit, Bitten um Verständnis.

Ich sagte ihr meine ehrliche Meinung über sie, auch die Phantasien, die ich über sie hatte, und lobte sie mit Zurückhaltung für ihre Unbesiegbarkeit. Ich sagte ihr aber auch, wie traurig ich es fände, daß sie sich von niemandem lieben lasse — und daß ich ziemlich sicher sei, daß sie noch nicht sterben wolle. All diese Botschaften von mir machten einen Eindruck auf sie, das war zu sehen, aber sie wußte nicht, wie sie an die schwierige Aufgabe herangehen sollte, ihr Leben weniger destruktiv, positiver zu gestalten.

In dieser Zeit sah sie mich öfter mit meinem kleinen Sohn Jan, der mich im Haus besuchen kam, und sie begann ganz scheu, ein bißchen mit ihm zu spielen. Jan mochte ihre phantasievolle Art und hatte sie gleich gern. Auf dieser Ebene hörte Monika auf zu kontrollieren, sie war warm und offen und beschützend zu ihm. Es berührte mich sehr zu sehen, wie sie selbst zum kleinen Mädchen wurde, mit strahlendem Gesicht, wenn sie ein neues Spiel erfanden oder zusammen malten.

Zurück in der Gruppe war nichts mehr von diesen schönen Seiten ihrer Persönlichkeit zu erkennen. Da war sie wieder: ihr Gesicht zu, mit zusammengebissenen Zähnen, immer bereit zu einer Schlacht, kritisch, besserwisserisch, ohne etwas mit Erfolg zu erreichen — letztlich immer Opfer. Aber ein Anfang war gemacht. Irgendwie begannen auch die anderen Teammitglieder und Bewohner, sie etwas besser zu verstehen. Sie begann, Kontakt mit einigen Frauen aufzunehmen. Mit Männern war die Devise weiterhin: Sex oder Kampf, oder beides.

Sexuelle Beziehungen waren zu der Zeit im Hause nicht offiziell erlaubt. Das hielt sie jedoch nicht davon ab, es trotzdem zu versuchen. Allerdings brachte ihr das wieder Druck durch die Gruppe, so daß sie es unterließ. Sie versuchte, sich aufs Kämpfen zu beschränken, aber bald hatte niemand mehr Lust, sich auf der Ebene mit ihr zu beschäftigen. Dann folgte eine Phase passiver Resistenz, sie streikte auf der ganzen Linie. Als der Druck zunahm und ich mich weigerte, ihr zu helfen, brach ihr Widerstand zusammen; sie fiel in eine schwere emotionale Krise, während der sie noch einmal die traumatische Trennung von ihrem Zuhause durchlebte sowie den Verlust des kleinen Bruders und später den Tod ihres Freundes und des älteren Bruders.

Schmerz, Verzweiflung und Todesangst schienen nun eine Menge ihrer lebenserhaltenen Härte wegzuschmelzen. Sie war nun für längere Zeit sehr verletzlich, kindlich und ängstlich. Ich begleitete sie nun durch die regressive Phase, und endlich begann sie zu vertrauen, einmal nicht in Frage zu stellen. Wir halfen der Gruppe, diese dramatische Veränderung zu verstehen und zu tolerieren, und so fühlte sie sich aufgehoben in einer wirklich „Therapeutischen Gemeinschaft".

Über viele Umwege und Rückfälle, verwirrte Neuanfänge und eine lange Zeit sozialen Lernens hat sie allmählich ihren Weg gefunden. Sie machte ihren Hauptschulabschluß und fing an, das Leben zu entdecken. Über längere Zeit hatte sie eine Beziehung zu einem künstlerischen jungen Mann, der ihrer spielerischen, kreativen Seite entsprach und sie zu fördern wußte. Was am wichtigsten ist, sie hat viel zu tun, zu entdecken, auszuprobieren (das tut sie wach und ohne Drogen), und ich nehme an, sie hat immer noch schwere Zeiten, Depressionen, Enttäuschungen. Aber sie ist auf ihrem Weg, und das „fühlt" sie. Als Monika ihren Kampf aufgab und nachgab, ohne besiegt oder unterdrückt zu werden, machte sie einen Anfang in ihrem Heilungsprozeß: eine Frau zu werden mit Selbstwertgefühl, fähig zu lieben und sich lieben zu lassen, Vertrauen zu haben und vertrauenswürdig zu sein, mit Respekt vor sich selbst und anderen.

Was half Monika dabei, ihren grundsätzlich destruktiven Lebensstil in einen existentiell positiven zu verwandeln? Mir erscheinen die folgenden Punkte wichtig:

— Eine Gemeinschaft, die sich an einer klaren Struktur und Organisation orientiert, die eine unmittelbare Realität mit Normen und Regeln darstellt.

— Eine Mutterfigur, die ihr die Chance gab, vergangene Traumata zu überwinden, indem sie sich als ganze Person zeigte. Das heißt: als eine Autorität, indem ich hinter der Struktur des therapeutischen Settings und seinem positiven Wertsystem stand und meinen Standpunkt wahrte; als Therapeutin, indem ich sie in ihrer Einzigartigkeit wahrnahm und damit in ihrer speziellen Art, mit dieser Umgebung umzugehen; als Frau und Mutter, und indem ich nur das war, zeigte ich ihr eine klare Alternative zu ihren eigenen sehr realen destruktiven Erfahrungen in der Vergangenheit.

— Natürlich hatten auch die anderen Teammitglieder und die Mitpatienten durch viele Interaktionen, durch Vermitteln von neuen Verhaltensmöglichkeiten einen großen Einfluß bei ihrer Therapie.

— Zunächst aber war es wichtig für sie, einer Person ganz zu vertrauen, dann konnten sich ihre Kontakte wieder auf neue Weise ausweiten.

Sie hatte diesmal die Therapie nicht abgebrochen, war geblieben, obwohl es sehr hart und schmerzlich für sie war. Das kann nur in einer Gemeinschaft erwartet werden, wo Vertrauen, Wärme und Respekt zu finden sind. Das fängt natürlich schon bei der Teamzusammensetzung an. Es ist sicher wichtig, möglichst gleich viele Frauen wie Männer in vergleichbaren Positionen im Team zu haben, wo partnerschaftliches Arbeiten möglich ist, wo Offenheit und Diskussionsbereitschaft herrschen. Eine Zeitlang mußten die Frauen sich, wie anderswo in der Gesellschaft, auch im Bereich der Therapeutischen Gemeinschaft Plätze und Rechte verschaffen; deshalb erscheint mir einige zusätzliche Aufmerksamkeit für die Bedürfnisse der Frauen auch hier angebracht.

Indem ich nicht nur als Therapeutin, sondern als ganzer Mensch sichtbar bin, personifiziere ich Möglichkeiten weiblichen Seins, die unseren weiblichen Klienten bisher nicht zugänglich waren. Da wir das wissen, können wir ihnen helfen, ihren eigenen Weg zum positiven Frau- und Menschsein zu finden.

In unserem Haus haben wir regelmäßig Frauengruppen abgehalten, ein Platz, in dem sich eine Atmosphäre von Exklusivität und Solidarität entwickelte. Wir sprachen über weibliche Körperfunktionen, über Sexualität, wir arbeiteten an persönlichen Problemen wie Abtreibung, vernachlässigte Mutterschaft und Prostitution. Wir halfen, Gefühle von Wertlosigkeit und Schuld zu überwinden. Das Ziel war für mich, den Frauen Respekt für ihren Körper und ihre Seelen beizubringen, was heißt: „Du kannst deine eigenen Entscheidungen treffen, du bist stark und eine unabhängige Person, und du kannst dir Hingabe und Vertrauen leisten, wenn deine Instinkte intakt sind: Du hast Bedürfnisse und Wünsche, höre auf sie und sei sensibel und gut zu dir selbst. Finde einen Lebensstil, der zu dir paßt, dessen Möglichkeiten und Grenzen du selbst bestimmst." Außerdem: „Du hast Talente und Fertigkeiten und Wissen, nutze sie für deine eigene Entwicklung, dann kannst du auch in einer leistungs- und wettbewerbsorientierten Welt bestehen. Die perfekte heile Welt gibt es nicht; lerne, dich zu arrangieren, ohne dich aufzugeben."

Für die, die bisher nur ihr gutes Aussehen als Mittel zum Überleben und Geldverdienen benutzt hatten, zeigten wir, daß Schönheit zwar ein Geschenk ist, daß sie aber auf die Dauer nicht ausreicht, um ein Leben zu füllen. Für die, die sich selbst häßlich fanden und die ihre Körper haßten, haben wir ganz reale Strategien angeboten: Tanzen lernen, neue Frisuren, ein bißchen Kosmetik, beim Kleideraussuchen helfen etc. Außerdem arbeiteten wir mit Bewegungs- und bioenergetischer Therapie. Eine großartige Erfahrung waren unsere Aktzeichen- und Modellierkurse. Eine Frau stand nackt Modell, und die anderen zeichneten sie oder modellierten sie in Ton. Das brachte starke Gefühle, viel Spaß, trug zur allgemeinen Entspannung bei und führte oft zu einer leichteren, humorvolleren Einstellung, wo vorher Scham und Hemmung waren. Und so gibt es noch viele Möglichkeiten.

Ich stelle nicht den Wert männlicher Therapeuten für Patientinnen in Frage, noch die wichtige Rolle, die Therapeutinnen für männliche Bewohner haben. Ich finde jedoch, daß es von grundsätzlicher Wichtigkeit ist, in einer Therapeutischen Gemeinschaft die Möglichkeit zur geschlechtlichen Identifikation zu geben, genau wie es in der Familie der Fall ist — es sollte immer Vater *und* Mutter geben.

Das Problem der psychischen Emanzipation
Ausschnitte aus der Therapie einer „Feministin"
Inge Lang, Salzburg

Wenn *Freud* in einem Brief an *Schnitzler* dem Dichter die Fähigkeit zubilligt, aufgrund seiner Intuition zu ähnlichen Wahrheiten zu kommen wie er selbst als Psychoanalytiker „in mühseliger Arbeit", so erscheint es legitim, daß wir das Ver-dichtete in den Lebensgeschichten von *Freuds* Patienten wahrnehmen: der Wolfsmann, der Rattenmann, Dora, Elisabeth v. R. muten in der Tat an wie *Schnitzler*'sche Novellengestalten. Es liegt wohl für manchen Autor seit *Freud* nahe, sein „Ergriffensein von den Wahrheiten des Unbewußten", von der „Triebnatur des Menschen", sein Bestreben nach „Zersetzen der kulturell-konventionellen Sicherheiten" (*Freud* an *Schnitzler* am 14. Mai 1922) in tiefenpsychologischer Sichtweise darzustellen. Ich denke z. B. an „Die Blechtrommel" von *Günther Grass*, auch an Autoren wie *Thomas Bernhard, Peter Handke, Brigitte Schwaiger*. Das Portrait einer Feministin zu entwerfen, einer „typischen" Frau des ausgehenden 20. Jahrhunderts mit allen ihren bewußten und unbewußten Motivationen wäre für einen *Balzac* („Die Frau von 30 Jahren") oder einen *Schnitzler* unserer Tage sicherlich eine lohnende Aufgabe.

In diesem klinischen Fallbericht über Dagmar S. handelt es sich um eine lebende Person, die selbst bruchstückhaft zwar, aber in starker Erlebnisintensität, ihre Lebensvollzüge in primärprozeßhafter Symbolschöpfung ver-dichtet: mit Hilfe von katathymen Bildern, die sie in der therapeutischen Situation produziert. Das katathyme Bilderleben, ein von *Leuner* in den 50er Jahren entwickeltes, auf dem psychoanalytischen Bezugsrahmen aufbauendes psychotherapeutisches Verfahren, spiegelt in hohem Maße „die Wahrheiten des Unbewußten", zumal die Tagtraumbilder vom Therapeuten *in statu nascendi* beobachtet und empathisch begleitet werden können.

Die Patientin unterzog sich einer Psychotherapie über 180 Stunden, davon ca. 80 Sitzungen mit dem katathymen Bilderleben (KB), ca. 100 Stunden mit psychoanalytisch orientierten Gesprächen. Als sie zum ersten Mal zu mir kam, vermittelte mir Dagmar S. den Eindruck einer Frau, die überhaupt keine Hilfe nötig hat: selbstbewußt, kritisch, sehr

173

weiblich frisiert und gekleidet, eine hübsche und bunte Erscheinung; die Stimme klingt allerdings etwas brüchig, das Gesicht wirkt ein wenig maskenhaft. Sie sei froh, sagt sie, eine Frau zu sein. Es habe ihr schon großes Unbehagen bereitet, mit einem männlichen Arzt über ihr Symptom Amenorrhoe zu sprechen; sie könne nur mit Frauen reden. Sie fühle sich gut und in Ordnung, mit und ohne Regelblutungen; es sei nur ein Problem in ihrer Frauengruppe, daß gerade sie, die sich sehr für Frauenfragen engagiere und insbesondere für die Legalisierung des Schwangerschaftsabbruches demonstriert habe, „vor den anderen keine richtige Frau" sei. Als ich betone, daß es das Wichtigste sei, wie sie sich selber fühle, verändert sich ein wenig die Fassade der Selbstsicherheit, und die Patientin spricht von Minderwertigkeitsgefühlen, Problemen mit Studium, Eltern, Freundinnen etc. und betont ihre Therapiebedürftigkeit.

Das erste KB (eine Art Selbstbild), eine Blume, sieht Dagmar S. als eine Distel: „Sehr groß mit vielen Stacheln; sie steht in einem lockeren Erdreich, man kann die Wurzeln sehen; die Wurzeln sind ganz locker, sie haben keinen Halt." Die Patientin kann die Distel nicht anfassen, weil sie „zu stichelig" ist, sie kann aber Erde zuschütten, damit die Wurzeln etwas fester stehen. (Das Bild von der Wurzellosigkeit der Patientin wurde nicht gedeutet, wie es ja überhaupt zum therapeutischen Procedere des KB gehört, die in den Bildern auftretenden Symbole zwar behutsam „mitzulesen", sie jedoch stehen zu lassen, bis sie zu einem Evidenzerlebnis beim Patienten führen.)

Im Verlauf der ersten Sitzungen spricht die Patientin fast ausschließlich über ihre Gruppen-Identität im Rahmen der Frauenbewegung. Ihre eigene Lebensgeschichte findet sie „banal und nicht erwähnenswert". Sie spricht sehr vernünftig, sehr differenziert und ideologisch abgesichert. Sie gehört seit ihrem 20. Lebensjahr, als sich in der kleinen Stadt, in der sie studierte, erstmalig Frauengruppen etablierten, der „Internationalen Frauenbewegung" an. Sie ist nun 29 Jahre alt und beherrscht den Insiderjargon perfekt. Die in nächtelangen politologischen und soziologischen Diskussionen geübten Themen werden sicherlich auch deswegen eingeführt, um die Therapeutin bezüglich ihrer Aufgeschlossenheit zu testen, bzw. auch, um mich für die Ziele der Frauenbewegung (und daher auch für Dagmar S.) zu gewinnen. Sie versucht Sympathie für sich fast ausschließlich über ihre Identifikation mit den feministischen Themen zu erhalten. Außer der Information über Schwierigkeiten in privaten Beziehungen und im Studium erfuhr ich auf diese Weise über ca. 20 Stunden, trotz des Versuches, ihren Widerstand zu deuten, so gut wie nichts über sie selbst.

In den ersten katathymen Bildern fiel auf, daß sie nicht allein sein konnte und sich in den von *Leuner* eingeführten (vom Therapeuten vorgegebenen) Motiven der Wiese, des Bachlaufes, des Berges, des Waldrandes sehr unwohl fühlte und immer unruhiger wurde, je mehr sie von mir zum Verweilen und meditativen Betrachten angeregt wurde. Nur zusammen mit anderen bewegte sie sich höchst lebendig im Bilderleben. Es gab gemeinsames Blumenpflücken, gemeinsames Baden im Fluß, eine sehr harmonische gemeinsame Wanderung über Hügelketten und ein Haus, das nur aus einem Raum, einem „Gemeinschaftsraum", bestand. Dort wurde auch gekocht und gebadet. Meine Frage nach eventuellen Rückzugsbedürfnissen (bzw. nach Autonomie) wurde auf der Bildebene mit noch mehr Menschenansammlungen beantwortet.

Da ich versuchte, den Zugang zu ihr selber über die in den katathymen Bildern auftauchenden „Freunde" zu finden, fragte ich sie nach Einfällen zu den auftauchenden Frauen und genannten Männern, die ihre Bilder bevölkerten. Es stellte sich heraus, daß sie als Individuen wenig plastisch erlebbar waren. Ein Auschnitt aus dem 19. KB: „Wir sitzen auf einer Wiese und tun gar nichts. Das Wetter ist nicht besonders. Der Boden fühlt sich hart an. Es ist kalt und wir rücken eng zusammen." Th.: „Wir!" P.: „Ja, es sind so ca. 15 Leute, viele Frauen, auch Männer." Th.: „Sehen Sie sich die Menschen genauer an." P.: „Alle sehen irgendwie gleich aus, wenig gepflegt, sogar ziemlich schmutzig, aber irgendwie nett." Th.: „Erinnert Sie einer an jemanden, den Sie kennen?" P.: „Vielleicht." Schweigen. Th.: „Versuchen Sie, sich die Augen genau anzusehen." P.: „Sie schauen nicht besonders drein. Sie fassen mich jetzt an den Händen und tragen mich. Sie tragen mich und gehen dabei ganz schnell. Sie können mich jederzeit fallen lassen, und daher versuche ich, mit den Füßen auf den Boden zu kommen, aber es gelingt mir nicht. Sie bestehen darauf, mich weiterzutragen und mich festzuhalten, aber jetzt stehe ich und laufe ein Stück weg von ihnen."

Das auf den ersten Blick angstmindernde Eingebundensein in eine Gruppe von Gleichgesinnten erweist sich als für die Patientin wenig haltbar. Nach vielen gemeinschaftlichen Unternehmungen in der katathymen Bilderwelt und meinem Interesse für ihre „Freunde" realisiert Dagmar S. schmerzlich ihre Isolation. Sie „bilderte" mehrmals graue Schneelandschaften, wo sie eine wärmende Hütte suchte, jedoch nicht finden konnte, und wirkte über mehrere Wochen hinweg sehr niedergeschlagen. Ihr Halt in ihrem sozialen Bezugsrahmen war jedoch groß genug, um sich immer wieder von den depressiven Stimmungen zu entlasten: sie interessierte sich erneut für politische Demonstrationen (im Zusammenhang mit der Krise in Polen) und war nun nach einer Phase einer negativen Übertragung, als sie sich infolge unserer Sitzungen in die Isolation und Depression gestoßen fühlte, imstande, einen Zusammenhang zwischen ihrem Engagement für die Unterdrückten und ihrer eigenen Lebensgeschichte zu sehen. Erst nachdem sie selbst diesen Zusammenhang entdeckt hatte, konnte sie sich mir als Unterdrückte mit ihrem ganzen Familienhintergrund darstellen. Bis dahin hatte ich nur einige äußere Daten erfahren; nun konnte sie ihre Biographie lebendig und mit vielen Einzelheiten angereichert bringen. (Psychodynamisch gesehen hatte offenbar das von der Therapeutin unterstützte Bilderleben von Gemeinschaft soweit eine Ich-Stärkung herbeigeführt, daß sie ihrer im Grunde großen Einsamkeit und der damit verbundenen Depression begegnen konnte, bis sie die kontinuierlich angebotene Zweierbeziehung zu mir aufgreifen und sich an die Grundmuster ihrer Objektbeziehungen innerhalb ihrer Familie heranwagen konnte.)

Ihre Eltern hatten in einer Nacht-und-Nebel-Aktion erst Anfang der 50er Jahre ein Ostblockland verlassen, wo sie der deutschsprachigen Minderheit angehört hatten. Alle Verwandten waren damals nach Amerika ausgewandert, das Ehepaar siedelte sich wegen des väterlichen Berufes (Tierarzt) in einem kleinen Dorf in Österreich an. Dagmar S. wurde 3 Jahre danach geboren. Ihre Mutter, die als 17jährige geheiratet hatte, war bei ihrer Geburt 20, der Vater 35 Jahre alt. Die Eltern hatten anfänglich schwere Existenzsorgen, da die tierärztliche Versorgung ohnehin durch einen einheimischen Kollegen gewährleistet war und die Eltern wegen ihres ungewohnten Dialekts als Fremde verfemt waren. Infolge seiner nationalsozialistischen Anschauungen und seiner Trinkfestigkeit konnte der Vater jedoch bald Gesinnungsgenossen im Dorf finden, während die Mutter in ständiger Angst um die Alkoholexzesse ihres Mannes bis heute ihre Schüchternheit und Zurückgezogenheit beibehalten hat. Als Dagmar S. 2 Jahre alt war, wurde eine Schwester geboren, die mit 7 Jahren von den Verwandten in Amerika adoptiert wurde und die dort in ihrem 16. Lebensjahr durch einen Verkehrsunfall starb. Die Aufmerksamkeit beider Eltern scheint immer besonders auf die Patientin gerichtet gewesen und durch den Weggang und den Tod der jüngeren Schwester sogar noch verstärkt worden zu sein. Sie hatte von Anfang an den Auftrag, die narzißtischen Kränkungen der Mutter (Verlust der Heimat, Vernunftehe mit einem wesentlich älteren Mann, Flüchtlingsstigma, gewalttätiger alkoholabhängiger Ehemann) zu kompensieren und gleichzeitig dem phallisch-narzißtischen Lustgewinn ihres Vaters zu dienen: sie sollte immer besonders hübsch gekleidet sein, sie sollte ihre intellektuelle Entwicklung möglichst beschleunigen, um sein Ideengut voll in sich aufzunehmen, und sie sollte „repräsentieren und eine Dame sein" können. Mit diesen Anforderungen kam die Patientin als Kind nur so zurecht, daß sie ihre Mutter beschützte und in den Streitereien wegen des Alkoholkonsums ihres Vaters diplomatisch zwischen den Eltern vermittelte, den Vater je nach Stimmung der Mutter mit dieser zusammen verachtete oder idealisierte, ihn in Gedanken jedoch heimlich für sich selbst „verstand" und sich auf seiner Seite fühlte, bis sie ihn wegen seiner Brutalität wieder fürchten und ablehnen mußte.

Es ist anzunehmen, daß sie weder in ihrem Vater noch in ihrer Mutter eine verläßliche Identifikationsfigur finden konnte und daß sie sich vor den Ansprüchen ihrer Eltern nur in eine narzißtische Privatwelt retten konnte. In ihrer bewußten Grundhaltung war Dagmar S. „dagegen": gegen Autorität in Schule und Universität, gegen Autorität in der Frauenbewegung, die z. B. engagierten, unabhängigen Frauen eine unauffällige Erscheinung nahelegte, gegen alle Typen von Männern, „Chauvies" bis „Softies", und „für" alles, was bürgerliche Autoritäten schockieren könnte: politischer Terrorismus und alle Arten des „Aussteigertums". (Trotz dieser ideologischen Vorlieben begab sie sich aber nicht in ausgesprochen autodestruktives Agieren.) Sie war gegen die Berufstätigkeit der Frau, weil ihr dadurch Schutz und Geborgenheit genommen werde, aber auch gegen die weibliche Familienorientiertheit, weil diese eine Selbstverwirklichung verhindere, gegen die „Scheinmodernisierung" der „autoritärpatriarchalischen" Familie, wo nur die wahren Machtstrukturen verdeckt würden; gegen „Geltungsbedürftigkeit" der Frau in der äußeren Aufmachung, aber für sorgfältigstes Schminken und Körperpflege, sonst fühle sie sich „nackt" und so „häßlich", wie sie „in Wirklichkeit" sei. — Sie haßt ihren Vater wegen seiner faschistoiden Einstellung, wegen seiner Jagdleidenschaft, seiner Brutalität und sexuellen Anzüglichkeiten im Alkoholrausch, und sie verachtet ihre Mutter wegen ihrer Schwäche.

Infolge der mangelnden Tragfähigkeit ihrer Objektbeziehungen konnte die Patientin keine kohärente Identität entwickeln. Es bestand eine wechselnde Anklammerung und ein Rückzug der Mutter in konflikthaften Ehesituationen, eine phallisch-narzißtische Besetzung der Tochter durch den Vater bei gleichzeitigem Rückzug in den Alkohol, verbunden mit symbiotischen Tendenzen beider Eltern, die eine Auflösung der Ich-Grenzen bei allen Beteiligten nahelegten und dem Kind keine Loslösungs- und Übungsphase (*Mahler*) ermöglichte. Daraus resultierte ein „falsches Selbst", eine Identitätsdiffusion mit der unbewußten Bemühung, es allen recht zu machen: der Mutter, indem sie gegen die Unterdrückung der Frau auf die Barrikaden stieg und damit die niemals realisierten Emanzipationsbestrebungen dieser Frau an die Öffentlichkeit trug, aber auch indem sie den unbewußten Auftrag der Mutter, sich von ihr nicht zu lösen, nicht erfolgreich zu sein, erfüllte und mit ihrem Studium nicht weiterkam, dem Vater, indem sie sich gepflegt und „weiblich" präsentierte und sich selbstsicher gab, aber gleichzeitig in Partnerschaften immer wieder Schiffbruch erlitt, um die Verbindung mit ihm nicht zu gefährden.

Aufgrund dieser Überlegungen ergab sich m. E. die Diagnose einer narzißtischen Fixierung mit Konflikten auf der oralen Ebene (depressive Anklammerung und Wendung der Aggression gegen sich selbst), der analen Ebene (zwanghafte Sauberkeit und Schönheitspflege sowie in entscheidenden Dingen völlig mangelnde Durchsetzungsfähigkeit) und der ödipalen Entwicklungsstufe (Perpetuierung der ödipalen Bindung an den Vater, Rivalität und Schuldgefühle gegenüber der Mutter). Die Patientin mußte es vermeiden, eine „echte" Frau zu sein (zu menstruieren), um die Inzestschranke gegenüber dem vitalen Vater aufrechtzuerhalten und um das Bild der „schwachen" (in Wirklichkeit aber sehr starken und dominierenden) Mutter nicht zu gefährden. Hätte sie sich als „echte" und gebährfähige Frau erleben können, wäre ihre Identität als das trotzige und unfolgsame Kind ihrer Eltern zusammengebrochen, und sie hätte sich mit ihrem schwachen Ich dem Rivalitätskonflikt der Mutter und den ödipalen Wünschen gegenüber dem Vater auseinandersetzen müssen.

Wegen ihres zunehmenden Leidensdruckes und ihrer teilweisen Einsicht in die Schwere ihrer Störung (die Amenorrhoe bestand seit 9 Jahren und war kurz nach dem Tod ihrer Schwester in Amerika aufgetreten) schlossen wir ein neues Arbeitsbündnis.

Sie hatte anfänglich nur eine kurze Selbsterfahrung geplant und im übrigen auf eine Hormonbehandlung vertraut, war aber vom Gynäkologen auf die mögliche Psychogenese ihres Symptoms verwiesen worden. Das neue Arbeitsbündnis lautete: KB im frei assoziativen Vorgehen, zwei Sitzungen pro Woche, Ende nach beiderseitiger Übereinkunft.

Nach relativ erinnerungsnahen, aber affektiv sehr stark besetzten katathymen Bildern, die ihre Situation bei den Kindern im Dorf betrafen (Leiden an ihrem „Herausgeputztsein" und der damit verbundenen Isolation), setzte sie sich mit ihrer ambivalenten Beziehung zu ihrer Schwester auseinander. Eine KB-Sitzung (34) spiegelt diese Problematik: Ein junges Mädchen mit langen blonden Haaren liegt aufgebahrt in einer Waldesgrotte, wie eine „Heilige". Die Patientin bricht in Tränen aus und wird von mir ermutigt, näher heranzugehen, um die Tote zu betrachten. Das Mädchen fängt elfengleich zu tanzen an, verwandelt sich dann aber in viele kleine Würmer, die die Patientin immer mehr bedrohen. *Th.*: „Versuchen Sie, so ein Tier in die Hand zu nehmen und es ganz genau zu beschreiben." Die Patientin schildert heftige Ekelgefühle und versucht, das Tier zwischen den Fingern zu zerquetschen. Das gelingt ihr nicht, und sie versucht auf meine Aufforderung, die Augen des Wurmes, der immer größer wird und sie unverwandt „staunend" und „streng" anschaut, zu fixieren. Sie fühlt sich ganz klein, kleiner als der Wurm, eine Ameise. In tiefer Regression kommt es schließlich zum Kampf zwischen der Ameise und dem Wurm, aus dem sie „schwer angeschlagen" hervorgeht.

In die nächste Sitzung bringt sie einen Nachttraum: „Kleine Salamander sind über meinen Körper gekrochen, hinein in Mund und After. Dann bin ich vor Ekel aufgewacht." Als sie sich im KB erneut mit den Salamandern auseinandersetzt, entsteht aus dem Tier bald eine schillernde Fee, die sie umhüllt mit ihren Gewändern, ihr aber unversehens ihre Haare ausreißt. Die Patientin strampelt auf der Couch und gibt stöhnende Schmerzlaute von sich. *Th.*: „Wie können Sie sich schützen?" *P.*: „Ich sehe eine Hexe kommen, die ist zwar böse, aber nicht zu mir. Sie wird mit ihrem Besen den Schleiermantel der Fee zerstören, dann bleibt nichts mehr von ihr übrig." Es kommt aber anders: Die Fee umhüllt die Hexe mit ihren Gewändern, und „die beiden fallen sich mit einem seligen Lächeln in die Arme". Mit Hilfe der Traumbilder kann die Patientin den ganzen Schmerz des kleinen Kindes über die Konkurrenz zur Schwester in Verbindung mit der Mutter erfahren. Im Unbewußten, das ja „virtuell unsterblich" ist (*Freud*), ist die Jüngere immer noch die größere und mächtigere. Diese sei auch immer Vaters Liebling gewesen. Die Bevorzugung der älteren Tochter datiere erst aus der Zeit, als die Schwester nach Amerika gezogen war. Die Patientin war damals 9 Jahre alt und hatte den Kampf gegen die übermächtige „Kleine" scheinbar gewonnen; die Eltern hatten diese aus nicht ganz einleuchtenden „wirtschaftlichen Erwägungen" zu den Verwandten gesteckt.

Neben Rivalität muß es aber auch ein für beide Mädchen sehr wichtiges Aneinanderklammern gegeben haben, eine Art doppelte Identität wie bei einem Zwillingspaar. Unter tiefer Erschütterung kommen Bilder von gemeinsamem Verstecken und In-die-Hose-Machen unter dem Ehebett, als der Vater alkoholisiert nach Hause kam, und auch gemeinsam vereinbarte Aktionen, was zu tun und zu sagen sei, wenn wieder eine Katastrophe passierte. Es gab ganz bestimmte Worte, die ihn beruhigten („Vati, du kannst dich jetzt niederlegen, dein Bett ist hier", aber nicht: „Vati, du bist müde"). Die Kinder vereinbarten, wer sie sagen sollte, wer die Mutter beruhigen sollte usw. Wenn die chaotische Situation mit Alkohol, Streit und Schlagen vorbei war, schlug sich die jüngere Schwester jedoch wieder auf die Seite der Mutter und bekam Zärtlichkeit, während Dagmar S. eher als „Trösterin" der Mutter fungierte; d.h. die Verbündete wurde wieder zur Rivalin.

Als die Schwester nach einem dreimonatigen Aufenthalt zwischen Kindergarten und Schuleintritt mit besten Englischkenntnissen und verliebt in ihre kinderlose amerikanische Tante nach Europa zurückkam, beschlossen die Eltern (für Dagmar ziemlich überstürzt), das Kind nach der ersten Volksschulklasse von der Tante adoptieren zu lassen. Die Schwestern sahen sich vor dem Tod der jüngeren nur noch zwei Feriensommer lang, wechselten aber viele Briefe. Die Konflikte im Zusammenhang mit dem Weggang der Schwester (Wut auf die Eltern, daß sie ihr ihre Verbündete genommen hatten, Wut auf die Schwester, daß sie sie verlassen hatte, Triumph über die Jüngere, daß sie nun für die Eltern in verschiedener emotionaler Wertigkeit die einzige war, aber auch das Erleben einer verstärkten Bedrohung durch die häusliche Situation, die sie nun allein verkraften mußte) verstärkten sich durch deren plötzlichen Tod so sehr, daß die Patientin sich weigerte, weiterhin als Frau zu leben, d.h. zu menstruieren. (Die Blutungen waren aber bereits vor dem 18. Lebensjahr und dem Tod der Schwester unregelmäßig und schmerzhaft abgelaufen.) Die Schwester, vorerst das Ich-Ideal der Patientin („rein und zart wie eine Elfe"), konnte erst relativ spät in der therapeutischen Arbeit bewußt ambivalent erlebt werden, was sich in den katathymen Bildern ja schon früher angekündigt hatte.

Gegen Ende der Therapie erlebt sie die Schwester bei relativ gefestigter eigener Identität sehnsuchtsvoll als Freundin: „Ein Mädchen, ca. 25 Jahre alt, zarter als ich, eine ganz weiche Gestalt". *Th.*: „Betrachten Sie sie ganz genau." *P.*: „Ich sehe sie nur von hinten, sie hockt im Gras und weint." *Th.*: „Wollen Sie Kontakt zu ihr aufnehmen?" *P.*: „Ich nähere mich ihr ganz vorsichtig und lege ihr die Hand auf die Schulter." *Th.*: „Reagiert sie auf Ihre Hand?" *P.*: „Nein, sie scheint mich nicht zu bemerken." (Schluchzt heftig) *Th.*: „Es tut Ihnen weh, daß sie Sie nicht bemerkt?" *P.*: „Ihre Augen, um Gottes Willen, die leben ja gar nicht." *Th.*: „Versuchen Sie einmal, ihre Hand und ihr Haar zu fühlen." *P.*: (zögernd): „Ja das geht, das ist alles ganz warm, die Haare sind lebendig." *Th.*: „Vielleicht möchten Sie sie einfach in die Arme nehmen?" *P.*: „Ich trau mich nicht, ich nehme lieber ihre Hand in meine." *Th.*: „Wie fühlt sich diese Hand an?" *P.*: „Rohes Fleisch, nein, Knochen, eine Knochenhand!" (Erschrickt heftig.) *Th.*: „Versuchen Sie sie trotzdem weiter zu halten." *P.*: (unter heftigem Schluchzen): „Ja, sie überzieht sich mit Haut, ganz langsam, der Daumen ist schon normal, jetzt auch die Handfläche." (Erleichtert): „Jetzt ist alles weich, eine weiche, schöne Frauenhand. Die drückt jetzt meine heftig." *Th.*: „Können Sie sie streicheln?" *P.*: „Ja, ich kann jetzt vielleicht auch ihre Augen sehen." *Th.*: „Ja, sehen Sie nach, die können sich verändert haben." *P.*: (glücklich): „Sie blickt mich ganz lieb an, wie eine liebe, liebe Freundin. Ich will sie ganz festhalten, wir lassen uns nie mehr los."

Das Ichideal der Schwester, das auf einer durch die tragischen Umstände verleugneten starken Ambivalenz aufgebaut war, hat sich nun gewandelt zu einem realitätsnäheren guten Introjekt.

Die eigentliche Wandlung der Identität der Dagmar S. von der „Emanze" zur (aus alten Bindungen) emanzipierten Frau vollzog sich aber in der Auseinandersetzung mit ihren Eltern. Inwieweit ihre Vater-beziehung ihre Partnerwahlen beeinflußte, hatte sich die Patientin schon, seit sie sich mit dem „männlichen Chauvinismus" beschäftigt hatte, überlegt: Sie habe sich immer Männer ausgesucht, die „nach Zärtlichkeit aussahen", die sie nicht zu ihrem „Sexualobjekt" machen wollten, die das Ideengut der Frauenbewegung vollinhaltlich unterstützten und die behutsam mit ihrer Anorgasmie umgehen konnten und ihren Wunsch, in Gegenwart eines Mannes keinen Orgasmus zu haben, respektierten. (Sie fühle sich bei einem Orgasmus „würdelos, jedenfalls kein Anblick für einen Mann, der ja doch nur seine Macht auskosten würde, daß er mich soweit gebracht hat".) Ihre Beziehungen zu Männern waren immer nach einem ähnlichen Schema abgelaufen: bewußte Erregung des Interesses eines Mannes, der „meinem Vater völlig unähnlich sein muß", wochenlanges „Hinhalten" des Betreffen-den bei gleichzeitiger narzißtischer Befriedigung („so richtig verehrt zu werden, ohne Sex, ist eigentlich das Schönste") und abrupte Abkehr von der jeweiligen lesbischen Freundin („nur durch die Zärtlichkeit eines Mannes kann ich mich — aber nur für mich allein — schön fin-den, bei einer Frau bin *ich* es, die ihr vermittelt, daß sie schön ist"). Diese Abwehr bereitete eher der Partnerin als ihr selbst Konflikte. Nach der Trennung von der Freundin engagiert sie sich in der Bezie-hung zum Mann. Sie besucht über Wochen keine Veranstaltungen ihrer Frauengruppe, sie läßt den Freund fast keine Minute aus den

Augen (mit a.W., es kommt zu einer symbiotischen Verklammerung, die vom männlichen Partner, je nach seiner Muttererfahrung, mit oraler Regression oder einer Panikreaktion mit plötzlichem Abbruch der Beziehung beantwortet wird). Um ihn doch noch festzuhalten, entwickelt sie dann eine fast suchtartige Anklammerung, bis sie gedemütigt und hoffnungslos zu der Frau zurückkehrt, dort ihre Geschichte erzählt und oft auch eine mitleidvolle Intimpartnerin findet, deren „sexuelle Entfaltung ich dann in die Hand nehmen kann", allerdings ohne daß sie selbst etwas davon habe. „Ich will gar nicht, daß mir jemand sagt, daß ich schön bin". Auch in ihren lesbischen Beziehungen habe sie kaum je einen Orgasmus, das sei ihr aber „nur recht", denn sie „wolle nun einmal nicht die Kontrolle verlieren". Bei einem männlichen Therapeuten würde im übrigen sicherlich ihr „bisexuelles" Leben verpönt sein, und er würde ihr mit dem Begriff des „Penisneides" seine patriarchalische Macht vor Augen führen.

Aufgrund dieser Äußerungen, die erst im Laufe einer wachsenden Vertrauensbeziehung zur Therapeutin erfolgten, wird deutlich, daß die Patientin in ihrer sexuellen Identität noch wenig entwickelt ist: Obwohl sie den Gegentyp ihres autoritären und sadistischen Vaters libidinös besetzt und von jenem auf weniger gefahrvolle Weise narzißtische Zufuhren erhalten will, ist sie in der Identifikation mit dem Angreifer befangen (Kontrolle und Machtkampf in der sexuellen Situation). Ihre weitgehende Identifikation mit dem starken Vater, aber auch mit der schwachen Mutter, die sie als Verbündete an sich band, bewirkt, daß sie weder als der aktiv-männliche Teil einer Beziehung mit einer Frau noch als die weibliche Partnerin eines Mannes ihre Sexualität genießen kann. Sie steht unter dem Zwang, für ihre Mutter ein besserer Mann zu sein als ihr Vater, indem sie nun einer Frau das gibt, was ihre Mutter schmerzlich vermißte, nämlich die Erfahrung, daß sie schön sei; und sie wiederholt die Haltung ihrer Mutter, indem sie durch die Anklammerung an den Partner einer erwachsenen Man-Frau-Begegnung ausweicht. (Durch dieses Ausweichen der Frau und ihre Regression in eine kindliche Abhängigkeit erfährt der Mann ja nur scheinbar einen Machtzuwachs; er wird auch kastriert, wenn er statt eines Sexualpartners die Funktion der guten, versorgenden Mutter übernehmen soll und gleichzeitig wegen seiner Schwäche verachtet wird.)

Die Patientin ist sozusagen mit den beiden „starken" Seiten der Eltern identifiziert: mit der phallisch-narzißtischen Haltung des Vaters und der anklammernden Opferrolle der Mutter. Beide Strebungen bedingen aber ihren sexuellen Konflikt, und das Ich scheint sich durch

Aufrechterhalten der Kontrolle schützen zu müssen, um nicht von der jeweils anderen Strebung überflutet zu werden. Dazu zwei sehr eindrucksvolle KBs:

In einer Schlucht des Grand Canyons, zu der ein mühsamer Abstieg erfolgte: „Ich liege im Sand und lasse mich wärmen. Es sind hier viele Touristen, die essen alle etwas an Verkaufsbuden. Ich bin ganz allein, und keiner beachtet mich. Allerdings genieße ich jetzt die Ruhe in der Sonne. Alles ist warm, der Sand ist weich und ruhig. In der Ferne ist das Meer. (Zögernd:) Eigentlich kommt es immer näher." (Starke Beunruhigung.) *Th.*: „Sie können sicher einen Platz finden, von wo aus Sie beobachten können, wie das Meer immer näher kommt." *P.*: „Ich sitze auf einem Felsen, aber wenn das Meer kommt, werde ich weggeschwemmt. Ich sehe schon das Wasser, es ist wie eine Wand, eine riesengroße Wasserwand, dunkelgrün und ganz durchsichtig. Das Wasser steht aber auf einmal still, die Wasserwand steht da, und die Schlucht liegt jetzt unter dem Meeresspiegel. Ich kann jetzt eigentlich auf der Stelle liegenbleiben, wo ich war." *Th.*: „Wie fühlen Sie sich hier?" *P.*: „Ich habe wahnsinnige Angst, da sind so Tiere in dem Wasser, die können mich umbringen, wenn sie aus der Wand herausschwimmen, einige riesengroße Haie, aber ich bleibe liegen. Wenn ich mich ganz in den Sand einwühle, sehen sie mich nicht." Die narzißtische Welt (Schlucht, Wärme, Sonne) ist bedroht durch die überflutende Mutterimago (Meer, Wasserfront) und die phallische Triebwelt des Vaters (Haie). Durch eine Art Vogel-Strauß-Politik (Eingraben in den Sand, Regression) kann sie sie unter Kontrolle halten (die Wasserflut kommt nicht näher).

Nachdem sie über mehrere Sitzungen hinweg hinter der Wasserwand riesengroße Meerestiere hat kämpfen lassen (Haie mit Muränen) und die bedrohliche Wasserwand sich schließlich zu der Glaswand eines Aquariums gewandelt hatte (m.E. zu verstehen als Distanzierung von der elterlichen Kampfsituation), kommt es auf der Bildebene zu einer Konfrontation der beiden Welten: „Ich fliege in einer kegelförmigen Weltraumkapsel durch das All. Die Weltkugel ist ganz weit weg. Ich kann die Kapsel steuern, indem ich mit dem Kopf an die Kegelspitze drücke. Aber ich habe ständig Angst, daß ich abstürze." *Th.*: „Wohin steuern Sie?" *P.*: „Eigentlich will ich wieder zur Erde zurück, aber da unten sehe ich nur das Meer. Ach nein, es ist Afrika. Jetzt ist aus Afrika eine riesengroße Vulva geworden." *Th.*: „Wie sieht denn der Rand der Vulva aus?" *P.*: „Lauter entsetzlich spitze Steine. Ich bin jetzt plötzlich mitten drin im Spalt." *Th.*: „Mit der Raumkapsel?" *P.*: „Ich habe Angst, es wird immer enger und rot wie in der Hölle. Da tanzen einige Teufel." *Th.:* „Und wo sind Sie?" *P.:* „Nein, ich bin ein Kind. Sie halten mich und spielen mit mir fangen. Einer stemmt mich über seinen Kopf zum nächsten. Ich habe jetzt keine Angst mehr." *Th.:* „Sehen Sie sich den Teufel genau an." *P.:* „Er hat lustige Augen, aber er kann auch sehr böse sein." *Th.:* „Wie ist er jetzt?" *P.:* „Eher böse, er sieht plötzlich aus wie ein Rumpelstilzchen. Er hüpft boshaft auf einem Bein und sieht mich gar nicht." *Th.:* „Und was machen Sie?" *P.:* „Ich habe ein langes weißes Kleid an und bin eine junge Prinzessin. Ich gehe jetzt feierlich durch den Eingang hinaus. Jetzt bin ich wieder bei den Steinen. Das sind aber jetzt Korallen." *Th.:* „Befühlen Sie bitte mal die Korallen." *P.:* „Sie sind eigentlich sehr schön, vielleicht kann ich mir einige herunterbrechen. Ja, ich nehme mir jetzt eine kleine Koralle." *Th.:* „Wollen Sie sich nicht mehr nehmen?" *P.:* (sehr fröhlich): „Ja, ich kann mir ja viele nehmen. Aber das Rumpelstilzchen könnte etwas dagegen haben. Ja, es kommt fuchsteufelswild her". *Th.:* „Was wollen Sie tun?" *P.:* „Ich habe da eine kleine Korallenkette, die lasse ich im Rock verschwinden, die anderen gebe ich ihm, damit es mir eine Ruhe gibt."

In phallisch-narzißtischer Identifikation (Weltall, Raumkapsel, Steuerung mit dem Kopf) hat sich die Patientin hinunterbegeben in die Weiblichkeit, wo sie zuerst als unschuldiges kleines Mädchen die Begegnung mit den teuflischen (Trieb-)Anteilen riskiert, dann aber mutiger wird. Die Teufel in der Scheide sind nicht mehr fremde, bedrohliche Mächte (wie bei der Wasserwand), sondern eher freundliche, haltende Kräfte. Sie fühlt sich als Prinzessin, die sich von der weiblichen Geschlechtlichkeit ein Schmuckstück (Korallenkette) aufbewahrt, das ihr das Rumpelstilzchen (wohl das bedrohliche Vaterbild, das aber nun zu einem bösen Zwerg geschrumpft ist) nicht mehr wegnehmen kann. Beide Welten sind bedrohlich und geben keine Sicherheit: die phallisch-narzißtische Vaterwelt (mit der Raumkapsel kann sie jederzeit abstürzen) und die Vagina-dentata-Welt der Mutter. Vielleicht hat die therapeutische Situation als *„holding environment"* (*Winnicott*) es ermöglicht, daß nun etwas Drittes, Eigenes entstehen konnte: die Korallenkette als Symbol einer eigenen weiblichen Identität.

Die Bildserie der kämpfenden Meerestiere hinter der bedrohlichen Wasserwand und der dann stabileren Glaswand eines Meerwasseraquariums waren für die Patientin so eindrucksvoll gewesen, daß sie den Zusammenhang zu ihrer eigenen Geschichte herstellen konnte. Sie brachte einige Gedichte, die ihre Lösungsbedürfnisse von den Eltern zum Inhalt haben, und hatte einige reale Auseinandersetzungen mit ihrer Mutter. Zur Therapeutin bestand eine negative Übertragung (erhebliches Zuspätkommen, Schuldenmachen, Wunsch nach Beendigung der Arbeit). Sie lebte jetzt sehr zurückgezogen und beschäftigte sich mit ihrer Dissertation; Frauenbeziehungen hatte sie fast aufgegeben.

Da Dagmar S. um diese Zeit mit Hilfe einer homöopathischen Therapie bei einem männlichen Heilpraktiker ihre Regelblutungen wieder bekam (es standen nun zwei ihre Individuation fördernde „Eltern" zur Verfügung: die „Mutter" Therapeutin und der „Vater" Heilpraktiker, der ihre Strebungen zur „Loslösung", „Wiederannäherung" und „Wieder-Loslösung" im Sinne seiner sehr schwankenden Wichtigkeit für die Patientin sehr gut ertrug), stellte ich mit ihr das von *Leuner* für psychosomatische Problembereiche vorgeschlagene Motiv der „Wanderung ins Körperinnere" ein. Instruktion: ein kleiner Däumling erforscht eine Körperregion. Die Patientin legte den langen Weg vom Mund zur Gebärmutter sehr zögernd zurück und hatte sichtlich Schwierigkeiten (Widerstände), dorthin zu gelangen. Als sie schließlich dort war, stand sie direkt unter der Gebärmutter. „Sie ist so groß und riesig da über mir und erdrückt mich fast." *Th.*: „Greifen Sie einmal nach oben und befühlen Sie das, was da oben hängt." *P.*: „Es ist ganz hart und kalt. (Sie schaudert, Pause.) Ich bin jetzt auf einem Eierstock. Da sind lauter lange gelbe Ähren, auf denen kann ich herrlich schaukeln. Das ist ein sehr angenehmes Gefühl." *Th.*: „Wie sieht denn von hier aus die Gebärmutter aus?" *P.*: „Wie ein riesiger grauer Stein." *Th.*: „Wollen Sie nachsehen, ob sie innen auch so hart wie ein Stein ist?" *P.*: „Ich bleibe lieber hier bei den goldenen Ähren." Erst in der nächsten Sitzung gelingt der Zugang zum Gebärmuttermund. Mit Zangen und Schrauben versucht sie, ihn zu öffnen; es gelingt ihr nicht. *Th.:* „Ruhen Sie sich ein wenig aus." Dagmar S. fängt plötzlich zu weinen an, es ist wie ein Zerfließen in Tränen mit sehr viel Trauer. Die Trauergefühle über ihre kindliche Ohnmacht, über ihre Liebesbedürftigkeit, über die Verständnislosigkeit der Eltern, über ihre eigene Leere usw. erfüllen sie ganz. Auf der Bildebene wird die böse Mutterimago abgelöst durch die gute Mutter: „Die Gebärmutter ist mit Kissen und Decken ausgelegt, und man kann herrlich darin ruhen."

Die Introjektion der guten „weichen" Mutterimago ermöglicht ihr nun offenbar ein gefestigteres Selbstbild, das etwas weniger abhängig ist von der Anerkennung durch Frauen, für die sie sich nützlich machen muß. Die schwer belastete Beziehung zu einem Kollegen, mit dem sie seit zwei Jahren zusammengelebt hat, wird zur beiderseitigen Erleichterung gelöst, wobei die Trennung von ihm ganz offensichtlich auch die Trauerarbeit über die Trennung vom ödipalen Vater ermöglicht: „Ich bin mit meinem Freund im Wald. Der Boden ist merkwürdig weich und sumpfig. Wir können uns nicht an den Händen halten, sonst würden wir zusammen einsinken. Ich stehe jetzt ganz allein, er ist irgendwo weiter weg. Ich komme jetzt zu einer wunderschönen Waldwiese. Die schaut aber nur schön aus, die ist auch sehr sumpfig. Ich klettere lieber auf einen Baum, da fühle ich mich sicher. Ich höre da etwas rascheln, vielleicht ist es ein Bär, der würde aber sicher in dem Sumpf hier versinken." *Th.*: „Beobachten Sie weiter." *P.*: (wimmert): „Ich kann nicht, weil ich gerade einen Schuß gehört habe." (Reales lautes Geräusch von einer nahegelegenen Baustelle, das in dem Tagtraum verarbeitet wurde.) *Th.*: „Sind Sie verletzt?" *P.*: (nach längerem Schweigen): „Nein. Ich sehe jetzt einen Mann in Jagdkleidung kommen, einen Jäger, aber der ist viel jünger als mein Vater. Der hat vielleicht gedacht, daß ich ein Hase bin." *Th.*: „Wollen Sie Kontakt zu ihm aufnehmen?" *P.*: „Ich trau mich nicht." : „Beobachten Sie ihn in aller Ruhe." *P.*: „Er hat ein abgeschossenes Reh bei sich, das blutet. Entsetzlich." *Th.*: „Wollen Sie ihm sagen, daß Ihnen das Reh leid tut?" Die Patientin klettert vom Baum, und das kleine Mädchen brüllt zum ersten Mal in ihrem Leben den übermächtigen Vater an; gleichzeitig wird ihr aber auch ihre Idealisierung des potenten Mannes deutlich: „Er hat so einen bezwingenden Blick, eigentlich ist er auch sehr nett".

Im Nachgespräch berichtet sie von ihren vielen vergeblichen Versuchen, ihren Vater zu einem korrekten Abstand zu ihr zu veranlassen. Entweder kam er ihr zu nahe, indem er sich z.B. um die Art ihrer Unterwäsche kümmerte, oder er stellte sie gänzlich in Frage, in ihrer intellektuellen Fähigkeit und als Frau. Jenseits ihrer bewußt erlebten Verachtung des Vaters gibt es einen idealisierten Vater. Er ist für sie auf der ödipalen Ebene ein Verbrecher, aber auch ein Verführer: „Ein Verbrecher, der etwas gestohlen oder einen Mord begangen hat, flüchtet auf einen nahegelegenen Berg. Ich gehe ihm nach und bekomme eine Menge Lippenstifte geschenkt, die er mir alle in den Busen steckt. Ich werfe ihm die Lippenstifte hin und weigere mich, mich zu schminken. Der Mann bringt mir einen Lippenstift wieder zurück und sagt mir, daß er sich sehr stark am Mund verletzt hat. Er hat einen Splitter in der Lippe, den er nicht allein entfernen kann. Ich entferne behutsam den Splitter aus seinem Mund. Ich nehme dann den Lippenstift und schminke meine Lippen. Er schaut mir zu mit einem angenehm warmen Blick." (Die Fragen der Th. sind an dieser Stelle ausgelassen, weil sie keine entscheidende Wende im Bildablauf brachten.) Die Phantasie des kleinen Mädchens, dem Vater aus seinem Elend helfen zu können, indem sie ihm den Splitter (sein Randalieren, seine Sucht) entfernt und auch noch mit seinem Wohlgefallen belohnt wird, wenn sie sich für ihn schön macht, ist hier eindrucksvoll dargestellt. Im Zusammenhang mit ihrem Freund wird der Patientin jedoch bewußt, daß sie nichts vom Mann (Vater) bekommt, wenn sie sich selbst verleugnet.

Nach einigen katathymen Bildern, in denen sie sich wieder in der dörflichen Umgebung ihrer Kindheit bewegt und in einem alten Bauernhof offene Tore findet, die in eine weite Landschaft führen, bricht ein Kellerraum, der sehr viele Erinnerungen an ihren Vater birgt, zusammen, und sie steht betroffen vor dem Schutt des Bauernhauses, das zusammen mit dem Keller eingebrochen ist. Sie baut dann (auf der Bildebene) mit einiger Mühe eine Scheune aus Holz für sich (das eigene Haus, das auf dem Fundament der Identifizierung mit dem Vater aufgebaut war, ist zusammengebrochen, sie muß erst mühevoll ihr eigenes Haus errichten). Zuerst in der Phantasie, dann in der Wirklichkeit, erfährt sie an sich, daß sie einem Mann ruhig ihren Orgasmus zeigen kann, weil sie sich auch in der ekstatischen Verschmelzung als von ihm getrennt wahrnehmen kann.

Dagmar S. hat nun ihr Studium abgeschlossen und lebt in einer kleinen Wohnung allein. Sie hat ihre lesbischen Kontakte aufgegeben, weil sie sich der damit gegebenen Überforderung im Gebenmüssen nicht mehr gewachsen fühlt. Aus der Zeit ihrer Frauengruppe sind ihr zwei verläßliche Freundinnen geblieben. Ihr gesellschaftliches Engagement hat durch den Beruf eher an Struktur gewonnen. (Sie arbeitet regelmäßig journalistisch über die Frauenbewegung.) Die Beziehung zu einem etwa gleichaltrigen Psychologen (möglicherweise eine Perpetuierung der Bindung an die Therapeutin) wird als sexuell befriedigend geschildert. Beide Partner scheinen allerdings eine dauerhafte Verbindung noch zu scheuen.

Ihr Selbstbild zu finden, ist eine Aufgabe, der sich die Patientin wieder von neuem unterziehen muß. Etwa sieben KB-Sitzungen hatten als zentrales Thema ein Kalb, „das überhaupt noch keine Haut hat. Ich sehe das rohe Fleisch. Das Kalb hält ganz still, es steht im Stall und kann sich nicht bewegen." Auf Anregung der Therapeutin streichelt die Patientin das Tier immer wieder. Ganz langsam bilden sich unter ihrer zärtlichen Hand Hautlappen, die durch erneutes Streicheln zusammenwachsen. Am Ende dieser Bildserie konnte sich das Kalb wieder „vorsichtig" bewegen, und die Patientin drückte es unter Tränen an sich. (Sie erkannte es als ihre eigene Schutzlosigkeit.)

Das „piekfein" herausgeputzte Mädchen ihrer Kindheit tauchte im KB wieder auf und wurde abgelöst von einem kleinen Fratz, der sich schmutzig machen konnte, auf Bäume kletterte und den Geruch vom Misthaufen genoß. Einige KB's betrafen positive narzißtische Erlebnisse: z.B. geht sie als ca. 45-jährige Frau in einem Kostüm ihrer Mutter durch die Straßen von Paris und hat einen jungen Mann an ihrer Seite, der wesentlich jünger ist als sie und sie spüren läßt, daß sie für ihn zu alt ist. Sie sucht sich dann ein schwingendes Kleid aus und tanzt vor dem Spiegel und findet sich schön (eigenes Erleben in Abkehr von der Identifizierung mit der Mutter). Oder: sie trägt Schmuck und ein weißes Kleid auf einer Bergwanderung und muß immer höher hinaufklettern (ein Symbol für die Absurdität des Leistungsanspruches ihrer Eltern). Oben angelangt, legt sie sich nackt in die Sonne und genießt, auf vorsichtige Anregung der Therapeutin, die Kontur ihres Körpers.

Ihr Engagement für die Frauen, aber auch ihre Verachtung der Frau spiegelt sich in folgendem Bild: „Ich bin mit mehreren Frauen unterwegs, die alle im Gleichmarsch gehen müssen. Sie gehen immer geradeaus, auch über das abschüssige Gelände eines Berges. Sie schauen weder nach links noch nach rechts. Ich gehe mit einer Gruppe voraus, und wir nehmen einen zweiten Pfad. Dann kommen wir zu einer steilen Felswand. Ich will eigentlich nicht mit den Frauen zusammensein, aber ich führe sie dann auf die Felswand. Wir erklimmen zusammen die Felswand. Ich sehe uns von der Ferne, wie wir alle abstürzen. Wenn ich mich selbst in der Felswand spüre, merke ich, wie wir es alle doch schaffen können. Es macht große Mühe. Die anderen Frauen dürfen sich nicht umdrehen. Nur ich selbst weiß, daß hinter mir ein Abgrund ist. Wir landen dann auf einer Anhöhe und ruhen uns aus." Hier wird ihr Führungsanspruch deutlich, auch die Angst vor dem Absturz, wenn sie sich (von der Mutter) loslöst, aber auch ihr Wille durchzuhalten.

Bei der Frage: „Was ist eine Frau" bzw. „Wie bin ich als Frau", denkt sie auch an das Gebären eines Kindes, meint aber, ihrer Identität noch nicht genügend sicher zu sein, um ein Kind emotional in ausreichendem Maße versorgen zu können.

In einem der letzten KB's schwimmt sie von einem Fluß hinaus ins offene Meer. Sie fühlt ihren Körper, erlebt ihn als angenehm und fraulich und wärmt sich in der Sonne. Eine Menge junger Leute gesellen sich zu ihr, darunter auch ihr Freund. Es kommt zu einer liebevollen Umarmung der beiden. Nach dieser Szene wandelt sich das Bild: Sie fährt in ihrem Auto über sich immer mehr verzweigende Landstraßen, bis sie schließlich ziemlich erschöpft bei einem Brunnen landet. Weit und breit ist niemand zu sehen. Die Landschaft ist weit und hügelig, es ist Frühling. „So wie wenn gerade der Schnee weggegangen ist und die ersten Blumen noch nicht ganz herausgekommen sind. Ich schaue in den Brunnen und merke, daß da ein Frosch herauskommt, aus dem dann natürlich ein Prinz werden wird, der mir alle Schwierigkeiten aus dem Weg räumt" (sie lacht).

Sie sieht im Brunnen aber nur ihr eigenes Spiegelbild, das sie „fragend" ansieht. Am Brunnenrand findet sie eine kleine Raupe, die sie liebevoll in die Hand nimmt. „Es ist ein Wesen, das sich auch erst noch entwickeln muß und noch gar nicht weiß, wie es weitergehen wird."

In der für das KB nicht ungewöhnlichen partiellen Regression (d. h., daß bewußte Überlegungen bestehen bleiben neben den aus dem Unbewußten mit zwingender Notwendigkeit auftauchenden primärprozeßhaften Inhalten) gelangt die Patientin nach einem Erleben der Geborgenheit bei ihrem Freund und nach einer Irrfahrt zu dem Brunnen, aus dem sie sich in bewußter Annäherung an das Märchen vom „Froschkönig" einen Prinzen wünscht, der sie beschützt. Diese Anlehnung scheint aber nun mit emotionaler Dringlichkeit von der Frage nach ihrer eigenen Selbstverantwortung und ihrer eigenen Identität als Frau abgelöst worden zu sein. Sie begreift sich wie die Raupe als Werdende.

Die intellektuelle Auseinandersetzung mit den tradierten weiblichen Rollenklischees und die Infragestellung sozialer Normenstrukturen hat für viele Frauen nicht wirklich Unabhängigkeit, sondern eine starke emotionale Verunsicherung gebracht. Die individuelle Aneigung von gesellschaftlichen Erkenntnisprozessen kann m. E. besser gelingen, wenn eine Selbst-Erfahrung (unter Einbeziehung unbewußter Bindungen) die psychische Emanzipation von traditionellen Vorstellungen ermöglicht. Selbsterfahrung ist nicht nur als eine Reduktion auf die individuelle lebensgeschichtliche Störung zu sehen, sondern darüber hinaus als eine Auseinandersetzung mit der Unterdrückung der Frau in unserer Gesellschaft. Infolge der besonderen Sensibilisierung für Ungerechtigkeit und Unterdrückung, wie sie oft aus einem schweren Schicksal eines Mädchens resultiert, ergibt sich gerade für sogenannte neurotisch erkrankte Frauen durch eine Psychotherapie die Möglichkeit, vom Individuellen zum Allgemeinen zu gelangen und mit der Verarbeitung der persönlichen Konflikte sich in konstruktiver Weise mit der Situation der Frau in unserer Zeit auseinanderzusetzen. Dadurch werden sicherlich auf einer breiten Ebene Verunsicherungen zutage treten; es werden sich aber in besonderem Maße auch neue Lösungsversuche und Perspektiven abzeichnen für einen Weg von der Unterdrückung der Frau zur Partnerschaft im gesamtgesellschaftlichen Sinn.

Literatur

Beckmann, D., Selbst- und Fremdbild der Frau, *Familiendynamik* 2, 1 (1977) S. 35-49.

Chasseguet-Smirgel, J. (Hrsg.), Psychoanalyse der weiblichen Sexualität, Frankfurt 1981[5].

Freud, S., Brief an Arthur Schnitzler am 14. Mai 1922, in: *Jones, E.*, Das Leben und Werk Sigmund Freuds, Frankfurt 1982[3], III. Bd., S. 513.

Grunberger, B., Vom Narzißmus zum Objekt, Frankfurt 1976.

Hagemann-White, C., Frauenbewegung und Psychoanalyse, *Psyche* 32, 8 (1978) S. 732-763.

Hertz, D. G., Molinski, H., Psychosomatik der Frau. Entwicklungsstufen der weiblichen Identität in Gesundheit und Krankheit, Springer, Berlin-Heidelberg-New York 1981.

Leuner, H., Zur psychoanalytischen Theorie des Katathymen Bilderlebens, in: *H. Leuner* (Hrsg.), Katathymes Bilderleben. Ergebnisse in Theorie und Praxis, Huber, Bern, Stuttgart, Wien 1980.

—, Das Katathyme Bilderleben im Lichte der Ich-Psychologie, in: *H. Leuner, O. Lang* (Hrsg.), Psychotherapie und Tagtraum. Ergebnisse II, Huber, Bern, Stuttgart, Wien 1982.

Mahler, M. et al., Die psychische Geburt des Menschen. Symbiose und Individuation, Frankfurt 1978.

Mitscherlich-Nielsen, M., Entwicklungsbedingte und gesellschaftsspezifische Verhaltensweisen der Frau, *Psyche* 25 (1971) S. 911-931.

—, Zur Psychoanalyse der Weiblichkeit, *Psyche* 32, 8 (1978) S. 669-694.

Müller-Braunschweig, C., Die erste Objektbesetzung des Mädchens in ihrer Bedeutung für Penisneid und Weiblichkeit, *Psyche* 13, 1 (1959) S. 1-24.

Prokop, U., Weiblicher Lebenszusammenhang. Von der Beschränktheit der Strategien und der Unangemessenheit der Wünsche, Fischer, Frankfurt 1980[3].

Reinke-Köber, E., Zur Diskussion über die psychosexuelle Entwicklung der Frau, *Psyche* 32, 8, S. 695-731.

Schlesier, R., Konstruktionen der Weiblichkeit bei Sigmund Freud, Frankfurt 1981.

Weg am Abgrund

Catarina Carsten, Salzburg

Versuch einer Erklärung

Diese Gedichte sind auf seltsame Weise entstanden.

Die Autorin hat ein Jahr in einer Nervenklinik verbracht. Nicht als Patient, obwohl viele Patienten sie für ihresgleichen hielten, weil sie an der Beschäftigungstherapie, beim Malen, Theaterspiel und Musizieren, an der Gymnastik, an Festen und Ausflügen, Gruppen- und Einzelbesprechungen zwischen Ärzten, Pflegepersonal und Patienten teilnahm. Sie hatte von früh bis spät unangemeldet Zutritt zu allen Abteilungen der offen geführten Anstalt. Nur eine ist geschlossen. Hier war sie am häufigsten.

Zweck dieser Tätigkeit war eine Information. Zunächst die eigene, dann die der Öffentlichkeit. Die Autorin schrieb über dieses Jahr eine Folge von Berichten und veröffentlichte sie in der Tagespressse. Damit, außer einigen Freunden, die aus dieser Zeit blieben, war das Anstaltsjahr beendet.

So schien es.

Ein paar Jahre vergingen, während der sie — wie sie jetzt weiß — mit diesen Gedichten umging.

Eines Tages fühlte sie sich krank: müde, gereizt, erschöpft, ein Zustand, der auf irgend etwas hinauswollte und unerträglich war. Sie verreiste. An einen See, wo es kaum Menschen gibt.

Dort blieb sie zwei Tage, die sie am Ufer des Sees verschlief. Jedesmal wenn sie aufwachte, schrieb sie zwei, vier, fünf Gedichte.

Das ist leicht gesagt.

Der Zustand, in dem sie sich befand, glich dem eines Mondsüchtigen, der einen Weg am Abgrund sucht. Der Kopf arbeitete wie ein Messer, das ins Dunkel schneidet.

Es war die Hölle.

Vor allem deshalb, weil viele Themen, viele Verse gleichzeitig ins Bewußtsein traten, so daß es galt, ihnen nachzujagen, um sie nicht zu verlieren, ihnen auf der Spur zu bleiben, sie einzuholen, einzufangen, festzuhalten.

Es war ein Wettlauf, bei dem es ums Leben ging. Jede Fixierung mit fliegender Feder und in kaum lesbarer Schrift wechselte mit tiefem Schlaf.
In zwei Tagen waren die Gedichte fertig.
Die Namen sind erfunden.
Die Schicksale kann man nicht erfinden.
Die Wirklichkeit übertrifft jede Fantasie.

Puch, Juni 1973

Sappho die Dichterin

Einen Sommer lang Sappho,
der Name der Sängerin,
getragen wie die eigene Haut,
nicht mehr hinausfahren wollen.
Einen Sommer lang Lieder
aus Zyklamen und Rosen,
aufgeblüht unter Sternen
im Rauschen des Meers.
Einen Sommer lang Liebe
unter den Spinnwebschleiern
des Oleanders.
Nichts vom Leukadischen Felsen...

Ihre Majestät Karoline, die immer die Treppe putzt

Königinnen sind entbehrlich.
Widerliche Schmarotzer.
Auf die Guillotine mit den Kuchenfressern!
Nur Dienerinnen sind Königinnen.
M i c h nennen sie Majestät,
Majestät Karoline, die Letzte.
An mir kommt keiner vorbei
ohne gebührende Reverenz.
Diese knierutschende Person
hat bessere Tage gesehen.
Wer sich selbst erniedrigt,
wird erhöhet werden.

Dies ist mein Reich,
mir untertänig.
Mein Zepter und mein Panier,
mit dem ich säubere,
säubere,
säubere.
Geben Sie acht, mein Herr,
die Stufen sind schlüpfrig.
Ein Kniefall kann böse Folgen haben.
Nur Dienerinnen sind Königinnen.
M i c h nennen sie Majestät.
Das wollte ich ihnen aber auch geraten haben.

Die mondsüchtige Valerie,
die schon zweimal
vom Dach gefallen ist

Damals,
jetzt haben wir dich verlernt,
Mägde und Königinnen,
aber damals,
auf der Bleiche,
mit deinem blutleeren Licht
auf du und du,
hatten wir einen Pakt,
der uns aufhob und niederzwang:
aus unserem Blut,
in unser Blut.
Damals,
jetzt haben wir dich verlernt,
Mägde und Königinnen —
jetzt bist du nur noch der Mond.

Ophelia, die Hamlet nie gesehen hat

Eines Tages
— was werde ich tun,
was werdet ihr tun —
besucht mich ein schwarzer Gast.

Eines Tages
werde ich untergehen
in schwarzen Schleiern.
Eines Tages
werden schwarze Vögel
in meinen Haaren nisten ...
ich bitte euch:
seid barmherzig.

Die Nonne Perpetua,
die auf den Bräutigam wartet

Ich bin nicht mehr die Jüngste.
Vor zwanzig Jahren
hat man mir den Bräutigam versprochen.
Aber er kommt nicht.
Ich unterrichte Religion.
Lauter pralle junge Mädchen.
Manche sind schon verlobt
und haben einen Bräutigam
und nicht nur den Ring am Finger.
Sehen Sie mich an.
Ich brenne vor Liebe
wie eine geweihte Kerze an zwei Enden.
Wann kommt der Bräutigam,
den sie mir versprochen haben?
Hier liege ich mit offenen Knien.
Gott helfe mir.
Amen.

Rosie, ein junges
Mädchen, das sich
für eine
Heckenrose hält

So leicht gefügt,
so in der Schwebe:
so hart am Fall ...

Lisa,
die mannstolle picklige Sekretärin

> Da muß man ja ...
> da kann man ja nicht mehr ...
> mein Busen, sehen Sie selbst, ist Klasse
> und meine Beine — na bitte!
> Und ob ich Temperament habe!
> Wollen Sie's probieren?
> Ich tanze alle modernen Tänze.
> Die Kleider stören.
> Runter mit den Fetzen.
> Ich tanze alle ...
> mir ist kalt.
> Ja, wenn der Chef
> nicht immer mit den anderen
> schlafen gegangen wäre ...

Die fünfzigjährige Julia,
die ihrem Mann jeden Tag
einen Brief schreibt,
in dem immer dasselbe steht

> So lange
> einen Schmerz
> zum andern gefügt,
> bis der Einsatz sich lohnt,
> bis der Wahnsinn zum Glück wird.

Anja, die immer
Kreuzworträtsel löst

> Kreuzworte,
> Wortkreuze,
> Kreuzwege,
> wo dir der Gottseibeiuns
> auflauert,
> wenn du kein Kreuz schlägst.

Kreuzworte,
Wortkreuze,
Rätsel,
Höhlen,
Labyrinthe,
Abgründe.
Ich habe noch nie
ein Kreuzworträtsel gelöst.
Kreuzworte,
Wortkreuze,
Kreuzwege.
Wenn ich die Lösung finde,
bin ich erlöst.

*Die Astrologin, die immer
ein richtiges Horoskop stellt*

Sie haben einen schlechten Aszendenten,
Herr Doktor.
Ich warne Sie.
Gehen Sie nie bei Neumond zur Visite.
Auch Wärter sind keine Leibgarde.

Sie sollten sich eine Zelle sichern,
Herr Doktor.
Mit doppelter Gittersicherung.
Eine Zelle und ein Erbbegräbnis.
Man kann nie wissen ...

Der zerbrochene Spiegel
oder
Eine Frau auf der Suche nach Lebensformen

Ingeborg Finke-Kraft, Wien

Früher, wenn Zweifel mich plagten ob meiner Identität, betrachtete ich mich im Spiegel, und da wußte ich wieder, das bin ich, und war beruhigt. Doch irgendwann zerbrach dieser Spiegel, und ich erblickte in jedem Scherben eine andere Gestalt.

Ein junges Mädchen lacht mich an. Es pflückt Blumen in einer Sommerwiese. Natur — Erinnerungen an die Kindheit in Tirol. Wie wurde es plötzlich zur jungen Dame, die mit rotlackierten Fingernägeln auf einer elektrischen Schreibmaschine tippt? Eine Bankangestellte in der Schweiz. Die Vorlesung an der Sorbonne ist zu Ende. Verträumt schlendert eine junge Frau die Seine entlang und verschwindet im Louvre. Im nächsten Scherben sehe ich ein Flugzeug, dem eine Air-Hostess im roten Trachtenlook entsteigt, das Gesicht zu einem Lächeln erstarrt. Niemand ahnt, daß sie nachmittags in die Klinik fährt zur ersten Abortion.

Verwirrende Vielzahl der Bilder, doch nirgends das eine, das Ähnlichkeit mit mir hätte. Die Sechsundzwanzigjährige sitzt in einer Schulklasse mit Jugendlichen. Sie macht die Matura nach; immer noch auf der Suche. Wonach? Zweiter Schwangerschaftsabbruch — ich habe noch keine Zeit zum Kindergebären; erst wenn ich das Völkerkundestudium abgeschlossen habe. Strebe ich eine Karriere als Wissenschaftlerin an? In einem anderen Spiegelfragment blitzt kurz das Gesicht eines Mannes auf, doch dann kriecht mir Finsternis entgegen. Mehrere Scherben zeigen das Dunkel.

Ich sehe eine zierliche kleine Frau mittleren Alters, ein Mann schlägt auf sie ein — und ich schließe die Augen. Träume, Alpträume. Wer oder was bin ich? Um mich nur Fragen, Verzweiflung, Verwirrung. Realitätsverlust nennt man meinen Zustand in der Fachsprache. Das Puzzle läßt sich ohne Hilfe nicht mehr zusammensetzen.

In zweieinhalb Jahren therapeutischer Gespräche lernte ich zu trauern und zu unterscheiden: mein Selbst und die Bilder, Projektionen, Spielball der anderen und der eigenen Emotion. Und jetzt brauche ich den Spiegel nicht mehr, denn ich lebe mich. Ich erlebe mich als Teil unserer Wahnsinns-Gesellschaft.

Jetzt bin ich 37 Jahre alt, geschieden, noch immer mädchenhaft und lebendig. Seit einem halben Jahr betreue ich Kinder und Jugendliche in einem Jugendzentrum. Die Arbeit macht mir Spaß, da sie abwechslungsreich ist und ich verschiedenste Fähigkeiten, vor allem meine durch unzählige Workshops wiederentdeckte Kreativität und Lebensfreude, dort sinnvoll einbringen kann. Eigene Kinder habe ich noch keine, und es ist ungewiß, ob ich jemals welche haben werde. Meine Berufe waren und sind sehr wichtig für mein Selbstwertgefühl. Ich könnte mir kein Leben vorstellen, in dem ich, finanziell und emotional abhängig von einem Mann, ausschließlich den häuslichen Herd hüten und Kinder großziehen müßte. Mag dies auch klischeehaft klingen, in unserer Leistungsgesellschaft besteht m. E. kaum die Möglichkeit, Mutterschaft und Berufstätigkeit der Frau sinnvoll zu verbinden.

Eine kurze Reflexion über die Stellung der Frau zeigt folgendes Bild: Die Gesellschaft, der ich angehöre, ist geprägt von den Spielregeln des kapitalistischen Wirtschaftssystems, dessen Erhaltung das Funktionieren jedes Mitmenschen nach bestimmten Normen erfordert.

— Leben an sich ist sinnlos; es muß leistungs- und konsumorientiert sein.

— Leistung wird erbracht im Berufsleben; die dafür erforderlichen Energien müssen im Privatleben reproduziert werden. Der Ertrag der Leistung muß konsumiert werden.

— Berufsleben findet auf einem Kampfplatz statt; der Wettstreit wird immer härter, je knapper die Arbeitsplätze werden. Technisierung macht den Menschen teilweise überflüssig.

— Wichtigste soziale Einheit ist die Kleinfamilie; ihre Funktion: Regeneration der männlichen Arbeitskraft und Reproduktion zukünftiger Arbeitskräfte durch selbstlose Aufopferung der Frau.

— Gab es vor dem 2. Weltkrieg noch ein geringes Angebot an Berufen für Frauen (mit Ausnahme von Fabrikarbeiterinnen, Hausgehilfinnen u. ä.), so hat sich die Ausbildung für Frauen wesentlich verbessert. Die Eroberung verschiedenster Berufssparten und einiger Führungspositionen durch Frauen erweckt den Eindruck einer Gleichstellung von Mann und Frau im Berufsleben. Aber: wer sorgt für die notwendige Reproduktion der Arbeitskräfte und die Erhaltung der Gesellschaft? Wer sorgt für die reibungslose Rekreation berufstätiger Männer, wenn Frauen (ebenso leistungsorientiert) auf den Kampfplätzen der Berufswelt agieren?

Die Konsequenzen der Mutterschaft von fünf Frauen aus meinem Bekanntenkreis illustrieren die Problematik der Stellung der Frau in unserer Gesellschaft:

1. Doris studierte Medizin. Abschluß, Ärztin in einem Krankenhaus in Wien. Heirat, Schwangerschaft, Karenz, sie bringt nacheinander 2 Kinder zur Welt, gibt ihren Beruf auf und übersiedelt nach Innsbruck, da ihr Gatte, ebenfalls Arzt, dort eine Stelle angeboten bekommt. Heute ist sie sehr unzufrieden mit ihrer Situation als Nur-Mutter.
2. Silvia studierte Zoologie. Doktorat, Stellung als Assistentin an der Universität, Heirat, 3 Kinder, zieht mit ihrem Gatten (wegen seiner Berufslaufbahn) nach Südamerika, Konflikte, Scheidung. Sie lebt heute wieder mit ihrer Mutter und den Kindern. Teilzeitbeschäftigung in einer Schule; beide Frauen sind durch die Situation überfordert.
3. Eva hat eine kaufmännische Ausbildung (wollte eigentlich Ärztin werden), Ehe, 1 Kind, beide Partner berufstätig; sie führt ein kleines Gemüsegeschäft (Arbeitszeit 7.00 - 19.00). Das Kleinkind wird von Sozialhelfern und im Hort betreut, die Kosten deckt der Verdienst der Frau. Kindererziehung?
4. Sissy ist Studentin, geschieden, 1 Kind. Die Frau hat einen großen Bekanntenkreis und organisiert sich fast täglich einen Babysitter, während sie ihren Interessen nachgeht. Welche Auswirkung diese Art von Betreuung wohl auf das Kind haben wird?
5. Renate war kaufmännische Angestellte. Heirat, 1 Kind, Hausfrau. Gatte als Monteur viel unterwegs. Sie identifizierte sich mit der Rolle der Nur-Hausfrau, ist aber frustriert und fühlt sich minderwertig.

Vier von diesen fünf Frauen stammen aus der privilegierten Mittelschicht, was ihnen vorerst eine spezialisierte Berufsausbildung ermöglichte. Für einen Großteil der Frauen aus der Unterschicht bedeutet Ehe aber gleichzeitig, reduziert zu werden auf die Rolle der Hausfrau und Mutter und zusätzlich totale Abhängigkeit von einem Mann oder aber, wenn sie berufstätig ist, eine Doppelbelastung durch Arbeit und Haushalt, was meist zur Verwahrlosung der Kinder führt.

Als ich vor Jahren mit dem Studium der Völkerkunde begann, hinterfragte ich meine Motivation nicht. Heute weiß ich, daß sie aus einem tiefen Unbehagen an der eigenen Gesellschaft resultierte — unbewußt „die Suche nach der heilen Welt". Doch es gibt keine ideale Gesellschaft, es sei denn als idealtypische Konstruktion eines Wissenschaftlers. *Konfuzius* (551-478 v. Chr.) sagt: „Die Natur der Menschen ist immer die gleiche, was sie trennt sind ihre Bräuche." Die frühen Reisenden und später die Ethnologen in der Feldforschung waren fasziniert von der Exotik der Kulturen und der Fremdheit der Bräuche. Ethnologie war und ist noch immer das Studium „des ganz anderen". Ich bin der Meinung, daß es heute an der Zeit wäre, von den anderen zu lernen, da wir mit unserer eigenen Kultur in eine Sackgasse geraten sind.

Ich arbeite an einer Dissertation über die soziale Funktion der traditionellen Kunst der *Yoruba*. In diesem Zusammenhang stieß ich auf einen Feldforschungsbericht zum Thema Frauen: „Mutterschaft und Arbeitswelt in Nigeria". Ich möchte anschließend die mir wesentlich erscheinenen Kriterien herausarbeiten, die aufzeigen, wie sehr die Stellung der Frau in einer Gesellschaft von der gesamten Sozialstruktur und dem Wirtschaftssystem abhängig ist.

Die Stellung der Frau bei den Yoruba

Das traditionelle Gesellschaftssystem der Yoruba kann als frauenfreundlich bezeichnet werden, obwohl ihm, streng wissenschaftlich gesehen, patriarchale Strukturen zugrundeliegen. Aus der Fallstudie von *Niara Sudarkasa* wird ersichtlich, wie Mutterschaft und Berufstätigkeit der Yoruba-Frauen, da ökonomisch notwendig, durch Struktur und Verhaltensmuster der Verwandtschaftsgruppen ermöglicht werden.

In der „Western Region" von Nigeria leben ca. 4 Mio. Menschen mit gemeinsamer Sprache und Kultur, die als Yoruba bezeichnet werden, in — bis zur Unabhängigkeit autonomen — Königreichen, die berühmt für den Städtebau waren. Die Veränderungen durch den Kolonialismus werden von mir vernachlässigt, da die Grundstruktur des sozialen Gefüges weitgehend unverändert geblieben ist.

Die ökonomische Grundlage bilden Ackerbau und Handel. Die Stadt ist Lebensraum, das Zentrum nehmen der Königspalast und der Marktplatz ein. Bis zu den Stadtmauern dehnen sich die Stadtviertel aus, die ihrerseits in „Compounds" (Wohneinheiten der Großfamilien) zerfallen. Außerhalb der Mauern liegen die Felder und Jagdgebiete. Diese traditionelle Wohnform ist ausschlaggebend für die Arbeitsteilung: Männer bebauen die Felder, Frauen verarbeiten und vertreiben die Produkte auf den Märkten. Bestimmte Handwerke werden von Männern professionell oder neben der Feldarbeit betrieben: Eisenerzeugung, Schmieden, Ledererzeugung, Stoffärben und Schnitzen, teilweise auch Weberei. Den Frauen obliegt die Erzeugung von Töpferwaren, Baumwollfäden, Stoffen, Palmöl, Seifen, Perlen, Sitzmatten. Viele sind beschäftigt mit der Herstellung von gekochten Speisen und dem Bierbrauen.

Die Märkte

Ein kompliziertes Verteilernetz versorgt die Bewohner in den Städten. Es gibt täglich zwei Märkte, morgens und abends; darüberhinaus meist einen größeren Wochenmarkt. Fast der gesamte Binnenhandel liegt in den Händen der Yorubafrauen. Die einen bringen selbsterzeugte Waren auf den Markt; andere kaufen Waren vom Erzeuger und handeln damit. Die periodischen Märkte jeden 5. oder 9. Tag dienen vorwiegend den Händlerinnen, die lastwagenweise Güter aufkaufen, um sie in anderen Städten an Kleinhändlerinnen weiterzugeben, je nach möglichem Kapitaleinsatz.

Die Morgenmärkte gelten primär den Geschäften und dem Nachrichtenaustausch, während die Abendmärkte wichtige soziale Zentren sind. Bei Hochzeiten und Begräbnisfeiern und den unzähligen religiösen Festen wird auf dem Marktplatz musiziert und getanzt. Dort treffen sich die Alten zum Palaver und die jungen Leute zum Rendezvous. Der Handel bietet den Frauen einen wichtigen Anteil am öffentlichen Leben. Er gilt vorwiegend der Umverteilung der Güter und nicht der Anhäufung von Kapital, da die Erträge sofort wieder in Waren investiert werden. Die geringen Gewinne ermöglichen den Frauen aber, ihren eigenen und den Lebensunterhalt ihrer Kinder zu bestreiten und den vielen sozialen Verpflichtungen nachzukommen, die eine jede Frau eng mit ihrer Verwandtschaft verbindet.

Marktverwaltung

Die Errichtung eines Marktes war Vorrecht des Königs, der drei Verwalter bestimmte. Das oberste Amt hatte eine Frau inne, die zugleich oberste Chefin des *Eshu*-Kultes war (*Eshu* ist der Gott der Märkte). Sie trug Männerkleidung und war die Begleiterin des Königs, wenn er auf dem Marktplatz dem Gott opferte. Der König hatte das Recht, gelegentlich Waren von den Händlerinnen zu fordern, aber es gab keine fixen Abgabevorschriften. Dies änderte sich erst durch die englische Kolonialherrschaft, als die Könige abgesetzt und Steuern und Marktgesetze eingeführt wurden. Die Märkte werden heute durch Regierungsbeamte und Polizisten kontrolliert.

Frauen, die mit den gleichen Waren handeln, sind auch heute noch in Vereinigungen organisiert. Sie sorgen für Ordnung ihrer Plätze und schlichten gegebenenfalls Streitigkeiten. Die Vereinigung sichert ein freundschaftliches Miteinanderarbeiten und bietet den Frauen auch finanzielle Unterstützung in Notfällen.

Der „Compound"

Ein „Compound" ist das wichtigste Element der sozialen Organisation. Physisch gesehen ein Gebäudekomplex, ist er sozial die Basis einer Verwandtschaftsgruppe (bis zu 100 Personen). Die Kerngruppe eines „Compounds" sind väterlicherseits verwandte Männer, die von einem gemeinsamen Ahnen abstammen, deren Kinder und die Schwestern. Die angeheirateten Frauen leben im „Compound" des Gatten, gehören aber zugleich immer auch zu den „Compounds" ihrer Vaterlinien. Häufig wohnen noch jüngere Verwandte mit den Frauen. Die Zahl der ständigen Bewohner eines „Compounds" kann zwischen 10 und 60 variieren, je nach Arbeitsstätte. Häufig sind die Frauen in der Überzahl, wenn die Männer die Felder bebauen und dort wochenlang wohnen. Zu einem „Compound" gehören aber auch alle abwesenden Personen: z. B. Brüder, die mit ihren Familien in einer anderen Stadt wohnen.

Bei den Yoruba gibt es keine bürokratischen Sozial-Institutionen, alle sozialen Leistungen (z. B. Krankenpflege, Altersversorgung) erfüllt die Verwandschaftsgruppe, deren Garant die Nachkommen sind. Jedes wichtige Ereignis, wie Geburt, Namensgebung, Heirat, Begräbnis, verbindet die Verwandten mittels großer Feste, zu denen auch alle finanziell beisteuern. Die Berufstätigkeit der Frauen ist erforderlich, um diesen vielseitigen Verpflichtungen nachkommen zu können. Da die Männer durch die Feldarbeit wenig Bargeld besitzen, müssen die Frauen für ihren Lebensunterhalt, der Geld erfordert, selbst aufkommen. Die Lebenskosten und das Schulgeld für die Kinder werden geteilt oder ebenfalls von den Frauen getragen.

In der Yorubagesellschaft haben Frauen multifunktionale Rollen, die sie autonom und im Frauenkollektiv erfüllen:

a) innerhalb der Verwandtschaft: als Mutter, Ehefrau, Co-Frauen im „Compound" des Gatten; als Tochter und Schwester im Geburts-„Compound".

b) in der Öffentlichkeit: als Händlerin, Produzentin, Handwerkerin und in den öffentlichen Ämtern.

Wie nun kann die Yorubafrau all diesen Verpflichtungen von Mutterschaft und Berufstätigkeit nachkommen, ohne daß die Kinder darunter zu leiden haben?

Rolle als Ehefrau

Die Yorubafrau genießt große Selbständigkeit innerhalb der Ehe. Häufig gibt der Ehemann seiner Frau bei der Heirat ein kleines Startkapital, damit sie irgendeinen Handel beginnen kann. Jeder Partner sorgt für seinen eigenen Lebensunterhalt, d. h. für Nahrung und Kleidung. Ausgaben für Hausreparaturen bestreitet der Mann alleine. Die Unterhaltskosten und Schulgelder für Kinder werden meist geteilt oder auch gänzlich von den Frauen getragen. Oft erfordert die Arbeitssituation eine längere Trennung, sei es, daß der Mann wochenlang auf den Feldern bleibt oder die Ehefrau in einer anderen Stadt lebt, in der sie gute Handelsbeziehungen aufgebaut hat. Die häufig getrennte Wohnsituation sowie die Sitte, daß Frauen während sieben Monaten der Schwangerschaft und in den ein bis zwei Jahren Stillzeit keinen Sexualverkehr haben, Kinder aber sehr geschätzt sind, fördert das System der Polygynie. Eine Frau, die auf ein gutgehendes Geschäft in einer anderen Stadt nicht verzichten will, kann von sich aus ihrem Gatten den Vorschlag machen, sich eine zweite Frau zu nehmen. Bei langer Abwesenheit des Gatten wird die Frau, solange sie im Haushalt des Mannes lebt, keine Liebesaffairen haben; jedoch ist es anerkannt, daß Frauen, die von Männern wegen gutgehender Geschäfte in einer anderen Stadt getrennt leben, durchaus Verbindungen eingehen können.

Rolle als Mutter

Die Hauptsorge jeder jungen Braut ist es, möglichst bald schwanger zu werden. Frauen vermeiden in den ersten fünf Monaten der Schwangerschaft jegliche Schwerarbeit, Handelsaktivitäten werden unterbrochen und erst wieder 40 Tage nach dem Entbinden aufgenommen. In den ersten zwei Jahren trägt die Mutter ihr Kind bei allen Aktivitäten bei sich, doch dann werden Kleinkinder sehr rasch zu großer Selbständigkeit erzogen. Die in einem „Compound" lebenden Frauen gelten für alle Kinder als klassifikatorische „Mütter", und da sie von klein auf angehalten werden, jeden Menschen, der älter ist als sie selbst, zu respektieren, können sie bald schon ohne die ständige Anwesenheit der eigenen Mutter sein. Im Vorschulalter hat eine Frau nur geringe Ausgaben für ihre Kinder, so daß sie ihre Händlertätigkeit gering halten kann. Um den Verpflichtungen für die Erziehung schulpflichtiger Kinder und den damit intensivierten beruflichen Tätigkeiten nachkommen zu können, haben die Yorubafrauen ein Austauschsystem für Kindererziehung eingeführt. Ältere Schwestern übernehmen Kinder von jüngeren, die ihnen im Haushalt helfen. Reichere Frauen übernehmen oft die Schulkosten und Pflege der Kinder von weniger begüterten Verwandten. Großmütter sorgen sich um Enkel und bekommen ihrerseits wieder Hilfe von den Töchtern. Die Pflegemütter in der gleichen Stadt oder auch in einer anderen bestreiten nicht nur großenteils die Kosten, sondern behandeln die Kinder liebevoll wie ihre eigenen. Dieses System erfordert eine große Mobilität und Selbständigkeit der Kinder, verhindert aber auch die Fixierung des Kindes auf einen Elternteil. Zugleich ermöglicht es jeder Mutter, ihrer Berufstätigkeit voll nachzukommen.

Rolle im „Compound"

Als Co-Frauen werden nicht nur Frauen eines gemeinsamen Gatten, sondern alle angeheirateten Frauen im Compound bezeichnet. Ihre Beziehungen zueinander sind streng hierarchisch geordnet, doch gekennzeichnet durch große Solidarität. Neben der Kinderaufsicht gibt es auch gegenseitige Hilfeleistung im Beruf, sei es durch kurzes Überwachen des Geschäfts oder Gemeinschaftsarbeiten in einem Produktionsprozeß. Bei Zeremonien im „Compound" beteiligen sich alle Frauen mit Geldspenden, ebenso lassen alle Frauen ihre berufliche Arbeit ruhen, um einer Co-Frau in deren Geburtsgehöft bei einer Festvorbereitung zu helfen. Je erfolgreicher eine Frau im Handel ist, desto größer wird ihr Anteil bei Festausgaben in ihrem Geburts-„Compound" sein, und umso angesehener ihr Status innerhalb der Verwandtschaft.

Berufsleben der Frauen

Die Yoruba kennen keine strikte Trennung in Beruf und Privatleben in unserem Sinne. Die Tätigkeit als Händlerinnen bringt die Frauen ständig in Kontakt mit Verwandten und Bekannten, aus denen sich u. a. ihr Kundenstamm rekrutiert. Durch die verwandtschaftlichen Beziehungen wird es einer Frau, die auf entfernte Märkte reist, auch ermöglicht, dort jeweils bei Verwandten gegen geringes Entgelt zu nächtigen. Ihre Arbeit festigt somit ständig ihre sozialen Beziehungen.

Das weitverzweigte Verwandtschaftssystem übernimmt nicht nur die Kindererziehung, sondern unterstützt auch die Ökonomie der Frauen, da Männer und Frauen eines oder mehrerer verwandter „Compounds" voneinander kaufen. Die Berufstätigkeit der Frau stärkt auch die Bande der Freundschaft der Co-Frauen; sie sichert ihre Autonomie als Person und zugleich Solidarität mit vielen Frauen. Eine gute Mutter, Tochter, Schwester, Ehefrau, Co-Frau und weibliche Verwandte kann nur sein, wer auch eine erfolgreiche berufstätige Frau ist. Die Yoruba-Frau wird durch die Ehe nicht zum Privatbesitz eines Mannes (wie ihre europäische Schwester), sondern das traditionelle Gesellschaftssystem der Yoruba fördert ihre Verwirklichung als Frau, d. h. die Verbindung zwischen Mutterschaft und Berufsleben.

Gesellschaftssysteme sind organisch gewachsen und historisch bedingt. Teilstrukturen, die uns ideal erscheinen, sind nicht einfach übertragbar, wegen ihrer Eingebundenheit in das Ganze. Ethnologische Forschungsberichte sind immer nur Interpretation einer anderen Kultur.

Spiegelscherben—: sehen wir in den anderen nicht auch nur uns selbst? Spiegeln die „fremden Kulturen" nicht unsere eigene entfremdete Kultur — seitenverkehrt? Die „Yoruba-Frauen" erhellten meine eigene Situation; die dumpfen Ängste sind zu Worten geronnen. Sichtbarmachen, Schreiben ... eine Form der Selbst-Therapie.

Literatur

Niara Sudarkasa, Where women work. A study of Yoruba women in the marketplace and in the home, *Anthropological Papers*, Museum of Anthropology, University of Michigan, No. 53 (1973).

Unter Winterbäumen
Lotte Kottek

Nacktes Geäst
durchädert den Himmel,
zersplittert ihn
vielhundertscherbenfach —
blaßblaues Glasmosaik —
streng
nach dem inneren Gesetz
seiner Art.

Welche Struktur
werfe ich
unbekümmert
dem Himmel ins Antlitz?

Die Krise der älteren Frau
Ein Erfahrungsbericht über
Selbsthilfegruppen-Animation mit Frauen ab fünfzig
Yul Brons, Scherz (Schweiz)

1. Worum geht es?

Ich will mit diesem Artikel keine differenzierte Analyse der komplexen Krisen-Situation der älteren Frau und ebenfalls keine der nicht minder komplexen Selbsthilfegruppen-Forschung leisten. Es geht mir um die Möglichkeit von Krisen-Intervention für Hausfrauen, Frauen ab Fünfzig (FAF), dargestellt durch meine Animations-Arbeit durch eigenständige Gesprächsgruppen mit diesen Frauen und um die Wirkung auf die einzelnen Teilnehmerinnen:

— Welche Erkenntnisse über die eigene Befindlichkeit in Krisenzeiten der älteren Frau lassen sich gewinnen?
— Welche Veränderungen nehmen die Frauen an sich selbst wahr?
— Was passiert mit mir, der Fachfrau?
— Wie reagiert die Familie der Teilnehmerinnen (Ehemann, Kinder)?
— Welche Reaktion zeigt diese FAF-Arbeit noch und bei wem (wie z. B. im Geflecht der Institution)?

Darüber hinaus beschreibe ich Kurs-Methoden als mögliche Empfehlung einer Didaktik für die in der FAF-Selbsthilfegruppen-Arbeit Stehenden oder in sie Hineinwachsenden. Letztlich freue ich mich, wenn mehr Fachkräfte Mut und Freude am persönlichen Experimentieren mit „selbstheilender" und dadurch glaubwürdiger sozialer Arbeit bekommen.

2. „Konsum im Alter" und „Dienst am Nächsten"

„Hilfe, mein Mann ist pensioniert und den ganzen lieben langen Tag daheim . . . er guckt mir in die Töpfe, unterbricht mich beim Telefonieren, kontrolliert meine Einkaufszeit und was ich ausgegeben habe . . . es ist zum Weglaufen! Was soll ich tun! . . . Raten Sie mir!" Im Winter 1979 erreichte mich dieser Hilferuf aus Winterthur, einem mittelgroßen Städtchen in der Schweiz. Ich war pädagogische Mitarbeiterin in der Stelle für Frauenfragen in einem Wirtschaftskonzern in Zürich und dieser Hilferuf erreichte mich nicht von ungefähr: Eineinhalb Jahre hatte ich mit Frauen vom *Schweizer Bund Migros-Genossenschafterinnen (SBMG)* an einer von meinem damaligen Chef „ausgebrüteten" Idee gearbeitet: „Konsum im Alter".

Es galt, Informations-Material zusammenzutragen und später Auskunft in einer Beratungsstelle für Senioren über Daten und Fakten zu geben. Themen waren u. a.: Gesundheit im Alter, Ernährung, Spielzeug (für Enkel), Wohnen, Tierhaltung, Unfallverhütung. Die Idee an sich gefiel beinahe allen Beteiligten (Aufklärung tut not!), die Verwirklichung nicht: Sie ging voll auf Kosten der sich engagierenden Frauen, und die Beraterinnentätigkeit sollte auch „ohne Entgelt", aber „im Dienste am Nächsten" sein.

Die Ordner füllten sich trotzdem, und an einem Herbsttag 1979 wurden sie den „Beteiligten" vorgestellt. Die *SBMG*-Frauen waren nicht beeindruckt von dem, was sie „geleistet" hatten: Das „Kind" war da, aber keine wollte oder wußte etwas mit ihm anzufangen. „Eine Beraterinnentätigkeit?" „Ich fühle mich mißbraucht", „Ich habe gar keine Zeit!", „Ich bin damit überfordert!" waren die offenen und versteckten Antworten. Die rettende Idee hieß: „Wir können ja Interessengruppen bilden, in denen diese oder andere Themen diskutiert werden." Es gab Vorschläge: „Gedächtnistraining nach der *Stengel*-Methode"; „Großmütter lernen wieder, Märchen zu erzählen"; „Ernährung im Alter". Die Leitung der Gruppen sollte ich übernehmen. Im folgenden skizziere ich zunächst die Verquickung von *SBMG* mit einem Wirtschaftskonzern.

3. Die „Saat eines Kaufmanns"

Er hieß Gottlieb Duttweiler (1888-1962) und gründete 1925 die M (*Migros*), eine Genossenschaft. Mit einem Pferdewagen zuckelte er „über Land" und verkaufte zu „Minipreisen Großpackungen". Das Pferdewagenfahren muß recht anregend gewesen sein: Das „Food-Programm" ließ sich bereichern durch „Nonfood" und Bildungsprogramme, mit Tankstellen und Banken „würzen". Überlandfahren macht weitsichtig: Der clevere M-Gründer flocht dem Unternehmen eine Besonderheit ein, die einzigartig ist: Jährlich muß vom Grundumsatz ein Prozent für „Soziales und Kulturelles" ausgegeben werden. 1981 belief sich dieses Prozent auf 62 Millionen Schweizer Franken.

Unter „Kulturelles und Soziales" fallen Theater- und Konzertveranstaltungen, Ausstellungen unterschiedlichster Art, Stipendien (auf Antrag), sowie die größte Erwachsenenbildungsinstitution der Schweiz

(„klubschule migros") . . . und eine Abteilung für Sozialfragen, zu der eine Stelle für Alters- und eine Stelle für Frauenfragen gehört. Letztere wurde 1977 geboren. Ich war Mit-Hebamme der StfFF (Stelle für Frauenfragen). Die Ideen, mit denen wir Frauen „schwanger gingen", waren gut, aber das Durchsteh- und vor allem das Durchhaltevermögen der im Schnitt 27jährigen Frauen war schlecht. Für die meisten war dies die erste Trainingsmöglichkeit. Fünfzehn von sechzehn Frauen rieben sich auf oder wurden aufgerieben innerhalb der Konzern-Maschinerie. Die Stelle besteht noch, allerdings nur mit mir als pädagogischer Mitarbeiterin, einer Chefin (mit weiteren Führungsaufgaben), einer Sekretärin und Interim-Mitarbeiterinnen.

Das Projekt FAF-Selbsthilfegruppen konnte ich im Frühjahr 1980 starten. Hier bot sich eine zweite Besonderheit des Konzerns an: Ein Appendix sind 11.300 Frauen, die im SBMG organisiert sind. Mitglied kann jede Frau werden, mit einem leicht zu erwerbenden Anteilschein und einem Jahresbeitrag von zehn Schweizer Franken. Das Frauenpotential ist verstreut auf 14 Städte, in denen sich SBMG-Sektionen befinden. Pro Sektion residiert eine Präsidentin mit einem fünf- bis siebenköpfigen Vorstand. Zur Gründung gelangte der SBMG 1957 durch sich für das Schweizer Frauen-Stimm- und Wahlrecht engagierende Frauen, die sich als kaufkräftige Kunden das von G. Duttweiler geprägte Wort zueigen machten: „Man muß die Frauen ernst nehmen!" 1972 war es soweit: Zwar nicht in allen Kantonen, doch mehrheitlich „durften" die Frauen zur Urne gehen. Seither engagiert sich der SBMG vorrangig auf der Verbraucherinnenebene: Kundenschutz und Warenkritik. Darüberhinaus war der SBMG durchaus offen für weiteres soziales Engagement, zum Beispiel in der Mitarbeit unter dem Thema: „Konsum im Alter", worunter in erster Linie „Schutz des Senioren vor wirtschaftlichem Mißbrauch" verstanden wurde.

4. Intermezzo

Zur selben Zeit, in der ich am Thema „Konsum im Alter" arbeitete, lief innerhalb des M-Konzerns die „Vorbereitung auf die Pensionierung" für kurz vor ihrer Pensionierung Stehende an. Es handelte sich vorrangig um Männer, die auf ihr neues Leben vorbereitet wurden. Ich unterbreitete meinem Chef den Vorschlag, mich ins Projekt als „Fachmann für Frauenfragen" aufzunehmen, um die Themen der Frauen (gleichgültig ob Ehe-Frauen oder Freundinnen) aufgreifen und bearbeiten zu können. Ich versprach mir davon eine Ergänzungsmöglichkeit zwischen den Lebenspartnern. Der Chef lehnte ab.

Ein paar Wochen später fragte mich ein Psychologe, ob ich beim Kanton Zürich in der „Vorbereitung auf die Pensionierung" als „Fachmann für Frauenfragen" mitmachen könnte (er war ungeahnter Zeuge meiner Unterredung gewesen). Ich nahm gerne an, was mir gut möglich war, da ich bei M eine Halbtagsstelle habe. Als dann der Hilferuf aus Winterthur kam, war ich schon recht gut gewappnet und freute mich, nun speziell mit Frauen dieses Thema erörtern und vielleicht sogar vertiefen zu können; mir schwebte ein Achtwochen-Kurs dazu vor. Von sich selbständig weitertreffenden Gruppen träumte ich damals bloß; es stand zwar in meinem „Pflichtenheft", aber von der Theorie zur Praxis mußte ich ja „durch die Frauen" hindurch ...

5. „Mein Mann wird pensioniert, was ändert sich für mich?"

In der SBMG-Sektion Winterthur interessierten sich 49 Frauen und drei Männer für dieses Thema, das die Situation des noch arbeitenden Mannes und die Auswirkungen auf die Familie behandelte: Die Arbeitszeit teilt den Tag ein, die Woche und das Jahr, sie bestückt den Geldbeutel und bestimmt den Bekanntenkreis. Fällt diese Einteilung weg, gähnt ein Loch. Ein neuer Tages-Rhythmus muß gefunden werden, ein Aufgabenbereich und meistens auch ein anderer Bekanntenkreis. Die psychologischen Auswirkungen können positiv sein: Endlich Zeit für Hobbies und all das, was zur Zeit der Berufstätigkeit nicht möglich war. Sie können auch belastend sein: „Was soll ich denn jetzt tun?" — Die Zeit des Topfguckers, des Kontrolleurs hat angefangen, auch die Zeit, in der die Frau ihren Mann endlich für die Arbeiten in ihrem Aufgabenbereich „Haushalt" einspannen kann, die ihr keine Freude machen ... Der Mann ist unversehens Mitglied im „Gango-Club", („Gango" ist schweizerisch „geh doch!"), d. h.: „Gango Einkaufen! Gango Kartoffeln aus dem Keller holen! Gango Miete einzahlen!" usw., und die Frau muß sich wehren: „Du warst vor deiner Pensionierung nicht Kontrolleur, und ich will mir das jetzt auch verbeten haben!" Konkrete Beispiele von Alltags-Problemen löste ich dann mit den Zuhörenden und bekam von den Männern andere Lösungsmöglichkeiten vorgeschlagen als von den Frauen.

Darüberhinaus erlebte ich, daß ich das Thema zu eng gefaßt hatte: Fünf Frauen verließen den Saal. Es stellte sich später heraus, daß sie sich nicht angesprochen gefühlt hatten, da sie keinen Ehe- oder Lebenspartner hatten, gern aber ein paar Ideen gehört hätten, wie Alleinlebende „den Rest ihres Lebens" gestalten können.

6. Vorbereitung der Frau auf ihre Pensionierung

In den nachfolgenden Vorträgen erweiterte ich den Themenkreis: Die Krisen der älteren Frau — Alptraum und Chance.

— Die „Pensionierung" der Mutter; ihre Krise bricht aus mit dem Weggehen der Kinder.

— Die „Pensionierung" der Hausfrau; die Krise kommt mit der Pensionierung des Lebenspartners.

— Der Tod des Lebenspartners.

Alleinleben lernen — und den Weg zu anderen entdecken. Natürlich gibt es die Pensionierung der Mutter und Hausfrau nicht auf Gesetzesebene. Der Mann wird mit 65 Jahren pensioniert. Die Frau kommt ins Rentenalter. Die Berufsarbeit des Mannes hört am Tage X auf, die Hausarbeit der Frau nimmt an diesem Tage eher zu; zumindest wird sie nicht davon „befreit", es sei denn, sie tut's selber, in Absprache mit ihrem Lebenspartner.

Die Krise der älteren Frau zu sehen, ist eine Frage des Bewußtseins. Sie anzuerkennen, eine Frage der Einsicht und Intelligenz. Interventions-Möglichkeiten auszuarbeiten und anzuwenden, ist Gereo-Prophylaxe: „Die Selbstmordrate mit tödlichem Ausgang (nicht mit appellativem Charakter) ist in den letzten Jahren in allen europäischen Ländern erschreckend angestiegen und zudem deutlich höher als vergleichsweise bei Männern gleichen Alters", konstatierte man vor dreieinhalb Jahren auf dem *Internationalen Ärzte-Kongreß für Selbstmordprophylaxe* in Basel.

Mich alarmierte diese Nachricht ganz persönlich. Ich denke an mein eigenes Altwerden — egal, ob ich eine Familie „habe" oder nicht: Wie will ich alt werden und mit wem? Wie bereite ich mich schon heute darauf vor, ohne wie das von einer Schlange hypnotisierte Kaninchen auf meinen Tod zu warten? Jetzt bewußt Leben lernen erspart den Schmerz des Alleinseins im Alter! Das alles erzählte ich den Frauen in meinem Vortrag. Einige Zuhörerinnen waren unter fünfzig, die meisten zwischen fünfzig und siebzig und einige bis an die neunzig Jahre. Ein reicher Zuhörerinnenkreis: Ich entwarf, was wir zusammen tun könnten: miteinander wachsen und aneinander reifen und Freude entdecken an sich selber und am Zusammensein mit andern — Kameradschaftspflege unter „alten Weibern" —, um jung zu bleiben und eine eigene Attraktivität zu kreieren. Analog zur „Vorbereitung auf die Pensionierung" für Männer, die kurz vor der Pensionierung stehen oder gerade im „Unruhestand" angekommen sind. Für Frauen gab es sowas bis dahin nicht, obgleich sie mindestens so bedürftig sind wie Männer, wie auf dem Kongreß in Basel erkannt, eher bedürftiger.

7. Von der Animation zur Selbsttätigkeit

Aufgrund des Vortrags in Winterthur meldeten sich 14 Frauen, die das Thema vertieft angehen wollten. Angespornt durch die Kritik der Alleinlebenden entwickelte ich die Kursidee, erläuterte sie den Teilnehmerinnen, und mit ihrem Einverständnis begann ich, das Thema inhaltlich zu gestalten: Vorbereitung der Frau auf ihre Pensionierung, was etwas später mündete in „Leben lernen mit den Jahren ab Fünfzig".

Ich hatte fünf Wochen (halbtags) Zeit. Ich ging vom Adressaten aus: Mehrheitlich bildungsungewohnte (Haus-)Frauen, die durch den Vortrag und ihre Anmeldung die erste Barriere genommen hatten, ansonsten gegenüber sich selbst völlig ahnungslos waren. Drei Schritte wollte ich mit ihnen üben:

1. Standortbestimmung: Wer bin ich und wie bin ich „heute"? Mit wem bin ich hier zusammen?
2. Rückblick: Was habe ich bis heute „geleistet"? Auch, was habe ich mir geleistet?
3. Vorausschau: Wohin will ich und mit wem? Was ist mir wichtig und was lasse ich „fallen"?

Der Achtwochenkurs in Winterthur war ein Versuch. „Brauchen ältere Frauen überhaupt sowas?" war die Frage meiner Chefin (es hatte sich ein Chef-Wechsel ereignet, dadurch erst konnte ich die FAF-Idee verwirklichen). Es war eine rhetorische Frage, denn „Winterthur" wiederholte sich in den dreieinhalb letzten Jahren in insgesamt sieben Sektionen der deutschsprachigen Schweiz. In zwei Sektionen fand der Kurs doppelt statt. Es gab zu viele Interessentinnen, um sie in einem Kurs auffangen zu können. Das Tollste ist: In sechs Sektionen mündete der Kurs in etwas, wovon ich zu Beginn nur mit angehaltenem Atem zu träumen gewagt hätte: Die Teilnehmerinnen treffen sich monatlich selbständig weiter — Selbsthilfegruppen für FAF sind entstanden.

Zwei Teilnehmerinnen aus dem Kurs übernehmen jeweils die Organisation und fragen, wer ein Thema hat, das beim nächsten Mal diskutiert werden soll: Den Frauen ist es wichtig, auch nach außen hin zu ihrer FAF-Selbsthilfegruppe stehen zu können, denn zu gerne wird ihnen nachgesagt, doch sicher wieder „ein Kaffeekränzchen alter Klatschtanten" zu sein. Darüberhinaus haben sie im Kurs gelernt, themenorientiert zu arbeiten, und wollen sich darin üben nach dem Motto: „Fördern durch Fordern". Ein Grundsatz, dem sich jede Teilnehmerin unausgesprochen verpflichtet fühlt.

Im Herbst 1981 ließ sich das Projekt erweitern: Es zeigte sich, daß die Frauen, die die Organisation und Vorbereitung der jeweiligen

Zusammenkunft machten, Unterstützung brauchten. Ihnen war die Luft ausgegangen, es fehlten Ideen, und sie wollten gerne wissen, wie es die anderen machen, und sich auch in den eigenen „Kochtopf gucken" lassen.

Mein ausgearbeiteter Vorschlag für ein Weiterbildungs-Seminar für Mediatorinnen[1] der FAF-Selbsthilfe-Gruppen wurde im Konzern akzeptiert. Im November 1981 fand das erste und im Oktober 1982 das zweite viertägige Bildungs-Seminar statt. Im April 1983 wurde ein Erfahrungs-Austausch-Tag der Mediatorinnen und für Herbst 1983 wiederum ein Bildungs-Seminar genehmigt.

Von Zeit zu Zeit wird mir Alibi-Funktion in diesem Wirtschaftsunternehmen vorgeworfen. Ich bin gerne ein „Feigenblatt", wenn dadurch einige wenige Menschen, gemessen an der Schweizer Bevölkerung, in den Genuß der Möglichkeit seelischer Krankheits-Prophylaxe kommen, die die Betreffenden keinen Rappen kostet. Die Teilnahme am Kurs ist ebenso „frei" wie die Räume, die M zur Verfügung stellt. Für die Mediatorinnen der Selbsthilfegruppen ist die Teilnahme am Weiterbildungs-Seminar kostenfrei (1981 und 1982 jeweils vier Tage), die Fahrtkosten gingen zu Lasten der Frauen, weil ich einen persönlichen finanziellen Einsatz wollte, hingegen gab es eine Rückerstattung der Fahrtkosten im April 1983 für den Erfahrungs-Austausch-Tag in Zürich. Allerdings, die FAF-Arbeit bleibt ein Projekt, bis ich es abgebe oder es mir genommen wird — vom Konzern oder von den FAF selber. Letzteres wäre eine Krönung meiner Arbeit und ein möglicher Schritt auf die jüngeren Frauen zu, um ihnen deutlich zu machen, daß eine einseitige Orientierung auf die Familie und ein Abschirmen von außerfamiliären Kontakten und Interessen ihre Situation im Alter erschwert und ihre Lebenstüchtigkeit als 80- oder 85jährige Witwe oder Alleinlebende in Frage stellt.

8. Was geschieht im Kursus?

Im Kursus mache ich mit den Frauen Übungen, die helfen, das eigene Selbst wahrzunehmen („Wer hat denn früher schon an sich selbst

---

[1] Mediatorin heißt Vermittlerin von Erfahrung, Lebenswissen und Kenntnissen, die in Weiterbildungsseminaren erworben werden. Die FAF-Gruppen, die psychosoziale Probleme angehen, wie etwa die Anonymen Alkoholiker etc. Vielmehr definieren sie sich als Diskussionsgruppen zu aus den eigenen Reihen genannten Themen, die *nicht* als „Probleme" bezeichnet werden. Frauen, die die Koordination der Gruppen und später den „Roten Faden" in den Sitzungen übernommen haben, bezeichne ich als Mediatoren: Sie arbeiten unter Anleitung zu spezifischen Themen und werden speziell ausgebildet. Sie stammen aus der Zielgruppe und nähren ihr Wissen aus der eigenen Erfahrung, ergänzt späterhin durch die Weiterbildung.

gedacht? Frau war doch nur für die Familie da, für den Mann und dann für die Kinder. Selbst kam Frau doch gar nicht an die Reihe!"). Ich arbeite mit „Sequenzen" (andere bezeichnen das als „Bausteine"). Einige Sequenzen sind mir im Verlaufe meiner Praxis so wichtig geworden, daß ich sie in jedem Kurs einsetze:

1) *Das Paar-Interview:* Es besteht aus sieben Fragen, die die biologische, psychische und soziale Situation der Teilnehmerinnen berühren. Ich wähle den Einstieg durch Interview-Bogen, um selber Einblick in die Lebensbedingungen der Teilnehmerinnen zu erhalten und um Möglichkeiten zur Partizipation prüfen zu können. In dem sich anschließenden Gespräch werden Ressourcen und Problemfelder sichtbar. Für die Teilnehmerinnen ist dieser Einstieg eine angenehme Möglichkeit gegenseitiger Annäherung: „Wer bin ich hier, und wer ist außer mir noch da? Mit welcher Frau verbindet mich ein ‚Leidens'-Schicksal?" Meistens definieren die Teilnehmerinnen das selber: „Wir sind ja allesamt ganz schön bünzelig (= kleinbürgerlich), alle haben ‚Kind gebären' als beglückendstes Erlebnis angekreuzt . . ."

Die Kurse unterscheiden sich in diesem Punkt nicht: Alle „entdecken" irgendwann, daß sie sich selber „vergessen" haben. Ich knüpfe an dieses Erlebnis an oder provoziere es:

2) *Namen-malen-Übung:* Ich habe sie den „Interaktions-Spielen" von *Klaus Vopel* entnommen. Alle Übungen, die ich im Kursus mache, arbeite ich um; die Frauen haben eine andere Art, Neues zu tun, als Jugendliche oder jüngere Erwachsene: Es ist mehr Vorbehalt da, Skepsis und Widerstand. („Ich durfte mein Leben lang noch nicht träumen — ich konnte das auch nicht in dieser Übung.") Die Übung „entführt" die Teilnehmerinnen in eine Sphäre, in der sie (oft zum ersten Mal bewußt) mit sich allein sind. Sie sitzen in einem Kino- oder Theater-Saal, und auf der Leinwand/Bühne erscheint ihr Name („So eitel bin ich doch gar nicht! Ich, plötzlich da vorne auf der Bühne — schrecklich!") Mit der schreibungewohnten Hand malen sie, was sie auf der Bühne gesehen haben. Auf originelle Art lernen sie sich dadurch etwas mehr kennen. Ängste brechen auf: Allein sein ist furchtbar — oder schöööön. Ich selber erfahre etwas über ihre psychische Verfassung. (Eindrucksvoll das Bild einer Frau, die alle Buchstaben ihres Namens voneinander losgelöst auf dem Blatt verteilt hatte. Sie selber dazu: „In diesem aufgelösten Zustand befinde ich mich augenblicklich.")

Im Verlaufe meiner dreieinhalbjährigen intensiven FAF-Tätigkeit als Kurs- und Gruppenleiterin wuchs das Vertrauen in die Fähigkeit der Teilnehmerinnen, ihre Befindlichkeit selbst genau beschreiben zu können. Allen gemeinsam ist, daß sie ihr „Chaos" erkennen, aber keinen

Weg wissen, der sie da herausführt. Das ist ja Aufgabe und Ziel meiner Kurse: Wege aufzuzeigen, bei sich anzukommen, durch sich hindurchzugehen und auf andere und anderes zugehen lernen (frei nach *Fritz Perls*).

3) *Der „Zeit-" und „Energie-Kuchen":* Es ist eine halbmeditative Übung, in der ich die Teilnehmerinnen in ihren All-Tag eintauchen und ihre Aufgaben sehen lasse: Wie teile ich mir meine Zeit und meine Arbeit ein? Wem oder was gebe ich den Löwenanteil meines „Zeit-Kuchens"? Auf diese Übung verzichte ich nicht mehr; sie wird allgemein daheim in der Familie, mit dem Ehemann und / oder den Kindern nachgemacht und miteinander verglichen. Später dann tragen die Teilnehmerinnen irgendwann ihre Ergebnisse in die Gruppe zurück. Und viel später wiederholen sie die Übung mit sich und in ihrer Familie. „Ich bin erschrocken, wieviel Zeit und Energie ich im Haushalt, mit Putzen und Aufräumen verpuffe, um mich dann zu beklagen, daß ich sooooo viel zu tun habe und daß mich keiner dafür lobt, dabei sagen meine Söhne: ‚Laß das doch mal sein!'" — „Ich sehe zum ersten Mal, *was* ich alles mache! Ich habe angefangen, mir für Tätigkeiten, an denen ich wirklich Freude habe, z. B. am Stricken und Radiohören, mehr Zeit zu nehmen und beides zu genießen; ich lasse mir das nicht mehr kaputtmachen durch dumme Sprüche in meiner Familie. — Letztens sagte mein Ältester (26) ‚Mutter, du regst dich viel weniger auf! Was hast du bloß gemacht! Du bist ja fast angenehm geworden' . . .". — „Sagt doch mein Mann zu mir: ‚Was, so wenig Zeit hast du mir eingeräumt? Machen wir denn so wenig miteinander?' Ich hab' mich riesig gefreut, als er mich wieder an unsere gemeinsamen Spaziergänge erinnerte, sogar Fotos haben wir rausgekramt. Ich denke, nun fangen wir wieder an mit unserer Ehe."

4) *Collagen anfertigen:* Das Thema heißt (meistens): „Wie sehe ich mich heute?" Die Übung betrifft den Punkt: bei sich selber ankommen. „Wie bin ich, wer bin ich, wo stehe ich, und vielleicht, wohin will ich (noch) gehen und mit wem?" Die Furcht und das Vor-Urteil (als Laie ein Kunstwerk herstellen zu müssen) war jedesmal groß, aber die Neugier überwog. Nur einmal machte eine Frau nicht mit. Das ist in Ordnung, alles ist frei-willig.

Für die Collagen nehmen wir uns die doppelte Zeiteinheit, unterbrochen von einer Stärkung: Entweder Mittagessen oder gemeinsam ins Café gehen — ausspannen, um sich neu anzuspannen. Die Collage ist „Halbzeit" des Kurses und zugleich Schnittpunkt für das Interesse der Teilnehmer an sich selbst und damit an einer selbständigen Weiterführung als Gesprächsgruppe. Jetzt ist ihre Neugier geweckt, es kitzelt sie, herauszufinden, was sie noch alles können; und sie haben entdeckt, daß „Weiber" miteinander mehr können, als zu konkurrieren.

9. Wachsen und Wachsenlassen

Das Abenteuer (wie ich es gerne nenne und wie es von den Frauen bereitwillig übernommen wird), sich selbst Stückchen für Stückchen zu entdecken, hat angefangen. Ab dem vierten Kurstag weiß ich, ob eine Gruppe selbständig weitermacht oder nicht. Und das ist das Fernziel meiner gruppenpädagogischen Anstrengungen: Loslösung von der Leiterin, um in Eigenverantwortung in einer FAF-Gruppe weiterzumachen. Diesem Ziel ordne ich die weiteren vier Kurstage unter: „Was will ich den Teilnehmerinnen mitgeben auf ihren Weg?"

Ich lasse mich auf die Teilnehmerinnen selbst ein, beispielhaftes Lernen regt die soziale Phantasie an: Frau Y. hat einen schönen Garten und eine garstige Nachbarin. Die hat letztens einen Misthaufen genau an die Stelle der Gartengrenze gesetzt, an der Frau Y. den Familien-Sitzplatz hat. „Gegen einen Misthaufen kann man nicht anstinken! Was also kann ich tun?" Ich gebe die Expertenrolle an die Gruppe ab: „Was würden Sie tun in der Situation der Frau Y.?" Die Vorschläge reichen von einer Einladung zum Tee oder Kaffee bis zur Benachrichtigung der Polizei. „Die hat dann ganz was anderes zu tun!" ereiferte sich Frau Z., „die kann sich doch um so einen Mist nicht kümmern!" (Lachen ... „Mist" wortwörtlich genommen.) Das Gespräch weicht ab von Frau Y.s Garten, dreht sich nur noch um „die Polizei, dein Freund und Helfer" und diese verhinderte Helfer-Rolle und kumuliert in einer Frage an Frau Z.: „Sagen Sie, ist Ihr Mann bei der Polizei?" Verblüffung. „Ja er ist ...", Lachen. Und die nächste Sitzung wird sich befassen (müssen) mit Kritik geben und nehmen, ohne sich in persönlicher Betroffenheit zu verstricken und drin stecken zu bleiben.

Das Misthaufenthema ist nicht mehr so interessant, Frau Y. hat ja auch „genügend Anregungen bekommen", will sich das Ganze überlegen und gegebenenfalls darauf zurückkommen. Dieses Phänomen erlebe ich öfters: Das eigene Thema wird unwichtig, weil es sich aussprechen ließ, weil Teilnahme Befriedigung brachte. Vielleicht war es auch ein Scheinthema. Die Frau wollte gerne einmal „im Lichte stehen". Das tut jedem gut. Und es ist aufregend, was dann dabei herauskommt.

Das Abenteuer nimmt den Charakter einer sportlichen Aufgabe an. Die Frauen beginnen, Zusammenhänge zwischen dem Persönlichkeitsbereich und dem erweiterten sozialen Feld zu sehen. Einige schaffen es nicht mehr, andere wachsen mit einer Geschwindigkeit, die atemberaubend schön ist — und die Angst machen kann. Angst denen, die mit dem neuen, dem veränderten Verhalten der Frauen konfrontiert werden: die Ehemänner und die Kinder. Die Mädchen ermuntern die Mütter meistens mehr als die Söhne: „Ich will dann keine Emanze!" ist vielfach die Antwort darauf, wenn Mutter nicht mehr in die Küche springt, um das am Tisch vergessene Salz zu holen — „Das tu mal selber, mein Sohn!" Atemberaubend schön, weil ich erleben darf, wie „alte" Frauen wachsen. Vielleicht wie *Alice im Wunderland* (*Carrol, L. S.* 113/114):

„Gleichzeitig überkam Alice ein sehr merkwürdiges Gefühl, das sie sich zunächst nicht erklären konnte, bis sie schließlich entdeckte, was es war: Sie war wieder einmal am Größerwerden. Zuerst wollte sie aufstehen und aus dem Gerichtssaal fortgehen; aber dann besann sie sich eines Besseren und beschloß, wenigstens sitzen zu bleiben, so lange sie noch Platz hatte. ‚Wenn Du doch nicht so drängeln wolltest', sagte die Haselmaus, die neben ihr saß. ‚Man bekommt ja gar keine Luft mehr'. ‚Ich kann nichts dafür', sagte Alice voller Sanftmut, ‚ich wachse'. ‚Du hast hier nicht zu wachsen!' sagte die Haselmaus. ‚Rede doch kein so dummes Zeug', sagte Alice schon etwas mutiger: ‚Du wächst ja selber, das weißt Du genau.' ‚Schon', sagte die Haselmaus, ‚aber ich wachse auf eine vernünftige Art und Weise und nicht in einem derart lächerlichen Ausmaß'. Und damit stand sie verdrießlich auf und ging zur anderen Saalseite hinüber."

Der *Carrol*-Philosophie füge ich gern meine bei: Mut ist oft nicht mehr als die Erkenntnis, daß ich Dinge überlebe, die zu vollbringen ich mich gefürchtet hatte. Den Frauen hilft's. Es macht ihnen Mut, ist „ein Stückchen Rippe", wie ich gern das Zusammensein und Miteinanderreden nenne, um „draußen" selbständig handeln zu können.

Das Beispiel von Frau V. mag das dokumentieren: Sie hat einen an Jahren reifen Sohn (26), der lebt in einer eigenen Wohnung, bringt wöchentlich aber die Wäsche heim, ißt auch sonntags gern bei der Mutter — und meckert. Letztens riß er im Badezimmer die Schublade aus dem Kosmetikschränkchen und schimpfte: „Was mußt du auch für so blödes Zeugs und Sachen haben!" Wer räumte den Klumpatsch wieder ein? Na klar, die Mutter. Und sie servierte dem Sohn brav das Essen, innerlich grün vor Entrüstung. „Liebe Frau B., was raten Sie mir?" Ich gebe die Frage in die Gruppe. Eine „gestandene" Mutter von drei Söhnen rät zur Endlösung: Hausverbot. Einige andere empfehlen: darüber reden mit dem Sohn. Wir einigen uns auf: dem Sohn all das sagen, was Frau V. uns gerade erzählt hat.

Eine Woche später strahlt Frau V., sie hat ihrem Sohn einen Brief geschrieben: „Lieber Sohn, Dich kann ich nicht ändern und will es auch nicht. Ich hab Dich gern, aber ich vertrage nicht, wenn Du an mir rumnörgelst. Und ich werde das nicht mehr zulassen, daß Du mich immer so runtermachst. Es ist mir verleidet!" Der Sohn ist sonntags wie üblich mit der Wäsche gekommen, aber „er herzte und küßte" seine Mutter — und vom Brief sprach keiner der beiden.

Der Kurs ist (wieder einmal) zu Ende, diesmal in der kleinen Stadt Baden, im Kanton Aargau. Die Frauen haben den ersten Termin vereinbart, an dem sie mit der FAF-Gruppe selbständig weitermachen. „Selbsthilfegruppe": diesem Begriff stehen fast alle Frauen eher ablehnend gegenüber; es ist ihnen unbehaglich bis unangenehm, im Titel was mit „Hilfe", die sie selber in Anspruch nehmen, zu finden. Aber: „Einen Ort kennen, wo ich mich aussprechen und sehen kann, daß es andern Frauen ganz ähnlich ergeht, das macht mir's Leben wieder leichter." — Oder auch: „Die Müdigkeit merke ich jetzt manchmal" (im Gegensatz zum Rollen-Klischee von der nimmer müde werdenden „wirklichen" Mutter), „und ich will darauf achten, dann kippe ich nicht wieder um, weil ich mich für die Familie verausgabt habe, womit niemandem gedient ist. Und eigentlich will's auch keiner." — Und: „Es gelingt mir jetzt manchmal, ‚Fünfe gerade sein zu lasse'. Ich mach's wie der Affe, ich zieh' mich leise in eine Ecke zurück und warte, bis meine Rumflipp-Arbeitswut vorbei ist. Dann koch' ich mir einen Kaffee, und meine Familie freut sich, ein ausgeruhtes Mameli zu haben!" — Und auch dies: „Mir kommen viele meiner ‚Probleme' daheim kleiner vor, seit ich in die FAF gehen kann. Mich macht das ganz ruhig und auf ungeahnte Art heiter."

10. Zum Adressatenkreis

1) Altes pflegen

Neunzig Prozent der Interessentinnen sind Hausfrauen und Mütter. Nahezu ausschließlich wollen sie „nicht aus der Ehe ausbrechen", haben aber keine Freude mehr an eben dieser Ehe, wissen nicht, wie sie reaktivierbar ist, außerhalb des „Bettgeflüsters". Die Kinder sind weg. Der Haushalt ist klein geworden. Der Mann geht seiner Arbeit nach wie all die Jahre zuvor — was anfangen mit der Leere? *Alle* Frauen „wußten", daß die Kinder „eines Tages das elterliche Haus verlassen werden, um einen eigenen Haushalt zu gründen". Und plötzlich ist der Tag X da, und die Mütter sind von einer Stunde auf die andere, von einem Tag auf den anderen „überflüssig". Sie werden nicht mehr „gebraucht". Das wird bei nahezu allen gleichgesetzt mit „nicht mehr geliebt werden". Es bedeutet tatsächlich: Eine gesellschaftlich notwendige, wenngleich nicht entsprechend honorierte Aufgabe ist zu Ende. „Frau Mohr hat ihre Schuldigkeit getan". Was nun?

Fast jede Frau, die sich nicht schon vorher einen neuen Aufgabenbereich suchte, ein anderes Betätigungsfeld aufbaute, gerät in diese Krise, denn um nichts anderes handelt es sich. Eine Krise als „plötzlich" auftretende Situation, mit der ein Mensch nicht fertig zu werden meint. Er wird auch oft nicht ohne die Hilfe anderer oder die Mit-Hilfe anderer damit fertig. Depression ist nur ein psychosomatisches Resultat. Ich halte Krebs für ein anderes. (Weitere zu benennen, erspare ich mir: zu Widerspruch reizen schon diese beiden.)

Ich schreibe bewußt „der Mensch", denn Männer trifft die Krise ebenfalls, wenn auch zu einem späteren Zeitpunkt: Wie die Frauen, so „wissen" die Männer, daß eines Tages ihre berufliche Arbeit aufhört. Einige bereiten sich auch praktisch darauf vor und entwickeln eine „Ersatzbeschäftigung" mit Befriedigung versprechendem Inhalt. Andere werden plötzlich vom Tag X überfallen. Von heute auf morgen sind sie ein Nichts, ein Niemand. Das gilt für Männer in höheren Chargen schärfer als in den mittleren oder unteren (Zeit und Gelegenheit, diese Mechanismen „zu studieren" hatte ich innerhalb der letzten vier Jahre reichlich). Depressionen bei Männern sind allgemein weniger bekannt und „salonfähig". Eine Behandlung kann kaum dauerhaften Erfolg haben, wenn die Lebensumstände, die teilnahmslos machten, nicht verändert werden und zur aktiven Teilnahme „am Leben" einladen. Denn auch dieser Mensch will merken: „Ich werde ‚im Leben' gebraucht, entsprechend meinen Fähigkeiten!" Und darum geht es, den Frauen, die sich mir anvertrauen, Anregungen zu geben und Wege entdecken zu helfen, wie sie in sich selbst brachliegende Fähigkeiten aufdecken und verwirklichen können.

Anfangs machte mir das Angst: Woher nehme ich die Kühnheit, Frauen, die um dreißig Jahre älter sind als ich, „Leben-Lernen zu helfen"? Mich erdrückte auch oft das Vertrauen, das in der Gruppe schnell entstanden war und Lernen erst möglich machte. Inzwischen nehme ich diese „Geschenke" gerne an; ja, ich brauche das Vertrauen der Frauen, um selber weitergehen zu können.

Die Frauen sagen gern:„Sie sind das Salz in der Suppe." Manchmal wird „die Suppe" fad, dann werde ich angerufen und besuche die FAF-Gruppe. Gemeinsam werden wir dann „fündig". Es geht meistens um Ideen und Hinweise für die nächsten Treffen, um Auffrischung des Alten und Entdecken von Neuem, weniger um Lösungsmöglichkeiten für „Verharztes", das lösen die Teilnehmerinnen in den Gruppen gerne selber. Das Unangenehmste ist die Situation mit den Präsidentinnen der einzelnen Sektionen: Sie sind gewohnt, die einzigen Frauen mit einem „besonderen" Image zu sein. Seit die FAF-Arbeit begann, wächst da etwas heran, das ihnen zusehends Mühe macht: „Da muß ich ja aufpassen! Ich hab's jetzt mit selbstbewußten Frauen zu tun!" Diese Nebenbemerkung zeigt die Tragik der Entwicklungsgeschichte innerhalb der Frauenorganisation. Auch bei Frauen herrscht die Meinung vor, die ich das „Alice-im-Wunderland-Syndrom" nennen will: Auch „gestandene" Frauen ertragen es schwer, daß andere Frauen „nachwachsen und sich wohlfühlen".

Zum anderen ist es Eifersucht und Neid, daß da jemand anderes (die pädagogische Mitarbeiterin der Stelle für Frauenfragen) „besonders wichtig" wird für die FAF. Es gab im Januar 83 eigens zur Klärung dieser Punkte eine „erweiterte Präsidentinnenkonferenz", zu der meine Chefin und ich eingeladen worden waren. Es gelang, eine Regelung zu treffen, die die Zusammenarbeit zumindest eine Zeitlang wieder erleichtern wird.

2) Neues entdecken

Die Ehe beibehalten, heißt nicht, in „alten Stiefeln zu bleiben". Insbesondere dann nicht mehr, wenn die Kinder das elterliche Haus verlassen haben. Es gilt, den familiären Rahmen zu erweitern. Männer tun das von klein auf. Frauen taten es vor der Ehe; sie haben sich zurückgenommen, sich in den häuslichen Rahmen verkrochen. Das Neue, zu dem ich diese FAF ermuntern möchte, ist bei genauer Betrachtung gar nicht neu, es wird „wiederentdeckt": der Kreis von Gleichaltrigen und Gleichgesinnten.

„Das Lebensziel der Frau liegt in der Familie", sagte im September 1982 eine führende Persönlichkeit in einem Interview in der *Annabelle*. Er war in seinen Ausführungen z.T. recht verwirrt, was ich einem „gestandenen Mann" nicht übel nehmen will, der hat genug zu tun, selber „zu überleben" in einer sich so rasch auch auf sozialem Gebiet wandelnden Gesellschaft. Abgesehen davon, daß *Leo Schürmann* (um den Chef der Schweizer Rundfunk-Gesellschaft handelt es sich bei dem Interview) die „Arbeitsteilung zwischen Mann und Frau für natürlich und zweckmäßig" hält und daß er es „wichtiger" findet, „daß die Frauen Kinder aufziehen und erziehen (sie beeinflussen damit die ganze nächste Generation), als daß sie sich zusammen mit uns Männern in den Streß der Leistungsgesellschaft stürzen . . .", so gefiel mir doch seine Feststellung: „Die Frauen haben offenbar noch keine gesellschaftlichen Formen entwickelt, die ihnen angemessen sind und in welchen sie sich frei bewegen könnten. Ein Mann hat jederzeit seinen Kegelklub und seine Skatrunde." Frauenkneipen, Frauengruppen, Frauentheater etc. hält er nicht für eine Lösung. Doch „Frauenfreundschaften sind viel weniger beständig, Frauen sind eifersüchtiger, jede ist der anderen Konkurrentin, die Frauen haben mehr Barrieren untereinander." Ja, diese Feststellung machte ich auch. Nur: im Gegensatz zu ihm trieben mich Erkenntnisse und das persönliche Erleben dieser Tatsachen zur Aktion. „Da muß doch etwas geschehen, bevor noch mehr Elend passiert in der Abgeschiedenheit der Ehe, des Heimes, im räumlichen Zusammensein mit nur wenigen und immer denselben", das war meine Antriebsquelle; Sie ist es bis heute.

Hinzu kommt eine weitere Überlegung: Wenn Frauen maßgeblich die nächste Generation durch ihre Erziehung beeinflussen, wie können sie Kreatives und Positives weitergeben, wenn sie selbst nichts davon erleben, sondern nur durch die Welt des Mannes die Welt „da draußen" wahrnehmen? Ziehen Frauen lediglich Simplicissimusse heran? Gewiß, ich vertrete keine im herkömmlichen Sinne bequeme Meinung, aber es geht denn doch zu weit, wenn dieser FAF-Arbeit unterstellt wird, hiermit würden Ehe-Flüchterinnen (eine streit- und streikbare radikalfeministische Armee womöglich!) herangebildet. Das ging so weit, daß sich einige Herren in entscheidenden M-Positionen weigerten, mit mir auch nur in irgendeiner Form zusammenzuarbeiten. Verlockend, ja verführerisch finde ich, was mir da an Machteinflußmöglichkeit so locker unter eine (leider viel zu weit geschnittene) „Weste" gesteckt wird . . .

Zu meiner Freude und Unterstützung ist meine Chefin selber eine „streitbare Frau". *Zwei* Amazonen sind selbst „gestandene Männer" manchmal nicht mehr gewachsen: Schön, wenn es hin und wieder zur partiellen Zusammenarbeit auch in einem solchen Konzern kommt! Ich will es werten als Erlebnis im Sinne des „Prinzips Hoffnung", bezogen auf die Aufhebung des für mich scheinbaren antagonistischen Widerspruchs zwischen den Geschlechtern. In diese Richtung weist auch eine Anfrage von einem noch nicht pensionierten Ehe-Mann: „Wann fangen Sie denn mit Gesprächsgruppen für ältere Männer an? Ich würd' mich gern anmelden!" Auch wenn Koketterie mitschwingt — das wäre eine feine Sache, zusammen mit einem Berufskollegen mit Selbsthilfegruppen für MAS (Männer ab Sechzig) anzufangen!

3) Chancen nutzen

Von 160 Frauen (im Alter zwischen 37 und 83) kreuzten 143 die „Geburt des Kindes" als zweitwesentlichstes Erlebnis ihres ganzen Lebens an. Das wesentlichste: „die Heirat". Vier Frauen kreuzten „berufliche Arbeit" als wesentlichstes an. Mit der Geburt ihres Kindes hatten diese Frauen aufgehört (und empfanden das deutlich so), ihr eigenes Selbst zu realisieren. „Wer fragte denn, was mit mir ist?" — „Ich interessierte doch niemanden!" — „Ich hab' mich wohl vergessen". Zwar hatten sie einem neuen Menschen das Leben „geschenkt", sich selbst aber um die eigene Chance gebracht: „Ich bin einfach zu früh auf die Welt gekommen!" — „Wenn ich das heute so sehe — ich würde alles anders machen!" — „Hätte ich *die* Möglichkeiten früher gehabt ..." Die meisten hatten ein Kind bekommen, in der Absicht, das eigene frühere, halbgelebte Leben zu entdecken und es bewußter, mit den erwachenden Gefühlen auch, zu erleben: „Wissen Sie, am Meer im Sand spielen und Burgen bauen ... tun Sie das mal als Erwachsene. Da lachen die Leute doch bloß! Aber wenn Sie das mit einem Kind tun, dann ist alles ,normal', und jeder sagt noch: das ist aber eine gute Mutter!" Für mich stellt sich diese Betrachtungs- und Lebenseinstellung als Selbstschädigung heraus: Was ist mit den Kinderlosen?

Andere Frauen „kleben" noch an Mutter oder Vater, kommen von diesen Introjekten nicht los, finden (noch) nicht ihren eigenen, selbstverantworteten Weg: „Meine Mama machte das auch so!" — „Meine Mama hat immer gesagt ..." (Diese Äußerungen erlebte ich allerdings nur in einer Gruppe). Wieder andere kranken noch am eigenen erlittenen Selbstverlust durch die Geburt von Geschwistern oder durch die Erziehung zur Bescheidenheit (was ja nur für Mädchen eine Zierde zu sein scheint): „Im Verein meines Mannes wurde eine Reise für Ehepaare ausgeschrieben. Ich freute mich, zusammen mit meinem Mann nach Amerika fliegen zu können. Es wäre in unseren zwanzig Ehejahren zum ersten Mal! Unser Sohn (19) kam nun auf die Idee, per Anhalter auch durch die Staaten zu reisen. Da haben wir uns überlegt, daß es besser wäre, *er* würde statt meiner mitfliegen. Im Verein hatte man nichts dagegen. Nun bin ich ganz froh, daß Vater und Sohn zusammen in die Staaten fliegen."

Im Kurs knüpfe ich an solche Äußerungen behutsam an. Wir versuchen, die eigene Leistung zu sehen: Aufzucht der Kinder, Besorgen des Haushaltes, derweil der Mann „hinaus ins feindliche Leben" geht; er kann seine wie auch immer geartete berufliche „Karriere" nur bewältigen, weil die Frau ihm „die Stange hält". Es fällt den Frauen schwer, zu erkennen, daß ihre Arbeit und ihr Einsatz „daheim" so „wertvoll" ist wie der des Mannes. Beide brauchen einander, damit es ein Ganzes wird. Es fällt deswegen schwer, das zu erkennen, weil ihre Arbeit kaum je verbal, geschweige denn finanziell gewürdigt wird.

Im Kurs beginnen die Frauen, Zutrauen zu sich selbst zu fassen, und sie fangen zaghaft an, sich so ernst zu nehmen wie den anderen, sei das nun der Mann oder die Kinder. Es geht um die Heilung der Selbst-Schädigung (auf welchem Hintergrund auch immer) durch Nein-Sagen. Die Devise ist: nicht gegen einen anderen, aber für sich selbst.

11. Ergebnisse und Perspektiven

In keinem der 160 „Fälle" verschlechterte sich die Qualität des Familienlebens. Bei einigen Frauen gab es „revolutionäre" Neuerungen: Drei Frauen bekamen „plötzlich" von ihrem Mann ein Taschengeld. Beinahe alle Teilnehmerinnen am Weiterbildungs-Seminar wurden von ihren Männern zur Teilnahme ermuntert! Insgesamt leuchtet eine Einstellung durch, die sich im Kommentar eines 73-jährigen Ehemannes ausdrückt: „Geh' nur in Deine FAF-Gruppe — und komme mir wieder als Engelchen." „Engelchen" ist nicht mißzuverstehen: Seit die Frau daheim offen sagt, was ihr „paßt oder nicht" und wie sie es gern verändern möchte, geht es auch dem Mann „besser". Ein anderer Ehemann bringt seine Frau bis fast zur Tür vom Gruppenraum und geht dann seines Weges, der sich später wieder mit dem der Frau vereint. „Gemeinsam wandern wir dann noch die Aare entlang und haben den Plausch — so schön hatten wir's eigentlich noch nicht!"

Als die Gruppe begann, wollte die Frau sich „auf meine alten Tage noch scheiden lassen!"

Sieben Frauen verwitweten und wurden in ihrer Trauerarbeit von den anderen Frauen „aufgefangen und unterstützt", desgleichen eine Frau, deren Mann nach dreißig Ehejahren zu einer jüngeren Frau zog. In einem Fall war die FAF-Gruppe „die letzte Rettung, ich sollte in die Psychiatrische eingeliefert werden. Mein Arzt wußte sich keinen Rat mehr."

Eine Gruppe spaltete sich ab. Die Gründe liegen im „Filz" institutioneller Verhältnisse. In den Gruppen selbst ist die Fluktuation überraschend gering: Frauen, die vom Kurs her weitermachen (das sind dreiviertel der Teilnehmerinnen), kommen ziemlich regelmäßig. Neue Frauen stoßen durch Mundpropaganda zur FAF-Selbsthilfegruppe.

In allen FAF-Gruppen erlebte ich, daß das (anfangs noch ungewohnte) offene Gespräch und die wachsende soziale Bindung die Kräfte sind, die die Frauen selbsthilfegruppentreu macht und hält, verstärkt durch die Erfahrung, den Problemen im Alltag besser gewachsen zu sein. Mir wurde das im Verlaufe der Praxis klar: Beide Heilkräfte sind in dem Maße verloren gegangen, wie der Prozeß der Industrialisierung voranschritt — Industrialisierung verstanden nicht bloß als die rasante Veränderung der Produktionstechnik und der Produktionsverhältnisse: Unter dem Begriff subsumiert sich der grundlegende Wandel der gesamten Lebensverhältnisse mit gravierenden Veränderungen in den Beziehungen und den Beziehungsgeflechten der Menschen zueinander und untereinander, mit der (auch) krankmachenden Wirkung: Der Mensch wird betrogen um seine ihm eigene Lebensweise und gerät immer tiefer in den seelischen Erfrierungsprozeß.

„Stoppt den Erfrierungstod" das ist leicht zu rufen und schwer zu tun. Aber es läßt sich etwas tun. *Eine* heilende Wirkung habe ich beschrieben. Es gibt sicherlich viele mehr. In den FAF-Gruppen erfahren Frauen, daß sie nicht „umsonst" gelebt haben, und darüber hinaus, daß sie Trägerinnen von Wärme-Einheiten sein können. Was mich fasziniert und begeistert an der Aufbauarbeit mit den älteren Frauen, ist die Glut, die in ihnen schwelt und die zur brennenden Flamme wird, wenn sie es schaffen, sich auf Übungen einzulassen, und sich dabei selbst entdecken!

Für die ältere Frau ist das eine ganz persönliche Chance. Für „die Gesellschaft" ein kostensparendes Moment: Entlastung der Krankenkassen. Und für mich ein umfassender Genuß, in den ich möglichst oft kommen möchte. Ich suche ständig nach Möglichkeiten der Verbesserung meiner Kurs-Ideen, die natürlich daran gekoppelt sind, welcher Art die Frauen sind, die in einen Kurs wollen. Insgesamt komme ich mir vor wie ein hungriger Spürhund, immer auf der Fährte: Ich stöbere bei den älteren Frauen Träume, Wünsche und Sehnsüchte auf, bis sie davonfliegen wie wilde Tauben. Auf daß ihr Schwarm größer werde!

Literatur

Aleramo, S., Una donna. Die Geschichte einer Frau, Neue Kritik 1973.
Beck, J., Erziehung in der Klassengesellschaft, Band 1661, List, München 1970.
Bitter, W., Einsamkeit, Kindler, München 1969.
Benard, Ch., Die ganz gewöhnliche Gewalt in der Ehe, Rowohlt, Reinbek 1978.
Brecht, B., Die unwürdige Greisin, Ges. Werke Bd. 11, Suhrkamp, Frankfurt 1967.
Carrol, L., Alice im Wunderland, Insel, Frankfurt a. M. 1963.
Carter, A., Sexualität ist Macht, Rowohlt, Reinbek 1981.
Cheavens, E., Schach der Depression, Müller-Verlag, Salzburg 1974.
Cohn, R., Von der Psychoanalyse zur themenzentrierten Interaktion, Klett, Stuttgart 1975.
Cooper, D., Der Tod der Familie, Rowohlt, Reinbek 1971.
Duttweiler, G., Überzeugungen und Einfälle, Ex Libris, Zürich 1962.
Fensterheim, F., Sag nicht Ja, wenn Du Nein sagen willst, Mosaik, München 1977.
Frank, B., Ich schau in den Spiegel und sehe meine Mutter, Hoffmann und Campe, Hamburg 1977.

Fromm, E., Die Kunst des Liebens, Ullstein, Berlin 1956.

Gillmann, Ch., Die gelbe Tapete, Frauenoffensive, München 1978.

Gmelin, O., Märchen für tapfere Mädchen, Schlott (edition) Gießen 1978.

Gottschalch, W., Sozialisationsforschung. Materialien, Probleme, Kritik, Fischer, Frankfurt 1971.

Haug, E., Kritik der Rollentheorie, Fischer, Frankfurt 1972.

Huch, K., Einübung in die Klassengesellschaft, Fischer, Frankfurt 1972.

Kübler-Ross, E., Interviews mit Sterbenden, Rowohlt, Reinbek 1969.

Miller, A., Du sollst nicht merken, Suhrkamp, Frankfurt 1981.

—, Das Drama des begabten Kindes, Suhrkamp, Frankfurt 1979.

Millhofer, P., Familie und Klasse. Ein Beitrag zu den politischen Konsequenzen familialer Sozialisation, Fischer, Frankfurt 1973.

Munz, H., Das Phänomen MIGROS, Ex Libris, Zürich 1973.

Negt, O., Soziologische Phantasie und exemplarisches Lernen, Europäische Verlagsanstalt, Frankfurt 1971.

O'Neill, Die offene Ehe, Rowohlt, Reinbek 1975.

Petzold, H. (Hrsg.), Bildungsarbeit mit alten Menschen, Klett, Stuttgart 1977.

Phelbs, St., Die selbstbewußte Frau, Bastei Lübbe, Bergisch Gladbach 1978.

Plath, S., Die Glasglocke, Suhrkamp, Frankfurt 1977.

Pletscher, M., Weggehen ist nicht so einfach, Limmat, Zürich 1977.

Riemann, F., Grundformen der Angst, Reinhardt, München 1975.

Sheehy, G., In der Mitte des Lebens, Fischer, Frankfurt 1978.

Sölle, D., Leiden, Kreuz, Stuttgart 1973.

Trungpa, T., Aktive Meditation, Walter, Olten 1972.

Tweedie, I., Die sogenannte Liebe, Rowohlt, Reinbek 1982.

Vopel, K., Interaktionsspiele, Reihe „Lebendiges Lernen und Lehren", Isko, Hamburg 1976.

Westphal, A., Frauen lernen leben, Luchterhand, Neuwied, Darmstadt 1977.

Die Suche nach dem Begehren
Gestalt-Körperarbeit mit Frauen zum Thema Sexualität
Monika Rosenkranz, Frankfurt

Anita, 48 Jahre, ist Teilnehmerin einer Frauengruppe, die sich schon mehrere Male zu Therapiesitzungen getroffen hat. Die Frauen kennen sich mittlerweile gut. In der Gruppe ist eine Atmosphäre von Vertrauen und Nähe. Anita berichtet in einer der Sitzungen unter Tränen, daß sie seit Jahren keinen sexuellen Kontakt zu ihrem Mann habe. Sie fühle nichts. Sie spüre ihren Körper nicht, besonders in der Beckengegend sei sie wie tot. Ihr habe Sexualität noch nie Spaß gemacht. Sie hasse ihren Körper und finde sich häßlich. Sie könne sich nicht mehr erinnern, wann sie zuletzt ein Gefühl „da unten" gespürt habe.

Anita spricht leise und mit angehaltenem Atem. Ich sehe, wie sich über ihren Hals und ihr Gesicht rote Flecken ausbreiten und ihre Hände unruhig miteinander ringen. Ich bitte Anita, ihren Körper jetzt wahrzunehmen, ihre Haut zu spüren und ihren Atem zu fühlen. Sie schweigt einen Moment, nimmt einen tieferen Atemzug und sagt, sie spüre, daß sie heiße Wangen habe und daß sie sich schäme. „Ich schäme mich so, vor euch über meine Sexualität zu sprechen, und daß ich so versagt habe." Ich fordere sie auf, ihre Hitze und ihren Atem zu spüren und mit diesem Gefühl Kontakt zu den anderen Frauen aufzunehmen. Sie betont, daß ihr noch heißer würde, sie senkt den Kopf und flüstert, daß es ihr so peinlich sei, aber sie fühle sich so aufgeregt. Ich frage sie, wie sie ihre Aufregung empfinde. „Mein Herz klopft, mein Atem möchte schneller gehe, meine Hände, mein Körper kribbelt." Sie bricht ab, neigt den Kopf und thematisiert wieder ihre Scham, — daß sie „dieses Gefühl", diese Aufregung nicht haben dürfe.

Ich fordere Anita auf, bewußt zu atmen, sich ihrem Körper und dessen Impulsen anzuvertrauen. Bald darauf beginnt sie, heftiger und schneller zu atmen. Ihre Beine und Hände vibrieren, ihre Lippen zittern. Ich unterstütze sie mit meiner Stimme und ermutige sie, sich das freie Atmen und die Aufregung zu erlauben. Ihr Körper beginnt nun heftig zu zittern und zu vibrieren. Einen Augenblick lang übernimmt ihr Körper die Führung und reagiert auf der Ebene autonomer Körperreaktionen, die sie nicht mehr kontrollieren kann. Nach einer Weile werden ihre Bewegungen langsamer, sie beginnt heftig zu weinen, erst zornig, dann schmerzvoll leise.

Auf mein Nachfragen beschreibt sie Szenen und Bilder, die ihr vor Augen gekommen seien: demütigende Situationen ihrer Pubertät, in denen ihre Mutter ihre Veränderung zur Frau gehässig kommentiert, Sexualität und die damit verbundene Aufregung verboten habe. „Ich habe mich jedesmal so geschämt, und damals, da habe ich beschlossen, daß ich ,damit' nie etwas zu tun haben will." Dann berichtet sie über Äußerungen ihrer Mutter wie: „Ach, jetzt fängst du auch noch an! (Erste Menstruation.) Paß nur auf, laß dich nicht anlangen. Laß keinen an deine Wäsche, die wollen alle nur das Eine! Du solltest dich schämen, so rumzulaufen, da sieht ja jeder alles! Sünde ist das, schmutzig! Das mußt du halt über dich ergehen lassen!" (Bemerkung zur Hochzeitsnacht.)

In einer weiteren Sequenz arbeite ich mit Anita im dialogischen Verfahren an dem Thema Sexualität weiter. Szenen ihrer Biographie werden nachgespielt, die Mutter sozusagen in den Raum geholt und auf den gegenüberstehenden Stuhl gesetzt. Mit wechselnden Rollen spricht Anita sowohl als die 13-jährige als auch als die Mutter. Sie erlebt noch einmal die Demütigung und die Scham. Im weiteren Prozeß dann bahnt sich auch der Zorn der Mutter gegenüber einen Weg. Die erwachsene zornige Anita bezieht Stellung und spricht in einem weiteren Schritt ihre Mutter so, wie sie sie heute sieht, an. Dem zornigen Gefühl folgt das des Verständnisses.

Anschließend blickt sie auf in die Runde der Frauen. Sie seufzt tief und lacht. Ich fordere sie auf, ihren Körper *jetzt* zu spüren und wahrzunehmen, wie sie sich *jetzt* fühlt. „Bitte schau jetzt einmal auf deine Arbeit und den Weg, den du gegangen bist, zurück. Was waren für dich wichtige Erfahrungen, welche Zusammenhänge siehst du?" Im Anschluß bitte ich die Frauen um ihr Feedback und ihr Sharing.

Ich möchte im Verlauf dieses Artikels auf Anitas Arbeit zurückkommen, in der Folge jedoch versuchen, einige Themen, die exemplarisch für die therapeutische Arbeit mit Frauen zum Thema Sexualität stehen, herausgreifen, ihren methodischen Hintergrund, den körpertherapeutischen und integrativen Ansatz, wie er im Fritz Perls Institut praktiziert wird, und auch den sozialen Kontext beleuchten. Die Verfahren integrativer Therapie haben sich für mich ·angesichts der spezifischen Problematik als der konsequenteste Zugang zu einer therapeutischen Arbeit mit Frauen herausgebildet. Hier wird von einem umfassenden Konzept ausgegangen, das geistige, leibliche und soziale Realität miteinbezieht. Frauen finden gerade aufgrund ihrer spezifischen Sozialisation, in der ein besonderer Wert auf Leiblichkeit und Emotionalität gelegt wird, einen spontanen Zugang zu Methoden, die ganzheitliche, integrative Konzepte zugrunde legen. Ich erlebe in der Arbeit mit Frauen zum Thema Sexualität in außerordentlich prägnanter Weise, wie umfassend die ungelebte Sexualität, die Ablehnung des eigenen Körpers sich auf die gesamte Realität der Frauen auswirkt, die Beziehungen zur Umwelt und vor allem zu sich selbst behindern. Dementsprechend ist jede therapeutische Intervention, die am Körper ansetzt, immer Therapie am Leibe, d. h., daß die Frau als ganzes Subjekt einbezogen ist. Der Begriff des Leibes bezieht immer den ganzen Menschen mit ein (wenngleich er in der herkömmlichen Literatur meist synonym mit dem Begriff des Körpers benutzt wird). Leib ist subjektbezogen: *Merleau-Ponty* spricht vom Leib als „engagiertem Subjekt", in dem alle menschlichen Fähigkeiten konvergieren und der unsere „Verankerung in der Welt" darstellt (vgl. *Petzold* 1977, S. 253).

Eine Abspaltung, die die seelisch-körperliche Einheit zerstört und in Teile zerstückelt, wirkt identitätsspaltend und muß als pathologischer Prozeß gesehen werden. Therapeutische Arbeit mit Frauen ist besonders auch Leibtherapie, integrative Wiederherstellungsarbeit, die die Einzelteile zu einem Ganzen zusammenfügt.

Anita beschreibt zu Beginn der therapeutischen Arbeit die Ablehnung ihres Körpers, eine Haltung, der ich vielfach in der Arbeit mit Frauen begegnet bin. Sie setzt Distanz zwischen sich und ihren Körper, sie übergibt die Verantwortung einem quasi unabhängig funktionierenden Teil. In der Ablehnung ihres eigenen Körpers lehnt sie sich selbst und auch die damit verbundenen angenehmen Gefühle ab. Anitas Hautreaktionen, ihre roten Flecke, zeigen ihre intensive Erregung, ihr angehaltener Atem signalisiert, wie sie ihre Aufregung zu kontrollieren sucht. Mit meiner ersten Intervention verweise ich auf ein wichtiges gestalttherapeutisches Basiskonzept, das der *awareness*, der Bewußtheit. In der bewußten Wahrnehmung erfährt Anita das, was ist. In der Bewußtheit entsteht ein tiefes Begreifen dessen, was ich bin in meinem Leib, in meinen Gefühlen. Der erste diagnostische und zugleich auch therapeutische Prozeß ist das Spüren, wie Anita sich in ihrem Leib erlebt und was sie fühlt. „Spüren heißt, sich den Körper verfügbar zu machen und einen Zugang zur (inneren und äußeren) Welt zu gewinnen" (*Petzold* 1977, S. 275).

In der Zentrierung auf das Gefühl der Hitze und dessen Betonung und Verschärfung wird Anitas ganze Aufmerksamkeit fokussiert. Über die Empfindungen ihres Körpers werden für sie entsprechende starke Gefühle erlebbar. Wir wissen, daß bei allem emotionalen Erleben die

Atmung sehr stark beteiligt ist. Wir halten vor Angst die Luft an, sind vor Schreck atemlos, schnauben vor Wut und stoßen tiefe Seufzer oder Freudenschreie aus. Mit der Atmung regeln und kontrollieren wir unsere Gefühle. Ein voller, tiefer Atemzug pulsiert durch den ganzen Körper und läßt ihn lebendig werden.

Im Orgasmus, im gesamten sexuellen Erleben spielt die Atmung eine wichtige Rolle: Wir atmen tiefer und schneller. Anita benutzt ihren Atem, um ihre Aufregung zu kontrollieren. Sie atmet gepreßt und unterdrückt. Über das Bewußtmachen ihres Atems und durch meinen Hinweis, sie könne sich ihrem Körper überlassen, kann sie ihren Atem freigeben und sich erlauben, tiefer zu atmen. Ihr zuvor in Spannung gehaltener Körper beginnt zu vibrieren, die freiwerdende Energie entlädt sich in Zucken und Zittern, gleichzeitig vertiefen sich ihre Emotionen. Ihre unterdrückte Wut und der erlittene Schmerz brechen aus ihr hervor. Die Arbeit mit der Stimme und den Emotionen ist eng mit der atemtherapeutischen Arbeit gekoppelt. In der therapeutischen Arbeit mit Frauen erfahre ich, daß Frauen sich häufig ihres heftigen Atems, Stöhnens oder sexueller Geräusche schämen. Aber: „Männer scheren sich nicht darum, ob sie Frauen mit Grunzen, Stöhnen oder ihrem heftigen Atem beleidigen" (*Friar Williams* 1977, S. 64 a. a. O.). Wenn wir dies nun dem Gefühl gegenüberstellen, das viele Frauen haben, wenn ihre Vagina Töne macht, so erfahren wir, daß sie sich am liebsten verstecken und das Schmatzen und Klingen der Vagina verhindern würden. Ist es nicht die Regel, daß die meisten Frauen ihren Körper und die damit verbundene sexuelle Lust erst über den Mann kennenlernen? Männer lassen in den ersten Begegnungen uns Frauen spüren, wie wir auf Küsse reagieren, auf die Spielarten des Pettings und auch, wo wir besonders für sexuelle Stimulierungen empfänglich sind. Häufig entstehen dann im Laufe unseres Lebens recht eingeengte, vorgezeichnete Bahnen der Lust, enge Bereiche, besonders dann, wenn Frauen mit nur einem Partner ihr Leben verbringen.

Erst durch die Frauenbewegung ist diesbezüglich einiges in Bewegung geraten. Frauen erleben bewußter ihre Sexualität und ihr Recht auf eine befriedigende sexuelle Begegnung. Frauen kümmern sich mehr um den eigenen Körper, entdecken sich mit den eigenen Händen, suchen selbst, wo und wie sie Lust empfinden, und „begreifen" (in doppeltem Sinne) ihre sexuellen Funktionen, die sie in der Vergangenheit fast nur über die Vermittlung des Mannes kennenlernten.

Durch die Bewegung der 60er und 70er Jahre hat sich einiges verändert. Ich erlebe in meiner Arbeit mit Frauen, daß sich die Erfahrungen von Freiheiten und sexueller und körperlicher Bewußtheit nur auf eine

Gruppe von Frauen beziehen, die durch schmerzhafte Entwicklungen und Auseinandersetzungen gezeichnet waren. Eine weitere Gruppe weiß auf der intellektuellen Ebene zwar viel von den Zusammenhängen rollenspezifischer sexueller Sozialisation; aber auf der emotionalen und körperlichen Ebene erlebe ich diese Frauen als eher verunsichert, vorsichtig und ängstlich, oft körperlich unwissend. Verbunden ist dies häufig mit dem Anspruch, daß der aufgeklärte Mann ja nun wisse, wie wir es gerne haben, und so wird immer wieder die frustrierende Erfahrung gemacht, daß ihm das Wissen und die Kunst der sexuellen Liebe nicht in die Wiege gelegt werden. Häufig streben Frauen unter großem Druck danach, im Bett nun die Leistung zu vollbringen, die von der aufgeklärten, sexuell freien Frau erwartet wird: Orgasmus auf Abruf, große Aktivität, gerechte Aufteilung der aktiven Beteiligung, kurz: Zwang.

Eine weitere verbreitete Haltung ist die, daß Frauen im sexuellen Kontakt genau bestimmen müssen, wie sie angefaßt werden möchten, und die Kontrolle über das sexuelle Spiel in der Hand behalten wollen. Hier steht der Wunsch nach der Kontrolle über die Situation (oft auch Kontrollsucht) versus Hingabe. In den Einzeltherapien wie auch in der beschriebenen Frauengruppe tauchte auch das Problem der Macht und Kontrolle, die Frauen selbst im täglichen Leben ausüben, häufig auf. Mir scheint, daß besonders Frauen, die hart und schmerzlich darum gekämpft haben, im persönlichen und beruflichen Leben auf den eigenen Füßen zu stehen, sich bei der körperlichen Liebe mit einem Mann nur mit Mühe einem Orgasmus hingeben konnten, beim Onanieren aber durchaus orgasmusfähig waren.

Ich bin mir im Klaren, daß die psychodynamische Seite hier eher verkürzt dargestellt ist. Die Problematik der Orgasmusunfähigkeit, die Angst, die Kontrolle zu verlieren, die Ich-Grenzen aufgeben zu müssen, die Angst zu verschwimmen möchte ich an dieser Stelle nicht weiter behandeln. Im weiteren möchte ich auf zwei Aspekte genauer eingehen, die mir in der gegenwärtigen Diskussion besonders interessant scheinen: Orgasmus und Begehren unter dem Gesichtspunkt der gewachsenen Geschichte und das Problem der Hingabe.

Die Bereitschaft, sich in der sexuellen Begegnung hinzugeben, ist meist eng an die (persönliche wie kollektive) Geschichte des Begehrens, an die Geschichte der Liebesbeziehung geknüpft und läßt sich nicht allein aus dem in der Lebensgeschichte der Frau erlittenen Leiden ableiten. Anita, die sich ihre Lust und Aufregung vorenthalten hatte, erarbeitete in einer weiteren Sitzung den Aspekt der Verweigerung und auch die darin enthaltenen Aggressionen gegenüber ihrem Mann. Mit ihrem Nicht-Begehren kränkte sie ihn und konnte ihn mit sporadischen Zugeständnissen manipulieren.

Bei der ganzen Diskussion um die sexuelle Freiheit der Frauen und die Orgasmustheorien (einschließlich des „Mythos vom vaginalen Orgasmus", der uns Frauen vorgegaukelt hat, daß die Orgasmusfähigkeit einzig und allein davon abhängig sei, wo und wie wir stimuliert werden) haben wir aus den Augen verloren, daß jede sexuelle Begegnung, jeder Orgasmus eine Geschichte hat, die zwischen zwei Personen stattfindet und die Liebesbegegnung und Hingabe erst schafft. Es schien, als sei eine Zeitlang unsere Auseinandersetzung mit der weiblichen Sexualität auf die Stufe „anderer" Techniken reduziert, z. B. der einzigen Herstellbarkeit des Orgasmus über die Stimulierung der Klitoris. „Sexualität wurde überhaupt etwas Blasses. Weil sie jetzt leichter und umstandsloser zu machen war, lag die Chance, sie mit einer Geschichte zu verbinden, sie als etwas zu erleben, das aus der Normalität herausdrängt, als etwas ‚ganz anderes', als Sprung aus der Gleichförmigkeit und der linearen Zeit des Alltags ferner denn je ... Ein Orgasmus ist das Ende einer Kette von Empfindungen, von Bildern, Träumen, Sehnsüchten, Ängsten, lauter Sensationen, die sich außerhalb des Bettes abspielen, einer Kette von Eindrücken, Erwartungen, Enttäuschungen, Überraschungen, Blicken, Berührungen ... Ein Orgasmus, wenn er zustande kommt, hat immer eine Geschichte, die Geschichte eines Begehrens und einer Erregung, und wenn eine solche Geschichte gelebt worden ist, dann ist es zweitrangig, wo die Stimulierung erfolgt; wenn die Geschichte heiß war, ... dann kommt der Orgasmus, und sei es — ich übertreibe — über den großen Zeh, an dem die Frau stimuliert wird." (*Sichtermann* 1983, S. 14)

Dies erinnert mich an Angela, die in einer therapeutischen Sitzung, nachdem sie über einen Traum gearbeitet hatte, in dem ihre Sehnsucht nach körperlicher Erfüllung eine wesentliche Rolle spielte, tief zu atmen begann, ein volles tiefes Atmen, das den ganzen Körper miteinbezog. Sie begann zu vibrieren, ohne sich merklich zu bewegen. Auf ihrem Gesicht spiegelte sich tiefes Entzücken und sie stöhnte: „Ach, das ist ja ein richtiger Hautorgasmus", was bei den anwesenden Frauen befreites und fröhlich aufgeregtes Lachen auslöste. Die Suche des Glücks in der Sexualität, in einem Bewußtseinszustand, den wir Orgasmus nennen, ist zeitlich begrenzt. Die Verlängerung und Befreiung von der Begrenzung durch die Zeit erreichen wir erst, wenn wir die Vereinigung der Polaritäten Mann-Frau nicht nur auf der körperlichen Ebene vollziehen, sondern wenn es uns gelingt, diese Einheit auf der Ebene des Bewußtseins zu erreichen. Damit treten wir in eine neue

Zeitdimension ein, in die der Geschichte, wie sie oben angesprochen wurde.

Mit dem Begriff der Hingabefähigkeit rühren wir an ein zentrales weibliches Thema, das unter Frauen durchaus kontrovers diskutiert wird. Besonders schwierig wird es da, wo der Begriff verwechselt und mißverstanden wird, wenn Hingabe als das Aufgeben von Freiheit, von freien Entscheidungen, die wir gerade erst erkämpft haben, sozusagen als „biologisch begründete" Passivität, die wir ablehnen, gesehen wird. Ich möchte dennoch diese Gedanken weiter aufnehmen, auch um die Diskussion darüber anzuregen.

Die Hingabefähigkeit ist die zentrale Eigenschaft des Weiblichen. Das Sich-Öffnen, Umschließen, Empfangen, Bergen sind ihre grundlegenden Elemente. So wie wir Sonne und Mond als Polaritäten begreifen, sehe ich männlich-weiblich als Pole: sie sind voneinander verschieden, aber keiner ist besser oder schlechter als der andere.

Das Nicht-Ausgesöhntsein mit der eigenen Weiblichkeit ist häufig der Hintergrund vieler Störungen im Sexualbereich. „Heilung kann man nur durch die Aussöhnung mit der eigenen Geschlechtsrolle finden, denn sie ist die Voraussetzung, um danach den gegengeschlechtlichen Pol in sich einmal verwirklichen zu können" (*Dethlefsen* 1983, S. 261).

Nach diesen Ausführungen möchte ich eine Betrachtung der therapeutischen Arbeit mit Anita noch einmal kurz aufnehmen. Zu Beginn wie auch am Schluß der Sitzung schlage ich ihr vor, Kontakt zu den anderen Gruppenmitgliedern aufzunehmen. Zum einen wird ihr dadurch deutlich, daß sie als Frau sich in einem Raum mit anderen Frauen bewegt, die von ihrer Biographie her mit vergleichbaren Problemen leben. Über den Kontakt spürt sie Solidarität. Sie erfährt sich selbst verstärkt als Ich, sie erlebt ihre Gestimmtheit, ihren Körper. Zu Beginn wird über den sozialen Bezug für sie das Gefühl der Scham verstärkt, und über diese Bewußtheit entsteht ein neues Gefühl: das der Aufregung. In der Abschlußrunde wiederum kommt ein Wiedererkennen der äußeren Realität in der gegenwärtigen Situation, das Spüren einer gemeinsam erlebten Szene über die Identifikation und die emotionale Beteiligung der anderen Frauen zustande. Die äußere Realität tritt in den Vordergrund von Anitas Bewußtsein. Sie kann nun ihren Weg reflektieren, ein Schritt zu einer weiteren Integration von neuen Haltungen und Einsichten.

Ich arbeite seit etwa 10 Jahren mit Frauengruppen. Über das Engagement in der Frauenbewegung hinaus, durch die Erfahrung der Veränderung meiner eigenen Sexualität durch meine gestalttherapeutische

Ausbildung, durch Gespräche mit Frauen, Freundschaften mit Männern und Frauen, hat sich mein Interesse und Engagement für das Thema Sexualität konstituiert. Ich leite nun seit vielen Jahren in Institutionen, Zentren und im privaten Bereich Gruppen zum Thema Frauensexualität. Die Frauen waren bisher unterschiedlichen Alters und aus verschiedenen sozialen Schichten. Für alle war die Erfahrung von Grenzen im Erleben ihrer Sexualität Hintergrund für ihre Motivation, an solchen Gruppen teilzunehmen.

In meiner Arbeit setze ich verschiedene Schwerpunkte: die übungszentrierte, funktionale Arbeit, die konfliktzentrierte und die erlebniszentrierte Arbeit. Die übungszentrierte Arbeit schließt Entspannungsübungen, Atem- und Bewegungsübungen und auch bestimmte Massagepraktiken mit ein. Auf der funktionalen Ebene lernen die Frauen, ihren Körper zu spüren; über den Atem und die Bewegung und körpertherapeutische Interventionen werden muskuläre Versteifungen und Blockierungen des Energieflusses aufgelöst. Auf der erlebniszentrierten Ebene werden in konfliktorientierter Arbeit mit der Stimme, mit dem Körper, mit Imagination etc. psychische Zusammenhänge exploriert, wiederholt, erfahren, um dann auf der Ebene von rationaler Einsicht integriert zu werden. In einer letzten Stufe findet Neuorientierung statt. Häufig ist dies eine experimentelle Ebene, in der neues Verhalten und Bewegungen ausprobiert werden (*Petzold* 1977, S. 279).

Ich denke, daß wir als Frauen und Therapeutinnen uns in einer Phase befinden, in der wir immer noch auf Entdeckungsfahrten sind, im Erkennen und Bewußtwerden unserer sexuellen Wünsche, im Begreifen und Leben, wie wir als erotische und sexuelle Wesen in der Welt stehen wollen. Daß Frauen ihre Lust wiederfinden, setzt voraus, daß sie auf die Suche gehen, daß sie sich und andere in der Begegnung bewußt wahrnehmen und erleben. Selbst die Weise, in der wir suchen, wahrnehmen und dem Objekt des Begehrens begegnen, wird sich ändern müssen und „kann sich ganz neu gestalten; hier wäre eine Welt zu entwerfen, denn es gibt (noch) keine in der heutigen Zeit vorherrschenden Normen und kulturellen Regulative für die Ausgestaltung eines Selbstbewußtseins der Begehrenden, eines weiblichen sexuellen Selbstbewußtseins, als das des Subjekts" (*Sichtermann* 1983, S. 18).

Literatur

Brückner, M., Die Liebe der Frauen, Neue Kritik, Frankfurt 1983.
Dethlefsen, T., Krankheit als Weg, Bertelsmann, München 1983.
Friar Williams, E., Notes of a Feminist Therapist, Dell Publ., New York 1977.

Friday, N., Die sexuellen Phantasien der Frauen, Rowohlt, Reinbek 1980.
Heimann, J., *LoPiccolo*, Gelöst im Orgasmus, Flach, Frankfurt 1978.
Merleau-Ponty, M., Phänomenologie der Wahrnehmung, de Gruyter, Berlin 1966.
Perls, F., Grundlagen der Gestalttherapie, Pfeiffer, München 1976.
Petzold, H., Psychotherapie und Körperdynamik, Junfermann, Paderborn 1974, 4. überarb. u. erw. Aufl. 1981.
—, Die neuen Körpertherapien, Junfermann, Paderborn 1977.
Rodewald, R., Magie, Heilen und Menstruation, Frauenoffensive, München 1977.
Rosenberg, J., Orgasm, Random House, New York 1973.
Sichtermann, B., Weiblichkeit. Zur Politik des Privaten, Wagenbach, Berlin 1983.

Plastiken aus meiner Analyse (2)

Lisa Bock

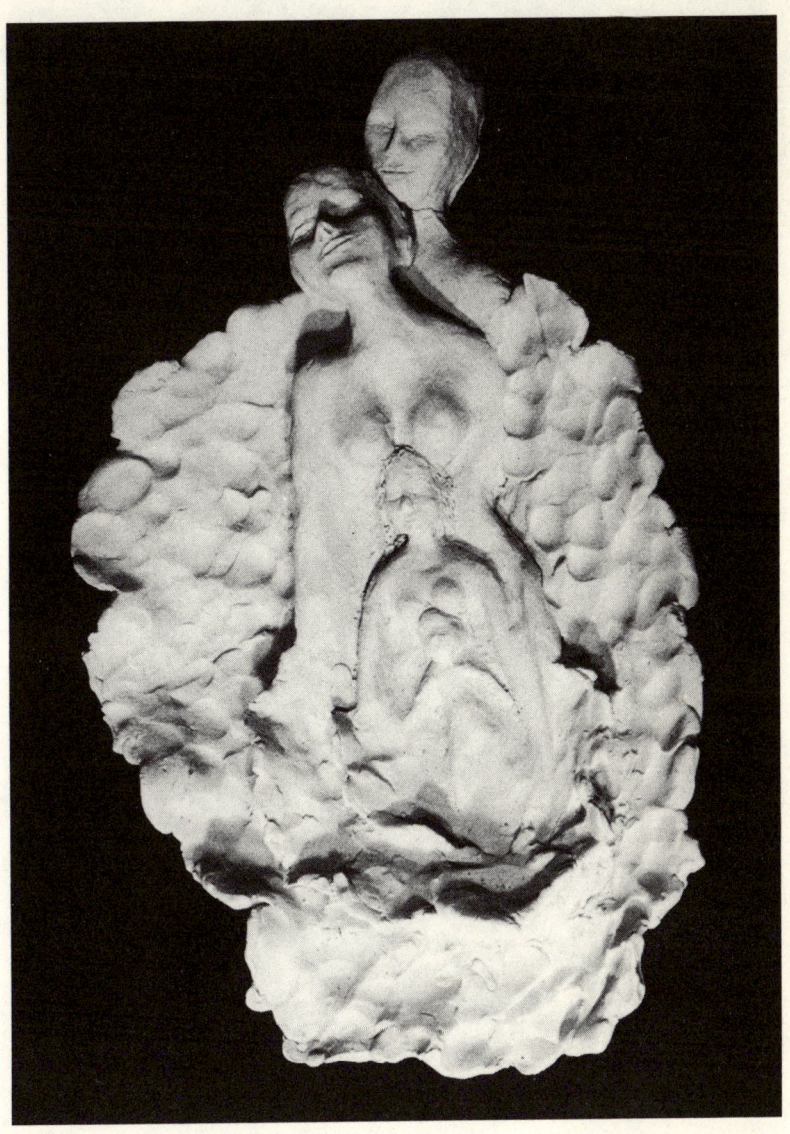

Erste Begegnungen oder Ur-Sachen

Edeltrud Meistermann-Seeger

Statt Anbetung, Anlehnung, Abhängigkeit und Unterwerfung möchte ich das Geheimnisvolle schildern, das jeder bei der ersten Begegnung mit einem Neugeborenen verspürt. Das Geheimnis, das uns zum Grübeln, Suchen und Wünschen verlockt, jeden von uns, schon früh, in dem ersten Fragesatz: Wer hat es denn gemacht? Als ob es sich hätte machen lassen, dieses soeben Geborene; als ob überhaupt jemand anderes als Macher möglich wäre für das *Ich-Selbst* als das *Ich-ganz-Allein*.

Ein Teil dieses Geheimnisses ist leicht zu lösen. Es löst sich im Glanz der Offenheit und Freiheit, mit denen das neue Wesen seine Macht ausstrahlt von Anbeginn. In der unbezähmbaren, unzerstörbaren Elementarität seines Begehrens nach Liebe, Glück, nach Vereinigung und Unendlichkeit sehen wir: Diese mächtige Begierde hat es gemacht. Es *wollte* sein.

Der Rest des Geheimnisses läßt sich schwer lösen: Wo ist der Ursprung des Ich-ganz-Allein? Woher stammt die unvergleichbare Eigenheit des Wesens? Wie hängt die Eigenheit zusammen mit der Begegnung von Vater und Mutter, dieser Begegnung in Gegensatz und Gegnerschaft, die jedoch Verschmelzung und Vernichtung zugleich heißen und wollen kann? Unbeantwortbare Fragen.

Vater und Mutter bereiten durch ihre Gegensätzlichkeit nur das Feld, in dem das neue Wesen sich selbst machen kann. Aber wie? Dieser Teil des Geheimnisses löst sich schwer. Daran grübeln wir immer, unser Leben lang. Dies hier ist ein Versuch, mehr von dem allen zu erkennen, am Beispiel von Geburt und Zeugung.

1. Geburt und Zeugung

Geburt hat vor allem mit Objektbeziehung zu tun. Der Übergang aus einer Objektbeziehung, die in der warmen, geborgenen, ruhigen, gleichförmigen, eher dunklen Welt des Mutterleibes entstand und die sich in der „Urform der Liebe" (*Balint* 1952, S. 79) bildete; dieser Übergang, begleitet von der Erfahrung der Kälte, Rauheit, Helligkeit, von Schmerz und Lärm, wird durch den Objektverlust der Mutter als psychischer Schock erlebt. Der Abbruch der Objektbeziehung ist ein psycho-physischer Vorgang. Das Baby hört nicht mehr den Herzschlag der Mutter, es wird nicht mehr durch Flüssigkeit getragen und verändert demzufolge sein Gewichtsempfinden, es kann die Endlichkeit des Raumes durch Berühren der Uteruswand nicht mehr ertasten. Die Bewegungen sind durch das andere Umweltelement (Luft, im Gegensatz zu Wasser) zu einem anderen Modus gezwungen. Der psychische Effekt ist Desintegration, Selbstverlust.

Der Geburtsvorgang ist eine gewaltige Entladung: Die Mutter entlädt das Kind, dieses entlädt sich selbst. Beide sind an diesem Vorgang beteiligt mit Heftigkeit und krampfartiger Motorik und mit hoher Erregung. Diese Empfindungen sind Kennzeichen der *paroxysmalen* Entladung. Der Paroxysmus ist ein Begriff der Psychiatrie und wird vor allem auf die Epilepsie oder auf hysterische Anfälle angewendet. Geburt jedoch ist die erste paroxysmale Entladung, die vom Kind *allein* erlebt wird, während innerhalb der vorgeburtlichen Zeit gemeinsame paroxysmale Entladungen *mit* der Mutter, beispielsweise im Orgasmus, häufiger erfahren werden konnten. Diese erste allein erlebte paroxysmale Entladung ist verknüpft, ja identisch mit Objektverlust.

Jede paroxysmale Entladung bringt außer den angeführten Erlebnissen von Krampf, Hetigkeit und Schmerzen eine Fülle von Lust, auch von Funktionslust mit sich. Da ist als erstes die Lust der Entspannung, die nach jedem paroxysmalen Anfall verspürt wird. Sie hat etwas Beseligendes.

Neben der Entspannungslust kann das Kind neue Wahrnehmungen und Funktionen genießen. Da ist die Lust des Atmens, die dem Kind nach der Geburt Erfahrungen von Freiheit und Unabhängigkeit gibt; die Lust der selbständigen Bewegung; das Körpergefühl der funktionierenden Organe, Verdauungsakt, Harnentleerung; die Wahrnehmung der Haut, der Sinnesorgane, Ohr und Auge; die erste Erfahrung der Eigenheit also, des Ich-ganz-Allein: der *Neubeginn*.

Der Neubeginn in der Geburt bringt außer dem Verlust der Objektbeziehung und dem angsterregenden Paroxysmus Funktionsgewinn und Wahrnehmungserweiterung. Dieses lustvolle und unlustvolle Zugleich von Objektverlust und Wahrnehmungserweiterung, möglich in einem paroxysmalen Übergang, führt zu einer Prägung besonderer Art. Sie wirkt und zeigt sich in jedem künftigen Objektverlust. Unlust, Schmerz und Angst der Geburt, verbunden mit der Lust des Neubeginns, sind begleitet, ja gekoppelt mit der psychischen Erregung der körperlichen und geistigen Sensationen. Körperliche und seelische Erregungen, die Libido, können miteinander erlebt und zugleich abgeführt werden: die Tätigkeit des Geistes im stürmisch erregten Leib. Die libidinöse Erregung wird abgeführt über Haut, Wahrnehmungsorgane, innere Organe und den motorischen Apparat, vor allem über den Atemapparat und die Extremitäten.

Dies alles kann durch klinische Beobachtung erhärtet werden. Wir wissen nicht, ob die Genitalzone bei der libidinösen Abfuhr während der Geburt beteiligt ist. Mit Sicherheit kann der *Primat* der Genitalzone, der später erreicht werden soll, bei der Geburt ausgeschlossen werden.

Diese Geburts-Beschreibung enthüllt die Identität des Geburtsvorgangs mit dem hysterischen Anfall, von dem *Freud* sagt, „daß die Erregung wie gleichsam durch ein Loch ausrinnt. Hier wird somatische Sexualspannung leergepumpt. Daraus entsteht die neurasthenische Verarmung, die auf das Psychische übergreifen kann" (1925, G.W. 14, S. 120f).

Geburt ist
— Verlust der Objektbeziehung, Desintegration des Selbstgefühls;
— paroxysmale Entladung;
— Lust und Unlust als psychische Begleiter der körperlichen Vorgänge;
— Neubeginn als Erfahrung von Eigenheit und Ich-ganz-Allein;
— libidinöse Erregungsabfuhr ohne Primat der Genitalzone wie bei einem hysterischen Anfall.

Die Geburt spielt sich an einem psychischen Ort ab, der sich mit einem Schlag öffnet, ein Ort von grausamer Neuheit und orgiastischer Lust. Die *Zeugung* ist das Vorbild für diese Verknüpfung, obgleich sich bei der Geburt nicht alles wiederholt, was bei der Zeugung vorfiel.

Zeugung, das ist ein Sprung vom Psychischen, der seelischen Erregung zwischen den beiden Liebenden, in die somatische Innervation des gezeugten Keims. *Freud* hat den Sprung von der psychischen in die somatische Innervation mit dem Begriff der *Konversion* belegt und gemeint, es sei gar nicht so leicht, diesen Vorgang herbeizuführen. Ein solches Überführen psychischer Erregung ins Körperliche braucht viele begünstigende Bedingungen. Bei der Konversion wird die libidinöse Energie in somatische umgewandelt. Die Konversion betreibt während dieser Wandlung die Abtrennung der Libido von dem Bild, von der Vorstellung, mit der jede libidinöse Regung verknüpft ist. Die übliche Vorstellung wird verdrängt, die dabei frei werdende libidinöse Energie kann jetzt ins Körperliche umgesetzt werden.

Freud hat auf die Fähigkeit der Libido hingewiesen, mehr oder minder leicht Vorstellungen und Bilder bei veränderten Befriedigungsformen zu wechseln. Die Libido ist mit Vorstellungen anfänglich relativ locker und unbestimmt verknüpft. Sie sollte immer fähig bleiben, Bilder auszutauschen und Vorstellungen zu wechseln. Die Fähigkeit der Libido, bei veränderten Befriedigungsformen die Vorstellungs*inhalte* zu verändern, ist bei jedem Kind zu beobachten, das von der oralen zur analen Phase übergeht. Die Beweglichkeit der libidinösen Vorstellungen wird in jeder Behandlung, sei es Neurose oder Psychose, als Werkzeug benutzt.

Auch im Vorgang der Zeugung bei der große Anteile von psychischer Erregung ins Körperliche abgeführt werden, muß die Libido von einer ihr zugehörigen Vorstellung ablassen. Sie paßt zwar zum Koitus, aber nicht zur Zeugung, und kann deshalb zur Assoziation mit dem Ich nicht mehr zugelassen werden. Der Vorstellungsinhalt wird abgesprengt und fehlt dann im Bewußtsein.

Wir können nicht wissen, welche Bildvorstellung bei der Zeugung beseitigt werden muß; aber es ist naheliegend, zu denken, daß in der Konversion der Zeugung, die eine Übertragung psychischer Energie ins Körperliche ist, die unerträgliche Vorstellung des *Todes* abgesprengt wird, die zu allen Zeiten mit dem Koitus verbunden wurde. Erst nach dem Aufgeben des Bildes „Tod" kann die Konversion in jenen gegnerischen Stücken der Körper der Liebenden, in Ei und Samen, einen konzentrierten motorischen Ausdruck finden, scheinbar rein körperlich, ohne psychisches Äquivalent. Aber wir sollten uns immer daran erinnern, daß *Freud* gesagt hat: „Psyche ist ausgedehnt, weiß nichts davon." (1938, 17, S. 152).

Samen und Ei wissen nichts von der Konversion der Zeugung. Aber sie waren mächtig genug, die Todesvorstellungen des liebenden Paares so weit zu verdrängen, daß Samen und Ei einander begegneten und miteinander verschmolzen, so daß das neue Wesen entstehen konnte.

Die Zeugung als Konversion: Das heißt, die Todesvorstellungen des liebenden Paares werden aufgehoben, so daß ihre libidinöse Energie in somatische Kraft umgewandelt werden kann. Mann und Frau, oder besser gesagt Vater und Mutter, haben bei ihrer Begegnung in der Zeugung die gleiche Aufgabe, den gleichen Rang, die gleiche Macht, anders als bei der Geburt. Bei ihr ist der Vater Zuschauer, vielleicht Helfer, ein von mancherlei Leiden Bewegter, er ist auch Nutznießer, der die Kontinuität seines Wesens durch die Geburt des Kindes gesichert sieht.

Aber welche Teilhabe am gezeugten Wesen bleibt ihm in den Monaten nach der Zeugung? Was widerfährt ihm, während der Keim „sich" entwickelt, der in Gemeinschaftsleistung mit der Mutter die Entwicklungsbewegungen macht, die ihn nach der Geburt seine Eigenheit, sein Ich-ganz-Allein finden lassen trotz der Symbiose mit der Mutter, dieser Dualunion voller Liebe und Geborgenheit? Wie findet der Vater die Zuwendung zu diesem neuen Wesen? Wie verlockt er es, ihn so wahrzunehmen, wie er es möchte?

2. Der Vater und der Grundmangel

Es war *Michael Balint*, der den Grundmangel, den *basic fault*, als einen zentralen psychischen Begriff in das psychoanalytische Denken eingebracht hat. Grundmangel ist kein frühes oder zentrales Trauma des menschlichen Wesens, des kleinen Kindes, es ist vielmehr ein Defekt in der Struktur, eben ein Mangel. Es ist kein Konflikt oder Komplex, der auf irgendeine Weise bearbeitet werden könnte.

Balint stieß bei seinen sehr tief vordringenden Analysen auf den Grundmangel. Er sagt, daß es sich dabei um ein Geschehen unter Bedingungen handele, die sehr viel einfacher seien als diejenigen, die den Ödipus-Komplex charakterisieren. Er meint auch, daß der Einfluß des Grundmangels weiter reiche als dieser; daß er sich möglicherweise über die gesamte psycho-biologische Struktur des betreffenden Menschen erstrecke und in wechselndem Ausmaß Körper und Seele erfasse — eine Beschaffenheit von persönlicher Eigenheit wie das Blutbild, der Fingerabdruck, die Lebendigkeit (*Balint* 1968, S. 28ff).

Unter Mangel versteht *Balint* weniger eine unzureichende materielle als eine unzureichende psychische Verfassung. Das Hauptgewicht des Grundmangels ist das Unvermögen des Zueinander-Passens. Zueinander passen müssen der Mensch, das Kind, die Mutter, aus denen sich seine Umwelt zusammensetzt. Und hier, in dem Nicht-Zueinander-Passen, besteht von vorneherein Mangelhaftigkeit.

Im Unterschied zu den ödipalen Vorgängen, die Dreier-Beziehungen voraussetzen, spielen sich alle Vorgänge des Grundmangels in einer ausschließlichen Zwei-Personen-Beziehung ab. Die analytische Arbeit am Grundmangel zeigt, daß die normale, konventionelle Umgangs- oder Erwachsenen-Sprache bei seiner Bearbeitung unbrauchbar und irreführend wird. Denn mit der Erwachsenen-Sprache kann man die bei dem Grundmangel auftretenden Probleme nicht beschreiben, da sie in einem psychischen Bereich angesiedelt sind, in dem Worte nicht mehr ihre konventionelle Bedeutung haben. Hieraus ergeben sich zahlreiche technische Probleme, wovon eines ist, daß die von dem Analytiker gegebenen Deutungen von dem Patienten nicht mehr als Deutungen aufgefaßt, sondern für ihn zur Realität werden.

Ich gebe das Beispiel eines Patienten: Der Patient berichtet von seiner Geburt, einem Kaiserschnitt. Ich zitiere eine bei einer früheren Gelegenheit gemachte Äußerung von ihm: „Wo der Vater einmal durchging, gehe ich nicht hindurch." Der Patient nimmt diese Äußerung realistisch und berichtet, als ob es jetzt gerade geschehe und er es erlebe, von dem Beinbruch, der bei der Geburt bei ihm passierte. Er schien sich mir sehr nahe zu fühlen in seiner Regression.

Es ist deutlich, daß die Regression in der beschriebenen analytischen Situation sich verändert. Sie ereignet sich im Bereich der Zwei-Personen-Beziehung, also innerhalb einer Objektbeziehung, während *Freud* „die Regression als einen Prozeß" ansah, „der sich gänzlich in der Seele des Einzelnen abspielt". (1940, G.W. 11, S. 404).

Balint hat zwei Ziele der Regression gesehen, einmal die Erlangung von Triebbefriedigung, zum anderen das Erkannt-Werden durch ein Objekt. Regression ist zugleich ein innerseelisches und ein zwischenmenschliches Phänomen; für die analytische Behandlung regredierter Patienten ist die zwischenmenschliche Seite die wichtigere.

Es ist eine der wichtigsten Entscheidungen der modernen analytischen Technik, in welchem Maße die beiden therapeutischen Mittel (Deutung *und* Objektbeziehung) im jeweiligen Fall angewendet werden sollen, besonders wenn die Arbeit in den Bereich des Grundmangels vorgedrungen ist. Der Nutzen der Erwachsenen-Wörter ist nicht groß, ihre Kraft ist begrenzt und unsicher. Die Objekt-Beziehung ist während dieser Zeitspanne die wichtigere und zuverlässigere Bindeform. Sobald aber der Patient aus der Regression auftaucht, tritt die Deutung wieder in ihre Rechte. (Ich benutze bei dem regredierten Patienten fast nur seine eigenen Wörter, als ob es die meinen seien.)

Balint hat den Grundmangel den „Riß im Kristall" genannt. Grundmangel ist ubiquitär, jeder Mensch hat ihn. Unterschiedlich sind die Weisen, mit ihm zu leben und umzugehen. Bei dem Grundmangel handelt es sich um eine immanente Grenze der menschlichen Entfaltung, die, von uns nicht erkennbar, von außen, von innen oder von beiden Seiten gezogen wird — eine Abgrenzung also. Die Empfindung des Mangels entsteht durch die Erfahrung, daß bestimmte Anreize nicht für die Entwicklungsbewegungen wahrgenommen und benutzt werden können (im Fall meines Patienten der Anreiz zur natürlichen Geburt).

Grundmangel gehört also zur Entwicklung und ist eine Art Plan, in dessen Rahmen die Entwicklung abläuft. Wir wissen, daß Seelisches

Grenzen benötigt, um sich ereignen zu können, wie auch das uferlose Wachsen körperlicher Formen krank macht — also auch Körperliches nur in Grenzen sich entwickelt. Grundmangel liefert Grenzen, er ist so etwas wie das früh Geforderte. Von Anbeginn muß er die Entwicklung beeinflussen, ja steuern. Aber die Frage ist: Woher entsteht dieser Mangel, dieses zur Balance herausfordernde Ungleichgewicht?

Bei der Erforschung der Entstehung des Grundmangels wurde ich immer weiter zurückgeleitet in die Entwicklungsbewegungen des Kindes, des Fötus, des Keims. Ich erkannte das Ungleichgewicht in den Wirkungen der beiden Geschlechter, also der Wirkung von Vater und Mutter, bei der Entwicklung des Keims.

Ich möchte hier etwas Biologisches einfügen. Von Anbeginn dominiert der mütterliche Einfluß in der Entwicklung des befruchteten Eies. Das die Chromosomen umgebende Zytoplasma schließt den Kern von der Umwelt ab. Das Zytoplasma leitet den aktiven Austausch mit der mütterlichen Plazenta. Die erste gemeinschaftliche Leistung des neuen Wesens mit der Umwelt geschieht mit der Mutter, und nur mit der Mutter.

Auch hat die Mutter den größeren Anteil an der *Materie* des Gezeugten. Sie gibt mit dem Zytoplasma den Hauptträger der Anpassungsmuster. Sie hat auf lange Zeit den einzigen Austausch mit dem Keim. Sie bewirkt gemeinsam mit dem Embryo die Erfahrung von Umweltbeziehungen. Sie trägt das Kind in ihrem Leib und gibt ihm Anteil an dem physischen Äquivalent ihrer Empfindungen und ihrer Motorik, also nicht nur an den psychischen Erregungen. Sie kann geben oder auch verweigern, etwa die Erfahrung des orgiastischen Paroxysmus, indem sie sich dem Vater gibt oder verweigert. Sie kann das künftige Kind lieben oder es als lästig empfinden; sie kann es hassen und zu töten versuchen. Sie kann den Vater des Kindes in sich wohnen haben als Bild von Gut oder Böse; sie kann ihn in sich abbilden und dieses Vater-Bild dem Embryo vermitteln, und zwar immer wieder durch das physische Äquivalent aller Art von Erregungen, die sie mit dem Vater hat. Sie kann ihn, den Vater, sich und dem Kind als unwesentlich imaginieren.

Alle diese mächtigen Einstellungen kann sie nach der Geburt fortsetzen, sogar steigern. Und so, denke ich, entsteht der Grundmangel durch die ihrer Natur nach mächtigen Einwirkungen der Mutter auf das gezeugte Wesen. Denn trotz der Gleichgewichtigkeit der väterlichen und mütterlichen Chromosomen lernt der Mensch niemals den Vater auf die gleiche Weise kennen wie die Mutter, nie direkt im natürlichen Erregungsaustausch, immer nur durch die inneren Bilder. Das

Kind kann den Vater in sich nie wie die Mutter in sich befriedigen. Vater und Mutter sind gegensätzlich, sie sind ungleich. Sie in sich zu bergen und zu vereinigen, ist die schwere Aufgabe, die dem Kind von Anfang an gestellt ist.

Der väterliche Anteil wird zuerst durch die Wirkung des Zytoplasmas, das den Keim umschließt, eingeschränkt, dann aber auch durch die embryonale Einnistung. Für den Keim *muß* diese Zurückdrängung des väterlichen Anteils einen Mangel bedeuten. Die väterlichen Chromosomen werden wie die mütterlichen nach Verwirklichung drängen und lechzen. Dieser Mangel an Gleichheit ist es, den wir als Grundmangel verstehen, als den „Riß im Kristall".

Seit 1973 wird in einer Gruppe von Analytikern versucht, den Grundmangel der Patienten aufzufinden und ihn zu beschreiben. Wir können ihn formulieren, ihn fixieren, mit dem Patienten erörtern, verbalisieren und schließlich mit ihm gemeinsam ihn wahrnehmen. Bei der Verbalisierung des Grundmangels überrascht uns immer das Gleiche: Sein Aussprechen verwundert den Patienten nicht. Es ist, als habe er ihn immer gekannt — schließlich ist das ja auch so (*Meistermann-Seeger*, im Druck).

Ich greife noch einmal auf *Balints* (1932, 1968) Ansatz zurück. Er hat von Anfang an die Meinung vertreten und sich dabei auf *Ferenczi* und *Freud* bezogen, daß in den tiefsten Ebenen, in allen erreichbaren Räumen der Seele Objektbeziehungen vorherrschen. Darin ist er mit *Fairbairn* einer Meinung, der das Ich definiert als den Objektsucher. Objektbeziehungen steuern grundsätzlich die Entwicklung der Person. *Balint* hat ein Wort gefunden, das die Veränderung nach dem Auffinden des Grundmangels und seiner Verbalisierung charakterisiert: Es ist der *Neubeginn*, in dem sich nach der Aufdeckung des Grundmangels ganz klar die Natur der ersten Objektbeziehung zeigt.

Ich möchte das zuvor Gesagte auf eine andere Weise noch einmal darstellen: Das genetische Gut von Vater und Mutter ist in seiner Materie einander gleichwertig. Es vereinigt sich und wird dann durch das Zytoplasma eingeschlossen. Der Keim, diese Vereinigung von väterlichen und mütterlichen Genen, geht in aller Ruhe an seine Entwicklung, an die Zellteilung und die Vermehrung, die Vergrößerung. Das Zytoplasma schützt ihn derweilen und leitet ihm die Nährstoffe zu. Es lehrt die Anpassung. Ich war lange der Meinung, daß es eine Benachteiligung des männlichen genetischen Anteils des neuen Wesens sei, daß die Arbeit der Anpassung von der mütterlichen Seite geleistet werde und daß diese damit scheinbar einen größeren Einfluß auf die Entwicklung des Keimes habe. Ich denke das heute nicht mehr, denn ich habe verstanden, daß die ruhende Kraft der Chromosomen seit der Vereinigung im Keim, indem sie die Entwicklungsbewegungen ausführt, stärker ist als Anpassung und Schutzfunktion von Zytoplasma und Plazenta. Diese Kraft erlaubt dem Keim, in aller Ruhe die Entwicklung zu seiner Eigenheit zu bewerkstelligen. Der *Gegensatz* zwischen dem männlichen und weiblichen Erbgut einerseits und der Anpassungsfunktion des rein mütterlichen Schutzes andererseits kommt eher den väterlichen Antrieben zugute als der mit Anpassung und Schutzfunktion beschäftigten Mutter. Sie ist durch diese Funktionen einer anderen Wertordnung unterworfen, welche die mütterliche Beeinflussung des Keims verändert. Die Wertordnung hat sich im Volksmund in der Behauptung von der mütterlichen Selbstaufgabe zum Schutz ihrer Nachkommenschaft wie ein Leitsatz niedergeschlagen. Die Wissenschaft hat festgestellt, daß diese Selbstaufgabe als Rückgriff auf phylogenetische soziale Muster nicht nur von den Menschen, nicht nur von den Säugetieren, den Amnioten, sondern auch von den niederen Wirbeltieren, den Anamnioten, erfolgt. Die mütterliche Selbstaufgabe ist also unabhängig von der Existenz eines Uterus, unabhängig von der Symbiose Mutter-Kind. Sie ist ein Prinzip der Bereitschaft zur physischen Selbstaufgabe der Mutter, eine Folge der Schutzfunktion, eine Reduzierung ihrer Durchsetzungskraft.

Das Zytoplasma vergrößert sich anfänglich stärker als der Zellkern, die Kern-Plasma-Relation stört indessen nicht die Unvermischbarkeit von Zellkern und Zytoplasma. Letzteres ist aktiver. Mit seiner Aktivität und als Grenzgewebe, das in direktem Austausch mit der rein mütterlichen Umwelt steht, bewahrt es die Harmonie zwischen Fötus und Mutter. Als Grenzgewebe mag es auch bestimmte Wirkungen auf die genetischen Muster im Zellkern haben.

An dieser Stelle in diesem Prozeß hat der Grundmangel seinen Ursprung, in der gegensätzlichen Wirkungsweise der Kern-Plasma-Relation. Wir wissen aus der Psychoanalyse, daß es der *Gegensatz* ist, die Entgegensetzung, die die größere Kraft und stärkere Auswirkungen der vorhandenen Mittel herausfordert, im Gegensatz zu dem Gleichklang, der Harmonie, der innigen Verbundenheit.

Die psycho-physische Kraft der männlichen Chromosome, wie immer sie sich auch ausdrücken mag, ist stark genug, um die mütterliche Funktion von Schutz und Anpassung als Anreiz zu verwerten, nämlich als Auslöser und Förderer von Wachstums- und Entwicklungsbewegungen. Damit ist der Vater bei der Entstehung des Grundmangels äußerst wirksam, wirksamer als die genetische Funktion der Mutter in ihrer Anpassungsarbeit. Das heißt: Die väterliche Funktion wirkt auf die Gegensätzlichkeit der Geschlechter von Anbeginn ein. Er kann die praktischen Folgen und die verschiedenenartigen Wirkungen des Grundmangels für sich nutzbar machen, unmittelbar nach der Zeugung.

Ich möchte Ihnen ein Beispiel zur Definition, Formulierung und Konfrontierung eines Patienten mit dem Grundmangel geben. Es handelt sich um den eben erwähnten Patienten, der geboren wurde, als sein Vater 47, seine Mutter 44 Jahre alt waren. Er hatte einen sechs Jahre älteren Bruder. Die Eltern fühlten sich schon bei diesem ersten Kind überrascht durch die Zeugung, sie waren bei seiner Geburt schon 20 Jahre verheiratet, waren aber noch überraschter, als die Mutter noch einmal schwanger wurde.

Die Eltern wurden durch den Patienten eindeutig als Sich-Entfremdete beschrieben. Für ihn prägten Angst, Neid und Gier die Verhaltensmuster der Eltern. Sie waren eigentlich ohne sexuelle oder liebende Interessen. Jeder lebte für sich, der Vater voll beschäftigt mit dem sechs Jahre älteren Sohn. Die Mutter war nach den familiären Darstellungen und auch nach der vorliegenden Korrespondenz mit ihrer Schwester mit der Überraschung über die zweite Schwangerschaft bis zur Geburt nicht fertig geworden.

Die Geburt war ein Kaiserschnitt, die Mutter übermittelte dem Kind folgende Situation: Als der Termin zur Geburt herannahte und die Wehen einsetzten, ging sie ins Krankenhaus, und der Arzt stellte eine Querlage fest; er schlug den Kaiserschnitt vor. Er fragte sie, ob sie es nun heute abend noch machen wollte oder am anderen Morgen, in aller Ruhe. Sie sagte: „Ach, machen Sie es gleich. Dann haben wir es hinter uns."

Es gab zwischen den Eltern einen sozialen Unterschied, so daß bei der Heirat seitens der inzwischen verstorbenen Großeltern Feindseligkeit gegenüber dem Schwiegersohn herrschte, die zwischen den Eltern des Patienten als soziale Rivalität erhalten war.

Es ist nicht möglich, alle jene Fäden und das Gewebe darzulegen, die zur Definition des Grundmangels führten. Er lautete: „Mit Neid und Gier den anderen beschwörend und ineinander in Selbstischkeit versinkend bei der Zeugung, blieb den Eltern das Kind fremd und gleichgültig. Sie ahnten nicht, daß das gierige und neidische Ineinander-Versinken ein Wesen mit blitz- und todesstrahlenden Augen zeugen würde."

Die Definition des Grundmangels ist ein Wagnis, das man auf sich nehmen muß, um mit dem Patienten möglichst schnell in eine sehr frühe Übertragungssituation besonderer Art zu kommen. Nach den Erfahrungen der Kölner Gruppe kann der Grundmangel dem Patienten sehr bald benannt werden. Wir haben noch nie erlebt, daß er nicht angenommen wurde. Vielmehr stellte sich nach seiner Verbalisierung eine Klimaänderung ein, die *Balint* (1968, S. 28ff) „die freundlichen Weiten in der Therapie" nannte. Denn die analytische Arbeit nach der Erkenntnis des Grundmangels ermöglicht den Neubeginn. Neubeginn ist möglich, wenn die Natur der ersten Objektbeziehung, die Urform der Liebe, von Patient und Therapeut gemeinsam verstanden wurde, wenn der Therapeut in die Lücke einleitet, die in der primären Liebe durch den Grundmangel entstand; wenn also der Patient sein Verhältnis zu Vater und Mutter in seinen Ursprüngen und in allen Variationen auf den Therapeuten überträgt.

Man kann nicht daran zweifeln, daß die erste Objektbeziehung, die der Mensch erlebt, und sei er nur ein Keim, die zu seinen *Eltern* ist (nicht nur die zu seiner Mutter), und zwar zu den Eltern als Paar in ihrer Art von Vereinigung, die Paroxysmen aller Art erlaubte, vom Koitus bis zur Zeugung und zur Todesnot.

Wir verdanken *Balint* den Hinweis darauf, daß die Entstehung der Objektbeziehung die Urform der Liebe ist. Liebe ist etwas anderes als das Erreichen von sexuellen Zielen oder Lusterwerb. Liebe ist voller Würde und gepaart mit Verehrung. Zeugung macht keine Lust. Die Lust tritt durch die sexuelle Vereinigung auf, die mit dem gezeugten Kind kausal nichts zu tun hat. Ich sagte es schon: die Eltern ahnen nicht, was sie in ihrer Fremdheit und Gier und in dem neidischen Ineinander-Versinken bei meinem Patienten zuwege bringen konnten. Die erste Objektbeziehung gilt der Entwicklung der Liebe. Es ist ein biologisches Gesetz, daß die Vereinigung der männlichen und weiblichen Keimhälften nur möglich ist, wenn sie zueinander passen. Zueinander-Passen ist das wesentliche Kennzeichen jeder Objektbeziehung überhaupt.

Wovon hängt die Entwicklung der Urform der Liebe, der primären Objektbeziehung ab? Was macht sie fruchtbar und wirksam im Kampf mit dem Grundmangel? Wir verdanken *Stephanos* (1973) den Begriff des „der Mutter innewohnenden Vaters". Fehlt der Vater in der Mutter, so verstärkt sich der Grundmangel. Das durch den Grundmangel erzeugte Ungleichgewicht kann nur der Vater ausgleichen. Wohnt der Vater der Mutter nicht inne als eine Imago von positiver Kraft, die ihre Empfindungen gegenüber dem Fötus, dem Keim steuert, so kommt es zu einem Grundmangel, der die mütterlichen Anteile des genetischen Erbes überbetont, der die Anpassung zu mächtig werden läßt und die Kraft des väterlichen Erbgutes unterdrückt. Diese Unterdrückung geschieht auf vielerlei Weise, nicht nur vor der Geburt, sondern vor allem nach der Geburt, indem die Mutter dem Kind den Vater als einen Gegensatz zu sich und zu der wünschenswerten Entwicklung des Kindes vorstellt. Kaum etwas hört man öfter im Umgang der Mutter mit dem Kind als den Satz: „Das hast du vom Vater." Und damit ist immer etwas Negatives gemeint.

Die andere Möglichkeit aber ist, daß der innewohnende Vater die Mutter zu Verhaltensformen, zu Gedanken und Empfindungen gegenüber dem Fötus, dem Kind anregt, die die Kraft des väterlichen Erbgutes steigern. Der Gedanke mag metaphysisch erscheinen und auch mystisch; real aber (und das können Sie in allen Embryonal-Forschungen feststellen) ist die Unvereinbarkeit von Samen und Ei die häufigste Ursache von Fehlgeburten; sie ist die Ursache des Wunsches nach Unterbrechung der Schwangerschaft, nach Abtreibung; sie bewirkt die fehlgesteuerten Geburten und den frühen Tod des Kindes oder der Mutter.

Es ist hier nicht der Platz, auf die Details einzugehen und auf die „Kraft des innewohnenden Vaters". Aber nehmen Sie das Beispiel, das ich Ihnen gab. Mein Patient, in dem durch die Bindung seines Vaters an seinen Bruder und durch die beiläufige Zeugung und die Gleichgültigkeit seines Vaters gegenüber der sexuellen Beziehung zu seiner Mutter eine Übermacht des mütterlichen Erbgutes erzeugt wurde, entwickelte sich in einer Weise, die dem Vater unerträglich erschien und ihn zu weiteren Fehlern veranlaßte. Der Drang aber des väterlichen genetischen Gutes, sich durchzusetzen, war so übermächtig, daß der Patient einer Spaltung verfiel, die gefährlich wurde und Teile seiner Welt wahnhaft machte.

Der Grundmangel entsteht durch die Verschiedenheit der elterlichen Anteile bei der Zeugung und der frühen Entwicklung des Keims. Es entsteht ein Ungleichgewicht. Als Schicksal ist der Grundmangel ubiquitär und unvermeidbar. Aber durch die positive Imago des Vaters in der Mutter können grobe Fehlentwicklungen und schwere Schädigungen durch den Grundmangel vermieden werden. Im günstigsten Fall wird der Grundmangel eine Antriebskraft, die den Plan der Eigenheit des neuen Wesens und seine Verwirklichung in Gang setzt, nicht anders, als er in den Chromosomensätzen bereit liegt.

Das Geheimnis der Begegnungen des Kindes mit seinen Eltern in Zeugung und Geburt und bei der Entwicklung seiner Eigenheit in der Bewältigung des Grundmangels läßt sich nicht lösen. Nur der *Auswirkungen* der Begegnungen sind wir sicher, und daß sie den Entwurf vom Mensch-Sein bestätigen, den der junge *Marx* (1844, S. 131) niederschrieb: „Der Mensch muß von sich selbst Besitz ergreifen, als ein vollkommenes Wesen, in einer vollkommenen Art, also als vollkommener Mensch. Diese Besitzergreifung gehört zu allen seinen menschlichen Beziehungen zur Welt — zum Sehen, Hören, Riechen, Schmecken, Empfinden, Denken, Bemerken, Erfahren, Wünschen, Handeln, Lieben, mit allen Organen seines Wesens."

Im Gegensatz, in der Gegnerschaft und in der Harmonie der Begegnungen des Kindes mit den Eltern wird das Sich-selbst-Ergreifen begonnen.

Literatur

Balint, M., Charakter-Analyse und Neubeginn, *Internationale Zeitschrift für Psychoanalyse*, Bd. 18, 1932.

—, Primary Love and Psycho-Analytic Technique, Tavistock, London 1952; dt.: Urformen der Liebe und die Technik der Psychoanalyse, Huber, Bern 1965.

—, The Basic Fault. Therapeutic Aspects of Regression, Tavistock, London 1968; dt.: Therapeutische Aspekte der Regression, Klett, Stuttgart 1970.

Freud, S., Vorlesungen zur Einführung in die Psychoanalyse (1917), G. W. 11, Imago, London 1940.

—, Hemmung, Symptom und Angst (1926), G. W. 14, S. 111ff, Imago, London 1948.

—, Ergebnisse, Ideen, Probleme (1938), G. W. 17, S. 151f, Imago, London 1941.

Marx, K., Philsosophisch-ökonomische Manuskripte, Deutsch-Französisches Jahrbuch v. *Runge, A.* und *Marx, K.*, Paris 1844.

Meistermann-Seeger, E., Ein Fokalseminar in Köln, (im Druck).

Stephanos, S., Analytisch-psychosomatische Therapie, Huber, Bern 1973.

251

... Unterwegs ...

Lotte Kottek

Im Fließen eigenen Boden finden,
im Lösen Festigkeit gewinnen,
beim Mittefinden weiterschreiten,
im Sich-Erleben Welt umfassen,
im Schatten Helligkeit erspüren,
und Angst aushalten
                    vor den ungelösten Fragen,
dann
                    vor dem großen Tor
das Ich, das mühsam aufgebaute,
klein zusammenfalten,
wie ein Zelthaus,
und verschenken an die Welt.

Die Dinge leben, ohne
daß wir sie benennen.

Der Fluß strömt,
ohne uns zu fragen,
durch uns hindurch.
Auf seinem Rücken reiten unsere Gestalten
nur glitzernde Sekunden lang.
Das weite, alte Lichtmeer
wartet ohne Ungeduld.

Wachsen lassen statt abtreiben — integrieren statt verleugnen und abspalten

Elfriede Waas, Wien

1. Meine Geschichte

Dieses Bild habe ich gemacht, als mein Sohn ca. neun Monate alt war. In dieser Zeit ging es mir nicht gut. Ich war allein mit *dem Kind*. Keiner war da. Wenn Besuch kam, stand *das Kind* im Mittelpunkt. Ich war eifersüchtig und beleidigt. Von mir wurde kaum Notiz genommen. Ich war stets bemüht, eine gute Mutter zu sein, immer da zu sein, doppelt anwesend zu sein, weil der Vater „fehlt". Tag und Nacht war ich präsent. Ein Geräusch, ein kurzer Huster, ein Ansatz von Weinen ließen mich nachts bereits hellwach und aufrecht im Bett sitzen, um dann sofort an sein Bett zu eilen.

Ich war völlig zerrissen. Das Kind zerreißt auch. Ich hatte das Gefühl, nur mehr aus Puzzleteilen zu bestehen. Da kam mir dieses Bild. Die Fotos machte ich beide, und die Collage war schnell fertig. Ich war erleichtert. So ist es: Das Kind zerreißt mich. Oder: ich brauche das Kind, damit es mich zerreißt? Ich zerreiße mich für das Kind. Das Kind zerreißt mich? Ganz klar konnte ich es nicht sagen, nur so viel: Ich bin jetzt zerrissen.

Das Bild habe ich im Wohnzimmer aufgehängt, und es blieb dort; zeitweise habe ich es angesehen, zeitweise gar nicht wahrgenommen. Es gehörte so zu meiner Wohnung wie das Bügelbrett in der Ecke. Ungefähr ein Jahr darauf, an einem ruhigen Nachmittag, lagen wir nach dem Mittagsschlaf friedlich auf der Couch, sangen und spielten miteinander. Dann begann das Spiel „Was ist das?". Blumen, was ist das? Der Tisch, was ist das? Ein Buch, was ist das ... Was ist das, ein Bild? „Das ist die Mama", sagte Niko, „Mama ist kaputt, Niko macht's wieder gut!" Mir wurde ganz warm, und ich begann zu weinen. So hab ich das Bild nie gesehen. Das stimmt. Seit es Niko gibt, ist vieles gut geworden.

Ich habe lange und viel darüber nachgedacht, viele Bedeutungen kamen mir in den Sinn von Kaputt-Sein, Zerrissen-Sein. Ich war sehr zerrissen, als ich schwanger wurde: Ich schwankte hin und her zwischen dem Für und Wider meiner Schwangerschaft, der Frage: „Geht's gut?" oder „Geht's nicht gut?".

Ich bangte zwischen Angst und Hoffnung, wie ich für mich und das Kind mehr Sicherheit und Zukunft haben könnte. Ich war hin- und hergebeutelt in der Spannung zwischen Mut und Scham, von Zuneigung und Ablehnung meiner Umgebung, der Wut und der Freude in mir. Ich bin nicht von ungefähr, nicht zufällig schwanger geworden, es ist nicht einfach passiert, das wurde mir an diesem Erlebnis ganz klar und deutlich. Ich habe mir dieses Kind in dieser Situation unter diesen Umständen gewünscht, und ich habe es gebraucht. Und das erlebe ich immer wieder, seit ich in der Schwangerschaftskonfliktberatung bin. Dieses Kind hat auch eine Botschaft, hat eine Funktion, verbindet Hoffnungen, bringt Bestätigung oder was auch immer. Ich bin überzeugt, daß Frauen nicht einfach „nur so" schwanger werden. Dieses Erlebnis läßt mich auch immer mit der Schwangeren suchen und fragen: Welche Botschaft und Aufgabe gibt mir diese Schwangerschaft, dieses Kind in meiner momentanen Lebenssituation (z. B. für mein persönliches Leben im Bezug auf meinen Partner, meine Familie, meine Arbeit, meinen Lebenssinn)? Ich frage die schwangeren Frauen einfach: „Was bringt Ihnen dieses Kind?"

Rat-Schläge (auf Wienerisch)
— Wann ist die Hochzeit
— i was an guaten Arzt
— jetzt hast dein Leben verpfuscht
— warum tuast dir des an
— mit an ledigen Kind kummst ma net ham
— des hab ich immer schon g'wußt
— bist deppat, a Kind in de Wöt?
— Murds Oabeit und kan Dank
— wern eh alle G'fraster und Verbrecher
— des kann jo ka guata Mensch wern
— von mia kriegst kan Groschn
— was? No a Joa, wo i net schlofen kann? Kummt net in Frage
— der Bangert wird so wie du
— was kann denn der arme Wurm dafür, wann du so blöd bist
— die Schand, wir san a anständige Familie
— zu meiner Zeit hät's sowas net gem
— bist selber schuld
— was willst Du denn dem Kind schon bieten
— glaubst dich nimmt no ana mit'n Kind

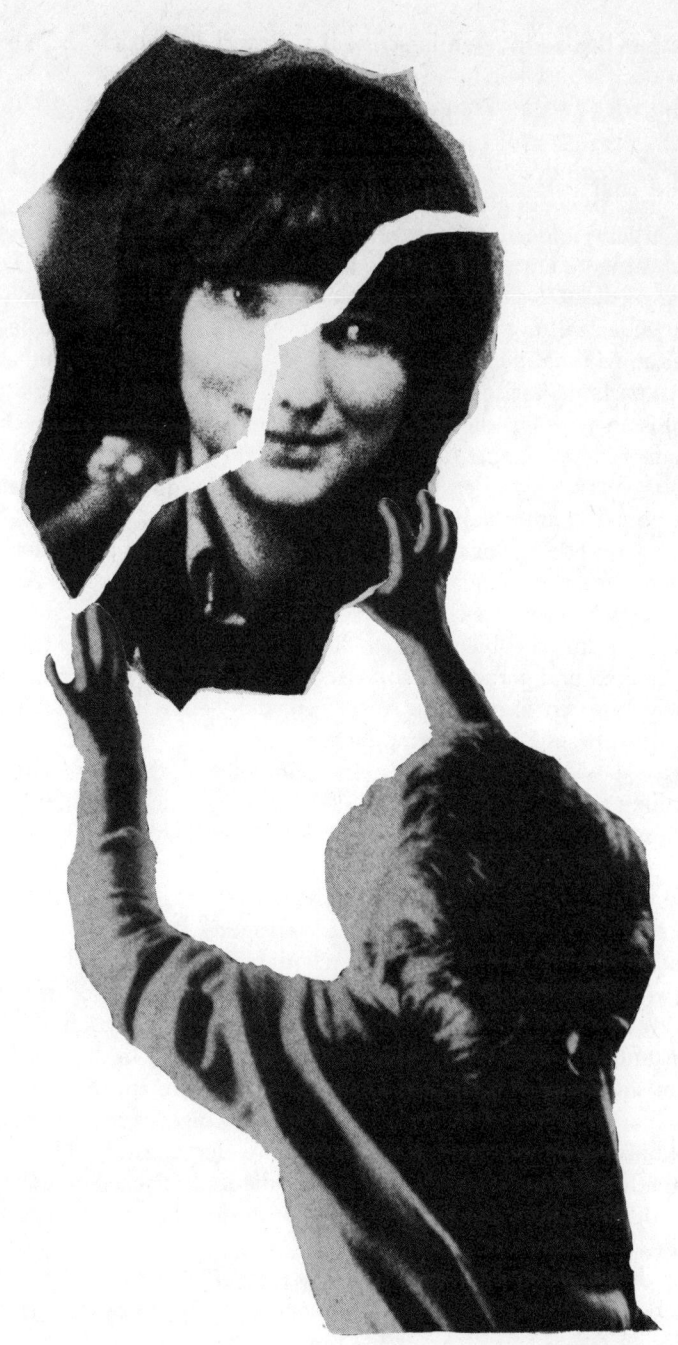

255

— wannst das adoptieren lassen willst, kannst das gleich abtreiben
— bei der Geburt wird da scho allas vageh
— scho wieda so a „Waumpate"

2. Die Institution, in der ich arbeite

Ich arbeite in der Katholischen Kirche beim Diözesanen Hilfsfonds für schwangere Frauen in Notsituationen der Erzdiözese Wien. Dieser Fonds wurde 1973 eingerichtet als eine flankierende und wohl auch die ablehnende Haltung der Kirche in der Abtreibungsdiskussion legitimierende Maßnahme. Ende 1973 war die „Fristenlösung" mit einer kleinen parlamentarischen Mehrheit von der sozialistischen Regierung beschlossen worden, die Diskussion um den Paragraphen 144 schlug besonders in der Kirche hohe Wellen. Im Jahr 1974 kam es zu einem Volksbegehren gegen den sog. „Abtreibungsparagraphen", das allerdings vom Parlament abgelehnt wurde.

Ziel dieses Fonds war es, Frauen zu unterstützen, die, unter starkem sozialem Druck stehend, ohne Unterstützung, nur mehr die Abtreibung (verschleiernd „Schwangerschaftsunterbrechung" genannt) als Lösung für ihre Probleme sehen konnten. Es ging von Anfang an darum, auch und gerade bei sozialer Indikation das Mögliche zu tun, um schwangeren Frauen das Austragen, die Geburt und das weitere Leben mit ihrem Kind zu ermöglichen.

Gespeist wird der Fonds aus einer einmaligen jährlichen Kirchensammlung anläßlich des Muttertags (Warum eigentlich nicht am Vatertag?) und weiteren freiwilligen Spenden. Meine Lohnkosten werden von der Erzdiözese Wien getragen, ebenso mein Sachaufwand (Büro, Telefon etc.), so daß die Gelder aus dem Hilfsfonds zur Gänze für die Unterstützung von Schwangeren zur Verfügung stehen.

Ein Kuratorium wurde eingerichtet, das zu entscheiden hatte darüber, wem wieviel und wofür finanzielle Mittel zufließen sollten, etwa für Wohnungsbeschaffung, Überbrückungshilfen, Zuschuß zum Lebensunterhalt, Arzt- und Krankenhauskosten usw. In diesem Kuratorium sind und waren alle jene Institutionen vertreten, die in diesem Bereich arbeiten bzw. immer wieder mit Schwangeren in Notsituationen konfrontiert werden: SOS-Mütterhilfe der Caritas, der Verein „Rettet das Leben", die Bewährungshilfe, die Katholische Frauenbewegung, der Verein „Rat und Hilfe", Vertreter der Katholischen Aktion und des Pastoralamtes.

Mit der Zeit wurde diesem Kuratorium die Notwendigkeit klar, jemanden anzustellen, der Hausbesuche, „Krankenbesuche" macht (gemeint waren die Besuche nach der Geburt und Nachsorgemaßnahmen) und der in Krisensituationen als Feuerwehr fungieren sollte. Dieser Posten wurde mir nach Beendigung des Karenzjahres angeboten. Ich war begeistert. Welche Arbeit hätte mir in meiner Situation näherliegen können, als Frauen in konflikthaften und sozial schwierigen Situationen in ihrer Schwangerschaft, bei der Geburt und nachher zu begleiten und zu unterstützen.

Vor meiner eigenen Schwangerschaft war ich als kirchliche Jugendleiterin für mehrere Pfarren angestellt, eine Arbeit, die ich sehr mochte, aber als „ledige Mutter" über kurz oder lang nicht mehr hätte weitermachen dürfen. Während dieser Anstellung (1978) hatte ich meine pastoraltherapeutische Ausbildung begonnen, die in Kooperation zwischen der Universität Graz (Pastoraltheol. Institut) und dem Fritz Perls Institut Düsseldorf 1976 gegründet worden war.

Im Februar 1981 begann ich hochmotiviert beim Hilfsfonds zu arbeiten. Erst nach und nach wurde mir klarer, welche Strukturen ich vorfand und selber meiner Arbeit gab, welches Konzept ihr innewohnt und welche Rolle ich dabei übernehme. Es ist spannend und aufregend, sie hier schriftlich auf meine Weise darzustellen und möglicherweise auch Rückmeldung zu bekommen.

3. Meine Rolle

Meine Rolle wurde bei Dienstantritt etwa so beschrieben: „Zur Ihrer Arbeit beim DHF gehören Beratung, finanzielle Hilfe und nachgehende Betreuung für Frauen, Mitarbeit im Leitungsteam des Mutter- und Kindhauses und der Wohngemeinschaft, Zusammenarbeit mit dem Verein ‚Rat und Hilfe', Betreuung der Arbeitsplätze und Einsatz der schwangeren Frauen."

Da der Anfang noch nicht sehr hektisch war und ich mein Aufgabenfeld äußerlich „beschnuppert" hatte, versuchte ich, mich vorzubereiten und mir vorzustellen, welche Rollen ich einnahm. Sozialarbeiterin; Beraterin; Einsatzleiterin bei den Arbeitsplätzen; Feuerwehr; Geburtshelferin; Rechtsberaterin; Vermittlerin jeder Art bei Ämtern, Ärzten, Wohnungsbüros; Fachfrau für medizinische Fragen und emotionale Rollen als Übertragungsperson: Mutter, Freundin, Verbündete ... In der Realität finde ich mich manchmal im Chaos wieder! Denn es ist oft schwierig und auch verwirrend, die eine Rolle von der anderen zu unterscheiden.

Da ich die Möglichkeit (sowohl von meiner Ausbildung als auch von den Angeboten her) habe, von den therapeutischen Interventionen bis zur Arbeitsplatzbeschaffung und hin zur Rechtsberatung, erspart es den Frauen das Hin- und Hergeschicktwerden von einer Institution zur anderen. Sie müssen sonst immer wieder „ihre Geschichte" ausbreiten, und diese wird oft ohne Rücksicht und Achtung zum „Fall 4793" degradiert. Ich bin inzwischen von der Wichtigkeit und Notwendigkeit dieser Vielfalt überzeugt, sie ermöglicht mir auch, umfassender und integrativer zu intervenieren und zu arbeiten.

4. Die Struktur meiner Arbeit

Wohngemeinschaft (WG)

Die in einem Pfarrhaus gelegene WG „St. Elisabeth" hat eine Unterbringungsmöglichkeit für 5 Frauen mit ihren Kindern. Ihnen stehen pro Frau ein Zimmer mit Kochnische und Dusche zur Verfügung. Weiterhin gibt es zwei Bäder, eine große Gemeinschafts- bzw. Wohnküche und einen Aufenthaltsraum. Diese WG wird von Elisabeth, einer „ehrenamtlichen!" Mitarbeiterin geleitet, die auch in der Pfarre sehr stark integriert ist und daher versucht, ihre Arbeit von den Menschen dieser Pfarrgemeinde mittragen zu lassen. Wenn in der WG allerdings etwas nicht klappt, Lärm und Streit nach außen dringt, heißt es jedoch sehr rasch: „das waren *deine* Mütter", und sie steht allein da. Meine Rolle ist dabei, Aufnahme und Entlassung mitzuberaten, bei Konflikten und Schwierigkeiten aufklärend und bewußtmachend zu wirken und Elisabeth bei Entscheidungen zu unterstützen. In der WG werden vorwiegend jüngere Frauen aufgenommen mit nur einem Kind. Die Praxis hat gezeigt, daß die Frauen im Durchschnitt hier eineinhalb Jahre bleiben. Da die Zahl der Frauen in dieser WG gering ist, ist die Arbeit überschaubar und klar.

Mutter- und Kindhaus (MKH)

Diese Einrichtung besteht aus ca. 50 Wohneinheiten in alten Zinshäusern, die als Schenkung dem Verein „Rat und Hilfe" zur Verfügung gestellt wurden. Vor drei Jahren wurde hier mit der ersten Wohnung begonnen; heute sind 16 Wohnungen von Schwangeren bzw. Müttern bewohnt. Zieht von den Altmietern jemand aus, wird eine neue Wohneinheit frei. Als Ziel dieses Hauses wurde deklariert, daß Frauen mit ihren Kindern in einer eigenen Wohnung für beschränkte Zeit (max. zwei Jahre) ein Zuhause finden können, dabei sich selbst und ihr(e) Kind(er) versorgen müssen und doch einen gewissen Schutz und Sicherheit erleben. Die Wohnungen hier sind Substandardwohnungen und mußten und müssen natürlich alle renoviert werden. Viele der

Frauen hatten noch nie eine eigene Wohnung (sie wohnten bei der Familie oder beim Freund) und lernten so langsam, einen eigenen Haushalt zu führen.

Das ist natürlich in einer krisenhaften Schwangerschaft eine zusätzliche Belastung, die oft schlecht oder nur mit großer Mühe von den Frauen gemeistert werden kann. Sie erscheint mir aber wichtig für den Gewinn größerer Selbständigkeit in der Lebensgestaltung. Dieses Haus leitet seit zwei Jahren hauptamtlich Theres. Sie wohnt auch dort. Ihr Mann arbeitet als Hausmeister ebenfalls hier. Seit Anfang 82 gibt es eine neue Mitarbeiterin, Hildegard, die bereits sieben Jahre Erfahrung in der Mutter-und-Kind-Arbeit mitbringt und die Aufgabe hat, eine hauseigene Kinderbetreuung aufzubauen und den Frauen bei der Bewältigung ihres hauswirtschaftlichen „Chaos" zu helfen. Meine Rolle im MKH ist beschränkt auf Krisenintervention und Mitarbeit bei Planung und Ausarbeitung von Konzepten.

Arbeit

Arbeitsplätze für Schwangere, die nicht berufstätig bzw. arbeitslos sind, zu beschaffen, ist eines der wichtigsten Anliegen meiner Arbeit. Manche haben auch ihre Arbeit wegen einer Schwangerschaft in der Probezeit verloren. Und schwanger nimmt sie kein Arbeitnehmer mehr. Auch beim Arbeitsamt werden sie abgewiesen. Schwangere sind nicht mehr vermittelbar. Viele haben auch noch nie gearbeitet bzw. sind noch Studentinnen. Es fehlt ihnen die Grundvoraussetzung für den Aufbau einer eigenen Existenz: Geld und Arbeit. Sie können nicht für sich selbst sorgen, haben häufig ein sehr schwaches Selbstwertgefühl. Mitunter sind Schwangerschaft und Kind ein Versuch, sich Existenzberechtigung, Beachtung und Bestätigung zu verschaffen.

Ich habe die Möglichkeit, Frauen im kirchlichen Bereich anzustellen und verschiedenen Diensten zuzuteilen. In der Regel werden sie bei Nachweis einer geringen einschlägigen Voraussetzung als Bürohilfskräfte oder als Kindergartenhelferinnen angestellt. Letzteres ist sehr begehrt und erscheint mir besonders sinnvoll. Im Kindergarten lernen sie selbst oft erst spielen. Von den Spielen, Liedern, dem Umgang mit Kindern, sind Frauen, selbst oft noch ganz junge Mädchen, begeistert. Der Einwand, die bange Sorge vorher — „Kann ich denn mit einem Kind überhaupt umgehen?" — wird überprüft und erübrigt sich meist von selbst.

Ein neues Projekt in Richtung Arbeit und Produktivität ist die Webstube. Wir haben einen großen Webstuhl gekauft, und die Frauen sollen erleben, wie produktiv sie sind und daß sie ihre Arbeiten im geplanten Laden auch verkaufen können. Bei manch einer läuft das Geschäft mit selbstgestrickten Pullovern auf vollen Touren. In diesem Bereich trage ich zum Teil die Verantwortung, daß alle gesetzlichen Bestimmungen eingehalten werden, leite die Projekte und Arbeitseinsätze.

Finanzen

Anlaß, in die Beratung zu kommen, ist für viele Frauen, daß sie plötzlich eine Zahlungsaufforderung erhalten, mit der sie nicht gerechnet haben und die ihnen über den Kopf wächst, z. B. eine Jahresendabrechnung von Gas und Strom, ein fällig gewordener Kredit oder nach Nichtzahlung von Raten die Gesamtforderung angesichts eines total überzogenen Bankkontos. Monatliche Verpflichtungen bei Versandhäusern, eine aufgeschwatzte Versicherung und Rückstand bei der Miete kommen bei diesen Menschen, die nicht gelernt haben, mit Geld umzugehen, noch dazu. Oft endet das Auflisten der „Schulden" in einem entsetzten Satz: „Was, ich habe so viele Schulden?" Der Überblick wirkt bedrohlich. Hier geht es darum, bei den verschiedensten Ämtern, Banken, Kaufhäusern, Gaswerken zu intervenieren und zunächst ein Absperren von Gas und Strom oder eine Klage abzuwenden und mit der Frau und den „Schulden" eine realistische Ratenvereinbarung zu treffen. Zudem kann ich vom Kuratorium Zuschüsse beantragen, soweit mir das sinnvoll erscheint.

Rechtsberatung und medizinische Beratung

Da solche Schwangerschaften oft dazu führen, daß ein Mann seine Frau/Freundin verläßt, sie aus der Wohnung (sofern sie ihm gehört) wirft, die Frau daher in Trennung oder Scheidung lebt, ergeben sich eine Menge Rechtsfragen, die zu klären sind: Welche Rechte habe ich? Wie ist es mit dem Kind? Wessen Namen bekommt das Kind? Muß er für das Kind, für mich zahlen? Kann er mir das Kind wegnehmen? Welchen Anspruch kann er (bzw. die Eltern) stellen? Welche sozialrechtlichen Ansprüche habe ich — Wochenhilfe, Karenz, Notstandshilfe, Arbeitslosengeld? Was ist, wenn er bestreitet, der Vater zu sein? Muß ich ihn angeben? Und oft gekoppelt damit: Schadet es dem Kind, wenn ich mich so aufrege? Wie groß ist es eigentlich jetzt? Meine Rolle dabei ist aufzuklären, Informationen zu geben, Fragen zu beantworten, Entscheidungshilfen anzubieten und gegebenenfalls fehlende Informationen einzuholen.

Zur Nachsorge: Selbsthilfegruppen für Alleinerzieher

Ein häufiger Vorwurf an die Kirche ist: „Euch ist nur das ungeborene Leben wichtig; um das, was nachher kommt, kümmert ihr euch nicht!" Selbst wenn ich mich nicht darum kümmern wollte, so zwingen mich die Frauen dazu, indem sie nach der Geburt mit ihrem Kind in die Beratungsstelle kommen. Was passiert, wenn das Kind da ist? Die Frauen erleben nach der Geburt eine Vielfalt von „Neuem", meist einen völligen Erschöpfungszustand, finden sich in einer neuen Rolle „Mutter" wieder, für die sie häufig keine oder schlechte Vorbilder hatten. Schlechtes Gewissen stellt sich ein, wenn sich die im Volksmund „instinktiv" genannte Mutterliebe nach Tagen noch immer nicht eingestellt hat. Das Kind und die eigene neue Rolle verändern auch Beziehungen zum Mann, zum Freund, zur eigenen Familie und zur Umwelt. Sie erleben vor allem: das Kind bestimmt mich total, im Haushalt gibt's Chaos, mir fehlt chronisch der Schlaf ... Darauf folgt die Selbstentwertungsmaschine": „Das schaff' ich nicht."

Dies sind die Nachgeburt und die Nachwehen, die oft unterschätzt oder gar nicht bewußt registriert werden. Die Katholische Frauenbewegung hat vor vier Jahren aus diesem Grund mit der Alleinerzieherarbeit begonnen. Zielgruppe sind ledige, geschiedene, verwitwete Frauen mit ihren Kindern oder auch solche Frauen, die sich als Alleinerzieher fühlen. Inzwischen gibt es ein monatliches Gesamttreffen, an dem 50 bis 80 Frauen mit 80 bis 100 Kindern teilnehmen. Außerdem entstehen nach und nach in den Pfarren, also „vor Ort", kleine Gruppen von Frauen (derzeit sind es 10 in Wien), die einander wöchentlich oder vierzehntägig treffen und in ganz praktischen Sachen (Babysitten usw.) unterstützen und viel miteinander reden. Da können sie Ansprüche abbauen und erfahren, daß „keine Mutter vom Himmel fällt", und vor allem: „ich bin nicht allein". Einmal monatlich mache ich mit den Kontaktfrauen dieser Gruppen Supervision. Mir geht es dabei darum, daß sie Distanz zur Gruppe finden, sich abgrenzen lernen zu anderen Lebensgeschichten, daß ihnen die Gruppensituation und -struktur bewußter wird und sie eine Stärkung der Eigeninitiative erfahren, zu planen oder einfach zu feiern.

Beratung

Meine psychosoziale Beratungstätigkeit hat ein großes Spektrum. Es geht von einem einmaligen Telefongespräch über Einzelberatung, Paargespräche/-beratung und Hausbesuche auch bei Familien bis zu längerfristigen Therapien. Außerdem leite ich mehrere Schwangerengruppen, in denen ich mein gesammeltes Gestaltmethodenpaket (kreative Medien, Poesiearbeit, Körperzentrierungs- und Atemübungen usw.) einsetzen kann, zuweilen auch einfach nur mit den Frauen Kaffee trinke und plaudere.

5. Aus meiner Beratungspraxis

Hier möchte ich Protokolle vorstellen, die, obwohl sie außergewöhnlich klingen mögen, vieles von dem wiedergeben, was meinen Beratungsalltag ausmacht.

Es muß weg

Das Telefon läutet — ich melde mich.
Ich höre auf der anderen Seite eine gehetzte, gebrochene, schwer verständliche Frauenstimme. „Kann ich kommen, alles sagen? Nur Sie können mir helfen." — „Bitte". — „Wieviel Geld soll ich mitbringen? ES MUSS WEG!" Ich bin verdutzt, stehe auf der Leitung. Versuche, etwas zu sagen, stottere nur. „Kommen Sie, ich habe jetzt Zeit." Ohne Rückmeldung, ohne ja oder nein wird aufgelegt. Ich konnte gar keine Informationen mehr geben, wo ich hier bin, keine Adresse angeben.

Fünfzehn Minuten später klopft es. Ich mache auf. Zwei ungefähr 35-jährige Frauen stehen vor mir. Die eine, schwarzhaarig, klein, mit kräftigem Körperbau, kurzen Haaren, sieht eher brav aus. Die andere, etwas größer, wuschelige Haare, ein hartes Gesicht, dominierend. Beide verheult und aufgelöst. Mit dem Öffnen meiner Tür werden sichtlich auch andere Türen geöffnet. Die Wuschelige platzt heraus. „ES MUSS WEG!" Beide beginnen zu weinen. Ich bin mir nicht sicher, um wen es geht. Ich biete ihnen Platz an, nehme ihnen die Mäntel ab und biete ihnen Kaffee an. „ES MUSS WEG!" platzt es wieder heraus. „Ganz egal wie, es muß weg. Es darf nicht kommen, es geht nicht. Meine Freundin hält das nicht aus. Sie wird umgebracht. ES MUSS WEG! Bitte geben Sie uns die Adresse." Ich komme kaum zum Atmen. „Schauen Sie, es geht wirklich nicht. Wieviel Geld kostet es, wieviel verlangen Sie?"

Ich stehe auf, verschanze mich hinter meinem Schreibtisch, sonst muß ich auch weg, hab ich das Gefühl. Ich unterbreche sie jetzt und versuche, mich zu orientieren. Ich erfahre, daß die kleine schwarze Frau schwanger ist, daß sie eben aus der Abtreibungsklinik weggeschickt wurden, weil sie bereits in der 16. Woche gravid ist, daß sie das Kind vom Freund ihres getrennt lebenden Mannes bekommt, daß sie schon ein Kind hat, das in Jugoslawien bei ihrer Großmutter lebt, daß sie Hilfsarbeiterin ist und daß sie eine Dienstwohnung (16 m²) hat, daß der Wuschelkopf ihre Freundin ist und überall hin mitgeht, weil sie nicht gut deutsch spricht, daß der Freund ihr gedroht hat, sie umzubringen, daß der Freund der Mann ihrer Freundin ist, der das nichts ausmacht, daß die beiden ein Verhältnis miteinander haben (darum ist er verträglicher, wird mir gesagt).

PUHH — Ich seufze. Mein Schreibtisch muß herhalten, ich halte mich an. Ich habe mich zur Seite gedreht und hab die Sätze an mir vorbeizischen lassen. Das wunschlose Unglück fällt mir ein.

Es muß weg, sonst muß ich weg
Es muß weg, weil das nicht wahr sein darf
Es muß weg, weil der Damm bricht
Es muß weg, weil die Welt einstürzt
Es muß weg, damit die Angst erträglich bleibt
Es muß weg
Es muß
Es

Ich dreh alles in meinem Kopf um:
Es kann dableiben, dann kann ich dableiben
Es kann dableiben, weil es wahr ist
Es kann dableiben, dann kann ich mein Schuldgefühl abbauen
Es kann dableiben, weil die Welt schöner wird
Es kann dableiben, weil ich mit meiner Angst umgehen kann
Es kann dableiben
Es kann
Es

„Ich hab's ihm noch gar nicht gesagt"

Erika, 23 Jahre, Verkäuferin, „eigenständig" (letztlich nur im wirtschaftlichen Bereich) trat zunächst sehr klar auf. Sie wollte das Kind auf jeden Fall und unter allen Umständen. Mich brauche sie nur als „Mitdenkerin". Zu ihrer Familie, die in einem anderen Bundesland lebt, hat sie wenig bis keinen Kontakt — „die schrei'n und schimpfen immer nur, weil ich nicht so bin, wie sie mich wollen". Das einzige, was funktioniere, sei ihre Beziehung. Die Beziehung ist prima, die Beziehung ist liebevoll, die Beziehung ist reibungslos, die Beziehung, die Beziehung ... Also: Alles eitel Wonne. Sie schwärmte mir vor von ihrer Eigenständigkeit und ihrer Ordnung. Was will Erika von mir, fragte ich mich. Beim dritten Gespräch stellte ich ihr konkret diese Frage. Nach einigem Stottern und Herumreden platzte sie heraus: „Ich hab's ihm noch gar nicht gesagt." — „Weil?," fragte ich. — „Weil ich nicht weiß, was dann passiert, ob dann alles in Ordnung bleibt, ob er mich dann noch mag. Am liebsten würde ich Schluß machen, er wird nie etwas von dem Kind erfahren." Ich schlug ihr daraufhin ein Rollenspiel vor, in dem sie sich zunächst mit der anderen Seite ihrer „Beziehung" identifizierte. Sie stieg bereitwillig ein, erlebte (als ihr Freund) deutlich den Wunsch nach Ordnung, nach Information. Er fühlte sich abgelehnt und hintergangen dadurch, daß sie ihm das gemeinsame Kind vorenthielt. Es wäre fairer, es ihm zu sagen, war das Resümee. Ich schlug ihr vor, mit ihrer „Beziehung" zu kommen, und bot an, beide zu begleiten. „Der kommt sicher, er geht überall mit mir hin", meinte sie daraufhin, und ich fragte mich, ob das eine gute oder schlechte Voraussetzung sei. Erika und André kamen achtzehnmal zu mir. Es war ein hartes Stück Arbeit, von „man" zu „ich" und „du" und „wir" zu kommen. Ebenso schwierig war es, vom „es" zu „mein"/„unser Kind" zu gelangen.

Den nachstehenden Text schrieb André zum Abschluß der gemeinsamen Arbeit:

Ich will da sein, wenn du über etwas traurig bist
        wenn du die Welt entdeckst
        wenn du gehen lernst
        wenn du Fragen hast
        wenn du groß wirst
        wenn du geboren wirst
        wenn du in die Schule gehst
        wenn etwas in Unordnung kommt
        wenn du allein bist und
        wenn du glücklich bist

Geh weg zu mir

„Grüß Gott, Frau Waas?" — „Ja". — „Ich möcht nur fragen, vielleicht können Sie mir helfen, es ist nämlich so: ... Haben Sie Zeit?" — „Ja, ich hab Zeit." — „Na ich weiß nicht, wo ich anfangen soll." — „Einfach bei dem, woran Sie grad denken." — „Gut. Können Sie mir sagen, wann ich sicher weiß, daß ich schwanger bin? — „Vermuten Sie, daß Sie schwanger sind?" — „Vermuten net, i hab Angst (beginn heftig zu weinen) ...) Ich will Ihnen nichts vorheulen, es is nur, i weiß net, wie es weitergehen soll." — „Was glauben Sie denn, was nicht weitergehen kann? Wollen Sie mir ein bißchen erzählen? — „Ja, aber wo soll ich anfangen?" (Ich höre im Hintergrund ein Geräusch, ich höre, daß der Atem stockt, und kriege einen Satz einer weiblichen Stimme mit, „mit wem telefonierst denn scho wieder".) Mit dem Satz, „ich ruf Sie wieder an", wurde aufgelegt.

Ich hol mir einen Zettel und mache mir ein paar Notizen über meinen Eindruck und meine Vermutungen: Die Frau muß wohl sehr jung sein, ca. 17 Jahre, hat sichtlich wenig Wissen über ihre körperlichen Prozesse, die Regel, über Schwangerschaft. Sie dürfte zu Hause wohnen und hat von dort angerufen. Die weibliche Stimme im Hintergrund dürfte die Mutter gewesen sein, vor der sie wohl Angst hat und vor der sie ihre Situation verbergen will. Das sofortige Auflegen deutet für mich auch auf große Abhängigkeit hin. Der letzte Satz, „ich ruf wieder an", klang sehr fest und verbündet, ich war sicher: Die meldet sich wieder.

So war es auch. Zwei Stunden später rief sie mich von einer Telefonzelle an. Sie möchte weiterreden, war ihr Wunsch, kann und will aber nicht zu mir kommen. Wir vereinbarten Zeiten, wo ich leicht erreichbar war und sie gut von zu Hause wegkonnte, ohne Angst haben zu müssen, sie würde erwischt werden. Das war und blieb eine Telefonberatung. Beate hatte derartige Angst, aus der Anonymität zu kommen, daß ich auch nicht weiter drängte, mich mit ihr zu treffen. Ihre Situation war ungefähr so, wie ich vermutet hatte.

Sie war 16 Jahre alt, hatte die Lehre abgebrochen, worüber die Mutter sehr entsetzt war, die das junge Mädchen seitdem genau überwachte und durch Einschränkungen schikanierte. Ich erfuhr sehr viel über Beate und ihre Familie. Sie sei selbst ein lediges Kind, und kenne den Satz „so was darf dir nie passieren", seit sie denken kann. Wir haben zwölfmal miteinander gesprochen. Sie bekam ihr Kind. Nach ihrer Entscheidung für das Kind hat sie mich nicht mehr angerufen. Ein 3/4 Jahr später stand sie in meinem Büro und bedankte sich für die Unterstützung, und im selben Atemzug kam: „Ich hab Sie mir ganz anders vorgestellt".

Wie kommt die Jungfrau zu ihrem Kind

In die Sprechstunde in mein Beratungszimmer im Diözesanhaus, wo viele andere Referate und Werke untergebracht sind, kommt ein etwa 45- bis 50-jähriger Mann: ziemlich atemlos, ohne anzuklopfen, ohne zu grüßen, ohne sich vorzustellen, sitzt er plötzlich vor mir. Seine Tochter, 15, sei schwanger, und die Kirche sei ja dazu da, auch Eltern in der Bedrängnis zu helfen. „Alice war ja immer ein so gutes und anständiges Mädel. Aber was seit einem Jahr in sie gefahren ist, ist kaum zu glauben. Und das kommt dabei heraus. Mit einem Kind ist sie gekommen. Dabei haben wir sie streng erzogen, und sie ist schon ganz früh aufgeklärt worden. Sie hat doch alles gewußt, besser als Medizinstudenten. Ich bin ja Arzt. Ich hab sehr darauf geschaut, daß Alice alles weiß und kann. Und jetzt diese Schande. Sie muß weg, sie kann auf keinen Fall zu Hause bleiben!"

Das fand ich auch. Sie sollte auf keinen Fall zu Hause bleiben, wo es sichtlich keinen Raum gab, Atem zu schöpfen. Ich lernte Alice kennen, der Kontakt war gut, nachdem sie sichtlich die Angst vor der „bösen Fürsorgerin" verloren hatte, zu der ich in der Zwischenzeit gemacht worden war. Alice zog in die Wohngemeinschaft, bekam in einem Kindergarten Arbeit und war damit von zu Hause unabhängig. Sie war ein aufgewecktes, einfaches Mädchen, das ich sehr mochte und das sichtlich von Tag zu Tag freier wurde. Sie sorgte für sich selbst, hielt alle Arzttermine ein, war sehr interessiert und erkundigte sich nach Schwangerenturnen, Krankenhaus etc. Eines Nachmittags ging ich mit ihr spazieren. „Du (platzte es aus ihr heraus), hat man während der Schwangerschaft eigentlich auch die Regel?" Ich darauf, völlig verwirrt: — „An sich nicht, wie kommst du auf diese Frage?" — „Ich habe sie jetzt schon zum zweiten Mal, und ich weiß nicht, ob das normal ist."

Meine Verwirrung hielt an. Ich überlegte fieberhaft: Hat sie das Kind verloren? Oder besteht die Gefahr dazu? Kriegt sie überhaupt ein Kind? Blödsinn! Zwei Ärzte haben diese Schwangerschaft doch bestätigt. Schließlich erklärte ich ihr, daß es im Normalfall nicht zu regelmäßigen Blutungen komme, daß ich mir Sorgen mache und mit ihr in die Klinik fahren wolle, was wir auch mit ihrer Einwilligung taten. Dort erklärte der Arzt nach der gynäkologischen Untersuchung und einem Ultraschall: „Da ist und da war nie eine Schwangerschaft." Alice war fünf Monate scheinschwanger. Die Fixierung auf ihren Vater und seine frühzeitigen, von Alice unerwünschten, medizinisch-technischen Aufklärungsversuche (Zeichnungen in der Sandkiste!) war so stark, daß sie nach dem ersten Petting mit einem Mann diesen Auftrag ihres Vaters erfüllte und zugleich auch die Distanz herbeiführte.

Ich erlebe immer wieder, daß nur wenige Frauen ausreichende und gründliche Informationen haben über ihren Körper und seine Funktionen. Es erschüttert mich immer wieder, wie tabuisiert physiologische und biologische Abläufe des Körpers sind, die mit Sexualität zu tun haben, trotz des großen Angebotes an Literatur, Informationen und Seminaren. Sehr selten werden konkrete Fragen gestellt. Es ist ein Herumreden um den heißen Brei! Etwa zwei Drittel der Frauen, die kommen, haben keine fundierte Information über ihren eigenen Körper und noch weniger über Empfängnis, Verhütung, Schwangerschaft und Geburt.

Die grundlegendste Schwierigkeit in diesem Problemkreis ist die allgemeine Einstellung. Es ist eine ignorierende und leugnende Einstellung und somit eine fehlende. Zwei Beispiele noch dafür: Eine Frau glaubte, beim „Blasensprung" würde ihr die Harnblase platzen, Fruchtwasserblase war ihr kein Begriff. Einige Frauen meinen, das Kind müsse herausoperiert werden, weshalb doch alle Frauen ins Krankenhaus müßten.

6. Integrieren — statt verleugnen und abspalten

Während meiner eigenen Schwangerschaft befand ich mich im ersten Ausbildungsjahr der Gestalttherapie. Das Erleben in der Ausbildungsgruppe reichte vom Umsorgtwerden, Wahrnehmen dessen, was Realität ist, und Konfrontiertwerden damit bis zur Herausforderung, zu mir, zu dem, was ich mir gemacht habe, zu dem, was ich will, zu stehen, und der Unterstützung dabei.

Dazu waren für mich zwei ganz wichtige Freundschaften entscheidend, die mir das Gefühl und die Sicherheit gaben: „Ich mag dich, ganz gleich was oder wer du bist, ganz gleich wie oder wofür du dich entscheidest, ich stehe zu dir." Wenn nun eine Frau zu mir kommt, ganz gleich, ob mit Finanz-, Rechts- oder Entscheidungsproblemen, so geht es mir in erster Linie um die Frau, nicht um das Geld, nicht um das Kind, nicht um die Partnerschaft, sondern um sie in ihrer Not. Ich sehe meine Aufgabe nicht darin, sie zu dem Kind zu überreden oder sie zu unterstützen, daß sie das Kind zur Welt bringt; mir geht es darum, daß diese Frau die Möglichkeit bekommt und sie wahrnimmt, in einer geschützten Atmossphäre ihre Lebenssituation anzusehen, traurig zu werden, ihre Wut, ihre Enttäuschung, ihre Hoffnung, ihre Angst ausdrücken zu können und damit umgehen zu lernen. Sie soll die Möglichkeit haben, ihre Sorgen, Gedanken und Gefühle hochkommen zu lassen, die sonst kaum Platz haben, und zwar ohne den Druck, ohne die Angst, lächerlich gemacht oder bestraft zu werden.

Erst wenn das möglich geworden ist und eine Frau dies erfahren hat, kann sie sich mit dem Kind, das sie erwartet oder einfach „nur im Bauch hat", auseinandersetzen und zu einer Entscheidung kommen. Im Gespräch mit mir muß sie erfahren können, daß sie selbst wachsen kann, darf, soll und will — und mit ihr das Kind in ihrem Leib.

Plastiken aus meiner Analyse (3)

Lisa Bock

Geburtsvorbereitung für Paare

Susanne Bosse, Bovenden

1. Einleitung

Kurse, die werdende Eltern auf die Geburt ihres ersten Kindes vorbereiten, sind derzeit gefragt wie frische Semmeln. Etwa 300 Paare pro Jahr sind es gegenwärtig allein in Göttingen und Umgebung, die solche Angebote suchen und wahrnehmen. Laien, noch dazu Männer, als ganz selbstverständliche Partner im Kreißsaal (bei ca. 90 % der Geburten)? Vor 15 Jahren galt das als Ding der Unmöglichkeit, „... aus Gründen der Hygiene nicht zu verantworten".

Was ist geschehen? Es hat, bei allen Beteiligten, eine Umwälzung im Denken stattgefunden, deren Ausmaß der Öffentlichkeit noch kaum bewußt geworden ist, die aber sicher, so meine ich, weitere Veränderungen auch in scheinbar weit abliegenden Bereichen nach sich ziehen wird. Was ich im folgenden bringen möchte, möge man daher betrachten als eine Art Momentaufnahme aus einem spannenden Prozeß, der in seiner Gesamtheit derzeit noch gar nicht zu überblicken sein dürfte.

Um den gegebenen Rahmen nicht zu sprengen, sei hier lediglich thesenartig zusammengefaßt, was ich für die zentrale Dynamik dieses Prozesses halte (und andernorts ausführlicher behandelt habe; *Bosse* 1981):

— Die Zeit rund um die Geburt eines ersten Kindes bedeutet unter den heute bei uns gegebenen gesellschaftlichen Verhältnissen für die jeweiligen Eltern einen Lebensabschnitt, der — ähnlich wie die Pubertät — gekennzeichnet ist durch eine mehr oder weniger ausgeprägte Identitätskrise.

— Darin drückt sich symptomhaft gleichzeitig eine Identitätskrise der Gesellschaft aus.

— Es erscheint deshalb sinnvoll, sowohl im Hinblick auf die einzelnen wie auch auf die Gesellschaft, die Vorbereitung auf diese Zeit als eine spezielle Form von Krisenprophylaxe aufzufassen.

— Entsprechend müssen alle fünf „Säulen der Identität" als potentiell stützungsbedürftig berücksichtigt werden.

Erste Säule: Leiblichkeit,
Zweite Säule: Sozialer Kontext (im folgenden: Beziehungen),
Dritte Säule: Selbstverwirklichung (in Rücksprache mit *Petzold* abgewandelt aus „Arbeit und Leistung"),
Vierte Säule: Materielle Sicherheit,
Fünfte Säule: Werte
(*Heinl/Petzold* 1980).

Aus diesen Gedankengängen ergibt sich das Konzept, nach dem ich vorgehe. Schlagwortartig könnte man sagen, es handle sich um „TZI mit viel Körperarbeit":

Thema: Die fünf Säulen der Identität.

Wir: Eine Gruppe, die — und das ist eine wichtige Besonderheit — ihrerseits aus Paaren besteht.

Ich: Individuen, die sich alle an einem Brennpunkt ihrer Identitätsentwicklung befinden — was eine weitere Besonderheit darstellt.

Arbeitsform: Wechselseitiges Ineinandergreifen von 4 verschiedenen Vorgehensweisen entsprechend den 4 verschiedenen Aspekten des menschlichen Wesens:
— auf der Körperebene: Experimente u. Übungen,
— auf der Verstandesebene: Information u. Diskussion,
— auf der Gefühlsebene: Gespräche, Rollenspiele u. dergl.,
— auf der Ebene des „zoon politikon": vom Kurs entwickelte gemeinsame Aktionen.

Zur besseren Übersicht werde ich im folgenden den Aufbau eines Vorbereitungskurses zunächst schematisch an Hand einer Zeichnung darstellen und ihn anschließend inhaltlich erläutern. Vorweg jedoch einige Bemerkungen zum Setting.

2. Setting

Ich beschreibe jetzt die äußeren Bedingungen meiner Kurse, wie sie im Augenblick gegeben sind.

Institution: VHS Göttingen.

Teilnehmerzahl: 12 Paare, meist die Eltern des erwarteten Kindes, manchmal auch andere Kombinationen, z. B. die Mutter mit einer Freundin, Mutter und Großmutter oder anders. Im allgemeinen handelt es sich um Erstgebärende, doch gibt es fast in jedem Kurs auch ein oder zwei Mütter, die schon einmal geboren haben. Ein solches Paar ziehe ich gewissermaßen als Mitexperten immer besonders ins

Gespräch, ebenso wie junge Kolleginnen verschiedenster Fachrichtungen (Krankengymnastinnen, Hebammen, Sozialarbeiterinnen usw.), die in Rücksprache mit dem Kurs aus dem einen oder anderen Grund als Hospitanten teilnehmen. So bereichernd freilich jene Gesprächsteilnehmer wegen ihrer besonderen Blickrichtung oder ihrer besonderen Erfahrung auch sein mögen, so bedeuten sie doch leider eine weitere Vergrößerung der Gruppen, weshalb ich dieses Hospitieren einschränken mußte. Die an sich zu hohe Teilnehmerzahl ist eine Auflage, der sich die VHS in der gegenwärtigen Finanzsituation nicht entziehen kann.

Dauer des Kurses: 12 Wochen, pro Veranstaltung 3 Stunden, (Teepause inbegriffen), Freitagabend bzw. Samstagmorgen.

Beginn: Alle 6 Wochen.

Preis: 90,— DM, wird meist von den Kassen übernommen.

Raum: Fast 100 qm, sehr ansprechend, unter dem Dach eines hübschen, großbürgerlichen Hauses aus der Zeit vor dem 1. Weltkrieg. Nachteil die Lage unterm Dach: Für Frauen mit Neigung zu Frühgeburt, die sowieso Wehenhemmer einnehmen müssen, etwas mühsam zu steigen. Tische und Stühle, die während der Woche für andere Seminare gebraucht werden, müssen jeweils vor Kursbeginn von den Teilnehmern zur Seite geräumt werden. Diese selbst sitzen oder liegen dann während des Kurses meist in der Runde auf dem Boden, der weich mit Teppich ausgelegt ist. Matten sind nicht vorhanden, die Teilnehmer bringen Decken und viele Kissen mit, die in einem großen Schrank verwahrt werden können.

Der Vorteil unserer etwas ungewöhnlichen Termine ist u. a., daß wir um diese Zeit meist allein im Hause sind und daher Flur und Teeküche ungehindert mitbenutzen können. Tee und Zubehör wird von den Teilnehmern gestellt. Einige Bücher zum Thema lege ich aus, und während des Kurses wird der Bestand von den Teilnehmern reichlich ergänzt. Desgleichen kursieren stets Kontaktadressen aller Art, z. B. zu anderen Eltern, zu Stillgruppen, zu Wohngemeinschaften, zu Krabbelkind-Initiativen usw. Außerdem werden etwa Bezugsquellen für garantiert ungewaschene Schafwolle ausfindig und bekannt gemacht, man tauscht seine Erfahrungen über die Göttinger gynäkologischen Praxen aus usw.; aber dabei beteilige ich mich nicht, derlei geschieht während der Teepause. Werbung für irgendwelche Babyartikel übernehme ich nicht und habe folglich (das ist der dazugehörige Nachteil) auch kaum Vorführmaterial.

In jedem Kurs wird eine Telefonkette erstellt und gelegentlich auf Funktionsfähigkeit überprüft. D. h., von jedem Teilnehmer werden

Namen, Anschrift, der vermutliche Geburtstermin und (sofern vorhanden) die Telefonnummer auf eine Liste geschrieben und in Photokopie jedem ausgehändigt, so daß sie sich alle untereinander erreichen können. Gibt es nun irgendwelche besonderen Nachrichten („Samstagsabend Treffen bei Brummi im Garten"), so wird dies von „Brummi" aus entlang der Kette weitergegeben, bis es nach etwa 2 Tagen wieder bei ihm landet (Pannen inbegriffen). Ich glaube, durch diese Praxis wird bis zu einem gewissen Grad verhindert, daß die immer vorhandenen Außenseiter der Gruppen allzu früh herausfallen (was nicht heißt, daß ihr Außenseitertum nicht thematisiert würde).

Vorbedingung für die Brauchbarkeit solcher Ketten ist natürlich, daß alle Teilnehmer einander mit Namen kennenlernen können, und ich gebe mir daher stets Mühe, dies zu fördern. Meist fangen alle sehr bald an, sich zu duzen, aber es gibt auch gelegentlich Kurse, in denen das nicht geschieht oder auch einzelne sich dem nicht anschließen. Ich denke, beides ist möglich, nur sollte es angesprochen werden (jedenfalls habe ich selbst mit einem „In-der-Schwebe-Lassen" dieser Frage nicht so günstige Erfahrungen gemacht).

Erwähnt werden muß, daß gegenwärtig die von mir angebotenen Kurse hauptsächlich von Studenten oder eben fertigen Akademikern besucht werden (wobei aber nach groben Schätzungen höchstens ein Drittel aller schwangeren Studentinnen überhaupt an irgendeiner offiziellen Vorbereitung teilnimmt). In den Kliniken oder der ev. Familienbildungsstätte erscheinen andere Gruppierungen, aber ebenfalls zu Paarkursen; Kurse allein für Frauen werden natürlich in den genannten Institutionen außerdem angeboten (etwa doppelt so viele) und oft zusätzlich besucht. Auch unter meinen Teilnehmern sind nicht wenige, die außer dem Kurs in der VHS noch an anderer Stelle die sog. „reine Schwangerschaftsgymnastik" absolvieren. (Es versteht sich von selbst, daß ihnen in diesem Fall der VHS-Kurs von den Kassen nicht mehr ersetzt wird.)

Nicht zum geringsten Teil wird das Setting m. E. beeinflußt durch die allen spürbare Tatsache, daß das Programm etwa ab der zweiten Kurshälfte sehr wenig festgelegt ist. Ob sich der Kurs beim zweitletzten Mal eine gemeinsame Kreißsaalbesichtigung wünscht (obwohl alle Göttinger Kliniken sowieso regelmäßig welche durchführen), ob wir einen Gynäkologen, eine Hebamme oder sonstige Fachleute als Gäste bei uns haben, ob Initiativen in Gang gesetzt werden zur Behebung irgendeines Mißstandes, ob zum Abschluß ein Essen veranstaltet wird unter blühenden Apfelbäumen, ob gegen Ende nur noch in gemütlicher Runde gestrickt — oder ob eine intensive Selbsterfahrung betrieben wird, das ist weitgehend offen und kann sich so oder so ergeben.

Fest liegt lediglich für die zweite Kurshälfte, daß mindestens einmal ein junger Vater und eine junge Mutter aus einem der vorangegangenen Kurse mit ihrem Baby zu uns kommen und einfach erzählen, wie es ihnen mit der Geburt, mit dem Stillen, mit dem neuen Leben zu dritt inzwischen ergangen ist. Es gab Kurse, in denen über Erfahrungen mit einer Kaiserschnittentbindung berichtet wurde, über Hausgeburten, über dieses und jenes Mißgeschick, über allerhand Ärger — und es gab Stunden, in denen vom einfachsten Tun, z. B. dem Baden eines Babys, eine solche sichere Heiterkeit ausging, daß eine ganze große Runde davon berührt wurde. Auf diese Weise werden übrigens manchmal nicht nur innerhalb eines Kurses Verbindungen geknüpft, sondern auch darüber hinausgehend. Soll dann ein halbes Jahr später in einer bestimmten Wohngegend etwa eine Initiative für Krabbelkinder ins Leben gerufen werden, so entwickelt sie sich nicht selten über solche ersten Kontakte.

Diese Hinweise zum Setting mögen genügen, um einen generellen Eindruck zu vermitteln. Daß im einzelnen die Voraussetzungen auch durchaus etwas anders sein können (die Räumlichkeiten, die materielle Ausstattung, die Gruppengröße, die soziale Zusammensetzung), das dürfte klar sein. Ich persönlich genieße, daß ich endlich für die Vorbereitung so viel Zeit zur Verfügung habe. Vor 25 Jahren habe ich angefangen mit „6 Stunden Schwangerschaftsgymnastik" — das hier vorgestellte Angebot umfaßt nun 36 Stunden.

3. Schema des Kursaufbaus

anhand der 5 Säulen der Identität von *H. Petzold* in: *Petzold/Heinl*, 1983, S. 180f.

Einheiten	Leiblichkeit Säule I	Beziehungen Säule II	Selbstverwirklichung Säule III	Materielle Sicherheit Säule IV	Werte Säule V
1.					
2.					
3.	Themen: Abbau von Ängsten vor der Geburt — Exp./Übungen: Steigerung der Awareness für die eigene Haltung, den eigenen Tonus und die damit zusammenhängenden Körpersignale, Bahnung angemessener Reaktionen; Techniken — Info: Schwangerschaft, Geburt, Nachgeburtsperiode; Abläufe in Kreißsaal und Wochenbett; Techniken	Hilfe bei der Begegnung mit der Institution Krankenhaus — Themen: Von der Zweier- zur Dreierbeziehung; die neue Rolle; Verantwortung — Exp./Übungen: entsprechend Säule I, besonders: Atemführung, Berührungsentspannung, Massage — Info: Säuglingspflege	Themen: Leistung — Selbstwertgefühl — Berufstätigkeit — Mutterschaft als Beruf	Auffangen von Ängsten; u. U. Vermittlung entsprechender Beratung	Rollenkonflikte
4.					
5.					
6.					
7.					
8.					
9.					
10.					
11.					
12.					

276

Wie der Zeichnung zu entnehmen ist, werden vom ersten Tag an Aspekte aller 5 Säulen der Identität behandelt, allerdings mit unterschiedlicher Gewichtung. Die durchgezogenen Kästchen sollen andeuten, wo jeweils die stärkste Betonung liegt.

Immer kommen alle vier Arbeitsformen vor, aber ob mit Übungen oder mit Informationen oder noch anders angefangen wird, hängt von Mal zu Mal von der Situation ab. Kommen z. B. die Teilnehmer nach einem heißen Arbeitstag abgekämpft die Treppen hoch, dann fange ich mit gemütlicher Lagerung an, während es am Samstagmorgen mitunter richtig Spaß macht, mit Tempo und Schwung zu beginnen. Oft bringt ein Teilnehmer sofort ein ihn aufregendes Problem, an das sich alle anhängen („bei meiner Freundin wurde in Klinik X die Kopfschwartenelektrode routinemäßig gelegt, sie konnte überhaupt nichts dagegen machen"), dann muß eben mit einem Gespräch und Information hierüber begonnen werden. In den einzelnen Spalten der Schemazeichnung sind daher lediglich einige Stichworte aufgeführt, die innerhalb des gesamten Kurses so oder so in einen vernünftigen Zusammenhang gebracht werden sollten. Grundsätzlich fest liegt dabei nur, daß ich nie mit irgendwelchen Techniken anfange, sondern jedem Teilnehmer — Männern wie Frauen — viel Zeit lasse, den eigenen Körper und den des Partners in seinen verschiedensten Reaktionen zu erspüren. Wie das im einzelnen zu verstehen ist, werde ich im nun folgenden Abschnitt erläutern. (Daß man nie „alles" durchnehmen kann, dürfte klar sein.)

3.1 Leiblichkeit (Säule I)

Information: Kurzer Überblick über Anatomie und Physiologie von Schwangerschaft und Geburt. Hieraus abgeleitet Darstellung und Begründung der verschiedenen Atem- und Entspannungstechniken (*Read, Lamaze* und andere) sowie weiterer angemessener Verhaltensweisen (Ernährung, Sport usw.). Ebenfalls hieraus abgeleitet der Einsatz der gebräuchlichen technischen und medikamentösen Geburtshilfen im Hinblick auf die Mutter. Anatomie und Physiologie der Nachgeburtsperiode; Sexualität; Verhütungsmaßnahmen. Besprechung derjenigen Komplikationen (Schwangerschaftsbeschwerden), nach denen im jeweiligen Teilnehmerkreis gefragt wird, sowie Hinweis auf Möglichkeiten von Abhilfe bzw. Linderung. Anatomie und Physiologie des Stillens (*Let-down-reflex*).

Diskussion: Das Für und Wider aller genannten Methoden. Sachliche Vor- und Nachteile des Stillens.

Experimente:

Bei sich selbst erspüren:
Form, Rhythmus und Frequenz der eigenen Atmung
— in unterschiedlichen Ausgangsstellungen,
— bei unterschiedlich starker Anspannung des Beckenbodens,
— beim Summen, Lachen, nach raschen Bewegungen,
— beim „Über-die-Atmung-Sprechen" (gehört eigentlich in Spalte
  V: Viele Teilnehmer üben sofort eine Art Zensur aus im Sinn von
  „Nicht so schnell! Nicht so flach! Nicht so . . . !"),
— bei Berührung durch den Partner („Berührungsentspannung")
— bei Widerstand, den der Partner mit seinen Händen an verschiedenen Stellen des Rumpfes übt („Atemführung durch Widerstand").

Spannungssituation im Beckenbereich
— bei isometrischer Anspannung der oberen bzw. unteren Extremitäten,
— bei unterschiedlicher Atmung,
— in unterschiedlichen Ausgangsstellungen,
— beim Summen und Stöhnen in verschiedenen Tonlagen, auf verschiedene Buchstaben,
— bei zusammengekniffenen bzw. weichen Lippen,
— bei angestrengtem Sehen bzw. geschlossenen Augen,
— beim Runzeln oder Entspannen der Stirn,
— bei Mund- oder Nasenatmung,
— bei Berührung bzw. Widerstand durch den Partner an Rücken,
  Flanken, Schultern, Bauch, Oberschenkeln, Fußsohlen,
— bei angenehmen bzw. unangenehmen Phantasien.

Umgang mit der eigenen Schwere, der eigenen Statik
— Empfinden des Verlaufs der Wirbelsäule in zunehmend labileren
  Ausgangsstellungen (also Liegen . . . Stand)
— Spielen mit Gewichtsverlagerung; Wahrnehmen von Stützen,
  Stemmen und Entlasten,
— Suchen nach einem Gehen „aus dem eigenen Schwerpunkt".

Möglichkeiten der Schmerzbeeinflussung mit Hilfe der Atmung.
Dafür geeignet sind sämtliche (für Schwangere unschädlichen) deh-
nenden Ausgangsstellungen (z. B. nach *G. Alexander*). Übliche
Erfahrung hierbei: Mit jeder lösenden Ausatmung wird die
Schmerzgrenze weiter hinausgeschoben.

Spannung, Haltung und eigene Atmung während der Ausführung sämtlicher „Hilfstechniken" am Partner. Dieses Experiment fange ich an mit einfachen, großflächigen Massagegriffen am Rücken des Partners und bitte diejenigen, die massieren, zunächst vor allem auf ihr eigenes Wohl- oder Nichtwohlgefühl zu achten. Allzu häufig sieht man nämlich im Kreißsaal Väter, die z. B. mit stocksteifem Schultergürtel ihren Frauen „Berührungsentspannung machen".

Übungen: Hierunter fällt alles, was normalerweise unter Schwangerschaftsgymnastik zählt und was jeder Krankengymnastin geläufig ist. Wegen der hier gebotenen Kürze werde ich mich daher in diesem Punkt knapper fassen und verweise auf einschlägige Literatur.

Zwei Hauptgruppen von Übungen lassen sich unterscheiden:
a) solche, die Schwangerschaftsbeschwerden vorbeugen sollen,
b) solche, die als spezielle Techniken für die Entbindung selbst gedacht sind.

Unter a) fallen
— Maßnahmen zur Entstauung der Beine (Pumpbewegungen, isometrische Spannungsübungen der unteren Extremitäten),
— Maßnahmen zur Erhaltung einer möglichst guten Statik (also gegen „Hohlkreuz", gegen Überdehnung der Bauchmuskulatur; spezielle Fußgymnastik),
— Überprüfung von Alltagsbewegungen (Bücken, Umdrehen im Liegen, Hochkommen aus Rückenlage und dgl.),
— auf Wunsch Vermittlung von „Massagegriffen gegen Schwangerschaftsstreifen".

Unter b) fallen
— Erarbeitung der Atemtechniken und Geburtsstellungen („klein und rund", siehe *R. Baum-Sonnenschmidt*),
— Dehnung des Beckenbodens.

Da hier primär die Frau angesprochen ist, lasse ich die Männer dabei entweder zusehen, um sie als „Experten" zu schulen, oder ich nenne ihnen zu den Übungen Variationen, die mehr Kraft fordern (z. B. Beinbewegungen in Rückenlage nicht mit einem Bein, während das andere angebeugt abgestellt ist, sondern alle Bewegungen immer mit beiden Beinen zugleich), oder ich integriere das Beabsichtigte in Partnerübungen, wie sie meine Kollegin *A. Machate-Schmidt* zusammengestellt hat (siehe 3.2).

Gespräche: Wenn ich an Gespräche denke, wie sie manchmal zustande kamen, mich erinnere an Gesichter, an den offenen, nachdenklichen Ausdruck so mancher dieser jungen Frauen und Männer, dann überkommt mich als erstes ein Gefühl der Dankbarkeit. Versuche ich, mich an inhaltliche Einzelheiten zu erinnern, so wird mir einmal mehr bewußt, wie sehr jede und also auch die hier gewählte Klassifikation eine Art Beschränkung darstellt. Die Wirklichkeit ist immer umfassender. Ich kann nicht wirklich trennen zwischen Gesprächen über die eigene Leiblichkeit und solchen über die Beziehung zum Leib des anderen, gar zum Leib dessen, das schon mit dabei und doch noch so fern ist — des Babys. Schon wissen die Eltern, bei welcher Art von Atmung es besonders zu strampeln anfängt oder wie es sich beruhigt, wenn der Vater seine Hand auf den Bauch der Mutter legt; sie glauben auch manchmal zu merken, daß es auf ihre Stimmen reagiert — in solchen Augenblicken ist seine Individualität deutlich von der der Mutter zu trennen. Aber oft auch ist die Unterscheidung unmöglich: „Es ist mein Bauch, für den ich diesen Riesenabstand kalkulieren muß, wenn ich durch die Türen gehe — aber bin das wirklich ich?" Und um vieles unfaßlicher noch ist das Geschehen für den Mann: „Mein Kind — im Leib eines anderen?" Unbegreiflich wie das Sterben ist auch der Beginn des Lebens — und in manchen Augenblicken ebenso unheimlich ... Spürbar kann das werden, wenn die Teilnehmer anfangen, einander ihre Träume zu erzählen; oder wenn sie anfangen, zusammen zu schweigen. „Das Wichtigste von dem Kurs passiert auf dem Heimweg", formulierte es vor Jahren eine Teilnehmerin.

Ich glaube, man kann in vielen Gesprächen eine gewisse Polarisierung erkennen: Einerseits drücken Männer wie Frauen Gefühle der Entfremdung aus angesichts der schnellen Veränderungen im Lauf der Schwangerschaft, andererseits haben sie den Eindruck, ihres Körpers noch nie so inne geworden zu sein wie während dieser Monate. (Ich mußte diesen altmodischen Ausdruck wählen, denn „ihrem Körper noch nie so begegnet zu sein", hätte genau nicht getroffen: es handelt sich offenbar eben nicht um ein Gegenüber.) Viele haben nie vorher so genau auf das Wohl und Wehe und all die kleinen Nuancen leiblicher Empfindungen geachtet, wie sie das jetzt durch das spielerische Experimentieren kennenlernen. Und daraus gewinnen sie eine gewisse Stärke, die ihnen die Enttäuschung überwinden hilft, daß niemandem für die Geburt ein allgemeingültiges technisches Verfahren an die Hand gegeben werden kann. „Ich fühle mich jetzt irgendwie sicherer, daß ich meine eigene Form finden kann", sagte eine Frau, die ihr zweites Kind erwartete und dann auch tatsächlich bei der Entbindung ganz eigene Ideen verwirklichte: z. B. eine besondere Art, zwischen den Preßwehen leise das Becken hin und her zu schwingen. Bei jeder Frau protokolliere ich die für sie (derzeit!) typische Atemform und bespreche mit dem Paar, ob vermutlich eher *Lamaze* oder eher *Read* in Frage kommen wird; im übrigen verweise ich auf die Notwendigkeit, in der dann gegebenen und nie ganz vorhersehbaren Situation sich der Hebamme anzuvertrauen und nicht gegen sie, sondern mit ihr zu arbeiten.

Insgesamt versuche ich also, die Offenheit zu steigern für die eigenen Körperempfindungen, und nutze damit die sowieso vorhandene Tendenz zu größerer Leibnähe, wie sie diese letzten Schwangerschaftswochen kennzeichnet. Wenn dabei mitunter überraschende Nebeneffekte registriert werden, freut mich das natürlich: „Wenn ich jetzt nicht einschlafen kann, mach' ich einfach diese Bauchatmung, und schon bin ich weg!", berichtete ein Vater, und ein anderer meinte, daß sich durch diese vielen Beckenbodenübungen ganz deutlich seine Hämorrhoiden gebessert hätten.

3.2 Beziehungen (Säule II)

3.2.1 Beziehung zu Partner und Kind

Information: Kurzer Überblick über die Physiologie des Kindes während der letzten Schwangerschaftswochen, während der Geburt und in der frühen Nachgeburtsperiode. Daraus abgeleitet Beschreibung seiner Bedürfnisse *und seiner Fähigkeiten* sowie der Möglichkeiten, sich darauf einzulassen (*Grossmann, Montague, Leboyer* und viele andere). Manchmal wird diese Information erweitert durch Schilderungen, wie anderswo oder zu anderen Zeiten mit Babys umgegangen wurde (*Renggli, Erikson, Darwin, de Mause, Ariès, Badinter, Weber-Kellermann* und andere).

Diskussion: Für und Wider des gebräuchlichen klinischen Umgangs mit den Babys sowie Möglichkeiten des modifizierenden Eingreifens („Zufüttern oder Hungernlassen in den ersten Tagen?"). Das Schönste, was ich bisher (mit) als Ergebnis solcher Diskussionen erlebt habe, ist die Geschichte eines kleinen Mädchens, das zu früh mit 1100 g geboren worden war. Stunden nach der Entbindung stand der Vater vor dem Brutkasten, in dem seine winzige Tochter an ihren Schläuchen hing, und begann sehr zart, ihre Füßchen zu massieren. Da fiel ihm auf, daß sie Bewegungen mit dem Mund machte, die er sofort als Suchbewegungen deutete und woraufhin er Himmel und Hölle in Bewegung setzte: Das Kind müsse etwas zum Saugen haben, nicht nur seine Nährlösung durch die Kopfvene. Muttermilch? Noch war bei seiner Frau keine vorhanden, da wandten sich die beiden in ihrer Not an eine andere Frau aus dem Kurs, die eine Woche zuvor ihr (3.) Kind bekommen hatte und gerne bereit war, zur Überbrückung von ihrer Milch etwas abzugeben; allerdings wohnte sie 20 km von Göttingen entfernt auf dem Lande. Der Vater organisierte alles, das Kind begann in Minischlückchen zu trinken — und wuchs und gedieh von Stund an. (So der Bericht der Eltern.)

Experimente: Alle wie unter 3.1 beschriebenen, nur daß zusätzlich zu dem Bei-sich-selbst-Erspüren jetzt das Beobachten des Partners hinzukommt (für Männer wie Frauen):

— mit den Augen: Atmung? Spannung? Verlauf der Wirbelsäule? Gesichtsausdruck?
— mit den Händen: Atmung? Spannung? Kontraktionen?
— mit den Ohren: Hören der Atmung? der Stimme?

sowie das Erspüren nonverbaler Kommunikation, z.B. in folgenden Spielen:

— Fußsohlen an Fußsohlen (beide Partner in Rückenlage): Erfinden gemeinsamer Bewegungen wie Fahrradfahren in Achterschlingen usw. Wer führt? Wer läßt sich führen? Wie geschieht ein etwaiger Wechsel? Nonverbale Verständigung!
— Rücken an Rücken im Langsitz die eigene Atmung gleichzeitig mit der des Partners fühlen,
— blind führen und geführt werden; nur mit den Augen führen und geführt werden; nur mit den Handflächen.

Hier sei allerdings auf eine gewisse Gefahr hingewiesen: Man darf nicht vergessen, daß die Teilnehmer nicht eine Selbsterfahrungsgruppe besuchen und daß sie sich in einer Situation befinden, wo andere als erlebniszentrierte Verfahren m.E. höchst problematisch wären. Lieb war mir hingegen die Formulierung: „Hier haben wir Zeit füreinander", die einmal fiel nach einer solchen Sequenz von Kommunikations-Improvisationen.

Übungen:

— Partnergymnastik (*A. Machate-Schmidt*)

Dehnung des Beckenbodens: Schneidersitz, Sohle an Sohle, gegenseitiges vorsichtiges Dehnen, Ansatzpunkt Knie.

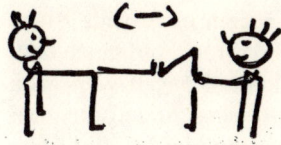

Beugung und Streckung in dieser Position (rechts / links)

Diagonales Abheben von Arm und Bein

— Vermittlung sämtlicher Möglichkeiten, zu helfen bzw. sich helfen zu lassen („Stimmt das so? Nein? Dann sag, wie?")
— durch Berührungsentspannung,
— durch Atemführung per Widerstand,
— durch Massage in Kreuz- und Gesäßbereich,
  an der Innenseite der Oberschenkel, gelegentlich am Bauch,
  an den Füßen,
— durch Handgriffe bei bestimmten Ausgangsstellungen (z. B. beim Pressen),
— durch Mitführen von Eiswürfeln (Thermosflasche), einem Imbiß für den Vater, außerdem vielleicht von Kissen usw.
  (*Bradley*)
Gespräche: Die Palette der Themen ist äußerst vielfältig, aber nicht alle können im gegebenen Rahmen unverhüllt zur Sprache kommen. Entgegen den Illusionen der Familienplaner wird allerdings überraschend oft davon geredet, daß das eine oder andere der erwarteten Kinder „jetzt eigentlich nicht beabsichtigt" gewesen sei. Und uneigentlich? Und wie steht es mit jenen, die „eigentlich beabsichtigt" waren? Von wem? Ich pflege diese Fragen nicht zu stellen und kann daher

über mögliche Motive nur spekulieren. Hatten einer oder beide Angst vor einem Auseinanderbrechen der Beziehung? Brauchten einer oder beide das Kind als Statussymbol, als Druckmittel gegen wen auch immer, als Fluchthelfer (vor einem Examen, einer unangenehmen beruflichen Situation), als Füllsel angesichts empfundener Öde? Oder waren schlichtweg beide inzwischen einfach reif dafür (auch unabhängig davon, ob die äußeren Termine paßten)?

Welche Entwicklungsmöglichkeiten ahnen sie, die ihnen ein Kind erschließen könnte? Manchen schwebt etwas vor, was sich mit dem Fachterminus „Kreative Regression" belegen ließe, auch wenn sie den natürlich nicht gebrauchen. „Nochmal ganz neu sehen lernen", drückte es einmal ein Vater aus. Bei solchen Eltern, so stelle ich mir vor, ist es gut, Kind zu sein.

Ich bilde mir nicht ein, daß mit derartigen Gesprächen direkt Fehlentwicklungen, bzw. was wir dafür zu halten geneigt sind, verhindert werden können. Aber was ich immerhin sehe, ist ein großes Bedürfnis danach. Ihre latente Funktion mag vor allem sein, daß sie das Aufeinanderzugehen innerhalb der Gruppe erleichtern, und damit sind sie in meinen Augen wichtig.

Unverzichtbar scheint mir im übrigen, jeweils zu Beginn eines Kurses die Frage zu klären, warum überhaupt zur Vorbereitung ein *Paarkurs* gesucht wurde, und zwar deshalb, weil gegenwärtig ein gewisser modischer Druck herrscht, durch Teilnahme an einem solchen seine partnerschaftliche Bereitschaft zu beweisen. Das paarweise Auftreten im Kreißsaal allein garantiert aber nicht automatisch die Gemeinsamkeit des Erlebens. Manches kann sich störend dazwischenschieben. Z. B. gibt es in fast jeder Geburt Momente der Hilflosigkeit — für beide —, und nicht jeder Mann oder jede Frau haben dabei gerne ihren Partner dabei. Warum besteht so wenig Toleranz, auch solche Schwierigkeiten zu akzeptieren?

3.2.2 Beziehung zu den eigenen Eltern

Ein beträchtlicher Teil der Schwierigkeiten junger Eltern rührt daher, daß sie sich oft ganz plötzlich und nicht selten zu ihrem eigenen Entsetzen handeln sehen wie ihre eigenen Eltern. Oder vielleicht merken sie es nicht selbst, aber umso deutlicher registriert es der Partner. Wenn sie z. B. in einer Wohngemeinschaft leben und bisher nicht mehr und nicht weniger als die anderen darunter gelitten und beigetragen haben zu dem, was ihre Eltern seit jeher als Saustall bezeichnet haben würden — auf einmal nehmen sie nun daran Anstoß! Als rationale Begründung mag gelten, daß das Neugeborene ein höheres Maß an

Hygiene beansprucht als Erwachsene, aber das kann doch nicht das volle Ausmaß ihrer Gereiztheit erklären. Sie übernehmen die neue Rolle — und schlüpfen in das alte Modell. Daß aus einer Zweierbeziehung eine Dreierbeziehung werden würde, damit haben sie schließlich gerechnet — aber völlig unerwartet huschen nun auch noch die Schatten der vorigen Generation mit durch die Wohnung: Anlaß zu allerhand Spektakel, ganz zu schweigen von jenen Fällen, wo Eltern oder Schwiegereltern realiter anwesend und nicht geschickt genug sind, sich zurückzuhalten. Was immer an Konflikten zwischen einem jungen Menschen und seinen Eltern nicht ausgestanden ist, wird virulent in dem Augenblick, wo er selbst Vater oder Mutter wird, weil er sich nun mehr denn je zwischen seinem bisherigen noch verletzlichen Erwachsenen-Ich und seinem internalisierten Eltern-Ich hin- und hergerissen fühlt. Und dann gibt es schließlich noch sein Kind-Ich, das sich danach sehnt, behütet und getröstet zu werden, im Kreißsaal z. B. oder in den zermürbenden Nächten der ersten Wochen, wo er seinerseits ein schreiendes Baby beruhigen soll. So ein schreiendes, gieriges, jeder Unlust sofort lautstark Ausdruck gebendes Bündel mobilisiert eine ganze Menge ähnlicher Gelüste bei seinen Eltern — nur sie dürfen ihnen nicht nachgeben: Sie tragen ja jetzt die Verantwortung.

Was kann man tun? Natürlich nicht tatsächliche alte Elternproblematik aufarbeiten. Aber darüber reden, einander erzählen, das kann man, und das bringt gelegentlich doch auch schon eine gewisse Entlastung. Sicher muß der Leiter aufpassen, daß er nicht unversehens in therapeutische Tiefung gerät, aber wenn er sich dessen bewußt ist, kann er etwa dazu anregen, typische Familienszenen zu malen und einander dann in einer kleinen Gruppe davon zu erzählen. Oft sitzt hier der eigene Partner mit sehr offenen Ohren dabei: „So hab' ich das eigentlich noch gar nicht gewußt!" Anschließend mag dann die Gesamtgruppe Resümee ziehen: „Wie war das damals für unsere Eltern? Was war anders? Was wird bei uns ähnlich sein?" Viele Male habe ich erlebt, daß ein Kurs gerade nach einer solchen Stunde erste Abmachungen traf, um auch weiterhin miteinander in Kontakt zu bleiben. Als wichtige Ergänzung hierzu sehe ich im übrigen das Thema: „Welches sind die wirklichen Stärken, die mir meine Eltern vererbt haben?" — wird doch niemand erwachsen, der nicht auch Gutes geerbt hat, worauf er bauen konnte und kann.

3.2.3 Beziehungen zu anderen

Welche Beziehungen zu anderen fordern Beachtung? Selbstverständlich jene, die innerhalb der Gruppe sich so entwickeln, daß sie das

Zusammensein stören statt fördern. Hin und wieder mußte ich dafür schon Zeit reservieren; manchmal hat es sich ausgesprochen gelohnt.

Doch es gibt, so meine ich, eine ganze Klasse von Beziehungen, an die man normalerweise bei diesem Stichwort gar nicht denkt, die aber nichtsdestoweniger in der Phase rund um die Geburt eine äußerst wichtige und oft sehr hinderliche Rolle spielen. Ich denke an unser Verhältnis zu allem, was uns als Institution begegnet, hier im besonderen also Institutionen unseres Gesundheitswesens. Was sind das für Empfindungen, die uns überkommen beim Gedanken an eine Klinik? Welche Erinnerungen oder Phantasien spielen hinein? Erinnerungen der Ohnmacht, des Ausgeliefertseins? Wollen Ärzte nur Geld scheffeln, sind es seelenlose Roboter, die auf unsere Kosten zynisch ihre Macht mißbrauchen? Alles, was diese Jahrgänge der heutigen jungen Eltern mit sich schleppen an Ressentiment gegen welche Autoritäten und welche Institutionen auch immer, erhält mächtig Nahrung durch das Bewußtsein, dem Kreißsaal kaum ausweichen zu können. Heiße Debatten über die Frage nach Hausgeburt, ambulanter Geburt oder Klinikentbindung sind daher die Regel.

Und eben diesem seit Jahren anhaltenden Aufbegehren ist es in der Tat zu verdanken, daß sich, aufs Ganze gesehen, die Situation bereits gewaltig verbessert hat. Nur — sie könnte noch besser sein, wenn es gelänge, anstelle der oft erbittert und verbitternd durchgefochtenen Konfrontation Formen von Kooperation zu entwickeln, die basieren würden auf dem sicheren Bewußtsein, daß sowohl die Kompetenz der Betroffenen wie jene der Fachleute trotz unterschiedlicher Beschaffenheit einander als gleichermaßen wertvoll bedingen und ergänzen können. Insofern ist hier die Nahtstelle, wo Geburtsvorbereitung in meinen Augen am direktesten zur gesellschaftlichen Aktivität wird. Konkret kann das so aussehen, daß in einem Rollenspiel derjenige Teilnehmer, der den größten Haß geäußert hat auf alles, was Chef heißt, nun zum diensthabenden Oberarzt erkoren wird, jemand anderes zur Hebamme usw. Besonders spannend wird das Arrangement, wenn die Entbindende und ihr Partner von solchen Kursteilnehmern dargestellt werden — und es finden sich fast immer welche —, die real von Beruf Krankenschwestern sind oder Mediziner oder dergl. Hier kann dann allen Ernstes an Projektionen gearbeitet werden, und nicht selten berichten Teilnehmer später, daß ihre Auseinandersetzungen z.B. in der gynäkologischen Sprechstunde spürbar an Tiefgang gewonnen hätten. (Eine Auswahl möglicher gemeinsamer Aktionen siehe im Kapitel „Setting" die letzten Abschnitte.)

3.3 Selbstverwirklichung (Säule III)

An dieser Säule (um im Bild zu bleiben) lauern die gefährlichsten und heimtückischsten Risse. Noch sind sie, zum Zeitpunkt der Geburt des ersten Kindes, haarfein, aber sie gehen bis ins Innere. Ich zitiere *Petzold*:

„In der Arbeit, in leibhaftigem Handeln, gestaltet der Mensch sein Leben und seine Umwelt. Er verwirklicht sich in seinem Tun. Das Geschaffene bietet ihm Identifikationsmöglichkeiten und dem Umfeld zugleich Möglichkeiten der Identifizierung. Seine Leistung steht nicht nur für ihn selbst da, sie wird gesehen, mit ihm in Zusammenhang gebracht." (*Heinl/Petzold* 1980)

Gut und schön. Doch sofort fragen wir uns: Und was sollen dann die tun, deren Arbeit alle Zeichen der Entfremdung trägt — oder jene, die zwar dem Studium noch eine gewisse Ich-Nähe abgewinnen konnten, die aber anschließend auf Jahre hinaus keine Aussicht auf eine Stelle haben? Nun ja, was bietet sich mehr an, als solche wirtschaftlichen Flauten durch entsprechende Familienplanung zu überbrücken? Wie es einmal ein Vater ausdrückte, der gefragt wurde, warum er mit in den Kreißsaal wolle: „Einmal sehen, was man gemacht hat!" Also trägt man wieder Bauch — und engagiert sich in Sachen Erziehung. Und wie jede Leistung soll selbstverständlich auch diese eines Tages gesehen werden (siehe obiges Zitat): Ein subtiler, didaktisch versierter Druck setzt ein auf die Kinder, damit sie die in sie gesetzten Erwartungen erfüllen. Mit ihrem Tun und Lassen steht und fällt das elterliche Selbstgefühl, zumal jenes der Mütter; da brauchen noch gar keine ausgeprägten narzißtischen Strukturen vorzuliegen, und doch beginnt hier das „Drama des begabten Kindes" (vgl. *Alice Miller* 1979) — das ist das Heimtückische!

Denn es geht nicht, wir können nicht unseren Eigenwert definieren über die Schulnoten unserer Kinder, eher machen wir sie und uns kaputt damit. Nichts in diesem Bereich kann mit den üblichen Leistungsmaßstäben gemessen werden. Es gibt sie nicht, die perfekte Geburt, das perfekte Stillen, die perfekte Liebe. Die Frauen, die womöglich mit dieser Illusion ihre Berufstätigkeit aufgeben, landen in der Sackgasse, schon lange bevor im sog. dritten Lebensabschnitt die Kinder aus dem Haus gehen. Wie gesagt, noch sind die gefährlichen Risse kaum zu sehen, die werdenden Eltern erleben noch nicht ihre Bedrohung. Man kann folglich auch noch kaum konkret daran arbeiten, aber mir scheint wichtig, daß wenigstens der Leiter eines solchen Kurses etwas ahnt von ihrer Existenz. Dann wird er hellhörig reagieren auf Sätze wie: „Im Innern denk' ich nur eins: Hoffentlich schaffst Du's!" (Gemeint ist eine Geburt, nicht ein Examen!).

Gewiß ist es richtig, daß eine Entbindung und die ersten Wochen danach die Mutter bis an die Grenze ihrer Leistungsfähigkeit fordern können; trotzdem finde ich es schrecklich, wenn Kategorien wie „Bestehen" oder „Versagen" mit in den Kreißsaal geschleppt werden. Gebären — dazu bedarf es nicht nur einer Haltung des mehr oder weniger gut gekonnten Tuns, sondern ebenso jener des Lassens, des Loslassens. Spannen *und* Lösen — erst das Zusammenspiel bringt den neuen Menschen hervor. Vielleicht liegt hier der tiefste Grund für die moderne Hinwendung des Mannes zu dem Akt der Geburt: daß er in ihrer Dynamik zwei in unserem Kulturkreis allzu oft nur kontrovers erlebte Haltungen, die des Machens und die des Geschehenlassens, als beide notwendig sich einander ergänzen sieht. Im Zusammenhang mit dieser leibhaftigen Erkenntnis erfahren manche Männer zum allerersten Mal, daß ihre Anwesenheit als solche wichtig ist, daß sie gefragt sind als diese eine unaustauschbare Person und nicht als jemand, der dies und das und jenes Nützliche zu tun beherrscht.

Ich möchte diesen Abschnitt nicht beenden, ohne auch die Chance zu nennen, die Schwangerschaft, Geburt und Stillzeit im Leben von Mann und Frau bedeuten können. Manche erzählen als alte Menschen, niemals vorher oder später in ihrem Leben hätten sie sich so vollkommen in Übereinstimmung mit sich selbst und in Kontakt mit ihrem Partner gefühlt wie in jener Zeit. Und wohl jeder hat schon erlebt, wie eine schwangere Frau ihre ganze Umgebung mit ihrer Stimmung von leuchtender Kraft anstecken kann. Hier wird Selbstverwirklichung überzeugend sichtbar.

3.4 Materielle Sicherheit (Säule IV)

Daß die Probleme im Bereich der materiellen Sicherheit sich langsam aber stetig zuspitzen, liegt zu sehr auf der Hand, als daß ich hierüber weitere Worte zu verlieren bräuchte. Was bedeutet das für das Klima eines Unternehmens, das total auf Zukunft setzt? Ich möchte einen der jungen Väter selbst zu Worte kommen lassen: „Komisch — irgendwie find' ich uns alle schizophren; aber ich bin riesig froh, daß wir mal darüber sprechen können." Das sind Augenblicke, in denen Gruppen zusammenwachsen. Alle haben Angst, alle kämpfen mit der Frage, ob sie nicht eine Riesenschuld auf sich geladen haben, indem sie das Kind zeugten, auf das sie nun warten. „Wir hätten ja auch welche adoptieren können", heißt es regelmäßig an diesem Punkt. Aber: „Es soll *Men*schen geben auf der Welt, haben wir uns gedacht; deshalb sitzen wir hier." Das sagte einmal eine junge Frau in den tiefen Ernst einer solchen Runde. Ich fühlte mich wie in einem Gottesdienst, als ich das hörte.

3.5 Werte (Säule V)

Normen und Werte — welche Rolle spielen sie für uns? Im gewöhnlichen Alltag, so möchte ich sagen, pflegen wir sie wohl gebündelt bereichsweise in unserem Inneren abzuheften und ganz gemütlich Jahr für Jahr um die jeweils neueste Schicht zu ergänzen. Ob sich die einzelnen Bereiche oder die einzelnen Jahresringe dabei gelegentlich widersprechen, tut nicht viel zur Sache; wir können ganz gut damit leben. Wir studieren in der Morgenzeitung die Angebote für ein größeres Auto, auf das wir sparen, unterstützen mittags eine Kampagne „Rettet den Wald!", essen zum Kaffee alternatives Gebäck aus Schrot und Honig — und streuen abends wütend Schneckenkorn, um unsere letzten Salatköpfe zu retten. Nur in Umbruchzeiten klappt das plötzlich nicht mehr. Die vielleicht ethisch nicht ganz einwandfreie, aber lebensfreundliche Koordination bricht zusammen, und wie wild geworden melden alle Gebote gleichzeitig ihre Ansprüche an, und lang begraben geglaubte Schuldgefühle — z. B. wegen vorangegangener Abtreibungen — wachen entsetzlich auf.

Es ist, als ob die werdenden Eltern Vorwürfe aller Schattierungen geradezu anzögen: „Was? Du willst heiraten? Das hätte ich nicht von dir gedacht!" „Was, du willst nicht heiraten? Das hätte ich nicht von dir gedacht!" Der Mann im Kreißsaal, er soll seiner Frau ein starker Halt sein — aber sich Gefühlen der Schwäche beileibe nicht verschließen! Die Frau soll sich ihrem Kind voll zuwenden, weil es das absolut notwendig braucht und die Medien es ihr unerbittlich einhämmern — aber gleichzeitig soll sie keineswegs „Muttertier spielen" und damit einer Gesellschaft, die sie „zurück an den Herd" scheuchen möchte, ein Alibi liefern. Der werdende Familienvater soll sehen, daß er endlich Arbeit bekommt, lieber schlecht bezahlte als gar keine — aber macht er sich dann nicht zum Handlanger der Ausbeutung? Man soll — man soll nicht — man soll . . . , aber vor allem soll man sich nie nach irgendwelchen äußeren Normen richten, sondern versuchen, stattdessen die eigenen Bedürfnisse ernst zu nehmen. Manche der so zwangsläufig entstehenden Konflikte sind relativ bewußtseinsnah angesiedelt; über sie kann man reden und gelegentlich auch lachen. Köstlich der Ausspruch einer Frau im 8. Monat: „Ach, ich bin richtig gern hier — hier macht's nichts, hier *darf* ich schwanger sein!" Die das vorbrachte mit einem lachenden und einem weinenden Auge, litt nicht etwa unter der Tatsache, daß sie ohne Ehering ein Kind trug, sondern ausschließlich darunter, daß ihr in ihrem bisherigen Kreis vorgeworfen wurde, sie sei dabei, zu verbürgerlichen. Immerhin, das Dilemma kam zur Sprache und stieß auf Resonanz.

Andere der sich widersprechenden Normen sind so tief in uns verwurzelt und oft so eng gebunden an unsere innersten Wachstumsprozesse, daß wir nicht einfach ihr Für und Wider gegeneinander abwägen können (*Molinski*1962). Die Tabus, die sie hüten, betreffen u. a. bekanntlich die Geschlechtsidentität. Nicht selten z. B. kommen Männer an eine ihnen unheimliche (homosexuelle?) Grenze, wenn sie sich während der Schwangerschaft ihrer Frau allzu intensiv auf weibliches Körpergeschehen einlassen. Im Kurs kann der Leiter die Nähe dieser oder ähnlicher Grenzen oft daran erkennen, daß seine Teilnehmer anfangen, herumzualbern — ein Symptom, das er als rotes Licht verstehen sollte. Und beide, Männer wie Frauen, entdecken mitunter einen ganz elementaren, schmerzhaft quälenden Neid auf das andere Geschlecht während jener Monate, in denen das Kind in dem sich wölbenden Bauch wächst. Von solchen bedrohlichen oder sinnlos scheinenden Gefühlen überfallen zu werden, während man sich eben anschickte, ein guter Vater bzw. eine gute Mutter zu werden, das kann einen schon aus dem Gleichgewicht bringen. Noch archaischer vielleicht ist das Bedürfnis, ein irgendwie schwaches oder gar behindertes Kind einfach abzulehnen — und wie schrecklich für betroffene Eltern, solche als abartig gebrandmarkten Regungen bei sich zu verspüren! Sicher sind die aus Vorbereitungskursen entstehenden Gruppen nirgends so wichtig wie gerade in den Fällen, wo eines der Paare, die teilgenommen haben, sich mit der Tatsache einer Behinderung auseinandersetzen muß.

Man könnte Bände füllen allein mit der Erörterung des Gewitters in den moralischen Strukturen, das heutzutage viele werdende Eltern erschüttert. Über einige Aspekte ihrer Verunsicherungen können sie sich, wie gesagt, in einer guten Gesprächsatmosphäre gemeinsam Gedanken machen und sich gegenseitig stützen. Anderes muß unbearbeitet bleiben und mag sich, wie es heißt, auch „von alleine" auswachsen. Und gelegentlich taugt eine Gruppe sogar dazu, jemanden, der ernsthafter in psychische Schwierigkeiten gerät, wenigstens für eine Weile aufzufangen.

Einen Wert, nicht eine Werthaltung, muß ich nun allerdings noch erwähnen, bezüglich dessen keinerlei Zweifel bestehen bei den werdenden Eltern: Die Zeit der unbeschwerten Jugend wird mit der Geburt ihres Kindes unwiderbringlich vorbei sein. Manche freuen sich darauf, endlich Verantwortung zu übernehmen; anderen fällt der Abschied von dem bisherigen Zustand schwer. Wie ich es verstehe, handelt es sich nicht nur um den Abschied von einem Zustand, sondern wieder um den Abschied von einem bisher gewohnten Stück Identität: „Wir werden nie mehr die sein, die wir waren". Hin und wieder haben Eltern unter diesem Eindruck einen fast rituellen Abschied gefeiert von ihrer Jugend.

4. Geburtsnachbereitung

Damit rundet sich das Bild. Vorbereitung auf die Geburt heißt auch Nachbereitung der damit zu Ende gehenden Lebensphase. Noch deutlicher wird das Bedürfnis nach einer Art Rückschau gleich im Anschluß an die Entbindung. Das beginnt mit den Telefonberichten der Väter wenige Stunden nach ihrer Teilnahme im Kreißsaal, zeigt sich in der Bereitschaft, mit der sich Paare melden, um im nächsten Kurs über ihre Erfahrungen zu berichten, und schließlich darin, daß viele die Angebote nutzen, die zunehmend gemacht werden für Eltern mit sehr jungen Säuglingen (*Bosse* 1982). Die meisten gehen dort nicht nur oder auch überhaupt nicht hin wegen der Kinder, sondern weil sie Leute mit ähnlichen Erfahrungen treffen möchten (gerade in einer Zeit, in der sie ihre bisherigen Kollegen oft verlieren).

Daß diese Angebote wirksamer gebündelt und das bei den Eltern in den ersten Wochen des neuen Lebensabschnittes vorhandene Interesse besser genutzt werden könnte, steht auf einem andern Blatt und soll hier nicht mehr diskutiert werden (*Bosse* 1981). Stattdessen möchte ich mich zum Schluß an solche Leser wenden, die bisher vergleichbare Kurse nicht durchgeführt haben, sich aber mit dem Gedanken tragen, es zu versuchen: Es gibt wohl kaum einen gesellschaftlichen Bereich, in dem prophylaktisch gemeinte Gestaltarbeit befriedigender eingesetzt und interessierter aufgegriffen werden könnte. Die beruflichen Voraussetzungen mögen durchaus unterschiedlicher Art sein; jeder muß sich eben dort um Ergänzung seiner Qualifikation bemühen, wo ihm das notwendige Handwerkszeug fehlt. Teamarbeit (Krankengymnastik / Psychologie oder andere Kombinationen) bietet sich an, hat allerdings finanzielle Nachteile. Unter dem letzteren Aspekt muß nach Lösungen noch gesucht werden. Doch lassen wir uns nicht entmutigen, sondern anstecken von der Faszination, die von jeder menschlichen Geburt auszugehen vermag! Wer weiß, welche Ideen in ihrem Umkreis noch mobilisiert werden können!

Literatur

Ahrens, U., Geburt. Sehen und Verstehen, wie ein Kind zur Welt kommt, Rowohlt, Reinbeck 1975.

Alexander, G., Eutonie als Verfahren somatopsychologischer Pädagogik, Rehabilitation und Therapie, in: *Petzold* (Hrsg.): Psychotherapie und Körperdynamik, Junfermann, Paderborn 1974, S. 105-127 (4. Aufl. 1981).

Ariès, P., Geschichte der Kindheit, dtv. München 1980.
Badinter, E., Die Mutterliebe, Piper, München 1981.
Barnett, L., und die Redaktion von „*Life*", Die Wunder des Lebens, München 1961.
Baum-Sonnenschmidt, R., Geburtsvorbereitung 1980 — nach Read oder Lamaze?, *Krankengymnastik* 32, München 1980, S. 441-445.
Bittner, G., Schmid-Cords, E. (Hrsg.), Erziehung in früher Kindheit, München 1968.
Bosse, S., Mutter, Vater, Kind. Die Entstehung der Dreierbeziehung unter den gegenwärtigen gesellschaftlichen Bedingungen, Göttingen 1981 (unveröff. Magisterarbeit).
—, Kurse „Rund um die Geburt", *bag-Informationen*, Stein 1981, S. 10-14.
—, Gymnastik mit gesunden Säuglingen, *Praxis der Psychomotorik*, Dortmund, November 1982, S. 130-136.
Bradley, R., Husband-coached Childbirth, New York 1981.
Däubler-Gmelin, H., Frauenarbeitslosigkeit oder Reserve zurück an den Herd, Rowohlt, Reinbek 1979.
Dick-Read, G., Mutter werden ohne Schmerzen, Hamburg 1972.
Erikson, E. H., Kindheit und Gesellschaft, Stuttgart 1979.
Ewy, D. und R., Die Lamaze-Methode, München 1976.
Grossmann, K. E. (Hrsg.), Entwicklung der Lernfähigkeit, München 1977.
Heinl, H., Petzold, H., Gestalttherapeutische Fokaldiagnose und Fokalintervention in der Behandlung von Störungen aus der Arbeitswelt, *Integrative Therapie*, Paderborn 1980, 1 S. 20-57; Nachdruck in : *H . Petzold, H. Heinl* (Hrsg.): Psychotherapie und Arbeitswelt, Junfermann, Paderborn 1983.
Hippéli, R., Keil, G., Zehn Monde Menschwerdung, Biberach an der Riss 1982.
Kitzinger, S., Natürliche Geburt, Kösel, München 1980.
Kohlrausch, W., Leube, H., Gymnastische Frauenbehandlung, Stuttgart 1953.
Kuntner, L., Über die Lage und Stellung der Frau während der Geburt bei verschiedenen Völkern und mögliche Anwendung in der modernen Geburtsmedizin; *Krankengymnastik*, München, Februar 1978, S. 51-64.
Leboyer, F., Sanfte Hände, Kösel, München 1979.
—, Geburt ohne Gewalt, Kösel, München 1981.
Lothrop, H., Das Stillbuch, Kösel, München 1980.
Lusser, S., Schuth, W., Die Rolle des Vaters bei der Geburt, *Krankengymnastik*, München, Oktober 1982.
Lux-Flanagan, G., Die ersten neun Monate, Rowohlt, Reinbek 1969.
de Mause, L. (Hrsg.), Hört Ihr die Kinder weinen?, Frankfurt 1977.
Miller, A., Das Drama des begabten Kindes, Suhrkamp, Frankfurt 1979.
Mitchell, I., Wir bekommen ein Baby, Rowohlt, Reinbek 1971.
Möhlecke, H., Beziehungsprobleme zwischen Männern und Kindern, Göttingen 1979 (unveröffentliche Magisterarbeit).
Molinski, H., Die unbewußte Angst vor dem Kind, München 1962.
Montague, A., Körperkontakt, Stuttgart 1974.
Nilsson, L., Ein Kind entsteht, München 1977.
Odent, M., Die sanfte Geburt, Kösel, München 1978.
Petersen, P., Unsere Verantwortung im Schwangerschaftskonflikt, *Deutsches Ärzteblatt*, Köln 1982, 38, S. 51-57.
Petzold, H., Heinl, H., Psychotherapie und Arbeitswelt, Junfermann, Paderborn 1983.
Renggli, F., Angst und Geborgenheit, Rowohlt, Reinbek 1979.
Rosenbaum, H., Formen der Familie, Frankfurt 1982.
Stark, E. M., Geboren werden und gebären, München 1977.
Tanzberger, R., Fortbildung „Atmung — Lösung — Geburtsvorbereitung" (Tagungsbericht), *Krankengymnastik*, München, Dezember 1979, S. 710.
Vogt-Hägerbäumer, B., Schwangerschaft, Rowohlt, Reinbek 1977.
Weber-Kellermann, I., Die deutsche Familie, Frankfurt 1974.
Wilberg, G., Zeit für uns, München 1980.

Simone — Trauerarbeit um ein verlorenes Kind

Johanna Lütolf-Schweizer, Hedingen (CH)

Einleitung

Träume als innere Orientierung

Ich bin noch nie in meinem Leben einer so offenen, unabgeschlossenen Situation begegnet wie bei der Totgeburt meines Kindes. Ich spürte, daß ich Monate brauchen würde, um mit dieser Situation fertig zu werden und mich neu zu orientieren. Eine wichtige Hilfe waren meine Träume, die mich leiteten und mir halfen, das Erlebte zu verstehen und zu verarbeiten. Es war so, daß sie die ersten zwei Monate zu einer Art inneren Orientierung für mich wurden. Sie zeigten mir, wo ich stand, zeigten mir oft Schritt für Schritt weiter. Sie waren so dominierend in der damaligen Zeit, daß die Gefühle des Traumes mich meist den ganzen Tag über in meiner Grundstimmung beeinflußten.

Wenn ich meine Träume heute — acht Monate nach dem Tode des Kindes — wieder lese, spüre ich, daß sie mir in meinem Heilungsprozeß geholfen haben. „Was wir in der Gestalttherapie erreichen wollen, ist die Integration aller verstreuten und verleugneten hinausgeworfenen Teile des Selbst und die Wiederherstellung des ganzen Menschen. Ein ganzer Mensch ist einer, der gut funktioniert, ... der sein Wachstum da wieder aufnehmen kann, wo er steckengeblieben ist" (*Perls*, in: *Franz* 1980, S. 212). Die Träume zeigten mir, was ich zu vermeiden und wovon ich mich in Wirklichkeit zu distanzieren versuchte, zum Beispiel Schmerz und Trauer. Sie holten mich zurück und brachten mich wieder in Kontakt damit. Sie zeigten auch, wo ich stand, und dies war oft eine schmerzhafte Erfahrung, weil es Momente und Zeiten gab, wo ich weiter sein wollte, als ich wirklich war.

Lange Zeit habe ich nach einer existentiellen Botschaft des Todes überhaupt gesucht. Ich wollte wissen, weshalb meine Tochter gestorben ist, was dieser Tod mit mir zu tun hat und was für einen Sinn ein solcher Tod überhaupt haben kann. Ich suchte eine Antwort auf diese Fragen. Auch von den Träumen habe ich eine solche Botschaft erwartet. — In der Zwischenzeit bin ich bescheidener geworden, und es genügt mir, die Erfahrung, die *Ladenhauf* wie folgt umschreibt, erfahren zu haben: „Integration und Synthese, Wachstum des Menschen kann nicht produziert, sondern nur zugelassen werden" (*Ladenhauf* 1981, S. 51).

Selbsttherapie

Ich habe meine Träume die ganze Zeit über aufgezeichnet und mich mit ihnen allein und ohne Therapeuten auseinandergesetzt. „... die Schwierigkeit der Existenz werden nach meiner Meinung meistens sehr klar in Träumen angezeigt ... der Traum ist der unmittelbarste Ausdruck der Existenz des menschlichen Wesens" (*Perls* 1974, S. 74). Ich konnte dadurch langsam wieder etwas Ordnung in meine aufgebrochene und verwundete Gefühlswelt bringen. Zugleich gaben sie mir auch die Möglichkeit, „nahe" bei meiner Tochter zu sein.

„Dieses Einlassen auf das eigene Träumen hat nichts mysteriöses, es ist weit entfernt von mythischer oder spekulativer Traumdeutung. Es greift auch nicht auf analytische Interpretation zurück, sondern ist eine Weise, den Traum im Erleben zu erfassen, die von *Perls* entdeckt wurde und nicht nur als therapeutische Methode zu sehen ist. In der gleichen Art, wie der Patient seinen Traum, begleitet durch den Therapeuten, bearbeitet, kann jeder für sich oder mit einem Begleiter sich auf seinen Traum einlassen, ihn erfassen, ihn weiterträumen und auf diese Weise neue Wege finden, sich und die Lebenswelt besser zu verstehen" (*Petzold* 1977, S. 153). Heute stelle ich rückblickend fest, daß ich in der Auseinandersetzung mit meinen Träumen ein Stück Selbsttherapie vollzogen habe. Obwohl ich die Möglichkeit hatte, mich in meiner Trauerarbeit von meiner ehemaligen Therapeutin begleiten zu lassen, spürte ich, daß ich diesen Weg allein gehen wollte. Es genügte mir zu wissen, und ich war dankbar dafür, daß ich jederzeit zu ihr gehen konnte, wenn ich dies nötig hatte. Ich benutzte diese Möglichkeit denn auch, als ich mit meinen Schuldgefühlen nicht mehr zurecht kam. Letztlich vermittelten mir meine Träume aber die Zuversicht und das Vertrauen, das ich für diesen Weg brauchte. Natürlich war es sehr wichtig, daß ich durch die eigene Therapie gelernt hatte, mit ihnen umzugehen, und mit den Methoden, der Theorie und der Haltung der Gestalttherapie vertraut war.

Zur vorliegenden Arbeit

In der vorliegenden Arbeit beschreibe ich die vorherrschenden Grundstimmungen und Gefühle des ganzen Trauerprozesses. Ich habe sie nach ihnen entsprechenden Abschnitten gegliedert, welche ich wiederum in drei Teile gliedere: einen beschreibenden Erlebnisteil am Anfang, gefolgt von einer Auswahl von Träumen und Ausschnitten dieses Verarbeitungsprozesses. Zum Schluß vergleiche ich meine eigenen Erfahrungen mit Autoren, die sich mit dem Trauerprozeß näher befaßt haben.

Was die Arbeit mit dem Traum betrifft, war mir das wichtigste Element, die Botschaft des Traumes zu verstehen: „Da liegt für mich die Bedeutung des Traums — er ist eine existentielle Botschaft. Er ist nicht allein eine unvollendete Situation, er ist nicht allein ein akutes Problem, er ist nicht allein ein Symptom oder Charakterzug. Er ist ein existentielles Zeichen, eine Botschaft. Er betrifft unsere gesamte Existenz, unser gesamtes Drehbuch" (*Perls* in: *Franz* 1980, S. 204). Oft hatte ich erst Tage, sogar Wochen später den Eindruck, die Traumbotschaft wirklich verstanden zu haben, nämlich dann, wenn ich mich wieder im Gleichgewicht befand, sich die Traumgestalt geschlossen hatte, ich gefühlsmäßig ein damit verbundenes Erlebnis loslassen konnte und so etwas wie einen Sinn im Traum erkannte, auch wenn dieser nur darin lag, daß ich meine weggelegte Trauer wieder zuließ.

Später beim Lesen der entsprechenden Literatur bin ich bei *Petzold* (1982), *Kübler-Ross* (1982) und bei *Kast* (1982) auf die Stadien des Trauerprozesses gestoßen, auf welche sie durch ihre Arbeit mit trauernden und sterbenden Menschen gekommen sind. Weil ich meine Arbeit lediglich als Beschreibung meines eigenen Trauerprozesses verstehe, habe ich nicht den Versuch unternommen, von ihren Trauerphasenmodellen auszugehen. Sie haben mir aber wichtige Hinweise gegeben, weshalb ich meine eigenen Erfahrungen mit den ihren verglich.

Ich habe die vorliegende Arbeit am Fritz Perls Institut Mainz als Schlußarbeit meiner Gestaltausbildung eingereicht. Nach einigem Zögern habe ich zugestimmt, diese sehr persönliche Arbeit zu veröffentlichen. Ich hoffe, daß sie Frauen, die ähnliche Erfahrungen machen, hilft und auch den Menschen, die diese in ihrem Schmerz begleiten.

Was war geschehen

In meinem 36. Lebensjahr wurde ich zum zweiten Mal schwanger. Ich hatte ein Jahr vorher eine Fehlgeburt. Meine zweite Schwangerschaft begann mit einem wunderschönen Traum:

Ich bin in einem Garten in Indien, einem wunderschönen Garten. Als ich mich umschaue, sehe ich, daß nach allen vier Himmelsrichtungen eine lebensgroße Buddha-Statue steht. Ich wende mich nach Osten und sehe, daß mich Buddha anlächelt.

Ich erwache voll Freude, und den ganzen Tag über ist der Satz in mir: „Triffst du Buddha unterwegs ..."

Dieser Traum vermittelte mir eine ungeheure Sicherheit während meiner ganzen Schwangerschaft. Ich begegnete einem inneren Glück und einer Zufriedenheit, wie ich sie nie zuvor in meinem Leben erlebt hatte. Oft spürte ich auch, daß ich mit meiner Vergangenheit ausgesöhnt war.

Sechs Wochen vor der Geburt geschah das Unfaßbare. In meiner letzten Arbeitswoche, die über meine Kräfte ging, gab's so etwas wie einen „Knall" in mir. Am nächsten Tag wurde ich mit Wehen ins Spital eingeliefert. Obwohl ich wiederholt betonte, daß bei mir etwas nicht stimmen würde, schenkte man meinen Beobachtungen kein Gehör. Meine Vermutung, daß der Schleimpfropfen weggegangen sei, oft ein Zeichen einer beginnenden Geburt, nahm man ebenfalls nicht ernst. Laut ihren Untersuchungen war alles in Ordnung, und ich wurde nach Hause entlassen. Es war mehr zufällig, daß meine Ärztin noch einen Ultraschall forderte, um den genauen Geburtstermin zu überprüfen. Als der Kopf des Kindes mit einer Deutlichkeit ins Bild kam, wie das sonst selten der Fall ist, wurde diese spezielle Lage zur Demonstration anderen Ärzten vorgeführt. Fünf Ärzte waren um mein Bett versammelt, als die Oberärztin plötzlich leichte Ödeme feststellte. Zu sechst wurde nun an meinem Bett gefachsimpelt und die schlimmsten Vermutungen geäußert. Als ich zu weinen begann, sagte man mir, daß alles nicht so schlimm sei. Man entließ mich und forderte mich auf, in zwei Wochen wieder zu kommen. Auf Grund der Unklarheiten wollte ich sofort einen neuen Termin. — Ich halte das so detailliert fest, weil ich durch den Tod meiner Freundin der Institution Spital gegenüber sehr kritisch bin. Trotzdem hätte ich nie geglaubt, daß diese ganze Maschinerie tatsächlich so brutal, unmenschlich und lieblos ist.

Die folgende Woche zuhause wurde die schlimmste meines Lebens. Mit unglaublichen Schmerzen und völlig kraftlos versuchte ich, mich darauf einzustellen, daß ich solche Schmerzen noch 5-6 Wochen aushalten mußte. Zudem befürchtete ich, ein behindertes Kind zur Welt zu bringen, was mich ungeheuer belastete. Oft fühlte ich mich dem Tode nahe. Doch wenn mein Partner mit der Ärztin telefonierte, wurde ich als hysterische, ältere Erstgebärende angeschaut und er abgeputzt. Zu spät bemerkten wir, daß die Ärzte eine Arbeitshypothese hatten, die hieß: abwarten und die Geburt herauszögern, weil sie das Kind dann für lebensfähiger hielten. Nachträglich kommt es mir vor, als hätten sie sich auf die darwinsche Überlebenstheorie verlassen. Eine Woche später wurde ich zum zweiten Mal untersucht. Nun war der Untersuchungsbericht erschlagend: die Ärztin sah keine Lungen, keinen Magen mehr. Wichtigste Organe fehlten. Wir waren fassungslos. Ich wurde aber noch immer nicht zur Beobachtung im Spital behalten, jedoch am Abend zu einem der bekanntesten Spezialisten überwiesen. Dieser widerrief alle aufgestellten Befunde, sagte uns aber, daß die Symptome daraufhinwiesen, daß das Kind aus einem ihm unerklärlichen Grund in großer Gefahr sei. Die Chancen ständen 50:50, daß es überleben würde. Weil es mir und dem Kind so schlecht ging, wurde kein Kaiserschnitt vorgenommen, sondern 3 Tage zugewartet.

Ich hatte große Hoffnung, daß das Kind und ich, wir zusammen es schaffen würden. Einen Tag später, während mich eine Freundin, die Hebamme und Therapeutin ist, an meinem linken Fuß massierte, um mir die Schmerzen erträglicher zu machen, wurde ich plötzlich sehr unruhig und fühlte mich von großen Schmerzen attackiert und unheimlich bedroht. Dann spürte ich zum ersten Mal wieder drei heftige Stöße meines Kindes. Ich glaubte, daß wir es nun geschafft hätten. Ich wurde sehr ruhig und sagte, daß jetzt eine weiße Gestalt das Stiegenhaus heraufkäme, in dem Moment noch ohne die leiseste Ahnung, wer das sein könnte. Ich wollte es noch nicht wissen, daß sich das Kind eben so verabschiedet hatte. — Dann hatte ich den Blasensprung, und alles Wasser floß wie ein stürzender Bergbach aus mir heraus. Nun wußte ich, daß die Geburt begonnen hatte.

Im Spital vernahm ich, daß ich ein totes Kind gebären müßte. Es war ein Schock. Öfters lehnte ich mich bei heftigen Schmerzen auf, sagte, daß ich „aussteigen" und nicht mehr mitmachen würde, da alle Schmerzen sinnlos und umsonst seien, weil ich ein totes Kind gebären würde. Doch bei allen Schmerzen, die wie ein Sturm über mich hinwegrollten, atmete ich und preßte mit allen Kräften mein Kind aus mir heraus. Fünf Minuten vor dem Ende der Geburt gab man mir eine Narkose, um uns vor dem Anblick des toten Kindes zu verschonen. So kam unsere kleine Simone zur Welt, ein Mädchen, das 2990 g schwer, 49 cm lang und, wie sich später herausstellen sollte, gesund gewesen war, bevor es in mir verblutet war, weil die Plazenta auf der Seite des Kindes verletzt war.

Trauerarbeit

Schock: Nicht-Wahrhaben-Wollen

Ich erwachte aus der Narkose in einem schockartigen Zustand. Auf die Nachricht, daß ich ein totes Kind gebären müßte, reagierte ich mit einem Schock. Ich konnte nicht fassen, daß mein Kind tot war, war erstarrt und zugleich von der beginnenden Geburt total in Anspruch genommen. Nur zwischenhinein während sehr schmerzhaften Wehen war Auflehnung in mir, die sich darin äußerte, daß ich „aussteigen" wollte, um die Wehen und die Geburt zu verweigern. Das heißt, ich wollte nicht mehr atmen, um das Kind nicht austreiben und gebären zu müssen. Aber die Gewalten der Natur waren stärker als mein Wille und meine Verweigerungsgefühle.

Fassungslos ob dem Erlebten erwachte ich aus der Narkose. Ich hatte ein starkes Bedürfnis, nicht zurückzukommen und nicht zu erwachen, um nicht realisieren zu müssen, was passiert war. Es waren aber deutliche Bilder da, die mich begleiteten und die mir den Tod meiner Tochter auch bei geschlossenen Augen und im Halbschlaf immer wieder vor Augen führten:

Schwarze Schuhe:

Während meiner Schwangerschaft hatte ich oft von neuen Schuhen geträumt: von Schuhen, die ich verloren hatte — von neuen Schuhen, die mir noch zu groß waren und zu schwer — Schuhen, die ich wegstellte, die ich suchte — von Sommerschuhen ...

Schuhe waren für mich ein Symbol meiner Veränderung. Daß die Veränderung, die der Tod in meinem Leben bewirken würde, sich wieder mit Schuhen symbolisierte, war nicht erstaunlich: Schuhe sind der Berührungs- und Kontaktpunkt zum Boden, zur Erde. Durch meine Schwangerschaft erlebte ich mich erdiger, stärker auf dem Boden, runder. Viele Leute sagten mir zu meinem anfänglichen Erstaunen, ich sei schöner geworden. Ich empfand mich auch so.

Nun waren die Schuhe schwarz. Schwarz ist die Farbe der Trauer, des Verlustes, des Schmerzes. — Diese schwarzen Schuhe standen einfach da, in einem ganz leeren Raum, wie der erlebte Tod, den ich nicht wahrhaben wollte.

Kelch mit Blumen:

Den Anblick der aus dem Kelch quellenden Blumen fand ich irgendwie beruhigend: einfach darum, weil es noch Farben und Blumen gab. Der Kelch selber aber wirkte auf mich wie die Worte Jesu: „Laß diesen Kelch an mir vorübergehen". Er war mit diesen Worten besetzt, die ich immer wieder vor mich her sagte und wie ein stilles Besänftigen empfand. Unbewußt erlebte ich hier zwei gegensätzliche Seiten: Blumen, die für mich Leben, die schönen Seiten des Lebens verkörpern. An dieser Seite wollte ich mich festhalten. Ich wollte den Schmerz, den Tod nicht wahrhaben, den ich auf den Kelch Jesu projizierte.

Das Schwert

Es war der Tod, der mit seinem Schwert vor mir stand, obwohl ich nie seine ganze Gestalt zu sehen vermochte. Neben sich hatte er auf der Spitze stehend ein großes Schwert.

Mit diesem Bild war der Tod in mein Leben eingetreten. Er war mir ganz nah, obwohl ich ihn nie ganz sah. Ich fühlte mich durch ihn sehr bedroht.

Diese drei Bilder begleiteten mich im Zustand des Schocks. Sie waren unbewußtes Wissen, auch wenn ich versuchte, mich von der Realität abzuwenden. „Diese Phase des Nicht-Wahrhaben-Wollens, des Starrseins, der Empfindungslosigkeit wird ganz allgemein als die erste Phase nach einem großen Verlust bezeichnet" (*Bowlby*, in: *Kast* 1982, S. 35). Gefühlsmäßig löste sich die innere Erstarrung ganz langsam auf und wich einem völligen, emotionalen Aufgelöstsein.

Suche der verlorenen Ganzheit

Wie nie zuvor habe ich mich während der Geburt als Frau und körperlich sehr, sehr offen erlebt. (So hatte ich auch trotz allem Schmerz das, was man gewöhnlich eine „leichte" Geburt nennt.) Mein ganzer Körper verlangte nach der Geburt nach dem Kind. Ich wollte das Kind, irrte im Zimmer umher, legte in meinen Tagträumen die längsten Strecken meines Lebens zurück, suchte es überall, und es war nicht da.

Es war mir, wie wenn mir körperlich ein Teil meiner selbst weggerissen worden wäre, und ich fühlte mich unglaublich verletzt und wund. Daneben war dieses fast unerträgliche Bedürfnis, ein Kind zu stillen, es zu hegen, zärtlich zu sein mit ihm, es in den Armen zu halten, zu wiegen ... Es war ungeheuer schmerzhaft, körperlich schmerzhaft, diese Gefühle nicht leben zu können. So wie ich die Geburt als Sturm erlebte, der über mich hinwegrollte, waren da diese ähnlich starken und sinnlichen Muttergefühle.

Meine Tag- und Nachtträume brachten mir ein wenig Erleichterung. In meinen Tagträumen hegte und pflegte ich mein Kind, obwohl ich jedesmal untröstlich weinte, weil ich ja wußte, daß ich dies nur in meinen Träumen erleben durfte und mein Kind in Wirklichkeit nicht lebte. Ich träumte auch von einem kleinen Mädchen, das nach seiner Mutter rief und sehr unglücklich war, weil sie nicht da war. Für uns beide war es nicht möglich, unsere Beziehung zu leben, und es tröstete mich zu wissen, daß mein kleines Mädchen mich auch vermißte, auch wenn ich annehmen mußte, daß es meine eigene Sehnsucht war, die ich im Traum auf das Kind projizierte.

Ich lag noch im Spitalbett, als ich spürte, daß ich starke sexuelle Bedürfnisse hatte. Anfänglich war ich desorientiert. Ich schämte mich dieser Gefühle. Es waren wieder meine Träume, die mir auch solche Gefühle erlaubten: ich erlebte die ersten Tage nach der Geburt die intensivsten und schönsten Sex-Träume. Bald schon wurden sie begleitet von dem Erlebnis, das mich so geöffnet hatte: der Geburt, die eine Totgeburt war.

Kast (1982, S. 67) beschreibt, daß die Suche bei vielen Trauernden sehr real zu sein scheint. Ich suchte das Kind, obwohl ich wußte, daß es tot war. Es war, als ob vor allem mein Körper die Veränderung noch nicht realisiert und sich darauf eingestellt hätte. Später erlebte ich, daß ich das Kind nur anzusprechen brauchte und daß es dann wie eine unsichtbare Gestalt bei mir war. Es beruhigte und tröstete mich, diese Verbundenheit zu spüren, die mir niemand nehmen konnte.

Sicher suchte ich in den starken erotischen Gefühlen jene verlorene körperliche und seelische Ganzheit, die ich während der Schwangerschaft erleben durfte. So unvermittelt wie der Tod mein Leben veränderte, fand auch oft die sexuelle Verschmelzung ein Ende und brachte mich in eine Welt zurück, wo ich wieder allein und einsam unter meiner verlorenen Ganzheit litt. Tod und Leben, Trauer- und Glücksgefühle waren plötzlich ganz nahe beisammen, wie Tag und Nacht.

Abschied

Es beschäftigte mich die ersten Tage ungeheuer, ob ich mein Kind sehen wollte oder nicht. Die Ärzte waren dagegen, mein Partner dadurch verunsichert und unentschlossen. Ich aber wollte auf jeden Fall mein Kind sehen. Niemand vermochte diesen Wunsch zu verhindern, obwohl ich auch große Angst vor diesem Augenblick in mir spürte. Ich wollte ein Bild bekommen von unserer Simone, wollte wissen, wie sie aussah, was für ein Näschen sie hatte ... Es tat mir ungeheuer weh, daß mich die Ärzte über meinen Partner davor warnten, wie schrecklich unser Kind aussehen würde, weil es durch die Anämie von Wasser entstellt sei.

Traum: Ein Kind mit Wasser im ganzen Körper, der dadurch aufgeblasen ist, soll gebadet werden. Niemand vom Pflegepersonal nimmt sich Zeit. Das macht mich sehr traurig. Zugleich bin ich selber aber überfordert, weil ich mich auf eine Prüfung vorbereiten soll.

Es war so wie im Traum: Ich mußte durch eine Prüfung hindurch und mußte alle meine Energien dafür zusammen nehmen: Die Umwelt war dagegen, ich aber wollte mein Kind sehen. Ich war dran, mich für diesen Augenblick vorzubereiten. Zugleich wurden mir auch ganz deutlich meine eigenen Grenzen bewußt. Ich fühlte mich nicht fähig, das Kind anzukleiden, mich mit dem vom Seziermesser zerschnittenen Körper zu konfrontieren. Weshalb sich das Pflegepersonal geweigert hatte, dies zu tun, ist mir auch heute noch ein Rätsel. Ich war froh, daß sich eine Freundin von mir bereit erklärte, dies zu tun, nachdem man uns zuerst zugemutet hatte, dem Kind, in Papierwindeln gepackt, im Sezierraum zu begegnen.

Erst als ich Simone vor mir sah, wurde sie real für mich: „lebendig", obwohl sie tot war. Nun wußte ich, was für ein Kind ich in mir getragen hatte. Ich streichelte sie, berührte sie, war sehr traurig und erleichtert zugleich. Ich spürte sofort, wie wichtig es für mich war, sie zu sehen.

Die ersten Wochen nach dem Tode unseres Kindes gab es für mich nur einen Gedanken: Simone ist tot. Und auf jedem Schritt begegnete ich Dingen, die mir ihren Tod immer wieder deutlich vor Augen führten, durch ihren Tod eine andere Bedeutung bekommen hatten. Vieles hatte ich mir mit meinem Kind zusammen anders vorgestellt: das Zimmer neben unserem Schlafzimmer, das zum Kinderzimmer geworden ist — die ersten Bébésachen, die ich gekauft und geschenkt bekommen hatte und nun nicht gebrauchen konnte — den 10-monatigen Schwangerschaftsurlaub, den ich mir mühsam erkämpfte — das Haus, das wir uns zwei Tage vor ihrer Geburt kauften, um mehr Platz zu haben — die innere Einstellung, daß wir unsere Zukunft zu dritt erleben würden — mein Muttersein mit einem Kinde zusammen — meine ganze körperliche Veränderung.

Traum: Ich sehe eine Himalaya-Zeder vor mir. Der Zeder geht es sehr schlecht. Ich erschrecke, weil sie so schief dasteht und so schnell Äste und Nadeln verloren hat.

Zum Traum: Bei der Abschiedsfeier von Simone haben wir eine Himalaya-Zeder gepflanzt. Mein erster Gedanke ist, dem Baum geht es schlecht. Wir haben auch Befürchtungen, daß er bei diesem heißen Sommerwetter nicht gut anwachsen könnte.

So wie ich den Baum im Traum sehe, ist es ein absterbender, dem Tode geweihter Baum. Ich habe Mühe, mich mit diesem Bild zu identifizieren, und spüre dann, daß ich mich selber als solchen Baum erlebe: Ich bin wie ein absterbender Baum, der seine Nadeln und Äste verliert. Mein Körper, der zum ersten Mal rund war, dieser Körper wird mir wieder genommen. Ich verliere mein Gewicht, meine Rundungen. Ich werde häßlich und fürchte, daß man mich schief ansieht. Ich bin sehr traurig, ohnmächtig und unglücklich.

Ich habe Mühe, meinen sich verändernden Körper anzunehmen. Ich habe Mühe, diesen Baum und auch den Tod anzunehmen, zu ihm ja zu sagen. Ich habe Mühe, zum toten Kind ja zu sagen, dazu, daß Simone in mir gestorben ist. Auflehnung ist in mir.

Ich erlebte Abschied als langsamen Prozeß, wo es galt, von vielen, auch kleinen Dingen Abschied zu nehmen und sich zu trennen: den Bébé-Sachen, den Hoffnungen, gemeinsamen Plänen, Vorstellungen und Wünschen. *Petzold* schreibt dazu: „Abschiednehmen — und das bedeutet Trauerarbeit letztlich — muß von all den wesentlichen guten und schlechten Seiten und Szenen erfolgen und auch von den Hoffnungen und Träumen, die man gemeinsam gehofft und geträumt hat" (1982, S. 346).

In wenigen Momenten erlebte ich Abschied aber auch als einmaligen Akt, wo ich nur in dem einen Moment mich entscheiden konnte,

Abschied zu nehmen oder nicht: im Spital, als ich das Kind sehen wollte, und bei der Abschiedsfeier ...

Abschied heißt letztlich, den Tod akzeptieren zu lernen. Im Vordergrund waren in der ersten Zeit Gefühle der Ohnmacht, die durch seine Unmittelbarkeit und Gewaltsamkeit ausgelöst worden waren. Auf körperlicher Ebene schien sich das Ganze zu wiederholen. Mir wurde, wie der Zedertraum zeigt, nicht nur das Kind genommen, sondern auch mein Körper: meine Fülle, meine Milch, meine körperliche Identität und mein körperliches Erleben. Es fiel mir sehr schwer, meinen Widerstand aufzugeben, mich körperlich und seelisch nicht am Verlorenen festzuhalten, bereit zu werden, den neuen Zustand zu akzeptieren und den alten loszulassen.

Todesängste und Lebensüberdruß

Die Unmittelbarkeit des Todes, sein plötzliches Eintreten in mein Leben und die totale Veränderung meiner Situation ließen mir vor allem während der ersten Tage danach Gefühle hochkommen, als ob alle Menschen, die mir lieb waren (vor allem mein Partner), nun ebenso plötzlich sterben würden. Bei den kleinsten Verspätungen erlebte ich wahnsinnige Ängste, brach in Weinen aus und war völlig aufgelöst, weil ich real glaubte, daß auch er mir genommen würde.

Es war für mich sehr wichtig, anfänglich die fast ständige Präsenz meines Mannes zu erleben und zu wissen, wo ich ihn erreichen konnte. Diese Gefühle hielten mehrere Wochen an und verschwanden langsam, entsprechend der zunehmenden inneren Sicherheit, die ich wieder fand.

Zugleich erlebte ich mein Leben und Weiterleben als sinnlos. Die Lebensfreude, sonst ein zündender Funke in meinem Leben, war nicht mehr da. Ohne sie und ohne mein Kind erschien mir mein Leben grau und fade, nicht lebenswert.

Nachdem wir am vorhergehenden Tag von Simone in den Bergen Abschied genommen haben, träume ich folgenden Traum:

Traum: Ich bin in einem großen Haus in den Bergen — einem alten Patrizierhaus. Entfernt davon ist ein Bach in einer Landschaft, die alpenähnlich und sehr schön ist. Viele kräftige Bergtannen stehen verstreut da. — Ich schaue zum Fenster hinaus und sehe zwei Freundinnen von mir. Plötzlich erschrecke ich gewaltig, sehe, daß sich am Hang droben plötzlich der Berg löst und daß die beiden Frauen die Gefahr, die ihnen vom Berg her droht, nicht sofort realisieren. Schon springen die beiden aber davon. B. findet Schutz in einer felsigen Höhle, M. scheint direkt in den Bergrutsch hineinzulaufen. Nun muß ich selber weggehen. Ich springe den Berg hinauf und treffe dort als ersten meinen Partner. Ich bin sehr froh und erleichtert, ihn zu sehen. Endlich kommt auch M., die es zu meiner Überraschung auch geschafft hat, davonzukommen. — Plötzlich habe ich R. bei mir, und es wird mir schlagartig bewußt, daß ich zwei Kinder bei mir hatte, jedoch nur das eine retten konnte. M.'s Tochter mußte ich zurücklassen. Sie ist tot. Wir sind traurig, trösten uns aber damit, daß wir wenigstens die Partner nicht verloren haben. — Später stehen wir alle zusammen an einem See, der als öde Landschaft vor uns liegt. Durch den Bergsturz und die Erdbewegung ist alles Wasser weggeflossen. Der See sieht sehr dunkel und leer aus. Er kommt mir vor wie verwundete Natur.

Zum Traum: Am stärksten berührt mich die Kraft der Naturgewalten: der Bergsturz und der trockene, entleerte See, mit dem ich mich auch sehr gut identifizieren kann: Ich bin ein entleerter See, aus dem alles Wasser plötzlich abfließt. Es liegt nicht in meinem Ermessen, es zurückzuhalten; es fließt einfach weg. — Hier bei dieser Erinnerung muß ich wieder weinen. Es war wie zu Beginn der Geburt. Ich konnte nur noch mitgehen und wach ertragen. Das Ganze war wie ein Bergsturz, wo es irgendwie auch um mein Überleben ging. Zugleich wurde ich ganz ruhig und kehrte in mich hinein. Es waren wahnsinnige Kräfte, die plötzlich aufbrachen: Naturgewalten, die ich nicht gewalttätig erlebte, aber deren Kraft und Gewalt ich mich beugen mußte. —

Im Traum wird M. von diesen Kräften beinahe tödlich überrollt. M. ist jene Frau, die bei der Geburt ihres Kindes um Haaresbreite ihr Leben lassen mußte. — Ich selber wußte während der ganzen Geburt, daß ich überleben würde, weil ich eine ganz starke Lebenskraft in mir spürte, obwohl ich ein totes Kind gebar. Einen Tag und die Woche vorher hatte ich das nicht so deutlich gespürt. Da gab es Momente, wo ich um mein Leben bangte, jedoch meinem Leben ganz klar vor dem Leben des Kindes die Priorität gab.

M.'s Kind stirbt im Traum. Ich kann es nicht retten, mir ist nicht einmal bewußt, daß es gestorben ist; das merke ich erst, als es nicht mehr da ist. Das Kind geht mir verloren, und ich merke es nicht. — Diese Stelle berührt mich eigenartig, es entsteht dabei eine große Leere in mir. Und ich fühle mich erstarrt und kann darauf noch heute nicht reagieren. Ich weiß nur, daß ich mich genau gleich fühlte, als Simone gestorben war: Ich war in großer Panik, wurde plötzlich ruhig. Machte meine Begleiter darauf aufmerksam, daß eine weiße Gestalt die Stiege heraufkommen würde und daß sie vor der Zimmertür angehalten hätte. Dann stieß mich mein Kind dreimal. Ich glaubte, wir hätten es geschafft, und in Wirklichkeit starb es, und das Fruchtwasser floß wie ein Bergbach aus mir heraus. — Mir ist, als hätte hier der Schock begonnen. Eigentlich wußte ich, daß das Kind in diesem Moment gestorben ist, aber ich wollte es nicht wahrhaben, und so verlor ich es, ohne daß mir sein Tod damals schon voll bewußt war. Immer wieder erlebe ich bei dieser Erinnerung so etwas wie einen kleinen Schock. Ich spüre, daß ich den Atem anhalte und erstarre. Traurigkeit löst diese Erstarrung langsam auf.

Mein Leben ist im Traum bedroht. Ich bin in Gefahr, mit meinen Freunden zusammen, die zu meinem Leben gehören und einen Teil meines Lebens ausmachen, vom Erdrutsch überrollt zu werden. Ich erlebe die Urgewalten der Natur, die ganze Berge in Bewegung bringen. Wir überleben dabei, ich überlebe, trotz des toten Kindes. — Diese Stelle des Traumes, die mich an die Urgewalten der Geburt erinnert, gibt mir körperliche Kräfte, und ich spüre neue Energien in mir.

Dieser Traum zeigte mir, daß meine Todesängste eine Realität sind, die es ernst zu nehmen gilt, die durch die unmittelbare Erfahrung des Todes präsenter, existenter und für mich bedrohlicher geworden sind. Der Tod war durch mein totes Kind in mir, und außer bei meinem eigenen Tod werde ich ihn nie näher erfahren. Der Tod war wie im Traum eine Naturgewalt, die vorerst zerstört und Verwüstung und Leere zurückläßt. Dies ist aber nur die eine Seite, der Traum ließ mich auch mit Kräften in Berührung kommen, die mich an die Urkräfte der Geburt erinnerten.

Ich stand zum Zeitpunkt des Traumes noch auf der dunklen Seite, die von Lebensüberdruß, Leere und zwischenhinein Verzweiflung beherrscht war. Mir erging es wie *Augustinus*, der nach dem Todes seines Freundes folgendes schrieb: „Durch diesen Schmerz kam eine tiefe Finsternis über mein Herz, und überall, wo ich hinsah, war der Tod … ich weiß nicht, was es war: Einem ganz schweren Lebensüberdruß stand Todesangst zur Seite … und ich stellte mir vor, er würde nun plötzlich alle Menschen verschlingen, weil er es bei jenem gekonnt" (*Augustinus*, in: *Kast* 1982, S. 14). Zwischenhinein aber fühlte ich mich von Kräften getragen, von denen ich nicht wußte, woher sie kamen. Ich spürte nur, daß es sie gab, und dies war eine ungemeine Erleichterung für mich.

Wut

Durch die Gedankenlosigkeit der Oberärztin wurde mir als Mutter zugemutet, meinem Kind im Sezierraum zu begegnen. Nie wurde mir so deutlich bewußt wie hier, daß ein totgeborenes Kind für das Personal und die meisten Mitmenschen kein Erdenbürger ist. Totgeborene wurden schon in meiner Jugendzeit mit den Selbstmördern zusammen an einem speziellen Platz des Friedhofes begraben. So wurde auch hier unser Wunsch, von unserem Kind in einer würdigen Umgebung Abschied zu nehmen, nicht respektiert, obwohl sich der Totenraum daneben befand.

Der folgende Traum zeigte mir, daß diese Erfahrung eine große Wut in mir ausgelöst hat:

Traum: Ich bin unterwegs, streife durch Häuser. Plötzlich treten Hansruedi und ich mit anderen zusammen in einen großen Raum ein, der einer Kirche ähnlich ist. Überraschend werden wir von einem sehr wütigen Mann angegriffen, der sich in der linken Hälfte des Raumes befindet. Ich weiß im Traum, daß ich noch nie einem so wütigen Menschen begegnet bin. Er schlägt wie ein Verrückter um sich und greift uns dabei massiv an, indem er schwere Gegenstände mit großer Wucht gegen uns wirft. Ich habe große Angst, daß er uns tötet, aber auch große Angst um Hansruedi, der stärker als ich die Zielscheibe seiner Aggressionen ist. Plötzlich tritt ihm Hansruedi ganz ruhig entgegen. Im ersten Moment habe ich Angst um ihn, aber da weiß ich, daß er standkräftig genug ist, um sich ihm entgegenzustellen. Der Mann hört sofort auf, uns zu bedrohen. Ich kann mich aber nicht erinnern, was mit ihm durch Hansruedis Entgegentreten geschehen ist.

Zum Traum: Ich bin bis zu diesem Traum noch nie einer solch massiven Wut begegnet. Ich bin erschrocken vor solch einer Eruption und fühle mich im Traum ausgeliefert. Ich kann mich nicht wehren gegen seine Wut, sie ist einfach da. — Hier macht es Klick bei mir. Auch mit meiner eigenen Wut war es so. Ich konnte mich nicht wehren, sie war einfach da. Die Wut des Traumes ist nicht neu, ich wollte sie nur bis zu diesem Traum nicht wahrhaben: damals im Spital hätte ich buchstäblich den Spitaltrakt mit dem Sezierraum in die Luft sprengen können. Mit dem Kopf wußte und sagte ich mir, daß ich so etwas nicht machen dürfe. Von meiner Wut her wußte ich, daß so etwas durchaus möglich wäre. Ich hätte schreien mögen vor Wut und Verletzung. Da zeigten sie mir mein Kind, unsere Simone im Sezierraum. Zuerst habe ich nicht geschaltet. Aber ich spürte an meinem Entsetzen, daß etwas hier drin nicht stimmte. Lieblosigkeit schrie von den Wänden herab. Ein Abstellraum, Kühlschränke, Kälte, die das Herz erstarren ließen; und hier drin zeigte man mir mein Kind. Entsetzen! Vor lauter Entsetzen in mir fühlte ich mich beinahe unfähig, auf mein Kind zuzugehen. Ein solch entwürdigender Raum für mein totes Kind. Ich war fassungslos, erschlagen von soviel Unmenschlichkeit. Meine schlimmsten Befürchtungen wurden in diesem Moment wahr. Beinahe wäre ich rückwärts aus diesem Raum herausgeflohen, aber nicht vor meinem Kind. Mein Kind war der einzige Lichtstrahl in diesem Raum. Später dann kam die Wut, als ich checkte, was man uns zugemutet hat, obwohl wir um Pflanzen, Kerzen, schöne Kleidchen für unser Kind und um einen würdigen Aufbewahrungsort gebeten hatten. Nichts von all dem und keine Liebe für unser kleines Mädchen: kein Streicheln, gar nichts, auch keinen Respekt vor einem toten Kind, abgeschoben wie ein Wegwerfartikel. Das war schlimm, so schlimm. Mein ganzer Instinkt, mein ganzes Muttersein, meine mütterlichen Gefühle waren in Aufruhr ... Und als ich später auf dem Zimmer lag, da gab es für mich nur Feuer und eine Explosion zur Beseitigung dieses Raumes. In die Luft hätte ich ihn sprengen wollen, um zu zeigen, was für ein Unrecht mir und meinem Kind geschehen war.

Mühe macht mir im Traum, daß der wütende Mann auf mich und vor allem auf Hansruedi einschlägt. Es fällt mir schwer, mich damit zu identifizieren, daß ich die Wut gegen uns richte. Ich kann damit auch wenig anfangen. Hansruedi ist im Traum hingestanden. Auch in Realität war es so. Wir beide haben unser Entsetzen und unsere Wut ausgedrückt. Ich brauchte dabei seine Unterstützung. Allein wagte ich nicht hinzustehen, meinte ich. Ich hatte dann die Kraft, mich mit meiner Ärztin zu konfrontieren.

Und dann ist es ausgerechnet in einer Kirche oder einem ihr verwandten Raum, wo sich das Ganze abspielt. Wie weit gilt meine Wut Gott, dem Lenker meines Schicksals, oder meinem Schicksal überhaupt? Wie weit wage ich, auf mein Schicksal, das mir mein Kind nahm, wütend zu sein? Und bin ich nicht selber die Lenkerin meines Schicksals? Dann kommt wieder die Frage, was es mit mir zu tun hat, daß das Kind wieder gegangen ist. — Ich war bereit für dieses Kind, auch wenn es gegangen ist. Ich wollte diesen Tod nicht, auch unbewußt nicht. Was soll mir dieser Tod denn zeigen, den ich nicht verstehe?

Ich bin nicht wütend auf mein Schicksal, manchmal habe ich es schon ungerecht gefunden, manchmal schon gehadert, daß es mich getroffen hat. Doch die Wut, die ich im Traum erlebe, spüre ich nicht in mir, wenn ich an so etwas wie einen göttlichen Plan oder an mein Schicksal denke. Auch auf Simone selber bin ich nicht wütend; hin und wieder taucht mal der Satz auf: Du dummes Kind, weshalb bist du nicht bei uns geblieben? du hättest es schön gehabt bei uns. Aber Wut, richtige Wut, habe ich nicht auf sie.

„Die einen suchen also in ihrem Zorn einen Schuldigen für den Tod, für ihren Kummer. Ihn gefunden zu haben, scheint, wenn auch nur für eine gewisse Zeit, den Trauernden zu erleichtern ... Und so frage ich mich, ob denn der Zorn über den Arzt, das Pflegepersonal etc. nicht einfach ein verschobener Zorn ist, weil man es nicht wagt, auf den Verstorbenen zornig zu sein" (*Kast* 1982, S. 63).

Nach *Kast* wird der Zorn der Zurückgebliebenen „mißbraucht", um einen Schuldigen für den Tod und den damit verbundenen Schmerz zu finden, was den Betroffenen Erleichterung bringt. Auch für mich war die Schuldfrage sehr aktuell. Meine psychologischen Kenntnisse und meine therapeutische Ausbildung sensibilisierten mich, danach zu fragen, was dieser Tod mit mir zu tun hat, ob nicht ein unbewußtes und unbewältigtes Erlebnis der Vergangenheit diesen Tod herbeigeführt haben könnte.

Wichtig war nach der ersten Begegnung mit meiner Tochter nicht die Frage, ob meine Wut gerechtfertigt war oder nicht, sondern daß sie da war. Sie gab mir Energie zurück, ich vermochte mich wieder zu wehren, mich durchzusetzen, und ließ nicht mehr alle verordneten ärztlichen Prozeduren über mich ergehen, sondern dachte wieder kritisch mit.

Trauer — Rückzug

Ich war traurig, einfach traurig. Oft glaubte ich, daß meine Traurigkeit und mein Schmerz um das verstorbene Kind nie ein Ende finden würde, daß ich mich nie wieder ganz am Leben würde freuen können. Nach den intensiven Monaten mit meinem Kinde war ich nicht nur körperlich einsamer geworden, es war auch der Tod, der mich von der Umwelt trennte.

Anfänglich erlebte ich viel Mitgefühl und Unterstützung von Freunden und Bekannten. Oft fühlte ich mich aber mit meinem Verlust von Simone allein, sogar sehr einsam. Wenn ich nach zwei Monaten oder später noch weinte, waren liebe und sonst recht verständige Menschen sehr erstaunt, daß mich ihr Tod noch immer schmerzte. Meistens fühlte ich mich von Menschen verstanden, die selber den Tod oder eine Trennung von einem ihnen nahestehenden Menschen erlebt hatten. Hier tat es mir gut, wenn ich immer wieder darüber reden oder einfach mitteilen konnte, wie mir gerade zu Mute war.

Obwohl ich froh war um jede Unterstützung, brauchte ich viel Zeit, bis es mir gelang, von mir aus mit anderen Menschen wieder Kontakt aufzunehmen. Ich lebte zurückgezogener als sonst in mir drin, wie im Schutz einer Höhle. Zum Teil hatte ich auch reale Angst vor der Außenwelt. Es machte mir zum Beispiel außerordentliche Mühe, im Dorf wieder einkaufen zu gehen, mich wieder zu zeigen und angesprochen zu werden. Vorab dann, wenn Leute mich in freudiger Erwartung fragten, ob ich einen Buben oder ein Mädchen geboren hätte. Es gab aber auch Zeiten, wo ich meinte, daß ich das Ganze schon recht gut verkraftet und verarbeitet hätte, und dann öfters sehr erstaunt war, wie tief mich dieser Schmerz immer noch anrühren konnte.

Träume waren für mich in dieser Zeit sehr wichtig. Sie halfen mir, das Erlebte zu verarbeiten. Anfänglich war ich in meinen Träumenn sehr traurig. Langsam begann sich meine Traurigkeit zu verändern. Rückblickend zeigen sie mir nicht nur, wie sich meine Trauer im Verlaufe der vergangenen Monate veränderte, sondern wie ich entsprechend den Bezug zur Außenwelt wieder fand, was ich mit den folgenden Träumen aufzeigen möchte.

Traum: Simone ist plötzlich greifbar vor mir. Aber es ist nur noch ihre körperliche Hülle, die ganz transparent ist, die ich sehe. Simone selber ist fortgegangen. — Ich gehe auf sie zu, spüre aber, daß ich sie nur anschauen, nicht berühren darf. Sie ist so zart und zerbrechlich und ist körperlich eben gar nicht mehr in der Hülle drin. Ich fühle, daß sie zwar greifbar nah, aber nicht geblieben ist. Ich sage das Freunden und meiner Familie, die dastehen. Weiter sage ich ihnen: daß sie fast gekommen ist, fast da war und kurz vorher gegangen ist. Dann weine ich sehr.

Zum Traum: Dieses Erleben kenne ich, und es macht mich immer wieder sehr traurig, auch jetzt, wenn ich diese Zeilen schreibe: Das Kind ist so nah, greifbar nah und ist trotzdem nicht da, nicht geblieben. Es weckt meine Sehnsucht, eine ungestillte Sehnsucht nach meinem Kinde. Es ist die Sehnsucht, mein Kind pflegen, berühren, herzen, liebkosen zu können. Auch die Hülle kenne ich, die zwischen uns war. Mein Körper, der sie zwar umhüllte, aber zwischen uns war. Ich streichelte oft meinen Bauch und spürte, daß ich auch sie streichelte dabei. Aber ich durfte nie zärtlich sein mit meinem lebenden Kinde, wo nichts mehr zwischen uns war, und das macht mich sehr traurig.

Manchmal, wenn ich daliege im Bett, auf die Seite gekuschelt, spüre ich plötzlich mein Kind an meinen Körper sich schmiegen, kein körperliches Kind, eine transparente Hülle, die mit der Kraft meines Kindes gefüllt ist. Ich werde dann ganz ruhig, und es ist sehr schön, dies zu erleben. Oft macht mich dieses Erleben aber auch sehr traurig.

Traum: Ich bin mit Hansruedi und meinem Bruder zusammen in den Bergen. Wir fahren mit dem Auto auf einer steilen Abfahrt den Berg hinunter. Plötzlich kommen wir mit unserem Auto nicht mehr weiter, bleiben im Morast, in brauner, sehr nasser Erde stecken. Ich selber weiß nun nicht mehr weiter. Hansruedi aber nimmt selbstverständlich die Bretter, die herumliegen, und beginnt, eine Brücke zu bauen. Ich staune sehr, wie schnell sie die Brücke geschlagen haben und wie sie problem- und mühelos eine Lösung zum Weiterfahren finden.

Zum Traum: Wir bleiben mit dem Auto stecken. Die anderen, vor allem Hansruedi, finden schnell eine Lösung, um aus dieser Situation wieder herauszukommen. Er baut so etwas wie eine Brücke. Das ist auch mein Eindruck, wie wir im Moment unsere Situation bewältigen, mit dem Tode unseres Kindes fertig werden. Hansruedi hat für sich die Brücke zu draußen, vielleicht müßte ich besser sagen, zum Leben draußen, wieder gefunden. Seine Brücke ist der Beruf. Die äußere Struktur ermöglicht ihm, sich schneller wieder zurechtzufinden. Die Brücke baut er aber nicht nur für sich, auch für mich, für uns. — Das ist auch so im Moment. Ich spüre seine starke Unterstützung. Er hilft mir, wenn ich ihn brauche, aber ich muß den Weg zu draußen selber wieder finden, bereit sein dafür.

Ich selber schaue im Traum zu, wie sie die Brücke bauen, passiv, aber nicht träge. Ich finde es gut, daß sie diese Lösung gefunden haben, nur helfe ich direkt noch nicht mit. Die Brücke ist für mich das Symbol des eigenen Lebensrhythmus in diesem Traum. Sie haben ihn wieder gefunden für sich. Ich bin noch nicht soweit, schaue mich noch um, obwohl dies auch ganz stark mein Thema ist, mich wieder zurechtzufinden. Ich sehe vor allem die Erde, nicht abwartend, aber auch nicht wissend, wie der Weg weitergeht. Ich sehe keine greifbare Lösung vor mir, keinen Weg, außer den Weg, auf dem ich jetzt gerade gehe, und der ist morastig, aufgeweichte, nasse Erde. Ich spüre, daß ich auf dem Boden stehe und Kraft in mir ist.

Traum: Eine sehr schöne Zimmerpflanze steht neben mir, die ich bei Simones Tod als Geschenk bekommen habe. Ich stelle sie im Traum weg, weil sie mir zu fest Schatten gibt.

Zum Traum: Diesen Traum träume ich genau 3 Monate nach Simones Tod. Nach dieser Nacht gehe ich auch zum ersten Mal wieder in die Stadt, um eine Freundin zu treffen. Ich beginne langsam wieder etwas zu unternehmen. Ich habe Abstand bekommen zu Simones Tod, beginne mich langsam wieder für etwas anderes zu interessieren. So wie im Traum werde ich wieder aktiv, stelle ich die Schattenseiten etwas weg, will vom Schatten, der Kälte, dem Tode nicht mehr erdrückt werden, suche wieder Sonne und Wärme. Hin und wieder spüre ich auch wieder Lebensfreude und neue Kräfte in mir.

Trauer war für mich als stärkstes Gefühl am meisten im Vordergrund, zwar gab es Momente und Tage, wo ich mit ihr nicht mehr im Kontakt war, oder wo Wut, die Klärung meiner Berufssituation oder etwas anderes wichtiger war.

Ich erlebte meine Trauer unterschiedlich: Eine verzweifelte Trauer am Anfang nach dem ersten Schock, „aufgelöst in Tränen", manchmal auch als leise, leidende bis depressive Traurigkeit oder ein Traurigsein, das mich einfach überschwemmte. „Gestalttherapeutische Trauerarbeit sollte deshalb darauf bedacht sein, Trauer zu *erlauben* und nicht, Trauer zu *beenden*. Unerledigte Situationen beenden sich selbst, wenn sie abgesättigt sind, und eine Versöhnung mit dem Verlust muß, wenn er wirklich schwerwiegt, wieder und wieder angestrebt werden, bevor sie sich wirklich vollziehen kann" (*Petzold* 1982, S. 345).

Daß Trauer um einen Toten ein Prozeß ist, der sehr einsam macht, war nicht nur meine Erfahrung, sondern auch die meines Partners. Auch der zweite Traum drückt dies für mich aus: Jeder von uns stand an einem anderen Ort. Aber auch die meisten Autoren, die sich mit der Trauerarbeit auseinandersetzen, machen diese Feststellung. So schreiben *Borg* und *Lasker*: „Trauer ist ein einsamer Vorgang. Manchmal stellen sogar eng verbundene Partner fest, daß sie sich beim Verlust eines Kindes gegenseitig nur beschränkt trösten können. Ihre Gefühle werden niemals die gleichen sein. Ein jeder leidet auf seine Weise" (1983, S. 78).

Oft kam mir diese Trauerzeit auch als das Betrauern des „verlorenen Glücks" vor und war unheimlich bedrohend für mich, weil ich mich sehr unglücklich fühlte und glaubte, nie wieder glücklich werden zu können. Es fiel mir schwer, mich mit diesen Gefühlen und in diesem Zustand anzunehmen. So war ich wie im letzten Traum erleichtert, wenn ich spürte, daß ich mich wieder stärker den sonnigen Seiten des

Lebens öffnen konnte. Es waren „helle" Augenblicke, in denen ich erlebte, daß mir Simone auch eine sehr schöne und gute Zeit geschenkt hat, die mir niemand zu nehmen vermag. „Man kann immer wieder feststellen, daß Trauernde neben Zorn, Wut und Trauer immer wieder auch ein tiefes Gefühl der Freude haben, daß diese Beziehung überhaupt existiert hat, daß das ein Stück Leben ist, das ihnen niemand wegnehmen kann, auch der Tod nicht" (*Kast* 1982, S. 66).

Leere — Orientierungslosigkeit

Etwa einen Monat nach Simones Tod erlebte ich eine große innere Leere, die sich auch in den Träumen niederschlug. Ich träumte nicht mehr. Ich fühlte mich schlecht, zum ersten Mal in einem Loch. Auch wußte ich nicht, wie es weitergehen sollte. Beruflich spürte ich, daß ich nicht mehr in die Klinik zurück konnte und wollte. Aber wie weiter? Es machte mir Angst, keine Aufgabe zu haben. Meine Identität war angeschlagen. Ich kam mir auch irgendwie überflüssig vor und war zum ersten Mal seit langer Zeit wieder unzufrieden. Ich war leer: auf körperlicher wie emotionaler Ebene. Ich spürte auch meine Trauer nicht mehr, die ich begonnen hatte, vor den anderen zu verstecken.

Erleichterung brachten Träume, die mir halfen, wieder zu mir zurückzufinden:

Traum: Vor mir ist ein großes Loch, ein großer dunkler Türrahmen. Ich bin mir nicht sicher, ob ich eben durchgegangen bin oder ob ich davorstehe, um durchzugehen. Gefühlsmäßig habe ich nicht Angst, verschlägt mir dieses Dunkle nicht den Atem, sondern es ist so, daß es dunkel ist.

Zum Traum: Mir ist, als sei ich aus dem dunklen Loch herausgetreten, hindurchgegangen. Ich bin im Moment noch verwirrt. Ich spüre, ich möchte nach diesen dunklen Tagen wieder Licht und Sonne. Ich sehe das Licht noch nicht. Ich habe die Sonne im Rücken, stehe auf der Lichtseite, aber ich bin noch der Dunkelheit zugewandt. Körperlich erlebe ich ähnlich: Mein Körper war hell und licht gewesen mit Simone. Durch ihren Tod wurde er leer und dunkel. Der Tod machte ihn zu einer Todesgruft, weil mein Kind in mir starb. Jetzt weiß ich nicht recht: ist mein Körper hell oder dunkel? Ich bin hell *oder* dunkel, nicht hell *und* dunkel. Meine Erfahrung ist noch die eines Entweder-oders. Ich bin verunsichert, brauche Zeit, mich wieder der Sonnenseite zuzuwenden.

Traum: Ein großes, dunkles Tier ist neben mir wie ein ständiger Begleiter. Das Tier ist ausgebrochen und soll wieder in sein Haus zurück. Das Tier kann reden, ich muß nur das Richtige zu ihm sagen, und schon kehrt es in sein Haus zurück. Aber es ist wichtig, daß ich die richtigen Worte zu ihm sage. Gefühlsmäßig erlebe ich das Tier nicht als bedrohlich für mich, im Gegensatz zur Umwelt, die sich vor ihm zurückzieht und Angst hat vor ihm. Hansruedi ist auch dabei.

Zum Traum: Ich denke im Verlaufe des Tages öfters an den Traum. Er ist mir ein großes Rätsel. Alles Nachdenken, was die Gestalt bedeuten könnte, bringt mich nicht weiter. Da ist nur Leere. Im Moment aber, wo ich erfahre, daß es mein Traurigsein ist, das mich den ganzen Tag über begleitet, erinnere ich mich an das dunkle Tier und verstehe den Traum plötzlich. Traurigkeit ist mein ständiger Begleiter der letzten Zeit. Für mich ist sie einfach da, oft sind wir zusammen in meinem Haus, meinem Zuhause allein, einfach wir zwei. Niemand sieht uns dann, und niemand wird durch uns bedroht. Wir gehen nicht nach draußen, nicht zu den anderen Leuten. — Und ich erinnere mich jetzt wieder an unseren Besuch heute, der zum Mittagessen da war. Ich war wütend nachher, weil es so war, wie wie wenn nichts geschehen wäre, wie wenn alles so wäre wie früher und wie wenn alles vorbei wäre. Aber mein Schmerz ist noch da, er ist noch nicht verheilt. Und ich wurde wütend ob der Oberflächlichkeit, mit der wir uns begegnet sind. Ein Stück ist es die Unbeholfenheit der Mitmenschen, zum Teil mein eigenes Draußenlassen und Mich-nicht-Zeigen meiner momentanen Gefühle. Es ist ja für mich nicht so, daß alles wie früher weitergeht, auch wenn es für meine Umwelt so ist. Für mich sind meine Gefühle da, die Simones Tod ausgelöst hat. Ich rede mit ihnen wie mit dem dunklen Tier. Wir leben zusammen in meinem Innersten. Draußen aber auf der Straße und unterwegs pfeife ich mein Tier zurück. Da muß ich nur den richtigen Satz sagen, und es kommt mit mir in mein Zuhause. Was das für ein Satz ist, den ich zu ihm sage? Spontan denke ich jetzt: Ich will zukünftig keinen Satz mehr sagen, um mein Tier zurückzurufen, sondern ich will einen Satz sagen zu anderen, um mitzuteilen, wie mir wirklich zumute ist.

„*Dr. Lewis* hat die Totgeburt als eine ‚Tragödie der Leere‘ bezeichnet: Nach einer Totgeburt empfindet die betroffene Mutter in zweifacher Hinsicht einen Verlust. Sie spürt die Leere dort, wo vorher etwas im Werden war. Sogar bei der Geburt eines lebenden Kindes empfindet die Mutter einen Verlust, der aber durch das überlebende, sich nun außerhalb des Mutterleibes befindliche Baby kompensiert wird, das versorgt werden muß. Das lindert den Kummer über den Verlust des Kindes, das in ihr gewesen ist. Nach einer Totgeburt aber muß die Mutter mit dem Verlust des ‚äußeren‘ wie des ‚inneren‘ Kindes fertig werden" (*Lewis*, in: *Borg* und *Lasker* 1983, S. 64). Auch ich fühlte mich leer, körperlich leer, weil das Kind nicht mehr in mir und nicht mehr da war. Mit dieser Leere umgehen zu lernen, war die schwierigste Erfahrung des ganzen Trauerprozesses. Ich erlebte diese Leere nicht nur körperlich, sondern auf allen Ebenen: zwischen mir und meinem Partner, gefühlsmäßig war ich leer, die Beziehung zu meinen Mitmenschen, mein ganzes Leben war leer. Ich fühlte mich verunsichert, wußte nicht mehr, wer ich war. Es war ein Zustand, den ich kaum ertrug und dem ich hilflos gegenüberstand.

Während dieser Zeit hatte ich viele Träume, die mir halfen, mich wieder zurecht zu finden. Sie alle vermittelten mir, daß ich mir Zeit lassen soll, Zeit brauche. Sie zeigten mir, wo ich stand, auch wenn ich genau spürte, daß ich noch dem Dunklen zugewandt war und lange Zeit am Aufräumen sein werde. Mich erleichterte es, durch meine Träume bestätigt zu bekommen, was ich unbewußt ahnte. Sie nahmen mir das Bedrohliche meiner inneren Orientierungslosigkeit, gaben mir wieder etwas Gelassenheit zurück.

Identitätskrise — Veränderung der Berufssituation

Nachdem mein ganzes Erleben und meine Gefühle anfänglich von den sehr intensiven Muttergefühlen und der Trauer um das verlorene Kind besetzt waren, begann ich, mich langsam wieder anderem zuzuwenden. Deutlich wurde mir nun aber auch bewußt, daß ich zwar eine verhinderte Mutter war, daß mir aber ein totes Kind keine Mutteridentität vermittelte. Ich war nun weder Mutter noch eine berufstätige Frau, nachdem ich mich entschieden hatte, nach meinem 10-monatigen Schwangerschaftsurlaub nicht mehr in die Klinik zurückzugehen. Dies zu erfahren, verunsicherte mich sehr.

Als Zwischenlösung bot sich mir viel Arbeit in unserem Bauernhaus an. Mir kam es wie ein Wink des Schicksals vor, in diesem Haus zu arbeiten, weil wir es zwei Tage vor Simones Tod-Geburt gekauft hatten. Ich bin / war zwar glücklich und zufrieden in diesem Haus, in Konfrontation mit der Außenwelt aber hatte ich Identitätsprobleme. Ich fühlte mich verunsichert, und außer in persönlichen Beziehungen hatte ich keine gesellschaftlich relevante und anerkannte Aufgabe, war „niemand".

Traum: Ich gehe zusammen mit Hansruedi Häuser anschauen, die alle seinen Eltern gehören. Wir sollen herausfinden und entscheiden, welches wir bewohnen wollen. Ganz am Anfang unseres Rundgangs treffen wir A., die nicht recht weiß, ob sie mit uns weiterziehen soll. Plötzlich kommt ein Inder auf sie zu, der sie zum Tanzen auffordert. Ich bin sehr erstaunt und auch erfreut, daß ein Inder einfach mit ihr tanzt, einer westlichen Frau gegenüber aktiv wird. Sie bleibt bei ihm, und wir gehen weiter an einem See entlang, wo die Häuser stehen. Gegen Ende des Rundgangs, der wieder in den Anfang einmündet, sehen wir unser Haus. Es hat viele große Räume, und wir entscheiden uns, dort zu bleiben. Unerwartet sagt mir Hansruedi, daß er G. ein Zimmer oder eine Wohnung gegeben hat. Ich fühle mich überfahren von diesem Entscheid und bin enttäuscht, daß die beiden das ohne mich abgemacht haben.

Zum Traum: Im Traum spricht mich vor allem der Satz an: „Gegen Ende des Rundganges, der wieder in den Anfang einmündet, finden wir unser Haus". Dies hat stark mit meiner jetzigen Situation zu tun. Ich habe den Eindruck, mit dem Kind in der Schwangerschaft meinen Platz gefunden zu haben. Nun bin ich am Ende, und zugleich ist dies wieder der Anfang: Am Ende dieser Schwangerschaft ist ein totes Kind, und ich bin dadurch wieder am Anfang, woanders zwar, aber ohne Kind. —

Das ist also mein Neubeginn: zu Hause zu sein, mein Haus gefunden zu haben. Damit kann ich schon was anfangen, wenn ich denke, mit welcher Liebe ich in unserem Haus arbeite. Zugleich macht es mich aber auch traurig, daß dieses Haus nicht das Zuhause meines Kindes werden durfte, daß ich meinem Kinde nicht mehr weiterhin ein Zuhause geben durfte. Und da ist auch mein Ärger, der hochkommt, wenn bestimmt wird, ohne mich zu fragen, wer in unserem Haus wohnen kann. Ich wurde bestimmt und nicht gefragt, daß ich mein Haus mit meinem Kind nicht mehr teilen kann. Es wurde über mich bestimmt. Das macht mich wütend.

Unverständlich ist mir zuerst meine Begegnung mit A. Spontan denke ich, daß zwischen uns Barrieren sind, die sich verstärkten, seit sie in die Psychiatrie eingeliefert wurde. Im Traum tanzt sie mit einem Inder und geht weg. Ich bin erleichtert, daß sie mit dem Inder zurückbleibt und daß es ihr dabei gut geht; ich bin erleichtert, daß sie uns nicht mehr weiterbegleitet. Ich habe ähnliche Gefühle, wenn ich an meine Arbeit zurückdenke. Ich fühlte mich zum großen Teil gut in der Klinik, arbeitete gerne dort, war durch die Verantwortung, die ich den Patienten gegenüber hatte, aber oft auch überfordert. Jetzt bin ich erleichtert, daß ich mich entschieden habe, wegzugehen. Manchmal denke ich mit Wehmut an meine Patienten zurück, daß ich sie einfach zurückließ. Aber ich spüre, daß dieser Entscheid im Moment stimmt, ohne daß ich erklären kann, weshalb ich so entschied.

"Wenn dein Vater stirbt, so hast du deine Vergangenheit verloren; wenn dein Kind stirbt, so hast du deine Zukunft verloren" (*Luby*, in: *Schiff* 1978, S. 41). Tatsächlich erlebte ich meine Zukunft noch nie so schwarz und leer vor mir wie nach diesem Tod. Ich glaubte, daß ich nie wieder so glücklich sein werde wie zuvor. Dadurch wurde auch meine Gegenwart leer: Ich wußte nicht mehr, was ich wollte. Und wer ich war. „ . . . Verluste sind nicht nur schmerzlich, sie sind immer auch bedrohlich für das Identitätserleben" (*Petzold* 1982, S. 341). Es waren nicht so sehr die Aufgaben und die berufliche Perspektive, die mir fehlten. Ich kam mit mir nicht zurecht, weil ich keine Freude und die Leere als bedrohlich erlebte.

Ich hing zu jenem Zeitpunkt, wie mir später klar wurde, noch sehr an meinem Kinde und war rückwärts der Vergangenheit zugewandt. Der neue Anfang war Thema des Traumes, ich selber war aber noch nicht an diesem Ort angekommen.

Aufarbeitung der Geburt

Es brauchte lange Zeit, bis ich wagte, mich mit der Geburt zu konfrontieren. Nur langsam begann ich, über die Geburt zu sprechen, wollte ich Details wissen, die zu erfahren ich einfach auf die Seite geschoben hatte. Ich hatte die Geburt zeitlos erlebt, wie wenn alles im selben Moment passiert wäre, ohne Gefühl für ein Nacheinander. Ich wußte nicht, ob die Geburt lange oder kurz gedauert hatte. Mit dem Wissen, daß sie fünf Stunden gedauert hat, kann ich noch heute wenig anfangen.

Langsam begann ich hinzuschauen, zu ordnen, wollte von meinem Partner wissen, wie und was alles gewesen ist, wie er die Geburt für sich erlebt hatte. Instinktiv spürte ich, daß Erinnerungen an die Geburt wieder einen ganz tiefen Schmerz anrührten; davor scheute ich lange Zeit zurück, bis ich mich dazu stark genug fühlte.

Meine anhaltenden Blutungen, die Dammnaht, die wieder aufging, nachdem sie zugeheilt war, löste den folgenden Traum aus und machte mir die ganze Spitalzeit wieder präsent.

Traum: Ich werde verfolgt von Menschen, die mich mit einem spitzen Gegenstand bedrohen, mir Injektionen verabreichen wollen. Überall sind sie, wo ich hingehe: auf dem Bahnhof, der Straße. Ich versuche, mich vor ihnen in Sicherheit zu bringen, aber es gelingt mir nicht. Ich habe große Angst.

Zum Traum: Ich erwache beunruhigt, mit einem schlechten Körpergefühl, das durch die stark anhaltenden Blutungen noch verstärkt wird. Ich blute, es kommt mir vor, als würde ich verbluten. Ich fühle mich körperlich verletzt, angegriffen und attackiert wie im Traum. Ich habe Angst und melde mich nach einigem Zögern beim Arzt an, der mir mitteilt, daß er eine Auskratzung machen muß, wenn die Blutungen nicht aufhören. Ein panisches Gefühl befällt mich.

Ich will keine Auskratzung. Ich selber habe den Eindruck, daß das unaufhörliche Bluten im Zusammenhang mit dem verblutenden Kind steht. Es war ein Schock für mich, als mir mitgeteilt wurde, daß Simone wahrscheinlich in mir drin verblutet, ausgeblutet ist. Diese Vorstellung ist schrecklich für mich: ein gesundes Kind, mein Kind, das in mir verblutete. Und ich stand einfach da, machtlos, und habe nichts unternommen als gewartet und gehofft auf eine Besserung ihres und meines Zustandes. — Jetzt blute ich, nachdem alles verheilt war, seit zehn Tagen, immer stärker.

Mit dem Satz: Ich werde angegriffen, verfolgt, konnte ich vorerst nichts anfangen. Ich studierte, assoziierte, was gemeint sein könnte. Mit dem besten Willen fiel mir nichts ein. Irgendwann sprach ich dann den Satz aus: Ich wurde angegriffen und verfolgt. Da war alles klar vor mir : Ich wurde angegriffen, körperlich angegriffen von meinem eigenen Körper, von seinen/meinen Schmerzen in der Woche vor der Geburt: schrecklichen Schmerzen, denen ich hilflos und machtlos gegenüberstand. Ich fühlte mich ausgeliefert und attackiert von allen Seiten. Nichts ging mehr: die Verdauung fiel aus, das Gesicht verunstaltete sich, Schmerzen im Rücken, im Bauch überall. Und ich ertrug alles passiv und hoffte, daß sie wieder aufhören würden. Niemand brachte Linderung. Kein Arzt, der mich und meine Schmerzen ernst nahm. Und ich ertrug meine Schmerzen, ohne aufzubegehren, mit einer irrsinnigen Hoffnung, daß es nur mir, nicht aber dem Kinde schlecht gehen würde. Ich täuschte mich. Hätte ich etwas anders machen können?

Ich hatte Angst wie im Traum: Angst vor dem Sterben, Angst, daß ich sterben würde, weil mich niemand ernst nahm und realisierte, wie schlecht es mir ging. Ich ertrug alles, weil ich keine Kraft mehr hatte, mich zu wehren.

Erstaunlich war, daß meine Blutungen drei Tage nach diesem Traum plötzlich aufhörten. Heute vermute ich, daß ich unbewußt den Wunsch hatte, ebenfalls zu verbluten, und erst die Konfrontation mit einer möglichen Auskratzung mir bewußt machte, daß ich dies auf keinen Fall wollte. Ich wußte, daß ich mich mit allen meinen Kräften wehren würde, ins Spital zu gehen, und mobilisierte dabei vermutlich meine Abwehrkräfte, die mir halfen, wieder gesund zu werden.

Erst nach diesem Traum begann ich, über die Geburt, die Spitalzeit und die vorhergehende Woche zu Hause zu sprechen und mich damit auseinanderzusetzen, was sehr wichtig war. Es war so wie *Petzold* beschrieb: „Zu schmerzvollen, angstbesetzten, bedrohlichen Situationen Kontakt aufzubauen, gestaltet sich zuweilen schwierig, denn es ist nicht einfach, dunkle Seiten als *seine* anzuerkennen und Schmerzvolles noch einmal zu durchleben und zu vollenden" (1982, S. 340). Ich hatte keine andere Wahl, als dies zu tun.

Schuldgefühle — Frage nach dem Sinn

Simones Tod löste in mir Schuldgefühle aus, manchmal auch heute noch. Ich machte mir Vorwürfe, daß ich die Woche vor der Geburt nicht stärker darauf insistierte, im Spital zu bleiben, mich wieder nach Hause schicken ließ, da doch etwas nicht in Ordnung war. Auch machte ich mir Vorwürfe, daß ich überhaupt diese Schmerzen bekam, weil ich am Abend vorher in der Arbeit zu beansprucht gewesen war. Ich war sehr verunsichert, ob ich nicht doch das Kind und mich in meinem hochschwangeren Zustand vernachlässigt hatte.

Traum: Ich bin in einem Warenhaus und gehe spontan auf ein Kind zu, das ich streichle. Es ist ein Mädchen, das 2-3jährig ist. Später sehe ich am Schalter R., die hochschwanger ist und als Verkäuferin arbeitet. Ich bin überrascht, sie dort zu sehen, aber auch wieder nicht. Er scheint für sie selbstverständlich, diese Arbeit zu machen.

Zum Traum: So wie im Traum beachte ich im Moment nur kleine Mädchen. Ich schaue sie an und frage mich, was wohl unsere Simone für ein Mädchen geworden wäre. Ich habe nur ein Bild von Simone und möchte viele Bilder von ihr. Im Traum streichle ich ein Mädchen, das macht meine Sehnsucht nach ihr noch größer und lebendiger.

Nachträglich ist mir aufgefallen, daß ich nur auf den ersten Teil des Traumes eingegangen bin: das kleine Mädchen, und den zweiten Teil: die hochschwangere Frau, vernachlässigt habe. Mir scheint jetzt, ich hätte spontan die Botschaft des Traumes, die heißt, daß sich diese Frau vernachlässigt, reproduziert.

Vernachlässigung hat sehr viel mit mir und meinen Schuldgefühlen zu tun. R., im 9. Monat schwanger, vernachlässigt durch die Arbeit sich und ihr Baby. Verkäuferin ist eine schwere und anstrengende Arbeit, und sie steht dort und macht diese Arbeit mit Selbstverständlichkeit. — Auch ich war so. Ich machte die Arbeit mit großer Selbstverständlichkeit, wo es nicht mehr selbstverständlich hätte sein dürfen. Ich hatte in den letzten Tagen meine Energien überschätzt und auch meine Grenzen. Das sind meine Vorwürfe, wenn ich an den obigen Traum denke:

Ich spüre, wie mich der Gedanke quält, daß ich mein Kind vernachlässigt habe, daß ich zu wenig nach ihm geschaut habe, zu wenig fürsorglich war, zu wenig Sorge getragen habe zu ihm. Ich quäle mich mit Vorwürfen: daß ich mir wichtiger war, öfters nur dran dachte, wie es mir geht, mich daran orientierte, was mir wohl tut, mir die Patienten zeitweise wichtiger waren als das Kind, ich zu wenig Energien für's Kind übrig hatte, mich viel stärker hätte schonen müssen ... Ich mache mir Vorwürfe, daß das Kind wegen mir gestorben ist, weil ich zu wenig nach ihm geschaut habe.

Lange Zeit suchte und wollte ich eine Erklärung für diesen Tod, vor allem, weil er vielleicht vermeidbar gewesen wäre, wie sich am Ende der ganzen Untersuchung herausstellte. Mir war wichtig, einen Sinn in diesem Tod zu sehen, weil nur er mich von meinen Schuldgefühlen, in den letzten Arbeitstagen auf mein Kind zu wenig Rücksicht genommen und etwas versäumt zu haben, entlasten konnte. Es war auch unerträglich für mich, zu wissen, daß ich diesen Tod vielleicht nie würde verstehen können und mitschuldig dran war. Ich suchte nach einer Botschaft und spürte, daß es nur rationale Erklärungen waren, um mich zu beruhigen.

In der Therapie erfuhr ich, daß es Dinge gibt, die sich einfach nicht erklären lassen, und daß ich mich letztlich mit meinen Schuldgefühlen nur quälte. Das zu spüren, war eine große Entlastung und Befreiung für mich.

Ich habe den Eindruck, daß mich die Auseinandersetzung mit meinen Schuldgefühlen im ganzen Verarbeitungsprozeß einen großen Schritt weitergeführt hat.

Bereitschaft für ein weiteres Kind

Es war für mich nie so, daß ich nach diesem Erlebnis kein Kind mehr wollte. Im Gegenteil, ich bekam Angst, daß dies nie wieder möglich sein könnte: von meinem Alter her und wenn ich spürte, daß ich einem weiteren Kind noch keinen Platz gemacht hatte, noch nicht so weit war, Simone loszulassen. Diese Spannung zwischen meinem Bedürfnis und meiner Unfähigkeit für ein neues Kind war schwer auszuhalten.

Die Veränderung meiner Bereitschaft für ein weiteres Kind zeigte sich sehr klar in meinen Träumen. Anfänglich reagierte ich auch in meinen Träumen verärgert, wenn mir jemand von einem weiteren Kind erzählte. Ich hatte zwar ein ganz starkes Bedürfnis nach einem Kinde, wollte sogar unbedingt eines, doch nicht irgendein Kind, sondern Simone. Meine Unfähigkeit projizierte ich auf meinen Partner, der in einem Traum hüftabwärts gelähmt war. Ein gelähmter Mann war in meiner Phantasie unfähig, ein Kind zu zeugen. Zugleich spürte ich, daß dies sehr viel mit mir selber zu tun hat: ich selber fühlte mich körperlich und seelisch gelähmt, unfähig und überhaupt nicht offen für ein weiteres Kind.

Wiederholt hatte ich auch Träume von behinderten Kindern, die mich sehr beschäftigten, weil diese Thematik ein zentrales Thema in meiner eigenen Therapie war. Nach sechs Monaten träumte ich folgenden Traum:

Traum: Ich erlebe wieder eine Geburt. Es geht sehr gut, und ich freue mich sehr. Plötzlich bin ich sehr beunruhigt. Man hat das Kind unter eine Decke gelegt, ohne es mir zu zeigen. Ich will aber mein Kind sehen und bei mir haben. Als ich es bekomme, sehe ich, daß es nur ein Zellklumpen ist. Das schüttelt mich vor Weinen, es ist ganz schlimm.

Zum Traum: Als ich aufwache, bin ich sehr traurig; aber es ist keine Traurigkeit, die mich hinabzieht. Irgendwie fühle ich mich leicht, erleichtert dabei. Mir ist, als hätte ich das behinderte Kind, auch das behinderte Kind in mir, zu mir genommen, das mir nun niemand mehr nehmen kann. Zum ersten Mal kann ich voll verstehen, was es heißt, sein eigenes behindertes Kind in sich anzunehmen: ein Klumpen, der verständlich geworden ist. — Ich habe den Satz schon oft gehört gehabt, mich auch damit auseinandergesetzt, was das für mich bedeutet, aber bis zu diesem Moment konnte ich ihn letztlich nicht verstehen, es waren leere, gesagte Worte.

Ein weiterer wichtiger Traum war der folgende:

Traum: Ich bin in Tansania und suche nach einer fruchtbaren Gegend, die sehr nahe sein soll. Plötzlich ist ein Kind neben mir, das schon länger da war und mich fragt, was ich suche. Es spricht mich in Swahili an und sagt: „Maa Shimba" zu mir, daran erinnere ich mich sehr genau. Ich sage ihm, weshalb ich hier bin. Darauf antwortet es mir: Es ist fruchtbares Land, auf dem du stehst. Da gehen mir die Augen auf. Ich denke, daß ich mir eine fruchtbare Gegend anders vorgestellt habe, und bin erstaunt, daß ich das nicht früher gesehen habe. Mir ist, als hätte ich mit geschlossenen Augen nach fruchtbarem Land gesucht.

Zum Traum: Ich freue mich immer wieder an diesem Traum und finde es sehr schön, daß das Kind zu mir gesagt hat, daß ich auf fruchtbarer Erde stehe. Es vermittelt mir damit: Sorge dich nicht, du bist bereit, fruchtbar zu sein, doch schau gut hin. Du brauchst wache Sinne dazu. — Ich selber kann das noch nicht mit dieser Gelassenheit sagen; ich suchte in der letzten Zeit nach einem Platz, statt daß ich mich niederließ.

Es ist mein eigener Prozeß, den diese Schwangerschaftsträume aufzeigen, in der Zeitspanne zwischen dem Tode des Kindes und heute, acht Monate später, wo ich mich wieder bereit fühle für ein weiteres Kind.

Ich hatte viele Träume zu dieser Thematik. Auf die beiden letzten Träume, die ich detaillierter beschrieb, möchte ich kurz eingehen: einmal auf die Bedeutung eines behinderten Kindes für mich und auf die Botschaft in swahilischer Sprache.

Ich glaubte, daß ich mit einem behinderten Kind bestraft würde. Diese Angst war lange ein Hinderungsgrund für mich, schwanger zu werden. Als ich für eine Schwangerschaft bereit war und das Kind in mir erlebte, glaubte ich, mit meiner Geschichte ausgesöhnt zu sein. Nun hat sie mich auf ihre Weise eingeholt.

Ich weiß, daß ich auch heute noch Mühe haben würde, ein behindertes Kind anzunehmen. Dadurch, daß ich in meinen Träumen diese Kinder und meine eigene Behinderung beweinte, haben sie etwas von ihrem Schrecken verloren, und ich bin ihr wieder ein großes Stück näher gekommen.

Es war ein jähes Erschrecken, als mir klar wurde, daß Bereitschaft nicht einfach nur Offenwerden und Freude auf eine weitere Schwangerschaft bedeutet, sondern daß meine Ängste dazugehören und ich mich trotz meiner Bereitschaft letztlich nicht absichern kann und auch keine Garantie habe für ein gesundes Kind. Ich kann das meine dazu beitragen und diesen Schritt im Vertrauen nochmals wagen, mehr nicht. Dies ist es, was mir der letzte Traum vermittelt: ein Kind, das in Swahili zu mir spricht, einer der ältesten Sprachen der Welt, und das ich trotzdem verstehe: Du bist bereit, fruchtbar zu sein, und brauchst wache Sinne dazu; mehr kannst du nicht tun. Die alten Völker wissen, daß Kinder Geschenke des Himmels sind. — So ist es.

Abschluß

„ . . . *Schimmere, schimmere, kleiner Stern"*

Anhand meiner Beziehung zu kleinen Kindern möchte ich aufzeigen, wie ich am Ende meines Trauerprozesses um Simone angekommen bin. Am Anfang war es unmöglich für mich, kleinen Kindern zu begegnen. Es war sehr schmerzhaft für mich, weil ich immer Simone vor mir sah. Ich mied Kinder, wo ich konnte. Langsam wurde ich wieder offener und die Kinder immer kleiner, die mich zu Tränen rührten. Nach etwa vier Monaten konnte ich der Frau und deren Kind begegnen, mit der zusammen ich mich auf die bevorstehende Geburt gefreut hatte. Ich spürte, daß es der richtige Zeitpunkt war und daß ich im Bettchen nicht mehr Simone, sondern den kleinen Knaben vor mir sah. Zwar scheute ich mich, die Patin des neugeborenen Kindes meiner Schwester zu sein. Seit ich die Aufgabe angenommen habe, spüre ich, daß ich kleinen Kindern gegenüber wieder freier, unabhängiger geworden bin und mich an ihnen freue. Ich bin auch dabei, meinen Trauerprozeß um Simone abzuschließen, auch wenn ich ihren Tod immer wieder beweinen werde, weil er und sie zu meinem Leben gehören.

Beim folgenden Traum habe ich den Eindruck, daß er ein Abschlußtraum ist, was die Trauerarbeit um Simone betrifft:

Traum: Ein Mann, eine dunkle Gestalt, beginnt, mich und andere, größtenteils nahestehende Menschen zu bedrohen. Unvermittelt schneidet er einem Kinde mit dem Skalpell in den Kopf. Ich springe davon und weiß, daß er mich nun suchen kommt. Ich ziehe mich zum Schutz in die Dunkelheit einer Stadt zurück. Er verfolgt mich, und ich sehe ihn im Lampenlicht. Ich spüre, daß er mir nichts wird anhaben können, keine Macht über mich hat. An einem hellen Ort, auf einer kleinen Anhöhe, wo Arbeiter einen Baum schneiden, werde ich aufgefordert, mich ihm zu stellen. Er stellt sich mir mit einem Dolch entgegen. Ich nehme einen abgesägten Ast, sehr entschlossen und mit großer Kraft erschlage ich ihn.

Zum Traum: Ich spüre viel Kraft beim Erwachen, bin auch stolz, daß ich mich so klar gestellt habe. (Aus mir unerklärlichen Gründen habe ich das Gefühl, daß dieser Traum ein Abschlußtraum ist, was meine Trauerarbeit mit Simone betrifft.) Im ersten Moment verstehe ich die Botschaft des dunklen Mannes nicht. Ich habe auch Mühe, mich mit ihm zu identifizieren. Dunkler Mann, dunkle Seite, dunkle Zeiten, Tod. Ich habe mich in den letzten Wochen und Monaten mit dem Tod auseinandergesetzt. Ich habe mich entzogen, Angst gehabt, zum Teil habe ich mich zurückgezogen und mich versteckt wie im Traum, aber letztlich habe ich mich gestellt, mich ihm gegenübergestellt und ihn besiegt, indem ich mich für's Leben entschied. Ich weiß, daß das Leben, mein Leben ihn besiegt hat, weil ich mich entschlossen habe für diese Seite. Es ist ja auch der Baum, der für mich sehr viel mit Leben zu tun hat, der mir die Möglichkeit gibt, ihn mit meinen abgesägten Ästen zu besiegen.

„Die meisten Autoren, die sich mit dem Tod und Trauer befassen, sind sich einig, daß dann, wenn der Verlust wirklich akzeptiert wird, vielleicht sogar ein Sinn dahinter gesehen werden kann, der Trauer-prozeß abgeschlossen ist" (*Freud*, in: *Kast* 1982, S. 36). Es ist so, daß ich diesen Tod nicht mehr sinnlos und absurd erlebe; doch stimmt es für mich nicht zu sagen, daß er einen Sinn haben könnte. Dies ist geschehen, und ich bin erleichtert, daß wieder Lebensfreude und Ener-gien in mir sind.

Verena Kast versteht aufgrund ihrer langjährigen Arbeit mit Trau-ernden unter dem Abschluß dieses Prozesses folgendes: „Wirklich wie-der Freude am Leben zu haben, obwohl es den Tod gab, Beziehungen neu eingehen können, obwohl der Tod jederzeit immer wieder lauern konnte" (1982, S. 75).

Die Schwangerschaft und der Tod Simones haben mir einen neuen Zugang ermöglicht: Ich möchte es Zugang „zum Himmel" nennen. Während der Schwangerschaft waren es die Lichtträume, angefangen mit dem Buddha-Traum, und später war es einfach ganz helles, inten-sives Licht, dem ich begegnete. Auch ich selber fühlte mich licht; mir war, als ob „der Himmel offen sei". Heute ist es Simones Existenz, die diese Verbindung herstellt. Ich weiß, daß sie auf ihre Weise da ist:

„Im Dunkel scheint dein Licht.
Woher, ich weiß es nicht.
Es scheint so nah und doch so fern.
Schimmere, schimmere, kleiner Stern."

(Nach einem alten irischen Kinderlied)

Literatur

Borg, S., Lasker, J., Glücklose Schwangerschaft, Tomus Verlag, München 1983.
Franz, G., Traumarbeit in der Gestalttherapie, *Integrative Therapie* 2/3 (1980), 203-221.
Kast, V., Trauern, Kreuz Verlag, Stuttgart 1982.
Kübler-Ross, E., Interviews mit Sterbenden, Gütersloher Verlag, 1982.
Ladenhauf, K. H., Gestalttheorie und Gestalttherapie, *Gestaltbulletin* 1/2 (1981), 41-53.
Perls, F. S., Gestalttherapie in Aktion, Klett, Stuttgart 1974.
Petzold, H., Theorie und Praxis der Traumarbeit in der Integrativen Therapie, *Integra-tive Therapie* 3/4 (1977), 147-175.
—, Gestaltdrama, Totenklage und Trauerarbeit, in: H. Petzold (Hrsg.), Dramatische Therapie, Hyppokrates Verlag, Stuttgart 1982.
Schiff, H., Verwaiste Eltern, Kreuz Verlag, Stuttgart 1978.

Plastiken aus meiner Analyse (4)

Lisa Bock

Mutter und Tochter

Eva-Maria Brinkmann, Hannover

Die Frage, der ich nachgehen will, lautet: Inwiefern sind meine Mutter-Tochter-Erfahrungen notwendige Voraussetzungen für meine psychotherapeutische Arbeit?

Es ist heute „in", offen über Erlebnisse und Erfahrungen zu schreiben, die nahestehende Personen des Autors betreffen, selbst wenn diese Personen noch leben. Mir fällt das schwer, denn ich, geb. 1917, bin mit einem dementsprechenden Tabu aufgewachsen, das mir vorschrieb, nichts aus der Familie (Pfarrhaus, 7 Kinder aus 2 Ehen des Vaters) herauszulassen. Ich wollte mir das auch nicht weganalysieren lassen. Dies ist einer der Gründe, warum ich diesen Beitrag lange nicht fertigstellen konnte und immer wieder umarbeitete. Ich habe dabei mehr als die 22 kreativen Hemmungen, von denen *Zinker* schreibt, erlebt. Es handelt sich bei dem Mutter-Tochter-Thema um „Herzenserfahrungen" (*Petzold*). Sie haben für mich viel Ähnlichkeit mit der farbigen Vielfalt gotischer Kirchenfenster, die ihre Geheimnisse, je nach Beleuchtung, immer wieder anders erscheinen lassen und deren Thematik und Darstellung dem Beschauer, je nach Standpunkt und Befindlichkeit, immer wieder neu betrifft und beschäftigt.

Die Mutter-Tochter- bzw. die Tochter-Mutter-Erfahrungen (ich wähle absichtlich nicht das Wort „Beziehung"), wie ich sie erlebt habe und noch erlebe, nicht nur bei mir, sondern ganz allgemein, sind nicht „festzuschreiben" (*Petzold*), ich kann und will sie auch nicht einfach *be*-schreiben. Man könnte das tun mit dem Wortschatz der Psychologie und Soziologie sowie mit Hilfe der wechselnden Theorien, die seit Abschluß meines Psychologiestudiums 1950 auf den Markt kamen (siehe Kursbuch 76). Das wäre nicht neu. Wenn ich der oben gestellten Frage auf den Grund gehe, so muß ich im wahrsten Sinne des Wortes „zu den Müttern hinabsteigen", die mich erzogen haben; ich will aber aus meiner Lebensgeschichte keinen epischen Roman über Glück-und-Leid-Erfahrungen von vier Generationen mit künstlichen Interpretationen machen — eine Art literarische disclosure, einschließlich tiefenpsychologisch orientierter Selbstanalyse.

Ich möchte dem Leser mit den nun folgenden Bildern, Phantasien Szenen, Erinnerungs- und Gesprächsausschnitten die Möglichkeit geben, auf die eingangs gestellte Frage weitgehend selbst die Antwort zu finden.

Der goldene Topf

stammt von meiner Ururgroßmutter und wurde in den 14 Jahren, die ich bei meiner Großmutter verbrachte (im Predigerwitwenhaus in Potsdam) — die Ferien ausgenommen, niemals benutzt. Einfaches Material, Ton mit rötlich schimmernder Goldschicht überzogen, blau-gelbe Ornamente in der Gürtellinie, schmale Taille, Baustil meiner Großmutter, ein Hüftschwung, wie ich ihn gern gehabt hätte, verspiel-tes Barock, dabei standfest und praktisch zum Gießen. Wenn die Abendsonne ihn geheimnisvoll leuchten läßt und das Glockenspiel „Üb immer Treu und Redlichkeit" und, alle Stunde, „Lobe den Herrn" ertönen läßt, findet das Kind es schön, die warme Kühle des Gefäßes zu fühlen. Es holt einen der vielen kleinen Zettel heraus, die Großmut-ter mit Sinnsprüchen, Zitaten, Bibelsprüchen und Gedichten beschrie-ben hat. Ein Glücksspiel. An meinem 10. Geburtstag erwische ich den Ausspruch von Bismarck: „Der Mensch ist nicht auf der Welt, um glücklich zu sein, sondern um seine Pflicht zu tun." Ich fühle mich sehr erwachsen. Noch mehr, als sie ihn mir ins Poesiealbum schreibt. Ich beschneide ihr zum ersten Mal die Fußnägel. Es riecht schrecklich.

„Sei zufrieden mit dem, was du hast, aber nicht mit dem, was du bist!" ist die Losung nach bestandenem Abitur (1935). (40 Jahre später diskutiere ich mit meiner Tochter über *Fromm*, „Haben und Sein", ich habe das Gefühl, daß Zufriedenheit für sie ein Fremdwort ist.) Ange-sichts dieses Topfes schreibt das Kind seine wöchentlichen Briefe nach Hause, seine Hausaufsätze und seine Tagebücher.

Einfälle dazu heute: Wunschkraft der Seele, Liebeszauber, Vorsicht mit Kostbarkeiten. Großmutters stereotyper Satz: „Wohl dem, dessen Großmutter eine Amme (!) hatte, die dem Kaiser Napoleon auf seinem Rückzug von Moskau, als er durch Hinterpommern kam, in diesem Topf Kakao gekocht hat."

Der Mörser

ist klassisch und edel in seiner Form, aus hartem, kaltem, gelbgolde-nem schwerem Messing, für mich ebenso geheimnisvoll wie der gol-dene Topf. Wenn das Kind die Nelken zerstampft und sie zu duften anfangen, fühlt es sich glücklich. Und wenn Großmutter nach einer ärgerlichen Auseinandersetzung mit dem Kind den Mörser mit kurzem scharfem Klang anschlägt, weiß das Kind: Nun ist alles wieder gut. Abgeklungen.

Das Kästchen

trägt goldene Zweige mit silbernen Vögeln auf schwarzrotem Grunde und stand früher im „Vertiko". Heute steht es in meinem Bücherregal, leer. Großmutter holt es am 10. Geburtstag des Kindes und dann an jedem Ersten des Monats hervor. Sie zeigt dem Kind die wichtigen Unterlagen und Urkunden, die es kennen muß und brauchen wird, „wenn Gott mich plötzlich heimruft". Gott erspart es dem Kind und ruft sie erst viel später. Manchmal spricht sie von dem „Abkommen", das sie mit IHM geschlossen habe, das besagt, daß ER sie so lange am Leben lassen würde, bis das Kind seine Berufsausbildung beendet haben würde. Sie weiß nichts von self-fulfilling-prophecy. Sie glaubt, und es geht in Erfüllung. Einfall dazu: Das Kind, ehe es ein eigenes Zimmer bekommt, hört auf Großmutters nächtliche Selbstgespräche und Gebete, erlebt ihr Ringen mit Gott: „Herr, nicht wie ich will, sondern wie DU willst." Ganz deutlich hat es noch im Ohr die sich immer wiederholende flehentliche Bitte: „Herr, schick mir einen sanften Tod." Sie wurde erhört. Wenn ich jetzt das Kind in mir wieder erwecke, fühle ich mich nicht mehr wie früher ängstlich gespannt, sondern denke an „Großmutters Horoskop": Gott segne dich.

Die silberne Suppenkelle

ist ein Geschenk einer sehr alten Pastorenwitwe, 3 Tage vor ihrem Tode. Sie hat das Kind gelehrt, Filetarbeiten zu machen, und nennt es ihren Lichtstrahl. (Am selben Tage sagt Großmutter aus Ärger zu ihm, es sei der Nagel zu ihrem Sarge.) Begräbnis — etwas Gewohntes, manchmal drei bis vier im Winter. Das Kind ist immer dabei. Es ist dem Alter, in dem es mit seinen Geschwistern Taufe, Hochzeit und Beerdigung gespielt hat, kaum entwachsen. Aber es hat keine Angst. Es genießt das Ritual, überhaupt alles Feierliche.

Früher wollte ich die Kelle mal weggeben, jetzt wird sie benutzt. Keine Erinnerung an Abscheu, Angst, Ekel und den Geruch von offenen Beinen und den Klang brüchiger Stimmen. Viel wichtiger ist für das Kind, daß es immer wieder hört, was es für ein liebes Kind sei, daß es sich so schön mit ihm plaudern ließe, wie gut das täte und daß es der reinste Sonnenstrahl sei. Mit 10 weiß das Kind mindestens 20 Lebensgeschichten. Frau Schulz, bei der das Kind gern ist, wenn Großmutter in Vorträge oder Wahlversammlungen geht, erzählt, wie sie ihr

Baby in der Postkutsche bekommen hat. Das prickelnde Gefühl von Neugier, das das Kind damals hatte, habe ich noch heute manchmal, wenn bei einer Anamnese die „und dann?"-Frage gestellt wird.

Das Kind mit dem Sprungseil

ist ein Foto aus der Inflationszeit, 1923. Das Kind ist mit 5 Jahren in die Schule gekommen, es hat eine winzige, von Großmutter selbstgebastelte Schultüte bekommen, die kleinste von allen. Und das Sprungseil. Dieses Foto eines traurigträgen Kindes, an dem ich in einer Gestaltsitzung einmal arbeitete (sie endete damit, daß ich wirklich sprang), evoziert heute nicht mehr das Gefühl, ausgestoßen, einsam, ja: mutterseelenallein zu sein. Kurz vor der Gestaltausbildung (die 1973 begann) findet sich in meinem Tagebuch folgendes Gedicht:

Schwunglos das Sprungseil
in den dicken Händen,
im grauen Kratzekleid —
Wollstrümpfe, schwarze, beißen.
Schwunglos das Sprungseil
in den dicken Händen,
ein Kind, das nur so tut —
nicht springt, nicht singt, nicht spielt,
nicht weint, nicht schreit, nicht bockt.
Der Rotdornbaum zu Hause, weit weg —
mit dem verschwiegnen Sitz
blüht rosa und hat Sehnsucht.
Wo sind die Brüder, die die Puppen
auf Bäume hängen und die Leiter
vom Kirschbaum nehmen, wo das Kind
alleine sitzt und stundenlang gesungen?
Wo ist das Gartenparadies — Klematis?
Hier ist kein großer Tisch.
Und Himbeern muß man kaufen.
Bei Oma gibt's Ovomaltine.

(P.S. Mir fällt als Überschrift ein: „50 Jahre Selbstmitleid".)

Das Kind im Kratzekleid geht auf Entdeckungen aus und findet im Zimmer der Oberin den knieenden Negerknaben, der mit dem Kopf nickt, wenn ein Geldstück in den Schlitz gesteckt wird. Es sammelt hinfort gern Geld für arme Kinder und hat dabei viel Erfolg. Es behält nie etwas für sich. Es will Missionarin werden. Seit es einmal seine Puppen schwarz angemalt und ihnen Bekehrungsreden gehalten hat, nimmt Großmutter es mit zum Missionskränzchen. Es lernt 2 Schwestern des Vaters kennen, die Missionare heirateten und in fernen Ländern leben. — Ein Jahr später ist es eine Künstlerin im Seilspringen. Einfall: Abschiede, unzählige, Mutters verweintes Gesicht loslassen, Großmutters faltiges wiedersehen — beide verschwimmen zu einem, dem ich selber ähnlich bin.

Das Gästebuch

fällt mir jetzt immer wieder zu meiner Mutter ein. Es ist ein dickes, großes blaues Buch mit Jugendstilornamenten und Goldschnitt. Es spiegelt die Familiengeschichten von fast 60 Jahren. Nur der in die Familienkonstellation Eingeweihte bemerkt, was es verrät und verschleiert. Manche kommen oft, manche Kinder selten. Viele Gäste „aus aller Herren Länder" (Vater war über ein Jahrzehnt Pastor in Argentinien), — auch wir Kinder, wenn wir in den Ferien heimkommen, sind Gäste und schreiben hinein „Euer dankbares Kind ...". Ablösungsschwierigkeiten? Wie froh waren die Eltern, wenn wieder ein Kind hinausging? Ich lese die Eintragungen meiner viel älteren 4 Halbgeschwister, die meine Mutter mit 22 Jahren übernahm. Ich höre die Bitte meiner Mutter, ihre „Böse-Stiefmutter-Geschichte" zu schreiben. Sie ist sehr traurig. Weil sie einen versöhnlichen Schluß hat, habe ich das Gefühl, sie nicht mehr schreiben zu müssen. Das Gästebuch — keinen anderen Gegenstand aus dem Nachlaß meiner Mutter nehme ich mit gemischteren Gefühlen zur Hand.

Heute: Die Erfahrungen der Familienkonstellation und die der wechselnden Erlebniswelten mit meinen zwei Müttern: Stecken sie heute noch manchmal wie in dem „goldenen Topf", verarbeitet zu Rezepten fürs Leben? Oder sind es die kreativen Impulse geworden, die Voraussetzungen für meine therapeutische Arbeit, Erfahrungen und Einsichten, die ständig neu erarbeitet, „herausgezogen" werden müssen, jedoch nicht wie damals als Wegweisungen aus dem goldenen Topf, als feste Grundlage, sondern eher als Netz, das auch manchmal reißt, wenn die Gegenübertragungsklippen nicht gesehen werden ...?

Die Losung

Ich finde noch ein anderes Buch meiner Mutter, aus ihrem letzten Lebensjahr (1969), ein Losungsbüchlein der Herrenhuter Brüdergemeinde, für jeden Tag des Jahres ein Bibelspruch. Bevor sie es mir schenkte, hatte sie die Stellen, die ihr nicht gefielen, durchgestrichen und durch andere ersetzt. Und auf die erste Seite hat sie geschrieben: „Von Herz zu Herz".

Seel-Sorge

Ich bin 14. Mutter sagt: „Komm mit ins Dorf!" Da gibt es keine Widerrede, ich tue es gern. — Zur Anregung meiner Einfälle (aus denen ich die typischen herauszufinden versuche) fahre ich also ins Heimatdorf am Südharzrand. Ich gehe ins alte schiefe Fachwerkhaus, wo die Leute mich noch „Evchen" nennen. Ich sehe die halbblinde, lahme Greisin Mine, eine von vielen, die Mutter regelmäßig besuchte, in deren großem Bett jetzt die Enkelin mit ihrem Freund schläft. Wie war das bloß? Ach ja — Mutter liest Buschs „Fromme Helene" vor. Die Alte möchte noch ein Gedicht. Es folgt „Erlkönig", den Mutter auswendig kann. Anschließend, auch auswendig, „weil es so schön graulig ist!": „Finsterer Himmel, pfeifender Wind, wildöde Heide, der Regen rinnt ..." Wir lachen. Keine Rede von Krankheit, Alter, Angst. „Mit Sie is doch immer so scheen lustig, Frau Pastooor!" werden wir verabschiedet. Mutter läßt ein altes Laken da.

Mit Vater ist es anders. Er sagt wenig, er bringt die Leute zum Reden. Ohne Sprüche. „Wenn sie mehr wollen, dann merkt man es schon", sagt er zur Tochter, die auch gern mit ihm geht. Zu Mutters Bild gehören auch die Aufführungen des altdeutschen Krippenspiels, da ist sie in ihrem Element. Ebenso in ihrem „Mädchenkreis", mit den Stegreifspielen. Und:

Im Garten

Wenn ich nicht einschlafen kann, stelle ich mir Mutters Garten vor. Selbstverständliches Awareness-Training. Zu Mutters Garten gehört Vaters Musik. Jahrelang sitzt er tagsüber stundenlang am Flügel.

Wenn Vater und Mutter vierhändig spielen (selten), sitze ich als kleines Mädchen oft unterm Flügel. Mutter fragt, ob mir ihr Spiel gefällt. Ich sage: „Schöne Blumen." Sie küßt mich auf die Wange (nie auf den Mund, Vater hatte jahrelang Tbc). Noch heute verbinde ich mit den Werken der Klassiker, die meine Eltern spielten, die Vorstellung von Blumen in wunderbaren, traumhaften Farben.

Gefühl: damals vielleicht zum ersten Mal Transzendenz erlebt zu haben.

Schwangerschaftsphantasien

1944: Großmutter, von meiner Mutter jahrelang gepflegt, höre ich kurz vor ihrem „Abruf" sagen, daß alles, was ich (seit kurzem kriegsgetraut) zu mir nehme, was ich esse, sehe, höre, erlebe und wie ich mich dabei fühle, einen Einfluß auf das Kind habe, das ich erwarte. Ich esse langsam, wobei ich mir oft vorstelle, das trockene Brot sei Schokolade. Fasziniert von der Schönheit und Beseeltheit eines Bildes von Rubens, das einen blondgelockten Kinderkopf zeigt, blicke ich es beschwörend an. Im Luftschutzkeller, wenn Bomben fallen, betrachte ich die Schoßkinder, die keine Angst zu haben scheinen und sich an ihre Mutter kuscheln. Im Notgepäck: Windeln. (Wer weiß, ob es später noch welche gibt.) Ich weiß, ich bin schwanger! So etwas weiß und fühlt man auch ohne Arzt. Als sich nach 4 Monaten die Unfruchtbarkeit des Kartoffelbauchs herausstellt, sagt meine Mutter, die es wissen muß (ich bin nach einem Kohlrübenwinter im Kriege geboren, bestimmt kein Wunschkind gewesen, aber das sagt sie nicht): „Wer weiß, wozu es gut ist?" Ich fühle mich jedoch als Versager. Denn: Wer im Krieg heiratete, mußte ein Urlaubskind kriegen, so wollte es die Mutterschaftsideologie des 3. Reiches.

In der Zeit danach und noch zehn Jahre lang träume ich immer wieder, ich hätte einen überdimensionalen Bauch und bekäme ohne Zutun eines Mannes ein Kind. Das Gefühl: „Männer sind unzuverlässig" und „Ich muß, was ich mir wünsche, alleine erreichen" ist keine Erklärung, sondern kommt (auch heute noch) aus dem Bauch.

1945: kein Mann mehr (vermißt), Freiheit zum Studieren, die mir u. a. vor allem meine Mutter ermöglicht. Zehn Jahre später, nach einer Lehranalyse, zu der mich ein Vater-Ersatz-Mann bewog, zwei Wunschkinder in zwei Jahren — und alles ohne Komplikationen, für eine „alte Erstgebärende" ein Erfolg (in jeder Hinsicht, der Partner ist kein Ersatz-Vater wie der erste).

Diese kurzen lebensgeschichtlichen Angaben sind notwendig, um die Überleitung zu dem Teil meines Beitrages zu geben, der sich mit der Frage befaßt: Wie erlebe ich den Umgang mit meiner Tochter, jetzt, nachdem ich mit der Gestaltausbildung für den sogenannten Ruhestand vorgesorgt habe. Denn: „Damit kannst du noch im Rollstuhl arbeiten!" (Petzold)

Damit nehme ich die Eingangsfrage wieder auf, mit dem Rollenwechsel, daß ich jetzt nicht als Tochter, sondern als Mutter die Frage stelle, wie das „mother-being" mit der Therapeutenrolle integriert wird in unserem Leben.

Ich arbeite freiberuflich in kleinem Rahmen. Ein paar Einzelsitzungen pro Woche und eine Selbsterfahrungsgruppe. Ich kann endlich ohne Hektik, die ich im letzten Jahrzehnt in der Schule im Übermaß erlebt habe, sinnvoll arbeiten. Ich glaube nicht, daß ich für meine jungen Kollegen eine Konkurrenz bin. Die Klienten wollen bei mir etwas anderes finden, was mit meinem Alter zu tun hat.

Loslassen

Wie tief sich die großmütterlichen und mütterlichen Muster, die ich eingangs versucht habe sinnbildlich darzustellen, eingegraben haben, sehe ich daran, daß das Kind in mir mich lange von Mann, Kindern und veralteten Konventionen abhängig machte (Imperfekt!) und dieses Kind noch heute manchmal hervorkommen kann mit seinen ambivalenten Gefühlen und Wünschen nach Abhängigkeit und Verwöhnung einerseits, und Eigenständigkeit und Freiraum andererseits. Die Szenen und Bilder, die ich, rückblickend auf meine beiden Mütter, dargestellt habe, zeigen das deutlich. Sie betreffen eine abgeschlossene Lebensphase, als innere Bilder existieren sie weiter auf dem Lebenshintergrund.

Die Herzenserfahrungen mit meinen Töchtern (geb. 1954 und 1956) umgreifen Gegenwart, Vergangenheit und Zukunft, auch wenn die jüngere Tochter heute fehlt. Sie kam vor sieben Jahren unter ungeklärten Umständen ums Leben.

Die nun einzige Tochter hat Liebe, Zuwendung, Ansprüche und Erwartungen der Eltern in doppeltem Maße zu verkraften. Die Folge: der vorübergehend totale Rückzug der Tochter war für mich Anlaß, die nicht ganz abgeschlossene Ablösung von meinen Müttern neu zu „belichten". Ich hatte bis ins Erwachsenenleben hinein in schwierigen Situationen immer wenigstens eine „im Hinterhalt", die alles verstand und erfüllte. Es hat in diesen Beziehungen nie schwerwiegende Krisen gegeben, auch keinen Streit der beiden Mütter um mich, ihr Liebstes. Ich stand nie vor der Alternative, das Doppelband festzuhalten oder loszulassen, geschweige denn zu zerreißen; es geschah alles wie von selbst, ohne Kraftproben, und trotzdem wurde ich viel früher selbständig als meine Töchter.

Mir ist das Loslassen meist aufgezwungen worden, zum ersten Mal, als ich von Zuhause wegkam (siehe das Springseilkind). Dann das Immer-wieder-loslassen-Müssen nach den Ferien zu Hause und im Kriege, wenn Brüder, Freunde, Mann fortgingen, nach dem Urlaub, immer wieder, und dann nicht wiederkamen. Daher der Satz in diesem Text an früherer Stelle: „Männer sind unzuverlässig", der sich auf diese Erlebnisse bezieht, *damals*.

Die Ausdauer der Mutter beim Festhalten bekamen die Töchter zu spüren. Auch sie zwangen mir das Loslassen auf.

Mit meinen Klienten kann ich heute über das Thema arbeiten. Eine typische Situation in einer Selbsterfahrungsgruppe: Christiane, 28, Soz.-Arb., ist wütend auf ihre Mutter, die ihr bei alltäglichen Aufgaben (hier: Umzug) hereinreden und auch sonst ihren Lenkungsanspruch nicht aufgeben will. Ch. schluckt in sich hinein und leidet an Obstipation. Ich gebe ihr ein Gummiband, ein sogenanntes Schießgummi, das sie hin- und herziehen und zurückschnappen läßt. Sie traut sich nicht, es bis zum Zerreißen zu spannen oder loszulassen. Es dauert eine Stunde (zwischendurch weint sie), in der sie viele Spannungssituationen und Zerreißproben riskiert, jedoch weder Abriß noch Loslassen. Schließlich läßt sie das Gummiband an einer Seite los. Was hat sie erfahren? Daß Loslassen nicht gleich Zerreißen ist, kein totaler Abriß, kein Abbruch (lauter Worte mit gefühlsträchtigen Wortfeldern), daß das Band noch da ist und wieder aufgenommen werden kann, und wenn sie es jetzt zerreißen würde, wäre es auch immer noch da und könnte wieder verknotet werden ... Nach diesem Spiel mit Symbolcharakter fühlt sich Ch. freier und leichter und kann zu ihrer Mutter, weil sie ihre eigene Verhaltensstruktur erkannt hat, jetzt eher „Nein" sagen. Die Verdauungsbeschwerden sind nicht weg. Ch. hat noch nicht entschieden, wie sie „es" jetzt mit ihrer Mutter halten will, was sie mit dem Band machen will, dem Familienband. Zwischen Fühlen, sinnlicher Erfahrung, Erkennen und In-die-Tat-Umsetzen vergeht noch viel Zeit, in der das alte Spiel noch oft weitergespielt wird. Ich darf jetzt nicht, wie sehr ich auch von Christianes Spiel mich selbst betroffen fühlen mag, in der Rolle als Familienmutter, die auf Zusammengehörigkeitsgefühl und Versöhnung sinnt, entsprechende Anstöße geben — ich warte. Nur dann wird möglicherweise die alte Mutter-Kind-Symbiose sich langsam verändern, manchmal in einem Prozeß, der wie eine Wiedergeburt erlebt wird, mit verschiedenen kreativen Medien bildnerisch dargestellt und damit abgeschlossen werden kann.

In solchen Beispielen, deren es noch viele gibt, wird mir immer wieder deutlich, wie die Mutter- und die Therapeutenrolle bei mir stark aufeinander bezogen und miteinander verzahnt sind und daß Veränderungen in einem Bereich auch Veränderungen im anderen nach sich ziehen, wobei die Impulse dazu von beiden Seiten kommen.

Solche Entwicklungsschritte sind auch die Voraussetzung für Trauerarbeit, die z. B. in Christianes Therapieprozeß sichtbar wurde, als sie — aus Angst, die Mutter zu verlieren — schmerzlich weinte und das Loslassen schon als Möglichkeit mit Schuldgefühlen besetzte.

Gemeinsame innere Erfahrungen sind nicht nur zwischen Müttern und Töchtern, sondern ebenso zwischen Therapeut und Klient das stärkste Band. Wenn es dabei um die Erfahrung des Verlustes geht: Das Verlorene wird erst dann ins Leben des Trauernden hineingenommen, wenn der Verlust angenommen wird, wenn das Wissen, daß eine Versöhnung mit dem Getrennten stattfand, als etwas Lebenswichtiges seinen Abschluß gefunden hat, auf einem inneren (schwer verbalisierbaren) Weg erworben wird oder langsam zu wachsen beginnt. Mir ist es sehr wichtig, wenn ich in therapeutischen Wachstumsprozessen an Themen wie „Verlust", „Tod", „Trauer", „Wiederfinden" arbeite, daß ich das „Tragende" (*Wotruba*, in: *Petzold* 1983, S. 101) finde, das meine Mütter im „So Gott will" sahen. Ich versuche, im Hinblick auf das „Tragende", d. h. die Kraftquellen oder „Brunnen" für den „Menschen, der keine Stelle in dieser Welt hat" (*Takizawa*, in: *Petzold* 1983, S. 146), im Zusammensein mit meiner Tochter ebenso wie mit Klienten, wenn es sich ergibt, meine inneren Erfahrungen zu erweitern und mich auf die Suche zu begeben, außerhalb der Bibel, im I Ging z. B. oder in anderen Quellen der Weisheit. Das lernte ich von meiner Tochter, die uns fehlt: das Suchen außerhalb dessen, was mir tradiert wurde. Das Sich-Hineinversetzen in fremde Weisen des Umgangs mit inneren Erfahrungen muß im Hinblick auf die persönlichen Wünsche, Verwurzelung und Entwicklungsstand des Klienten immer auf seine Impulse hin geschehen (ohne Missionsdrang). Ich meine, daß der Therapeut in der Lage sein muß, ganz woanders seine geistige Position zu haben als der Klient, daß er aber nur dann therapeutische Arbeit in einer geistigen Dimension („Nootherapie", *Petzold* 1983, S. 53) verantworten kann, wenn er selbst Übung und Wissen besitzt, um andere auf geistige Wege zu führen, die nicht schnell gegangen werden können.

Grundsätzlich folge ich meinen beiden Müttern insofern (Vater einbegriffen), als es für mich keine Verabsolutierung eines einzigen Heilsweges gibt. Ich denke, das folgende Beispiel wird die Problematik veranschaulichen:

Eine 38jährige Klientin, Lehrerin, kommt mit dem „Buch der Wandlungen" (*I Ging*) und sagt, sie lebe sehr intensiv in diesen Gedankengängen, „im Kräftespiel ihrer Lebensgeschichte nach etwas Wesentlichem suchend". Sie habe dort leider nichts über „Abschied" und „Ablösung" gefunden, da lägen jedoch ihre Lebensprobleme. Wir studieren zusammen die Grundpolaritäten des Lebens. Sie sind im I Ging als 8 Trigramme beschrieben. Zwischen das „Abgründige" und das „Haftende" können wir das „Loslassen" plazieren (vgl. *Banet*, in: *Petzold* 1983, S. 271). Statt mich auf Erläuterungen einzulassen, schlage ich Wortspiele mit den Begriffen aus dem I Ging vor, im Sinne von „Sprachanwandlungen" (*Barthes* 1984), wonach das Wort eine Figur nicht nur auf der Sprachszene, sondern vor dem Lebenshintergrund ist. Bei dieser Gelegenheit ergab sich bei der Klientin die Notwendigkeit einer Atemtherapie. Es erwies sich, was über die „falsche Suche" und den „*sensation-seeker*" (*Petzold*) gesagt wird: Ehe nicht die innerweltlichen konkreten Erfahrungen verarbeitet worden sind, ehe nicht Besinnung, Achtsamkeit (z. B. auf sinnliche Wahrnehmungen am eigenen Körper) und Sammlung geübt werden (in diesem Falle mit dem Atem als Lebensstrom), ist vielleicht Veränderung, aber nicht Wandlung möglich. Die Klientin ahnte wohl etwas von den vielen Dimensionen im Erleben des Loslassens, hatte aber „vergessen", auf der Körperebene anzufangen, Neues einzuüben.

Das Gespräch

Ich gehe mit meiner Tochter die Programme der Volkshochschule durch. Wenn wir uns die Themen ansehen, die ich in einem Zeitraum von 18 Jahren (ab 1952) den Hörern angeboten habe, dann können wir daran genau erkennen, in welcher Entwicklungsphase ich mich jeweils mit meinen Kindern (und darüber hinaus mit der Familie) befunden habe. Die Problemstellungen spiegeln zuerst meine eigene Situation als junge, sich emanzipiert fühlende „Frau im Beruf" und dann die der jungen Familie mit Kindern und später Heranwachsenden, mit entsprechenden Kontexten, die den Zeitgeist und seine Trends unverkennbar ausdrücken. In den 50er Jahren sind die „beliebten" Themen, mit denen man immer ankommt auf unzähligen Veranstaltungen mit verschiedenen Personenkreisen, einmal die Probleme der erzieherischen Lenkung, insbesondere der Zusammenhang zwischen autoritärer Persönlichkeitseinstellung und Erzieherverhalten, und dann Sexualpädagogik. Die Kritiken zeigen Mama — Mutter als beklatschten Sprechstar. Aber das ist nur eine Seite ihres Lebens, quasi „nebenbei"; Vater versorgt zweimal in der Woche abends die Kleinen. Sie sind Wunschkinder (auch ein Wort zum Spielen). Wir blättern in alten Briefen, Bildern, lauter Dokumente einer glückseligen Kindheit. Auf der Suche nach etwas Problematischem fallen mir meine Schwangerschaftsphantasien ein und die inneren Bilder meiner tatsächlichen Schwangerschaft, die besonders beim ersten Kind mit dem Gefühl der Bedrückung und Freude zugleich verbunden waren. In solchen Gesprächen mit meiner Tochter ist viel Nähe, Identität und Vertrautheit. Wir fühlen uns wohl miteinander. Ich kann ihr in diesem Fall verständlich machen, was ich in der Situation selbst damals noch gar nicht begriffen habe, daß die sich widersprechenden Gefühle von Macht und Ohnmacht, Erwartung und Angst zeigen, wie vom Schwangersein bis zum bewußten Muttersein ein Prozeß emotionaler Verarbeitung durchlaufen wird, der dazu führt, daß das Kind angenommen oder abgelehnt wird.

Dieses Gespräch ist wenig später die Grundlage für eine Gestalt-Arbeit mit einer Klientin. So gibt es oft einen Austausch. Durch meine Tochter komme ich oft auf gute Ideen in der therapeutischen Arbeit, und meine Klientinnen, bei denen ich mich hüte, in ihnen einen Tochter-Ersatz zu sehen, lassen mich oft neue Modelle für Konfliktlösungen finden, die ich auch im praktischen Leben (nicht nur mit meiner Tochter, oft auch für den Vater) gebrauchen kann.

Am wichtigsten sind die Gespräche mit meiner Tochter, in denen wir die dunklen Zeiten unseres Lebens (im Gegeneinander) zu erhellen versuchen. Wir kommen auf die Frage, ob ich in meinem Verhalten in der Familie nicht oft unecht und viel zu wenig eindeutig war.

Ist das Wort „Führungsstil", das mir zu der Frage einfällt, nicht allein schon eine Aussage? Warum fällt mir nicht z.B. „Anpassung" ein? Liegen nicht allein schon in diesen Worten politische Fragen, die noch viele andere nach sich ziehen? Vielleicht sehe ich ja später wieder alles ganz anders, aber ich muß jetzt antworten. Im nachhinein erlebe ich meine Gefühls- und Verhaltensdiskrepanzen, die damals ein häufig anzutreffendes Charakteristikum des Erzieherverhaltens in Schule und Familie waren, so: Zum Aufbau eines demokratischen Staates schien meiner Generation, zwar nicht durchgängig, aber den Leuten, die in Psychologie und Pädagogik arbeiteten, ein neuer Erziehungsstil notwendig. Dafür schien *Tausch* mit seiner „Erziehungspsychologie" den Weg zu weisen: sozial-integrative, partnerschaftliche Verhaltensweisen in der Erziehung versus autokratische. Diese Einstellung, die uns auf der Universität damals geradezu fasziniert hat, habe ich mir dann übergestülpt (der Vater nicht), echt war sie nicht, konnte sie nach meinen Sozialisationserfahrungen auch gar nicht sein. Potsdam und Pfarrhaus und vier Jahre Lehrerin im 3. Reich — lauter widersprüchliche Konditionierungen, und jeder Faktor in sich selbst auch widersprüchlich. Dennoch hatten sie etwas Gemeinsames: Alle drei Prägungs-Erlebnis-Aufgabenbereiche hatten den Anspruch, daß der Mensch verändert werden müsse. Und ich wollte nach meinem Studium mit der Veränderung in der Familie anfangen. Ich wollte es, ebenso wie die Frauen auf der Welle der „neuen Mütterlichkeit" heute, anders und besser machen als meine Mütter. Ich wollte meine psychologischen Erkenntnisse nicht bloß gelernt haben, sie sollten gelebt werden. Sie wurden, zwar ohne großen Erfolg, dem Partner gegenüber theoretisch begründet. Stillen, lange Zeit und nach Free-Demand, also ohne festen Zeitplan, garantierte ihm die Nachtruhe. Daß es keine strikte Sauberkeitsgewöhnung gab, keine unnötigen Frustrationen — meine Tochter würde sagen: „Was du so unter Frusts für Kinder verstehst!" (so gut wie keine Strafen) —, all das mochte gehen, bis die Kinder älter wurden und „zur Vernunft kommen" sollten. Da waren sich die Eltern in bezug auf die Veränderung des Erzieherverhaltens oft nicht einig.

Hier liegt die 2. Wurzel der Unechtheit: Wer mit vollem Herzen hinter einer Theorie, einer Idee steht, nach der er leben will, ohne daß der Partner mitmacht, wird immer in seinem Verhalten entweder aggressiv oder verschleiernd, überkontrolliert, inkonsequent, widersprüchlich, unecht sein. Wenn ich die Diskrepanz zwischen meinem erstrebten und meinem realisierten Erzieherverhalten erinnere (ein Phänomen, das psychologisch schon in den 60er Jahren untersucht wurde) in Verbindung mit meiner Prägung (das Kind war folgsam, hatte jedoch Vertrauen und fühlte sich nicht tyrannisiert), wie sollte „Lenkung in Konfliktsituationen" (*Tausch* 1970) eigentlich aussehen bei soviel widersprüchlichen Botschaften?

Im professionellen Bereich dagegen lief alles „echt" gut. Diese Diskrepanz zwischen der Möglichkeit, im Beruf eindeutig, klar, echt, sicher und überzeugend zu wirken und sich auch so zu fühlen und andererseits im persönlichen Bereich eine ganz andere oder zumindest nicht so eindeutige Rolle zu spielen, gibt es besonders oft in Familien, wo Eltern Werte repräsentieren müssen im beruflichen Bereich — so bei Lehrern, Pfarrern, Juristen und natürlich Psychologen: Sie müssen ja „alles" über Leib, Seele, Geist wissen und manipulieren können. Wenn Pastorenkinder nicht den elterlichen Erwartungen entsprechen, dann kann das als Strafe oder Prüfung gesehen werden; ich finde das einfacher, als es für Angehörige anderer Berufe sich darstellt: als persönliches Versagen ...

Jetzt bin ich an einen Punkt gekommen im Gespräch mit meiner Tochter, wo wir noch viel vor uns haben. Es gibt so manche alte Familienmuster, denen wir noch nachgehen müssen, alte Bilder, die mit neuen Augen gesehen, und Texte, die umgeschrieben werden müssen. Ich will das Gespräch erst einmal abschließen — die Antworten meiner Tochter erfordern ein besonderes Studium der neuen pädagogisch-psychologischen Literatur, wenn ich sie recht verstehen will! Aber ich muß unbedingt noch sagen, daß ich mich damals spontan und echt erlebt habe. Und daß das Korrektiv des Vaters zur Stabilisierung nötig war — wäre, ausreichte — nicht ausreichte, möglich war — unmöglich war ..., dies ist ein Stoff für immer neue Diskussionen. Viele unserer Themen kommen immer wieder in der therapeutischen Arbeit vor.

Die früher oft verbissen und jetzt angstfrei geführten Auseinandersetzungen mit meiner Tochter sind mir eine wichtige Voraussetzung im Umgang mit meinen therapeutischen Töchtern und Söhnen. Ich erlebe immer wieder einen Kreislauf, in dem die persönliche und die therapeutische Ebene nicht scharf getrennt sind — wobei auf die Übertragungsproblematik ständig geachtet werden muß. Manchmal kann der Umgang mit Klienten auch ein Stärkungsmittel für den Therapeuten sein!

Bei brisanten Themen muß es inhaltliche Abklärungen geben, ohne die wir mit den intensiven Gefühlen nicht umgehen können: klare Abgrenzungen der Positionen und zugleich Offenheit für die Kommunikation „in Verbindung mit der Bereitschaft, neue Strukturen nicht abzuwehren, sondern zuzulassen", sagt meine Tochter. Sie macht den Vorschlag: „Um weiterzukommen, spielen wir jetzt einmal wieder ‚Mutter und Kind', ‚Kind' 13 Jahre. Es fühlt sich unterdrückt." Ich spiele die Mutter im Klimakterium. Es ist auch ein Vaterspiel. Wir versuchen, beide Themen, „Mutter—Tochter" und „Vater—Tochter", und dann noch das dritte, „Mutter—Vater", in einem Stück zusammenzufassen. Wir stellen die Mutter, die grandiose, dominante, mit ihren Aktivitäten des Informationsflusses als Mittelsperson zwischen Vater und Tochter dar und erleben, wie dadurch Unklarheiten und Vertrauensverluste entstanden sind und immer noch heute, oft genug, entstehen. Ich möchte das Selbstbild der omnipotenten Mutter, die die Beste ist, nur ungern aufgeben. Aber schließlich kann ich beides annehmen, die Liebste UND die Böseste. Zum Schluß sagen wir in unserem Spiel die Sätze, die wir uns immer wieder vornehmen auch zu leben: „Ohne dich kann ich auch ganz gut leben. Ohne dich kann ich mich auch wohl fühlen."

Wir haben im Spiel und im Leben noch viel Unbewältigtes vor uns. Einig sind wir uns alle drei in dem Satz: „Wenn ich dich nicht hätte, könnte ich über vieles, was ich nur mit dir teile, gar nicht sprechen." Wir haben jetzt nicht mehr soviel Angst vor den „Munitionskisten", an die wir uns nur herantrauen, wenn wir uns ganz stark fühlen, um die gegenseitigen Vorwürfe und Verletzungen, die da herauskommen, und das, was wir uns noch nicht vergeben haben, auszuhalten. Es ist gut, daß wir nicht mehr fragen: „Warum?"

Sammlung

Eine ganze Reihe von Gesichtspunkten, unter denen ich das Zusammensein mit meiner Tochter erlebe, ergäben jeder für sich ein Rollenspiel, Gestaltsitzungen, Kurzgeschichten, biographische Weichenstellungen, Arbeit: Offenheit, Distanz, Grenzen, Gemeinsamkeiten, Trennendes, Fremdes, Zuversicht.

Die ungesagten Sätze mit Hoffnungen, Wünschen und Gemeinsamkeiten stecken für mich alle in dem Knäuel der Katze. Ich meine eine etwa 5 cm große Plastik einer Katze, die mit einem Knäuel spielt, das vor ihr liegt und dessen langer Faden sich um den steil erhobenen Schwanz der blauen Miezekatze ringelt, so daß Anfang und Ende nebeneinander liegen. Meine Tochter fertigte mit 10 Jahren diese Miezi an, gab ihr Schnurrhaare aus einer Zahnbürste und schenkte sie ihrer Großmutter — meiner Mutter, die früher der Inbegriff der Geborgenheit für meine Töchter war und dabei so gar nichts „Mutthaftes" (*Kursbuch* 76) an sich hatte. Die Katze mit dem Wunderknäuel ist heute für uns der Träger alles dessen, was uns eben mit Katzen verbindet: die Erinnerungen an die Katzen in verschiedenen Ländern, vor allem „Anton", die „Traumpferdchen" und die unzähligen Spielkisten mit Märchen, Phantasiespielen, Puppen und Liedern. Die schnurrende Katze gibt uns ihre Ruhe und, wenn sie spielt, ihre Einfälle ab. Daß Katzen, wenn sie weglaufen, immer wiederkommen, ist besonders tröstlich.

Dieser Beitrag ist ein Dank an Hilarion Petzold. Er ermöglichte mir die Gestalttherapieausbildung, als ich mich in einem Alter befand (55), das die Psychoanalytiker für ungeeignet hielten hinsichtlich einer Weiterbildung.

Postskriptum
Susanne Brinkmann-Achilles

> Motherly love, motherly love
> Forget about that brotherly and otherly love
> Motherly love is just the thing for you
> You know your mother's gonna love you
> Till you don't know what to do
>
> Frank Zappa

... das Land, wo Milch und Honig fließt, das Land der Muttergöttin, der Gute-Nacht-Geschichten: verklärt und verzaubert, duftend wie Nektar, golden, rosa, hellblau, weich und kuschelig; Spiele mit Sonnenstrahlen, Gewiegtwerden in sanfter Abendluft, wo gibt es das, wenn nicht im Babyland? Doch dieser Traum war allzuschnell ausgeträumt, Babyland ist abgebrannt, und aufgewacht sind wir — was folgte noch viele, viele Jahre auf das Paradies? — in Baby-lon etwa, 2000 light years from home? ...

Weit weg ist das Land, die Rückkehr unmöglich, niemals haben wir bewußt registriert, daß es auf einmal aufgehört hat zu existieren. Die Erinnerung ist verblaßt, allenfalls wenn wir uns verlieben, erleben wir unsere Umgebung in ähnlich bezaubernder Weise und halten es für Romantik, ohne zu wissen, daß es die verlorene Kindheit, diese Geborgenheit im unendlichen Raum ist, was wir suchen, ein *déjà-vu* mit einer Zeit jenseits von „Normalzeit" und den Zwängen des herrschenden Realitätsprinzips.

Aber war es nicht so, daß wir darauf vorbereitet wurden, hieß es nicht: „Wenn du einmal groß bist, ja dann ... sieht alles ganz anders aus! Du wirst schon sehen ..." Doch bis dahin schien es uns endlos zu sein, zumal die Welt der „Erwachsenen" uns ohnehin suspekt vorkam, entgegen allen Versprechungen und Abwarteappellen. Wir waren zwar ungemein neugierig, welche „Segnungen" uns dort wohl erwarten würden, doch gelinde Andeutungen, etwa in der Formulierung: „... du wirst schon irgendwann zur *Vernunft* kommen!", trübten die Vorfreude sichtlich ein.

War das vielleicht der berühmte Erkenntnisapfel, zudem noch unmißverständlich in giftiger (Ausdrucks-)Weise serviert? War das Ergreifen dieser Frucht, wenn auch widerwillig, nicht gleichzusetzen mit dem Überschreiten der magischen Schwelle, die Alice's Wunderland wieder zur langweiligen Wirklichkeit zusammenschrumpfen ließ? Doch nicht Eva, die Mutter, übernahm die undankbare Aufgabe, uns die Vernunftfrüchtchen schmackhaft zu machen; ihr „Reich" war primär durch andere Qualitäten ausgezeichnet: Sinnlichkeit, d. h. Berührungen, Klänge, Gerüche, lustvolle und schmerzhafte Empfindungen, das ganze Spektrum von Urgefühlen, die noch nicht von Rationalisierungen überlagert waren.

„Die Mutter repräsentiert den Instinkt, die Macht der Gefühle, das Wissen um die Einheit mit der Natur und das Wissen, daß Menschen weder Leben noch Tod beherrschen können."* Das Bild der allesspendenden, vergötterten Mama erhielt jedoch einen entscheidenden Bruch, denn die kinderfeindliche, das Realitätsprinzip postulierende Außenwelt, die letztlich die ursprüngliche Mutter-Kind-Symbiose zu zerreißen droht, wird in der Regel (soweit es sich um die bürgerliche Kleinfamilie handelt) durch den Vater repräsentiert.

---

*) *Psychologie heute*, Juli '81, Susan Griffin: Die Angst der Männer vor Frau und Natur.

„THE THIN ICE"
Mama loves her baby
and Daddy loves you too
And the sea may look warm to you, babe,
and the sky may look blue —
Oh, babe, if you should go skating
on the thin ice of modern life
Dragging on behind you the silent reproach
of a million tear stained eyes.
Don't be surprised when a crash in the ice
Appears under your feet.
You slip out of your depth and out of your mind
With your fear flowing out behind you
As you claw the thin ice.

Pink Floyd

Insbesondere Papa nahm es bei seinen Töchtern mit Stolz zur Kenntnis, wenn die ersten Vernunftleistungen erbracht wurden, und verbuchte diese frühen Anzeichen der Menschwerdung auf das Konto seiner erzieherischen Bemühungen.

Hier sieht sich das Kind mit einer Konfliktsituation, d. h. zwei gegensätzlichen Prinzipien konfrontiert, die zu integrieren oder zu trennen es in einem weiteren Entwicklungsprozeß zu leisten hat. Für das Mädchen stellen sich die Weichen dahingehend, daß es sich entweder mit dem väterlichen (Außenwelt-)Anspruch identifiziert oder das Mutterprinzip, das ihm in der frühesten Kindheitsphase vermittelt wurde, stärker verinnerlicht. Die Mutter-Tochter-Beziehung steht an diesem Punkt nicht mehr isoliert für sich, sie muß sich aus ihrer Subjektivität herauslösen und auf gesellschaftliche Interaktionen einlassen: Für die Tochter stellt sich diese erste Interaktion als familiäre in bezug auf den Vater dar, gleichzeitig nimmt sie die Mutter in ihrer Rolle als (Ehe-)Frau wahr. Hier ist die erste intensive Phase der Mutter-Tochter-Beziehung bereits abgeschlossen, das kleine Mädchen sieht sich einer neuen Konstellation gegenüber. Mutter und Vater als Eltern bilden eine Einheit, beim Kind kristallisiert sich die Individuation heraus, es nimmt seine Umwelt zum ersten Mal mit der Distanz wahr, die es ihm ermöglicht, „Ich" zu sagen. Es lernt, immer weiter von dem kosmischen Urzustand (also dem Einssein mit der Mutter und damit der Natur) zu abstrahieren, denn „Abstraktion, un-sinnliches Denken ist das einzig akzeptierte in der patriarchalischen Gesellschaft"*. Damit beginnt dann der schmerzvolle Prozeß, den wir „Erziehung" nennen, mit anderen Worten das Rollenspiel Mutter — Vater — Kind plus Umweltfaktor, auf dessen Dynamik hier, da als bekannt vorausgesetzt, nicht weiter eingegangen werden soll. Die Mutter-Tochter-Beziehung, die im Laufe dieser Zeit harten Zerreißproben ausgesetzt ist, steht und fällt mit der Bereitschaft beider Seiten, ihre Position in diesem „Gesellschaftsspiel" neu zu definieren, die Wurzeln ihrer eigenen Geschichte auszugraben und zu verstehen.

> Find the cost of freedom
> buried in the ground
> Mother Earth is calling you
> lay your body down
>
> Crosby, Stills, Nash and Young

Literatur

Banet, A. G., Die Verwendung des I Ging in der Psychotherapie, in: H. Petzold (Hrsg.), 1983.
Barthes, R., Fragmente einer Sprache der Liebe, Suhrkamp, Frankfurt 1984.
I Ging. Das Buch der Wandlungen, übertragen und erläutert von Richard Wilhelm, Diederichs, Düsseldorf 1956.
Kursbuch 76. Die Mütter: H. v. Heppe, Das Leben der Mutts; M. M. Gambaroff, Schwangerschaftsphantasien, Hanser, München 1984.
Petzold, H. (Hrsg.), Die Rolle des Therapeuten und die therapeutische Beziehung, Junfermann, Paderborn 1980.
— (Hrsg.), Psychotherapie, Meditation, Gestalt, Junfermann, Paderborn 1983.
—, Nootherapie und „säkulare Mystik" in der Integrativen Therapie, in: H. Petzold (Hrsg.), 1983.
Tausch, R. u. A. M., Erziehungspsychologie, Hogrefe, Göttingen 1970.
Wotruba, A., Analyse der Meditation, Meditation der Analyse, in: H. Petzold (Hrsg.), 1983.
Zinker, J., Gestalttherapie als kreativer Prozeß, Junfermann, Paderborn 1982.

---

* s. o. Psychologie heute

Mutter und Sohn — Poesie und Therapie

Irma Petzold-Heinz, Rheydt,
Hilarion Gottfried Petzold, Düsseldorf

Unser Dialog dreht sich um Poesie und Therapie, Bereiche, die uns verbinden. Poesie, die Möglichkeit, Gedanken, Phantasien, Empfindungen in gestalteter Sprache auszudrücken, ist uns als Medium vertraut, als Therapeutikum, als Werkzeug der Heilung: für uns selbst, zur Verarbeitung von Problemen, zum Streiten, zur Entlastung, zum Trost. — Für andere, um Kontakt herzustellen, Hilfen zu geben, ein dialogisches Milieu zu schaffen, in Auseinandersetzungen einzutreten.

Die Mutter — sie hat seit ihrer Jugend Gedichte geschrieben, im Krieg als Krankenschwester Gedichte mit und für Patienten[1], Texte des Widerstandes und der Ermutigung für Nacht-und-Nebel-Aktionen in der „Bekennenden Kirche". Im Studium am Theaterwissenschaftlichen Institut der Universität Köln hat sie sich mit der „großen Poesie" auseinandergesetzt, mit ihrer Architektonik und ihrer Unbezähmbarkeit. Erzählungen und Gedichte in gebundenen und freien Formen, Lyrik und Prosabände sind so im Laufe der Jahre entstanden[2]. Sie hat für ihre Kinder und mit ihren Kindern Geschichten erzählt, Kasperlestücke erfunden, gereimt[3]. Sie hat sie an die Dichtung herangeführt, Gedichte für den Frieden und gegen den Krieg geschrieben. Heute dient ihr die Poesie, sich mit dem Geschehen in der Welt, aber auch mit dem eigenen Alter auseinanderzusetzen. Die Literatur ist ihre Liebe geblieben.

Der Sohn — er hat die Sprache aus dem Munde seiner Mutter und seines Vaters empfangen, die auch nur gemeinsames Eigentum weitergegeben haben; denn an der Sprache hat niemand Besitz. Gemeinsames Theaterspiel, Gedichte der Adoleszenz spielten eine wichtige Rolle in dem Bemühen, „sich selbst im Lebensganzen verstehen zu lernen", Identität zu finden. Das Übersetzen von Gedichten aus und in verschiedene Sprachen hat ihm die Wahrheit des Satzes deutlich gemacht: „So viele Sprachen man spricht, so viele Herzen hat man". Heute verwendet er Gedichte in der Therapie mit Kranken, und um seine Gedanken und theoretischen Konzepte in einer unmittelbareren Form zu fassen[4], als dies wissenschaftliche Prosa in der Regel ermöglicht.

Auf der Suche nach der eigenen Identität ist uns das gestaltete Wort uentbehrlich, besonders seitdem für uns die Frage, ob die Worte von Schweigen umgeben sind oder ob die Rede das Schweigen umgibt, nicht mehr klar zu beantworten ist und die Trennung der Sprache der Dichtung von Diskursen des Unbewußten und der Träume nicht mehr gelingt — oder genauer, seit wir entdeckt haben: sie war nie möglich. Aber dieses Faktum hat erst allmählich an Deutlichkeit gewonnen. Der Umgang mit Sprache, mit Sprachen, mit sprachlichen Formen, Strukturen, polyglottes Spiel war in unserer Familie allen vertraut. *C'est si beau d'avoir la poesie dans la famille.*

Der nachfolgende Text besteht aus Dialogen, Gesprächen, die zusammenlaufen, sich verlieren, wieder aufgenommen werden, zu Ende kommen und ohne Abschluß bleiben. Sie sind gleichsam Auszüge aus dem Diskurs zwischen Mutter und Sohn, der nie abgerissen ist seit den ersten Reimspielen, seit der Zeit, als der Fünfjährige im Katalog der Landes- und Stadtbibliothek Düsseldorf der Mutter „helfen" durfte, die Leihscheine auszufüllen. Heute hilft die Mutter, siebzigjährig, dem Sohn schwerzugängliche Literatur zu beschaffen.

Wenn man sich wechselseitig die Korrekturen liest, kann darüber manchmal die Poesie verlorengehen. Als Therapie bleibt dann ein guter Streit, die Musik oder das Lachen.

Mütter und Poesie

Die Beziehungen von Müttern zu ihren Kindern haben ihre eigene Poesie. Die zu den Töchtern lassen Töne anklingen, in denen man sich selbst erkennt, und dieses Erkennen kann vertraut sein und beglücken, und es kann in die Angst und in Ablehnung führen. Die Beziehung zu den Söhnen hat gleichermaßen eine ganz eigene Färbung. Sie hat etwas Geheimes: die Geheimnisse der Prinzen, die man ersehnte, scheinen sich plötzlich zu erfüllen. Denn dieses Kind hat die Möglichkeit, *alles* zu werden, alles. Erst allmählich zeigt es *seine* Realität; und es ist glücklich zu schätzen, wenn es auch dann noch Prinz oder Prinzessin sein darf.

Das erste Kind, ein Wunschkind, der Gedanke an sein Geschlecht beschäftigte mich noch nicht. Wenn ich das Rund meines Leibes umfing, abends, wenn ich alleine war, hatte ich die Empfindung, eine kleine Weltkugel, ein kleines Universum zu umfangen. Darin war alles in allem, Pol und Gegenpol, Mann und Weib, so war das in meinen Gefühlen: die Sehnsucht und der Traum von der ungeteilten Ganzheit, von der Unversehrtheit, vom androgynen Menschen. Aber auch die

ungeduldige Sehnsucht, daß nun endlich „mein" Kind geboren werde, die Krone meiner Träume und Wünsche in die Wirklichkeit hineingeboren werden möchte.

Geheimnis

Als mich der Heuduft warm umfangen,
der Sommerwind mich lange küßte,
als ob er das Geheimnis wüßte,
das mir doch kaum erst aufgegangen,
mir bleichte froher Schreck die Wangen,
ein neues Leben pochte leise,
mein Herzschlag pulste Purpurkreise,
mein Körper atmet Lerchenlieder,
sinkt mit ins Bett der Ähren nieder,
ist Windgesang und Quellenweise.

*

Goldner Totentanz der Ähren,
das Geläut der Sensen klingt,
hoch der Schwalbe Flug sich schwingt.
Im Gewoge gleich wie Fähren
schwanken Wagen, und gebären
will die Stunde ihre Ernte
und es häuft sich das Entfernte. —
Und ich schaue, spür das Runde
wächst der Himmel, der besternte.

*

Weiße Ferne, Sterne, Sterne
leuchten hell mir durch das Fenster.
Bleiche Bäume, Nachtgespenster.
Überm Hof weht die Laterne,
windgewiegte. Und ich lausche
auf das kräftig Sichbewegen
tief in mir, das wie ein Segen
mich bedrängt mit seiner Fülle
und sich dehnt in seiner Hülle. —
Schlummer will mich sanft umhegen.

Wie öffnet sich die Erde
da Eis und Schnee entschwunden
hat sie sich selbst entbunden
mit festlicher Gebärde.
Sie haucht im Wind: ich werde!
Läßt Haselkätzchen wehen
und strömt in Bach und Seen
mit tausend kühlen Kräften,
steigt in des Baumes Säften,
sie löst auch meine Wehen.

Irma Petzold-Heinz 1943/44

Mit dem ersten Schrei des Neugeborenen, den erlauschten hastigen kleinen Atemzügen war auch der Gedanke, daß „mein" Kind, „mein" Junge geboren war. Mit der naiven Ungebrochenheit junger Mütter, die ihr Kind empfangen, als „ihren Besitz", ihre Verantwortung, ihre müttlerliche Liebe, war die Erkenntnis, daß dieses junge Leben niemandem anderen gehöre als sich selbst, noch nicht verbunden. Bis zu dieser Erkenntnis war ein langer Weg voll Seufzer und Tränen, voll Bitterkeit zu gehen bis hin zur Reife, daß die größte innere Selbstfindung und Souveränität im Loslassen liegt.

Die Beziehungen der Söhne zu ihren Müttern sind prosaischer. Die erste Innigkeit will schnell vergessen werden. Die rauhbeinigen Abgrenzungen geraten schroff. Die Söhne haben ihre eigenen Mythen über sich, die nicht ihre eigenen sind. Die deutschen und die slawischen Mythen der Söhne haben in all ihren Verschiedenheiten eines gemeinsam: daß Liebe eine herbe Form findet, die das Begehren bewacht. Die Zartheit der Poesie dringt selten durch diesen Panzer. Manchmal ist es Männern in Frontbriefen an ihre Mütter gelungen. —

Hinter der Maske

Daß ich nicht weiß,
wer du bist,
daß du nicht weißt,
wie ich bin,
daß wir nichts wissen
von uns, —
daß du mich siehst,
wie du mich willst,
daß ich dich sehe,

wie du nicht bist.
Meine Maske
hat Risse und Brüche,
wenn du sie aufreißt,
findest du mich.

*

Immer muß ich denken:
was verbirgst du
hinter der Maske?
Immer glaube ich,
dahinter ist mehr.
Immer hoff ich,
du hörtest mein Herz,
meine Wünsche ohne Worte.
Aber mein Schweigen
schweigst du zurück.

Irma Petzold Heinz 1983[5]

—

Maske

Ich möchte Dir die Maske herunterreißen.
Was ist dahinter? — eine Maske.
Ich werde Dir die Maske einschlagen, die verdammte.
Ich werde schon herausfinden, was dahintersteckt! — eine Maske.
Und wenn Du tausend Masken hättest, ich finde Dein wahres Gesicht.

Deine brummige Maske versteckt Dein freundliches Gesicht.
Deine freundliche Larve tarnt Deine grimmige Visage.
Und dieses barsche Visier schützt Dein verwundbares Antlitz.
Doch die Maske der Verwundbarkeit verbirgt Deine kalte Berechnung.
Deine berechnende Maske verdeckt die Fratze der Angst.
Der Schleier der Angst aber verhüllt das Entsetzen, das darum weiß,
daß unter der letzten Maske die Leere hervorgähnt.

Deshalb gilt: Jede Maske ist ein wahres Gesicht.

Hilarion G. Petzold 1981[6]

343

Mütter haben ihre eigenen Mythen über ihre Söhne, die nicht ihr eigen sind. Tausende von Müttern haben diese Träume geträumt. Die zarte Sprache der Empfindungen bedarf nicht der Worte, um sich auszudrücken. Die Poesie der Blicke und der Berührungen spricht eine stumme Sprache. Die Worte werden im Herzen bewahrt, bewegt, (Lk. 2, 19) und „wem das Herz voll ist, dem geht der Mund über" (Mtth. 12, 34), wie die wunderbare Poesie des Magnificat (Lk. 1, 46ff) deutlich macht.

Mütter haben Worte gefunden, zu allen Zeiten in Volks- und Kinderliedern, im zärtlichen Selbst-Zwiegespräch mit dem Ungeborenen. Sie haben Worte gefunden für die Geheimnisse des Empfangens und der Schwangerschaft, des Gebärens und des ersten Lächelns.

„... Selten
hast du so zärtlich gelächelt, Mutter. Wie sollte
er es nicht lieben, da es ihm lächelte. Vor dir
hat er's geliebt, denn, da du ihn trugst schon,
war es im Wasser gelöst, das den Keimenden leicht macht."

R. M. Rilke, (3. Duineser Elegie)[7]

Spiel, Poesie und Therapie

Spielen ist Lachen und Ernsthaftigkeit, Paidia und Agon. Spiel ist Schöpfung und Versunkenheit, Symbolisierung, Phantasie. Es pervertiert im Kriegsspiel. Es verkommt im Tele-Spiel. Es degeneriert in Obsessionen, im Zwang, Automaten das Glück, ja, das *Glück* abzugewinnen.

Spiel ist Poesie: das Spiel der Worte, das Spiel der Formen, der Gesten und lachenden Augen. Und es ist Therapeutikum, wenn Leid und Verletzungen im Spiel vergessen werden, in seiner Zeitlosigkeit versinken. Spiel muß nicht gelernt werden, es entsteht in Kindern, zwischen Mutter und Kind. Es muß aufgenommen werden, Mitspieler finden. Die Fähigkeit zu spielen gilt es zu bewahren. Die meisten Erwachsenen haben sie verloren oder verkümmern lassen.

344

Christa
u.
Gottfried
mit ihrem
Kasperlepüppchen.

15.12.48

...war ja, der Kasperle da ist. Diesmal wollte
er dem Weihnachtsmann fangen, was ihm natürlich
daneben ging. „Kasperle, rief Gottfried, ich habe heute
mittag „Ziegenziller" gespielt und die Teller mit
dem Tischtuch heruntergerissen". – Nach dem Spiel
wurden 3 Kerzen des Adventskranzes angezündet
u. die kleine Gesellschaft verzehrte in ihrem
köstlichen Lokalgeist. Am Abend klang ein Glöckchen
durch die Siedlung. Nikolaus zog mit dem schwarzen
Hans Ruß von Haus zu Haus. Gottfried schlug
das Herz gewaltig, rang der zwei vorkamen Teller,
aber er hatte noch niemals gejubelt, Hans Ruß steckte
ihn nicht in den Sack.

Was tun wir, wenn es regnet?   Aug.   1952

Wir reimen.

Gottfried – Kein Nachttopf ohne Henkel,
Mutter – Keine Oma ohne Enkel.
Christa – Kein Zimmer ohne Schränke,
Gottfried – Keine Kirche ohne Bänke.
" – Kein Korallenriff ohne Korallen,
Mutter – Kein Trapper ohne Fallen,
" – Keine Ferien ohne Regen
Christa – Keine Hühner ohne Eierlegen
" – Keine Puppenstube ohne Türe
Gottfried – Kein Wotan ohne Walküre
" – Kein Felsen ohne Latschen
Mutter – Kein Bengel ohne Watschen   Klatsch – Au!
" – Kein Gottfried ohne Bären
Gottfried – Kein Missionar ohne bekehren
" – Kein Wittenberg ohne Luther.
Christa – Kein Schweinchen ohne Futter.

" – Kein Mädchen ohne Puppen   Mama
Mutter – Kein Floh ohne huppen.
" – Kein Zeus ohne Bart,
Gottfried – Kein Wandervogel ohne Fahrt
" – Kein Dachs ohne Winterschlaf
Christa – Kein Schäfer ohne Schaf
" – Kein Klopfer ohne Freund
Mutter – Kein Uhu ohne Feind
" – Kein Bambi ohne Schwänzchen
Gottfried – Kein Baum ohne Baumwänzchen
Christa – Keine Alpen ohne Föhn
Mutter – Keine Warzenoperation ohne Gestöhn.
Christa – Keine Christa ohne Kuß
Mutter – Kein Rätsel ohne Schluß.
              Geschrieben in der Sonntagsklause bei Regenwetter.

346

Mütter und Frieden

Das Dienen der Mutter, das Umsorgen und Pflegen ist etwas Friedliches und Kraftvolles zugleich, *keine Magdsarbeit, Menschenarbeit*. Es gründet in dem Frieden, den die Zeit einer guten Schwangerschaft in der Seele aufkommen läßt. Dieser Frieden kommt aus der Natur selbst. Der Frieden der Schwangerschaft wurzelt in der Verbundenheit mit der Welt[8]. Er entfließt dem Lebensstrom, der trotz aller vordergründigen Wirren sich stetig von Zeugung zu Zeugung und von Geburt zu Geburt durch die Evolution zieht und der deshalb so etwas wie eine natürliche Gegebenheit ist, ein Geschenk, das aufgenommen werden muß, aber dessen Annahme auch verhindert werden kann.

Frauenschicksal

Es steht eine Frau im Winde,
Ach Gott, was tut sie da?
Sie trägt im Arm ihr Kinde,
Vor Hunger und Wunden blinde
ist jetzt sein Augenpaar.

Es stehen wohl viele Frauen
Vom Anbeginn der Zeit,
Zerbrochen an dem Grauen
Der Kriege und blicklos schauen
Sie ihrer Kinder Leid.

Wie können die vielen Soldaten
An ihr vorübergehn?
Sie haben die Menschheit verraten
Mit ihren blutigen Taten,
Im Wind drum muß sie stehn.

Irma Petzold-Heinz 1978

Ihr Söhne

Den blühenden Aronstab
ihr Söhne
schwingt gegen die
stählernen Glieder
der Vernichtung!

Denn Stahl wird verrosten,
ihr Söhne
haltet höher das Leben
Gott Äskulap selber
lehre euch zu wandeln
Unheil in Heil.

Irma Petzold-Heinz 1978

Ehrenmal

Aus dem Saattuch des Todes
wurden die Kreuze gesät
in zerstampfte Äcker,
in verbrannte Erde,
und die Meere schlossen sich
und erstickten die Schreie
und den Wahnsinn der Angst.

Aber wo sind die Blumen? —
Längst verwelkt und verweht,
und die warnenden Stimmen
an den Horizonten
grollen ihre Mahnung vergeblich.
Und die Trommeln der Herzen dröhnen:
Umkehr — Umkehr — Umkehr!

Die verpflichtende Ehrung?
Den vergossenen Blutstrom
nicht zum neuen Malstrom
— alles Leben tötend —
werden zu lassen.
Denkt es zu Ende!
Denn ihr bereitet das Ende schon vor.

Irma Petzold-Heinz 1956[9]

Von diesem Frieden, „höher ist als alle Vernunft", vermögen die Mütter etwas weiterzugeben, an ihre Söhne, die neue Zeuger werden, an ihre Töchter, die neue Mütter werden. Sich auf dieses Strömen einzulassen, von ihm erfassen zu lassen, wirkt heilend für die Mütter wie für die Kinder, heilend für die Menschen und für die Räume, die sie umgeben, *denn sie werden geschmückt.* Der Frieden, der aus den Unendlichkeiten des Kosmos[10] in Müttern aufbricht, ist eine Gnade, und ihre Annahme vermag, eigene Wunden, Verletzungen, Entbehrungen zu heilen, Kraftquellen zu schaffen für therapeutischen Dienst in einem umfassenden Sinne.

Die Ruhe und Innigkeit, die von Mutter und Kind ausgeht, hat die Intuition der Künstler zu allen Zeiten angesprochen — nicht nur in Madonnenbildern. Hier ist ein „Raunen von Engeln"[11] zu vernehmen, ein Moment von Transzendenz, die nicht weltenthoben ist, sondern die zu konkretem Frieden führen kann, weil er in den Armen der Mutter anwesend ist. Hier beginnt Friedenserziehung. Hier werden wir für den Frieden sensibel gemacht, werden uns die Segnungen des Friedens erfahrbar, werden wir geöffnet für den Frieden einer Landschaft, den Frieden zwischen Menschen, die sich einander in Zärtlichkeit zuneigen.

Herren und Herrscher, Helden und Kämpfer, der Krieg und die Macht sind vielfach verherrlicht und besungen worden. Wer besingt das Lob des Friedens?

Frieden

Sage leise: zwischen mir und dir sei Friede,
sag es leise, daß der Drache nicht erwacht.
In unserem Atem laß den Frieden schwingen,
unser Herzschlag klopft es, Friede sei das Wort.
Wenn wir den Frieden uns nicht selber schenken,
wird auch die Welt für uns kein Friedensort,
kein Frieden fällt von lichtentrückten Sternen
sind wir nicht selber wie ein Friedenswort.

Irma Petzold-Heinz 1983

Der Frieden hat seine eigene Poesie. Er bringt in uns die Ruhe, die Gelassenheit, Sicherheit und Vertrauen, Innigkeit zum klingen, Ein-Klang voller Schönheit. Der Frieden ist ein Therapeutikum. Er ist heilend. Mit Menschen, mit sich selbst, mit der Welt „seinen Frieden machen", läßt uns gesunden. Es ist vielleicht die einzige Möglichkeit, in einer Welt der Zerstörung zu überleben und zur Überwindung der

Zerstörung beizutragen. Der Frieden wird dann kämpferisch, ein fried-fertiger Kampf, mit friedfertigen Mitteln: mit Poesie — sie tötet nicht. Die Kraft der Worte und der Gedanken, der Bilder und Lieder hat eine Stärke, auf die man trauen kann. Und auch die „Therapie", das „Die-nen" wird kämpferisch — kein Dienst mit der Waffe, sondern ein Die-nen „auf der anderen Seite", in Bereichen, wo Not herrscht. Der Krieg verzehrt. Verbrannte Erde. Er stillt keinen Hunger, sondern frißt den Reichtum der Völker. Die Nahrung des Friedens allein schafft Brot für alle, Gesundheit für alle, Lebensmöglichkeit für alle.

Metareflexionen — Mütter, Schuld und Therapie

Das griechische Verbum *therapeúo* (θεραπεύω) heißt „dienen", „Dienst tun", „pflegen", „umsorgen".

Der Dienst der Mütter ist keine Fron. Er ist zuweilen Mühe, ist häufi-ger aber heiter, Lachen, ein Lied — sofern die Mutter das Singen noch nicht verloren hat; denn in unserer Kultur ist das Singen im Ver-schwinden begriffen.

Die Mutter dient dem Kind mit ihrem Körper, der nährt, der trägt, der Schutz gibt. Sie nimmt als Hilfs-Ich all die Funktionen wahr, die das Kind selbst noch nicht vollziehen kann. Sie wird Teil, Aus-streckung seines Körpers, lebt in Zwischenleiblichkeit, mit einer Inten-sität, wie sie sich nur noch zwischen Liebenden findet.

Der Körper des Sohnes ist der des anderen Geschlechtes. Der Körper der Mutter ist der des anderen Geschlechtes; und hierin liegen in unse-ren Kulturen die tiefen Ängste und Zwiespältigkeiten begründet, die die Vertrautheit und Innigkeit von Mutter und Sohn immer wieder bedrohen. Sie sind vom Mythos des Ödipus überschattet, haben an seiner Blendung teil, so daß sie nicht sehen können, wollen. Die Mythen von der minniglichen und zugleich reinen Jungfrau-Mutter Maria, von der tugendsamen und hehren Frau, von Helden, Rittern ohne Furcht und Tadel, erhellen dieses Dunkel nicht. Sie sind so gewaltig, daß sie es überleuchten und diejenigen, die sich zu ihnen flüchten, in eine un-menschliche Höhe ziehen.

Mütter, die die Poetik des Spiels, die Prosa des Alltäglichen, die Lyrik der Liebkosungen, die Märchenwelt der Dämmerstunde verloren haben, die einfachen Formen des Dienstes also, stehen in der Gefahr, in die Öde und Unverbundenheit zu führen, nicht Dienerinnen ihrer Kinder zu sein, oder sie werden Diener herer Ziele, in deren Glanz auch immer der Widerschein von Waffen mitspiegelt. Die Heldenmut-ter ist die Mutter, die ihre eigene Angst und Bedürftigkeit, die Not realer Lebensbedrängnis hier und heute oder einst selbst durchlebten Mangels an Mutterliebe in früher Kindheit dadurch für sich zu bewältigen sucht, daß sie sich jenen *Helden schafft.* — Diese Mütter gesellen sich und ihre Söhne, den *therapóntes diòs* (θεράποντες διός), den Gefährten der Götter zu. Aber die Träume der Niobe sind zerbrochen — blutig.

Candy

Transfusionen
Mein bißchen Haut, roh —
Sieben Wege, vergangene.
Auf die Waage gelegt.
Rein.

Tiergeschrei.
Wie von Menschen, so
lieblich vor Qual-Qual
Menschengeschreie von Tieren? —
abgewogen.

Mein Winter.
Was soll ich tun I'm
involved, aufgesogen.
One doesn'te see, earless —
I like Candy!
What matters?

Hilarion G. Petzold 1968

Narzißtische Defizite und ödipale Ängste lassen sich dauerhaft nicht durch mythologisch-phantasmatische Größe zudecken. Sie führen allzu leicht in die Zerstörung, die sich mit dem Heroischen verbindet oder in die Zerrissenheit, das Zerbrechen, die Ver-rückheit, die die Extreme mit sich bringen. Höhe und Abgrund, Alles oder Nichts[12] bergen für den Sohn der Heldenmutter, für die Söhne der heren Mütter, die Söhne eines Heldenvolkes, die Gefahr der Vernichtung, die letztendlich auch die Vernichtung der Mütter bedeutet: Dresden. Die Götterdämmerung ergreift Götter und Göttinnen. Die Feuerbrände raffen Kirchen und Altäre hinweg. Es überdauern auf geheimnisvolle Weise immer wieder die „schwarzen Marien"[13] — und wir sind uns nicht einig, wir sind unsicher, ob dieses Faktum etwas Tröstliches bedeutet oder etwas Bedrohliches.

351

Die ganze destruktive Kraft, die die Möglichkeit des phantasmatischen Frevels bietet, die finstere Dialektik von glorioser Reinheit und barbarischer Schändung, hat *Baudelaire* in seiner Seele getragen und in seinen „Hymnus an die Madonna" gefaßt.

An eine Madonna
Ex voto in spanischer Manier

Madonna, meine Herscherin, dir will ich weihn
Am Grunde meines Jammers den Altar aus Stein,
Und eine Nische will ich dir im Herzen bauen,
Die weltliche Begier und Spötter nicht erschauen,
Im dunklen Winkel, blau und golden ausgeschlagen,
Dort wirst verwundert du als Marmorbild aufragen.
Mit meinen Versen, fein geflochten aus Metall,
Und kunstvoll rings bestirnt mit Reimen aus Kristall,
Will eine große Krone ich ums Haupt dir winden;
Und meine Eifersucht wird einen Mantel finden,
O sterbliche Madonna, der so starr gemacht
Und so unmenschlich, schwer, gefüttert mit Verdacht,
Daß er als Schilderhaus all deinen Reiz versteckt;
Mit Perlen ist er nicht, mit Tränen nur bedeckt!
Und mein Begehren dient dir als Gewand, das bebt,
Das sich in Wellen senkt und wieder neu erhebt,
Sich auf der Höhe wiegt, im Tal zur Ruhe streckt,
Und das mit seinem Kuß den weißen Leib bedeckt.
Aus meiner Ehrfurcht will ich Atlasschuhe weben,
Die deine edlen Füße demutsvoll umgeben,
Und sie mit ihrem Druck so fest und sanft umfassen,
Daß, wie in einer Form, sie ihren Abdruck lassen.
Und bin ich gleich geschickt, so bin ich doch verlegen,
Wie ich den Silbermond dir kann zu Füßen legen.
So sollst du nicht die Schlange, die mich beißt, verschmähn,
Die ungeheuerlich der Haß und Geifer blähn.
Dein Absatz soll sie höhnisch treten und sie quälen,
Sieghafte Königin so viel erkaufter Seelen.
Meine Gedanken sind wie Kerzen anzuschauen,
Gereiht vor dem Altar der Königin der Frauen,
Das blaugemalte Rund besternt ihr Widerschein,
Und hüllt sie immerdar in Feuerblicken ein;
Und da in mir dich alles liebt und dich verehrt,

Sich alles in Benzoe, Weihrauch, Myrrhe kehrt,
Die stets zu dir, du schneebedeckter Gipfel, ziehn,
Wallt stürmisch auch mein Geist zu deinen Höhen hin.

Damit die Rolle der Maria auch vollkommen sei,
Vermische ich die Liebe mit der Barbarei,
Und (Henker, der bereut) ich schmied in schwarzer Gier
Aus sieben schweren Sünden sieben Dolche mir,
Mit ihnen will ich, wie ein Gaukler ohne Fühlen,
Nach deiner tiefsten Liebe, als der Scheibe, zielen,
Ich stoße alle dir ins Herz, das überquillt,
Ins Herz, das zuckt und das von deinen Tränen schwillt!

Charles Baudelaire 1860

Unbarmherzig wird der Mutter die Vollkommenheit abverlangt und unnachsichtig und voll Bitterkeit wird ihr jedes Versagen angelastet. Ihre Rolle, ihre Aufgabe und ihre Geheimnisse haben oft zu einer trügerischen „Glorifizierung" geführt. Sie entbindet die Urheber jenes „Frauenlobes" — männliche wie weibliche — von der Verantwortung und Mitwirkung, das „gute Leben" aktiv zu gestalten. Es entsteht ein Nimbus, ein Katalog von Anforderungen, der etwas Unbarmherziges hat. Die Frau und Mutter wird zum Nabel der Welt, der patriarchalischen wie der feministischen. *Wehe, wenn sie versagt.*

Jedoch Mütter sind eingebunden in Lebenszusammenhänge. Sie bedürfen der Sicherheit, die Väter geben müßten. Sie benötigen einen unzerstörten Lebensraum, um ihrem „therapeutischen" Dienst nachgehen zu können. Sie brauchen — NOTwendig — sozialen und politischen Frieden, Zeiten ohne Krieg, um den inneren Frieden, der in ihnen aufbricht, annehmen und nach außen verströmen zu können. Es sind diese Bedingungen zu oft nicht vorhanden. Männergewalt, Macht und Destruktion von außen und ihre Widerspiegelungen im Inneren der Mütter selbst führen oft genug zu einem Scheitern des Friedens, mit all seinen fatalen Folgen für das einzelne Kind und für die Gesellschaft. Es ist dies ein kollektives Scheitern, jedoch wird es notorisch als ein Scheitern der Mütter ausgewiesen. Die archaische Zwiespältigkeit gegenüber der Frau, die durch ihre Schönheit den Vernichtungskampf um Troja auslöst, gegenüber der Fau als EVA, durch die „die Sünde in die Welt gekommen ist", und als MARIA, „Mittlerin aller Gnaden", gibt davon Zeugnis.

Die durchgängige Ambivalenz, mit der Frauen über die Jahrhunderte vergöttert und gedemütigt, hofiert und unterdrückt wurden, ist durchaus nicht geschwunden. Sie hat in unseren aufgeklärten, rationalen und „humanistischen" Zeiten nur subtilere Formen angenommen. Der Mythos von der Sünde „Evas" ist eingegangen in die „wissenschaftliche" Psychotherapie, die sich damit selbst als ein Geflecht von Mythen, Männermythen, erweist.

Mit der Affirmation *Freuds* und seiner Schüler, daß die Geburt Wurzel der Urangst sei, ein Urtrauma (*Rank*), Quelle des Urschmerzes (*Janov*), erfährt die Frau eine unentrinnbare Schuldzuweisung. Nicht gutes oder schlechtes Handeln, sondern die bloße Tatsache, Leben zu gebären, macht die Mutter *schuldig*; denn sie setzt einen neurotischen Kern in jedem Menschen. Die plastische Verformung des Kopfes im Geburtsvorgang wird als originäre Deformation gedeutet. Wenn Geburten gewaltsam sind, kein sanfter Weg ins Leben, ist dies zumeist Ergebnis einer von Männern geprägten Medizin.[15]

Aber durch entsprechenden *Einsatz* von Mutterliebe ist all dieses ja reversibel. Sie kann, muß „Urvertrauen" aufbauen. Säuglingspflege gerät unter den Leistungsaspekt des Vermeidens „narzißtischer Defizite", „früher Grundstörungen". *Es sind dies alles Überlegungen von Männern.*

Wir vertreten, daß Grundvertrauen von jeher mitgegeben ist,[16] daß es in der uterinen Verbindung des Ungeborenen mit dem Leibe der Mutter, ja mit der gesamten Evolution wurzelt, die in der Wasserwelt des mütterlichen Leibes sich noch einmal vollzieht: vom Einzeller, spezifizierten Zellhaufen im Morulastadium bis hin zu höheren, ja der höchsten Form evolutionärer Entwicklung: Leben aus dem Wasser.

Es löst eigenartige Gefühle aus, den jüdisch-christlichen Mythos von der Erbsünde in der Psychoanalyse als zentrales Element wiederzufinden, in der Psychologie, die beansprucht, die Tiefen des Unbewußten zu einem guten Teil erforscht zu haben, genügend jedenfalls, um ein konsistentes Menschenbild und konsistente Behandlungsstrategien anzubieten. Aber die Angst der Männer vor den Müttern, vor der „großen Mutter" (*Neumann*)[16*], ist noch sehr unbewußt geblieben und schlägt durch; denn das Ödipus-Muster wird als das einzige oder zumindest vorherrschende Muster der Beziehung zwischen Müttern und Söhnen gesehen. Es ist die Wahl dieses Mythos, die Wahl des *Mannes Freud* und der Männer (und Frauen), die ihm hierin folgten.

Der „*Dialogue tonique*", der Dialog der Leiber zwischen Mutter und Sohn wird durch Ödipus unterbrochen, und es legt sich ein Schatten auf die Unbefangenheit und ein Schweigen auf mögliche Diskurse des Begehrens, die — offen ausgedrückt, ausgesprochen — mögliche Gefahren verlieren.

354

Es wird auf dieser ganzen Ebene „archaischer Diskriminierung" Macht ausgeübt, die so subtil wirkt, daß Mütter in der Erziehung ihrer Söhne durch Aufrechterhalten derartiger Strukturen zu ihrer eigenen Unterdrückung beitragen. Der Sklavendienst durch Ignoranz setzt sich fort. Dummheit und Neid seien weibliche Phänomene, wie das Theorem über den „Penisneid" zeigt. Vielleicht gibt es ja Neid auf die *Herrschaft*, die zugleich usurpierte und konzidierte Vorrangposition männlicher Überlegenheit. „Herausragendes" führt ja oft zu Reaktionen des Neides.

Wer aber fragt, ob hier nicht eine Projektion vorliegt, der Neid von Männern ob ihrer Unfähigkeit, Kinder zu gebären? Aber selbst ein wechselseitiger Neid trägt in sich absurde Elemente und übersieht, daß das Leben *eines* ist: männlich und weiblich zugleich, und daß nur die Zusammenführung, die Verbindung, die Synergie neues Leben schafft.[17] Es liegen in der Interaktion zwischen Mutter und Sohn die Wurzeln der Problematik von Angst, Neid und Begehren und die Möglichkeiten ihrer Auflösung.

Das therapeutische Handeln der Mutter mit Klarheit, mit Lachen, mit Singen, mit Poesie, mit dem Ausdruck authentischer Gefühle, Freude und Zorn, Liebe und Ärger entbehrt der Demütigung, subalterner Gesten. So kann Söhnen eine Freiheit vermittelt werden. So werden keine Schuldgefühle gesetzt oder Machtgefühle anerzogen. Die Auseinandersetzungen wie die Versöhnungen sind spielerisch. Sie führen nicht in den Kampf, sondern in den Frieden der Geschlechter.

Wachsen und altern, sterben und leben

Beim Durchblättern unserer Kindertagebücher wird uns wieder einmal bewußt, wie der Strom der Zeit, und das ist der Strom des Lebens, weitergeflossen ist. Die junge Mutter ist alte Frau geworden, die Tochter wurde Mutter, der Sohn Mann, der Vater Greis, hochbetagt *„sans eyes, sans teeth, sans everything"*. Oft ist er verwirrt, mischen sich die Sprachen, Russisch und Deutsch, aber er hat dabei das Lächeln des Kindes wiedergefunden.

Die Stunde, da es uns geschieht

Davongegangen ist der Frauenschuh,
die Blütenspur verlor sich lange schon.

Verdorrte Fichtenzweige künden mir
die Stunde an, in der es uns geschieht.

Zyklopen wachsen aus dem weiten Tal,
und schwarze Rauchtentakeln greifen

vom Wind getragen schon nach meinem Wald.
Der Uhu zog unmerklich sich zurück.

Aus einem abgestorbenen Rindenkleid
blickt Abschied her und schaut mich lange an. —
Der Kuckuck zählt nicht mehr die Jahre.

Irma Petzold-Heinz 1976[18]

Mutter und Sohn blättern in den Jahren des Lebens, die in Prosa und in Versen festgehalten wurden, in Bildern und Objekten. Über den Vater ist der Winter hereingebrochen. Der Schlag hat ihn niedergeworfen. Die Mutter steht im Herbst, im Spätherbst vielleicht. Der Sohn hat die Lebensmitte wohl schon überschritten. Das Alter hat ihn angerührt. Die Tochter — ihr Kind verläßt schon bald das Haus.
Es ist gut zu wissen in solchen Zeiten, daß man aufeinander zählen kann und daß das Ende Frieden heißt.

Letzter Akt

Irgendwann gab es einen Akt,
danach gab es einen Akteur mehr auf diesem Stern.
Der erste Akt: Wachstum durch Teilung.
So nimmt man zu.
Es gibt Akte des Zunehmens und Akte des Abnehmens,
des Lernens und des Vergessens.
So reiht sich Akt an Akt an Akt
zu Szenengeschichten, Lebensdramen
zu meiner Geschichte
zu meinem letzten Akt in diesem Theater.

Der letzte Akt ist ein Lauschen
nach Tönen von nirgendwo.
Der letzte Akt ist ein Schauen,
denn die Augen wollen sich nicht mehr schließen.
Der letzte Akt ist ein Murmeln,
denn die Worte sind stumm geworden.

Der letzte Akt ist Müdigkeit,
die nach keinem Anfang mehr begehrt.
Der letzte Akt ist der Lidschlag einer Galaxis,
Äonen lang.

Irgendwann wird es einen Akt geben,
danach gibt es einen Akteur weniger auf diesem Stern.
So nimmt man ab.
Es gibt Akte des Abnehmens und Akte des Zunehmens.
Die letzte Szene des letzten Aktes: Zerfall durch Teilung.

Es bleibt: Staub, der in der Sonne tanzt
    Der über die Felder weht
    Der durch den Raum treibt —
    Der Staub des Kosmos

Hilarion G. Petzold 1981[19]

Herbst 1983

3. Oktober. Wir sitzen am Frühstückstisch. Mutter, Tochter, Sohn. Heute Nacht ist der Vater gestorben. Es gibt nicht viel zu sagen. Wir sind alle erschöpft. Die Monate der Pflege waren hart.

Der Sturm verweht das letzte Blatt
meine Fingerspitzen ertasten
unter der Rinde künftige Knospen.

Irma Petzold-Heinz 1983

Die Mutter — Ich hoffe auf noch viele Frühlingsanfänge für meine Kinder und für meine Enkelin. Im Augenblick schreibe ich an einem neuen Flugblatt. Jetzt ziehe ich mich an, um mich mit meiner Enkelin auf den langen Friedensmarsch zu begeben, damit jetzt getan wird, was man hier noch tun kann. Wenn sich nach dem letzten schweren Abschied der Uterus der Erde auftut, werde ich befriedet sein. Aus dem Kosmos werden neue Impulse kommen und sich neue Träger dieser Impulse finden und tätig sein.

Der Sohn — Ich gehe zurück an meine Arbeit. Die Menschen in einer Gruppe warten schon auf mich. Sie waren sehr geduldig mit mir in den letzten Tagen. Vielleicht kann ich in ihnen einen Funken anzünden.

Wir erwarten
den
Aufgang des Sterns
über unserer
Nacht.

Wenn die Pfade versinken
in das Ausweglose —
wenn Gebete verrinnen
wie Sand im Stundenglas —

wenn die Stunden verklingen
ohne Melodien
und die Horizonte verbluten —

Wir erwarten
den
Aufgang des Sterns
über unserer
Nacht.

Irma Petzold-Heinz 1976[20]

Anmerkungen

[1] *Petzold-Heinz, I.*, Abendgrüße an eine Kranke, Düsseldorf 1938; Hessischer Heimat-verlag C. Rinck, Darmstadt 1956[2].

[2] *Petzold-Heinz, I.*, Die heilige Hildegundis von Liedberg, Ratingen 1938; eadem, Das neue Lied, Christl.-Verlagshaus, Stuttgart 1955; eadem, Licht des Lebens, Ernst Kaufmann, Lahr 1959; eadem, Intervalle. Gedichte mit Bildern von Karo Bergmann, J. B. Bläschke-Verlag, Darmstadt 1976.
Petzold, H., *Petzold-Heinz, I.*, Die Vierzeiler des Omar Khayyam, Übersetzung aus dem Persischen und Kommentar, Unveröffentl. MS.
Petzold-Heinz, I., Die Ikone, die ein Engel malte, Caritas-Kalender, Caritas Verlag, Freiburg 1970; eadem, Der Heilige und sein Schüler, Caritas-Kalender, Caritas-Verlag, Freiburg 1972.

[3] *Petzold-Heinz, I.*, Murasaki, Stuttgart 1956; eadem, Johns stürmische Fahrt nach Mirkonesien, Stuttgart 1958; vgl. *Petzold, H.*, Puppen und Puppenspiel in der Psychotherapie, Pfeiffer, München 1983.

[4] *Petzold, H. G.*, „Poesie- und Bibliotherapie mit alten Menschen und Sterbenden", *Integrative Therapie* 4 (1983). Vorabdruck aus *H. Petzold, I. Orth*, Poesie und Therapie. Über die Heilkraft der Sprache, Junfermann, Paderborn 1984, idem, Theater oder das Spiel des Lebens, Verlag für Humanist. Psychol. Werner Flach, Frankfurt 1982.

[5] Aus: *Petzold-Heinz, I.*, *Schmitz-Kurschildgen, E.*, *Petzold, H.*, Hinter der Maske, Druck- und Verlagshaus Enger, Willich 1984.

6) Aus: *Petzold, H.*, Theater oder das Spiel des Lebens, op. cit. Anmerk. 4.

7) *R. M. Rilke*, Duineser Elegien, Suhrkamp, Frankfurt 1975.

8) Vgl. *Petzold, H.*, Theater oder das Spiel des Lebens, S. 78, op. cit., Anmerk. 4.

9) Gedicht zum Ehrenmal von *Lotte Marx-Schuchmann* in Vynen bei Xanten, Niederrhein.

10) Vgl. *Petzold, H.*, Nootherapie und „säkuläre Mysik" in der integrativen Therapie, aus: *Petzold, H.*, Psychotherapie, Meditation, Gestalt, Junfermann, Paderborn 1983.

11) Vgl. *Berger, P.*, Ein Raunen von Engeln, Fischer, Frankfurt 1978.

12) *Kohut, H.*, Narzißmus, Suhrkamp, Frankfurt 1973; *Battegay, R.*, Vom Narzißmus zur Objektbeziehung, Huber, Basel 1977.

13) „Nigra sum, sed formosa" (Hohel. 1,5).

14) *Baudelaire, Ch.*, Les fleurs du mal; deutsch-franz. Ausgabe, Die Blumen des Bösen, Reclam, Stuttgart 1980.

15) Vgl. *Petzold, H.*, Der Schrei in der Psychotherapie, in: *U. Sollman* (Hrsg.), Bioenergetische Analyse, Synthesis, Essen 1984; *Freundlich, D.*, Geburtstrauma und die „Geburtstherapien", aus: *Gestalt-Bulletin* 1/2 (1981). Vgl. hingegen *F. Leboyer*, Der sanfte Weg ins Leben; Schwerpunktheft „Natürliche Geburt" der *Z. f. Humanist. Psychol.* 1/2 (1980).

16) Vgl. *H. Petzold*, Theater oder das Spiel des Lebens, S. 78, op. cit. Anmerk. 4.

16*) *Neumann, I.*, Die große Mutter, Rhein-Verlag, Zürich 1956; *Harding, E.*, Frauen-Mysterien, Rascher, Zürich 1949.

17) Vgl. *G. Ammon*, Der androgyne Mensch, München 1984.

18) *Irma Petzold-Heinz*, Intervalle, Bläschke, Darmstadt 1976.

19) Aus: *H. Petzold*, Theater oder das Spiel des Lebens, op. cit. Anmerk. 4.

20) Aus: *Petzold-Heinz, I.*, Intervalle, op. cit. Anmerk. 18.

„Ich mag Männer …"
Vater und Tochter
Ingeborg von Plotho, Bonn

Ich mag Männer und könnte mir ein Leben ohne Männer nicht vorstellen. Abgesehen von den biologischen Fragen, fände ich es öde und
leer. Ohne Männer fehlt mir in meinem Leben eine ganz bestimmte
Spannung, eine tiefe, andersartige Begegnungsmöglichkeit und auch
der Pfiff, der Witz, die ganz spezielle erotische und geistige Ansprache,
die daraus entstehende heterosexuelle Auseinandersetzung und das
Zueinanderfinden, ein Prozeß, an dem ich wachsen kann.

Manchmal habe ich Lust dazu, mich von einem Mann verwöhnen
und versorgen zu lassen. Gelegentlich überkommt mich auch das
Bedürfnis, von einem großen, verehrungswürdigen und auch mächtigen Manne beschützt, erwählt oder auch gefördert zu werden. In den
letzten Jahrzehnten habe ich dieses Gefühl kaum mehr gehabt, ich bin
selbst stärker und erfahrener geworden, habe gelernt, meine Kraft und
meine Fähigkeiten zu erkennen, einzusetzen und zu genießen. Auch
das wachsende Selbstverständnis der Frauen in unserer Welt hat bei
mir einen befriedigenden Niederschlag gefunden.

Ich mag Frauen auch! Ich mag ihre subtilen Signale, ihre weiche
Zärtlichkeit und ihre Kraft, die Wärme und den Schutz, den sie ihrer
Familie geben, ihre Geduld mit Kindern und Männern, ihren Charme
und Geist, ihre typisch weibliche Poesie und die Kreativität, die sich
in ihren Wohnungen und in ihrer Kleidung ausdrückt und nicht zuletzt
in dem Essen, das sie kochen. Ich bewundere und unterstütze ihren
Mut, sich beruflich durchzusetzen und autonomer zu werden.

Ich mag noch allerlei mehr an Männern und Frauen, und einiges mag
ich auch gar nicht, ohne daß ich das jetzt aufzählen will. Mich interessiert sehr viel mehr, wie ich mich als *Frau* in meinem bisherigen Leben
gefühlt habe und wie ich mich als *Therapeutin* in der Psychotherapie
und auch in der Psychiatrie erlebt habe. Wie beeinflußte das meine
Beziehungen zu Männern und Frauen und umgekehrt?

In meiner Familie, in meinem Freundeskreis, in der Schule und im
Studium und auch später im Berufsleben habe ich mich als Frau akzeptiert und wohlgefühlt. Manchmal habe ich die Männer beneidet, weil

sie freier und unabhängiger ihr Leben formen konnten, mehr alleine unternehmen konnten und auch nicht auf Begleitpersonen angewiesen waren. Im Laufe meiner beruflichen Tätigkeit sind diese Motive in den Hintergrund getreten, aber ganz überwunden sind sie noch nicht. Früher habe ich lieber mit Männern zusammen gearbeitet und habe mich z. B. auch lieber von einem männlichen Arzt behandeln lassen. Heute ist das anders, ich kenne keine Geschlechtsbevorzugung mehr; ausschlaggebend sind für mich Sympathien und Vertrauen in die Fähigkeit des / der Anderen. Dennoch beschäftigt mich der Unterschied zwischen Männern und Frauen, z. B. auch zwischen männlichen und weiblichen Psychoanalytikern. Können Männer z. B. scharfsinniger sein, besser konfrontieren und abgrenzen? Oder können die Frauen z. B. vielleicht mehr Geborgenheit durch ihr Einfühlungsvermögen geben?.

Zu Männern und Frauen habe ich unterschiedliche Beziehungen erlebt. Es gibt männliche Psychotherapeuten, die ich viel mütterlicher und wärmer als mich selbst erlebt habe, und in deren „Abrahams Schoß" mich zu flüchten ich gelegentlich versucht war. Andere habe ich wegen ihres Könnens, ihrer Schaffenskraft und Originalität, ihrer geistigen Schärfe und Brillanz, ihrer logischen Souveränität oder ihres Organisationstalentes bewundert, manchmal auch beneidet, und doch den Wunsch verspürt, mich von ihnen zu distanzieren. Ähnliche Eigenschaften kann ich auch gelegentlich bei Frauen finden, Frauen, mit denen ich mich deshalb gut verstehe und / oder ergänze und mit denen ich deshalb gut arbeiten kann, vielleicht mit ihnen befreundet bin oder mich auch von ihnen lieber abgrenze.

Bei der Definition sogenannter typischer männlicher und weiblicher Eigenschaften, ob sie nun gut, schlecht oder neutral sind, komme ich sehr bald in Schwierigkeiten. Persönliche und geschlechtsspezifische Verhaltensweisen sind nicht nur von der persönlichen Entwicklung eines Menschen und seiner Sozialisation abhängig, sondern auch von seinen körperlichen Bedingungen, von der Art seiner Chromosomen, seinem Stoffwechsel mit verschiedenen inkretorischen Einflüssen, seinem Alter und Gesundheitszustand.

Bei den Therapien von männlichen Transsexuellen habe ich sowohl unter medikamentöser (reversibler!) Kastration als auch — sogar noch ausgeprägter — bei Einnahme von weiblichen Sexualhormonen eine Intensivierung bestimmter weicher Gefühle feststellen können. Diese Patienten wurden anlehnungsbedürftiger und neigten mehr zu ängstlichen und depressiven Reaktionen oder auch zu leichtem Flirten und Kokettieren. Vorher hatten sie viel aggressiver und voller Protest auf ihre Situation, sich in einem „verkehrten Körper" zu befinden, reagiert.[1] Diese Beobachtung hat mich sehr beeindruckt und die Fragen in mir aufgeworfen, wie weit eben die üblichen Klischeevorstellungen, die *männlich* mit aggressiv, fordernd, aufbauend und durchdringend gleichsetzen und *weiblich* mit beschützend, versorgend, hingebend und aufnehmend, doch gewisse Entsprechungen auch durch unseren Hormonhaushalt erfahren oder bekommen. Leider konnte ich dieses Problem nicht wissenschaftlich erforschen, da ich sowieso nie zuerst die andersgeschlechtlichen Hormone verordnete (die besorgten die Patienten sich selbst auf irgendeinem grauen Markt) und sich außerdem solche Versuchsreihen mit gesunden Menschen von selbst verbieten.

Aber wie erfährt der Mensch Liebe und Abgrenzungen, Nähe und Distanz, Verwöhnung und Feindseligkeit, wie wird er liebesfähig, autonom oder destruktiv? *Sigmund Freud* wies schon darauf hin, wie er durch die Liebe seiner Mutter sein eigenes Liebesvermögen erlebte und entwickelte. Mit seinem Vater hat er wohl eine ödipale Rivalität ausgetragen, sich ambivalent mit ihm auseinandergesetzt und ihn auch sehr geliebt. Von seinen Kindern war die jüngste Tochter *Anna* diejenige, die ihn liebevoll bis zu seinem Tode pflegte und auch sein geistiges Werk weiterführte, allerdings ohne selbst zu heiraten oder Kinder zu haben. Eine derartige hingebende weibliche Liebe mit familiärer und geistiger Kreativität war für *Freud* persönlich wohl optimal. Ob die Psychoanalyse seiner Tochter *Anna* ihm wirklich so gut gelungen war, wie er es einem Freund mitteilte, und ob diese ödipale Sublimation die Erfüllung eines Frauenlebens war, wage ich nicht zu entscheiden. Sicherlich sah *Freud* die weibliche Sexualität zu einseitig und auch zu eingeschränkt. Schon zu seinen Lebzeiten haben seine Schülerinnen *Helene Deutsch* und *Lampl de Groot* und andere die selbständige und auch aktive Sexualität der Frauen hervorgehoben. Später wiesen Wissenschaftlerinnen wie *Margarete Mitscherlich* u. a. auf die patriarchalischen Fixierungen der Frauen hin, die in Jahrtausenden zu unterschiedlich ausgeprägten Depotenzierungen und Abhängigkeiten geführt haben.

Durch die ersten Beziehungspersonen werden wir liebesfähig, hingabefähig und autonom oder auch ablehnend, feindselig gegenüber anderen und abhängig von ihnen. Durch die Identifikation mit geliebten, respektierten oder gefürchteten Menschen können wir unsere Persön-

---

[1] Auffälligerweise bekamen nur einige dieser männlichen Transsexuellen nach Einnahme von weiblichen Sexualhormonen ausgeprägte weibliche mammae, die anderen halfen sich mit Kunststoffprothesen oder ähnlichem.

lichkeit weiter entwickeln, manchmal sogar fast vervollkommnen. Wir übernehmen ihre Wirklichkeit, aber auch ihre Träume, und werden darin auch im Bezug auf das eigene und das andere Geschlecht geformt. Nach den Eltern werden es andere nahe Angehörige oder Beziehungspersonen sein, wie Verwandte, Freunde, Lehrer oder Menschen, die wir als Vorbild erleben bzw. als Widersacher, Aggressoren, bewunderte oder gehaßte Autoritäten bzw. Rivalen.

Als ich um meinen Beitrag zu diesem Buch gebeten wurde, rutschte mir als Antwort heraus: „Ich mag Männer". So „natürlich" das klingen mag, gab es mir doch zu denken. Wie ist dieses Gefühl bei mir entstanden, gegen das sich spontan bei mir auch allerlei Widersprüche meldeten?

Als ich im Januar 1919 als viertes Kind und zweite Tochter meiner Eltern geboren wurde, war der 1. Weltkrieg gerade zu Ende gegangen und hinterließ ein in vielen Teilen verwüstetes Europa. Mein Vater, ein Hamburger Übersee-Kaufmann und Pflanzer, kam 45jährig desillusioniert aus dem Krieg zurück, in den er zufällig als Reserveoffizier hineingeraten war. Nach 20jähriger harter Arbeit in den Tropen hatte er mit seiner jungen schwedischen Frau und seinem halbjährigen erstgeborenen Sohn eine Europareise machen wollen und wurde, in Hamburg angekommen, gleich eingezogen. Er fühlte sich betrogen und hat den Verlust seines Besitzes und seiner hell- und dunkelhäutigen Freunde in der Südsee nie ganz bewältigt. Er konnte diese Welt seiner Inseln, der meerumrauschten Korallen-Atolle, der von Palmen umsäumten weißen Strände mit den schönen freien Menschen, die dort paradiesisch mit ihm gelebt hatten, niemals mehr vergessen. Er hat sie auch nie wiedergesehen. Als er sich 1930 in Melbourne ausschiffen wollte, verweigerte ihm die australische Regierung die Einreise. Angeblich befürchtete sie ein Loyalitätsbekenntnis der Papuas für ihn oder sogar einen Aufstand. Von Deutschland aus kämpfte er jahrelang um seine Rechte, die sich nicht mehr realisieren ließen. In das europäische Leben konnte er sich nicht wieder so recht einleben. Er war mit 19 Jahren in die Südsee gegangen und hatte sich einen großen Besitz erarbeitet. Jetzt war sein Nachholbedarf an abendländischer Kultur und Zivilisation erheblich. Die Nachkriegsverhältnisse jedoch mit den wirtschaftlichen Schwierigkeiten und belastenden sozialen Veränderungen bedrückten meine Eltern.

Meine geplagte Mutter hatte mit vier kleinen Kindern, die in regelmäßigen Abständen von 1 ¾ Jahren innerhalb von fünf Jahren geboren waren, große Mühe, sich in den veränderten Verhältnissen zu arrangieren und sich in dem ihr fremden Deutschland der Nachkriegszeit selbst wiederzufinden. Ich glaube, daß sie auch enttäuscht war, es aber nie zugegeben hätte. Sie war eine temperamentvolle, lebensfrohe und manchmal aufbrausende Frau, die mit großer Selbstverständlichkeit und Treue zu ihrem Mann und den Kindern hielt. Ich erlebte Wärme, Sicherheit und Sattheit bei ihr, fand Liebe und Zärtlichkeit, ich lernte, Geduld zu haben, zu teilen, zu gehorchen. Ich erfuhr, wie gut es tut, anerkannt und belohnt zu werden, und auch wie bitter es ist, bestraft zu werden. Sie war sehr gerecht und unterstützte die Schwachen und Schwächeren, hatte dabei dann oft ein lockeres Handgelenk, was ich fürchtete und dem ich zu entrinnen trachtete. Die Frauen ihrer Familie waren autonom und recht emanzipiert für die Zeit der Jahrhundertwende. Ich bin wohl nicht zu kurz gekommen bei ihr, ich liebte sie sehnsüchtig, denn sie war oft schwer zu erreichen, da sie immer so viel zu tun hatte. Aber meine erste große narzißtische Liebe war eben doch mein Vater und bei ihm fühlte ich mich wie in „Abrahams Schoß".

In dieser für ihn so verlustreichen Zeit, erweckte ich wohl unbewußte Hoffnungen in meinem Vater, daß er mit mir, dem „heilen Baby", dem kleinen Mädchen, noch einmal ein gemeinsames neues Leben beginnen könnte. Ein neues Geschöpf, dem er von seiner archaischen Welt, seinem Südseeparadies erzählen konnte, wo die Menschen sich liebten und glücklich unter einer goldenen Sonne lebten, vom Meer und dem Land ernährt, wo die Magie des Königs oder Gottes noch Wunder vollbringen konnte. Die Eingeborenen, die es gut unter ihm hatten, da er in jeder Hinsicht für sie gesorgt hatte und ihnen ihren Glauben beließ, ernannten ihn nicht nur zu ihrem König über allen Häuptlingen, sondern auch zu dem „Gott, der vom Wasser kam".

Er erzählte mir auch von den Inseln, auf denen die Menschenfresser wohnten, die er immer nur kurz und ohne zu übernachten, beschützt von seinen „boys", besuchte. Am Beginn seiner Südseezeit erkrankte er an Schwarzwasserfieber und schickte seinen „boy", um den Arzt zu holen. Das bedeutet 4-5 Tage, bis er wiederkommen könnte. Mein Vater blieb alleine in seiner Hütte; er wurde wohl bewußtseinsgetrübt und erlebte nur noch schemenhaft, wie sein Terrier ihn laufend umkreiste, um die Ratten zu verscheuchen, die ihn anfressen wollten. Natürlich waren seitdem Hunde für mich die allerbesten Tiere überhaupt. Besonders beeindruckten mich Geschichten, wenn er kranken Eingeborenen half, z. B. einem Mann, der von einem Hai gebissen worden war, die Hand regelrecht amputierte mit sorgfältiger Versorgung aller Gefäße, was ihm von einem später hinzugezogenen Arzt bestätigt wurde. Narkotisiert wurden die Kranken mit Rum und Whisky.

Von dem Liebesleben der Papuas am nächtlichen Strand lernte ich die Zauberformel: „Watschi Watschi wiga", und jedesmal ritzte die Braut dem Bräutigam mit einer Muschel einen zarten roten Striemen auf die Wange. Meine Mutter fand diese Geschichte zu gewagt, denn sie war etwas prüde. Sehr fasziniert war ich von „Queen Emma", einer sagenumwobenen Kauffrau, einer matriarchalischen Südseeprinzessin. Ihr Vater war

Amerikaner und wurde von ihrer Mutter, ebenfalls einer Südseeprinzessin, verlassen, als er sie betrog. Diese zog mit ihren Kindern zu ihrem Bruder und vererbte ihren Töchtern den Prinzessinnenrang. „Queen Emma" heiratete dreimal, einen Amerikaner, einen Engländer und einen Deutschen, sie waren Seefahrer, Händler und der letzte ein Ethnologe. Sie zog einen schwunghaften Handel auf mit allem, was die Insulaner gebrauchen konnten, und zeigte dabei viel Mut, Entschlossenheit und Unternehmergeist. Sie half den Insulanern, wurde selbst reich und kaufte sich Land. Schließlich besaß sie viele hundert Inseln in der Südsee und führte ein großzügiges, gastliches Haus. Mein Vater nahm mit Freude an einigen ihrer rauschenden Festen teil. Als sie alt wurde, verkaufte sie ihm ihr Land, weil sie in ihm einen würdigen Nachfolger sah, der den Besitz zusammen hielt. Er pflanzte Kokospalmen, und sie zog sich nach Europa zurück. Nach ihrem und ihres Mannes mysteriösem Tod in Nizza (es wurde ein Raubmord vermutet), bestattete mein Vater ihr Herz in einer Urne in einem Wäldchen neben seinem Hause „GUNAN TAMBU" (heiliger Hof) auf der Insel MARON. In diesem Hause wohnte später ein Engländer, der mit einer Deutschen verheiratet war, was meinem Vater Freude machte.

Aus meines Vaters farbigen Erzählungen erfuhr ich, daß Kraft, Stärke und Gerechtigkeit gut ist für mich selbst und andere, daß Männer und Frauen gleiche Rechte haben und unterschiedliche Pflichten und Aufgaben haben können, daß Mitmenschlichkeit selbstverständlich ist und daß eigene Interessen und Erfolg die Aktivität anspornen und gut sind, wenn sie nicht anderen schaden. Verantwortungs- und Hilfsbereitschaft lernte ich durch meinen Vater.

In „Queen Emma" erlebte ich ein zuverlässiges, autonomes, kraftvolles, weibliches Element. Eine Frau, die fähig war, intuitiv die Schwächen und Stärken anderer Menschen zu erkennen, sie durch Ermutigungen zu fördern, Möglichkeiten zu schaffen, um berechtigte Bedürfnisse zu stillen, aber Forderungen zu begrenzen, die unangemessen sind. Eine Frau, die gefühlvoll war, ohne den Intellekt zu vernachlässigen, die bereit war, zu wagen und Kreativität und Wachstum zuzulassen. Diese emanzipierte und humanistische Einstellung wurde mir in diesen frühen lebendigen Geschichten durch den ersten geliebten Mann bereits zu tragenden Werten vermittelt. Viele dieser Werte fand ich später auch bei meiner Mutter wieder, vor allem in Zeiten der Not.

In meinen ersten 6 Jahren wurden mein Vater und ich eine innige Gemeinschaft, in der ich nicht nur Sicherheit, Geborgenheit, Liebe und Zärtlichkeit erlebte, sondern auch die grandiose Phantasie von einem überseeischen Paradies und einem königlichen und göttlichen Vater. In dieser verwunschenen, märchenhaften Beziehungsgemeinschaft holte mein Vater auch vieles nach, was ihm bei seinen drei älteren Kindern nicht vergönnt gewesen war, deren Entwicklung und Aufwachsen er vier Jahre während des Krieges nicht kontinuierlich, sondern nur sporadisch im Urlaub erleben konnte.

Der älteste Sohn, der noch in der Südsee geborene „Kronprinz" war u. a. auf den Namen „Maron" getauft worden, der Name der Insel, auf der mein Vater seinen „Wohnsitz" hatte. Ich als Jüngste bekam u. a. den Namen „Tambu", was heilig, unantastbar, schmutzig heißt, also denselben Sinn hat wie *Tabu*. Bewußt erinnerte dieser Name meinen Vater an sein Haus „Gunantambu", „heiliger Hof" auf Maron. Unbewußt schwang wohl schon damals von seiner Seite eine ödipale Inzestangst mit, ambivalent wohl auch der Wunsch, mich unangerührt behalten zu wollen.

Meine beiden mittleren Geschwister, die „Sandwich"-Kinder, hatten wohl für meinen Vater nichts mehr mit dem Paradies in der Südsee zu tun, sie waren im Kriege in Deutschland geboren. Sie bekamen sehr schöne Namen, denn meine Mutter sorgte wie immer für Gerechtigkeit, aber sie bekamen keinen Namen aus der Südsee.

Meine Mutter reagierte häufiger mit Eifersucht auf die innige Beziehung zwischen meinem Vater und mir. Leider hatte sie auch sonst dazu Anlaß. Meines Vaters polygame Tendenzen führten zu elterlichem Unfrieden und Szenen, die ich fürchtete, ohne den Grund genau zu kennen. Die tiefe Kränkung, die ich durch seine Unvollkommenheit erfuhr, verdrängte ich, um ihn nicht zu verlieren; aus demselben Grund wehrte ich unbewußte Inzestängste und ödipale Schuldgefühle ab. Aus unbewußter Rivalität zu meiner Mutter gelang es mir sogar, mich ein Stück mit meines Vaters Freundinnen zu identifizieren. Sie machten es mir auch sehr leicht, sie waren sehr lieb zu mir, ich mochte sie gerne und übernahm einiges von ihnen, lernte durch sie meine musischen und geistigen Interessen zu erweitern. Ich genoß, daß ich nie einen Krach zwischen ihnen und meinem Vater erlebte, und phantasierte mir wieder eine heile Welt. Später, als ich älter wurde, versuchte ich, meines Vaters kränkendes Verhalten zu bagatellisieren, lächerlich zu machen, nicht ernst zu nehmen, zu rationalisieren und schließlich zu verteidigen. Ich zog alle Register der Abwehrkunst, um ihn nicht zu entthronen, zu stürzen, zu verachten, um meine große Liebe nicht zu verlieren. Erst als ich erwachsen geworden war, machte ich ihm Vorhaltungen, durch die es zu ernsten Auseinandersetzungen zwischen uns kam. Er änderte sich hierdurch nicht sehr viel, jedoch waren unsere Beziehungen jetzt geklärt. Ich konnte mich jetzt endlich von ihm abgrenzen, seine Schwächen annehmen und verlor ihn nicht.

In den Entwicklungsjahren aber zwischen 6 und 16 Jahren hatte ich große Mühe, meine ambivalenten Gefühle zu meinen Eltern zu integrieren. Ich war enttäuscht, gekränkt, verwirrt, geängstigt durch die Realitätsprüfung, die für mich einsetzte. Meine Liebe zu beiden war in

Gefahr. Die Idealbilder, die ich von beiden hatte, wurden in ihren Grundfesten erschüttert. Ich wurde frustriert, baute Illusionen ab, stärkte meinen Realitätssinn, und mein Ich wurde unabhängiger. Bei meiner Mutter lernte ich, neben dem guten Anteil auch den der furchtbaren Mutter zu ertragen, wenn sie in blinden Zorn geriet. Bei meinem Vater lernte ich mühevoll, seine Fehler und Unvollkommenheiten zu akzeptieren, die Geborgenheit nicht mehr zu suchen bei ihm, doch mich als Frau von ihm bestätigt und akzeptiert zu fühlen, was mein Selbstwertgefühl besonders in den weiblichen Anteilen wachsen ließ. Durch die Ablösung der ödipalen Beziehung zu ihm verminderten sich erfreulicherweise meine daher rührenden Schuldgefühle meiner Mutter gegenüber. Ich lernte sie besser verstehen, kam ihr partnerschaftlich näher, wurde solidarisch mit ihr und begann, mich mehr und mehr mit ihr zu identifizieren. Erst viele Jahre später erkannte ich, wie punktuell diese Identifikation war und wie unterschiedlich tief.

Der verborgenste Komplex wurde mir erst bewußt, als „es" mir passierte, daß ich ein schmerzlich aufwühlendes Gefühl bei der Identifikation mit Brunhilde erlebte oder mit mir gar nicht sympathischen Frauenfiguren, wie der rachsüchtigen, mörderischen Klytemnästra und der eifersüchtigen Hera. Gegen Kassandras wehe Hellsicht habe ich mich lange gewehrt, war jedoch zutiefst durch sie ergriffen.

Es war immer das alte Thema der Treulosigkeit. Immer noch schmerzte der alte Stachel, auch als ich mit meinen Eltern längst Frieden geschlossen hatte, sie liebevoll bis zum Tod begleitet und herzlich betrauert hatte.

Mit meinen 3 älteren Geschwistern kam es zu unterschiedlichen Kollusionen. Mit den beiden großen Brüdern fand ich Arrangements, um die autoritären Probleme mit dem Vater aufzufangen. Ich identifizierte mich ein Stück weit mit ihrer Stärke und Männlichkeit, befriedigte damit meinen phallischen Narzißmus und kooperierte mit ihnen im sportlichen Bereich und bei wilden Indianerspielen. Von meinem jüngeren Bruder, dem Ebenbild meines Vaters, fühlte ich mich besonders angezogen, was auf Gegenseitigkeit beruhte. Da wiederholte sich also etwas, es wurde von beiden Seiten erkannt und besprochen und auch genossen.

Mit meiner älteren, schönen Schwester gab es eine gewisse Zeitlang Rivalitäten, sie durfte schon ausgehen, ich war noch zu klein. Sie wurde gesellschaftlich bewundert und war erfolgreich als Künstlerin. Ich konnte sie schließlich auch bewundern; das half mir. Ich wurde älter und hatte dann die gleichen Rechte wie sie. Wir hatten sehr unterschiedliche Interessen und einen sehr verschiedenen Geschmack.

Wegen eines Mannes gab es nie eine Eifersucht, abgesehen von meinem Vater. Aber da hatte meine Mutter wieder für einen gerechten Ausgleich gesorgt. Im Haushalt erkannte ich neidlos ihre und meiner Mutter hervorragenden Qualitäten an und ließ beiden die Vorherrschaft. Erst während meiner späteren Lehranalysen wurde mir klar, welche Kompromisse ich geschlossen hatte, um zu lieben und geliebt zu werden.

In diesen Irrungen und Wirrungen, Ablösungen, Frustrierungen, Enttäuschungen, Verletzungen, Realitätskonfrontationen und Verselbständigungen, eingebettet in eine liebevolle, relativ normale bürgerliche Familie, entwickelte sich bei mir mein Einfühlungsvermögen und meine Intuition bezüglich menschlicher Beziehungen. Hierin wurde ich gestützt und ermutigt durch warmherzige Frauen, wie Tanten, Pädagoginnen, ältere Freundinnen, Hausangestellte. Bezüglich männlicher Freundschaften gab es ganz klare, aber unausgesprochene Tabus: Sexualität war nicht erlaubt, und aufgeklärt wurden wir von den Eltern nicht. Wir waren ein offenes und auch liberales Haus mit vielen Gästen, vor allen Dingen den Freunden meiner Eltern und Brüder, mit denen uns viel verband und nicht nur Freundschaft. Aber die Grenzen wurden in jeder Hinsicht gewahrt, und Versuchungen wurden mit Drohungen und Ängsten quittiert. Doch entstanden neue Interessen und extramurale Engagements, die mich autonomer machten.

Der Beginn der Nazizeit fiel in meine Vorpubertät und verstärkte meine innerliche Unsicherheit sehr bald durch die sich immer deutlicher abzeichnende Radikalität und sadistische, destruktive Aggressivität. Jüdische und politisch unerwünschte Freunde verschwanden, emigrierten oder kamen ins KZ, wurden umgebracht. Psychisch Kranke wurden durch Euthanasie getötet.

Diese bedrohliche Feindseligkeit erlebte ich als sehr männlich und als sehr fremd. Das war eine Männlichkeit, die ich nicht kannte. Daß auch die Frauen mitmachten, vielleicht sogar die Männer dazu erzogen hatten, zu Heldentaten oder großer Karriere, die Böses implizierte, habe ich später erst verstanden.

Der 2. Weltkrieg brach aus, und mein ältester Bruder stürzte als Flieger tödlich ab. Mein 66jähriger Vater meinte ihn ersetzen zu müssen und eilte an die Front, als ob er noch einmal versuchen wollte, ein verlorenes Paradies zurückzuerobern, zu retten. Auch mein jüngerer Bruder war äußerst gefährdet als U-Boot-Fahrer, dabei waren wir gar keine militante Familie. Europa wurde von Rauch und Trümmern verdunkelt, viele Menschen starben jetzt an der Front oder durch die Bomben in der Heimat. Der Sturz der Helden war unaufhaltsam, war total. Meine Ohnmacht ärgerte mich, ich wollte dieser grausigen Zerstörung etwas entgegensetzen, etwas Produktives tun. Das gab mir die Kraft, Medizin zu studieren, was mich immer schon interessiert hatte, nur hatte mir bis dahin der Mut dazu gefehlt. Ohne Helden und Könige suchte ich mir meinen eigenen schweren Weg selbst. Ich wurde unabhängig, emanzipiert, aus der Hand des Vaters entlassen.

Ich lernte, leidenden Menschen beizustehen, ihnen zu helfen und manchmal auch, sie zu heilen. Es war sehr schwer und überstieg oft meine Kraft; es gab mir jedoch das vage Gefühl der Zuversicht und auch der Hoffnung, etwas gegen die Zerstörung durch den Krieg und die politische Diktatur machen zu können. Ich fühlte mich nicht mehr so ohnmächtig durch diese ärztliche Aktivität. Aber ich litt immer noch unter Friedlosigkeit und Feindseligkeit, der Mißgunst, unter den Machtkämpfen und der Liebesunfähigkeit der Menschen und wußte keine Möglichkeit, dieses zu verhindern oder zu verändern.

Um besser verstehen zu können, interessierte ich mich mehr und mehr für Psychiatrie und Psychoanalyse sowie andere Formen der Psychotherapie. Ich erkannte die Zusammenhänge zwischen psychischen und körperlichen Leiden besser, zwischen frühen Lebensbedingungen durch die Beziehung zu den nächsten Angehörigen und der daraus entstehenden späteren Persönlichkeitsentwicklung des einzelnen Menschen. Ich sah auch die Wechselbeziehungen zwischen dem Schicksal der einzelnen Menschen untereinander, der Völker und der Menschheit, allerdings auch ohne jetzt letzteres beeinflussen oder verändern zu können. Ich konnte immer nur einzelnen Menschen helfen, einigen Patienten. Nicht einmal mit meiner Familie, Freunden oder Kollegen gelang es mir, immer gute Beziehungen zu erleben.

Aber nach dem Kriege merkte ich, wie sich doch eine deutliche Veränderung abzeichnete. Die Menschen suchten friedliche Wege zueinander, vor allen Dingen auch die alten Feinde. Durch Trümmer und Verwüstungen überwanden sie die Barrieren des Hasses und der Rachsucht, halfen einander, linderten viele Wunden, stillten den Hunger und bauten miteinander neue Wohnungen und Städte auf, besuchten sich, und manchmal wurden aus den früheren Feinden auch Freunde. Aus einem echten Bedürfnis heraus bemühten sich die Menschen, die psychologischen Zusammenhänge und ihre interdependenten Wirkungen unter den Menschen zu erkennen und für sich zu nutzen. Die früheren Abhängigkeiten und Unselbständigkeiten des Denkens änderten sich zusehends zu Gunsten demokratischer, liberaler und verantwortungsvollerer Verhaltensweisen. Durch diesen intensiven Gärungsprozeß zeichnete sich auch eine Wandlung des Mann/Frau-Bildes mit deutlichen Wertveränderungen und neuer Verteilung von Rechten und Pflichten ab. Die Rolle der Frau im öffentlichen Leben veränderte sich in Richtung größerer Kompetenz und Überlassung von verantwortlichen Positionen. Viele Frauen hatten während des Krieges notgedrungen durch den Verlust ihrer Männer und Ernährer gelernt, sich selbst und ihre Familie durchzubringen. Durch die Bewältigung dieser schwierigen Situationen war ihr Selbstwertgefühl gewachsen, und viele waren jetzt bereit zur Übernahme neuer und selbständiger Aufgaben.

Viele dieser Frauen waren jetzt entschlossen, auch einen Beitrag zu leisten, daß es in der Welt friedlicher werde, die Menschen fruchtbarer und freundlicher miteinander auskämen, um zu verhindern, daß weitere Kriege oder wissenschaftliche Ergebnisse Zerstörungen initiierten. Auch die Männer, die diesen Krieg oder die Gefangenschaft überstanden hatten und wieder nach Hause kamen, waren gewandelt und entschlossen, weitere Kriege zu verhindern und eine neue friedliche Welt aufzubauen.

Der Krieg wurde als logische Folge des Patriarchates angesehen und dieses in Frage gestellt, während sich matriarchalische Tendenzen sowohl bei Frauen als auch bei Männern verdeutlichten.

Auch bei mir hatte das Erlebnis des Krieges, der Tod und der Verlust vieler meiner Freunde dazu geführt, daß ich mich emanzipierte, mir und meiner Weiblichkeit mehr zutraute, meine Autonomie entwickelte, um sinnvoller tätig und aktiv sein zu können. Ich entdeckte, aus meinem weiblichen Erleben herrührend, eine sehr starke Entschlossenheit in mir, mich mehr für Mitmenschlichkeit, Frieden, humanistisches Zusammenleben sowie für die Bewahrung des Seins und Wachstums einzusetzen.

Auch die veränderte männliche Welt erlebte ich nicht mehr so grausam aggressiv, zerstörerisch und rivalisierend wie in den Nazi- und Kriegszeiten. Diese Männer, die Furchtbares erlitten hatten, waren zum großen Teil bereit, ähnliche Ziele anzustreben. In vielen Bereichen mehrten sich die Initiativen, die Menschen zueinander zu bringen, zu versöhnen, und überall zeigten sich Bestrebungen, voneinander zu lernen, sich umzuorientieren, zu geben und zu nehmen, anstatt — wie es auch vorkam — in Groll und Bitterkeit zu verharren und sich und andere zu vergiften. Dieser mühsame, wechselseitige Umstrukturierungsprozeß brauchte die Kräfte von möglichst vielen Menschen, von Männern und Frauen. Aus den unterschiedlichsten sozialen Kreisen erlebte ich Anregungen und Unterstützungen, von Männern und Frauen, konnte diese auch weitergeben, wenn auch Enttäuschungen oder Irrtümer nicht ausblieben. Doch Friedenssehnsucht ist nicht das Gleiche wie Frieden stiften oder erhalten. Zu dieser schweren und immer wieder gefährdeten Aufgabe gehören viele kleine Schritte, bevor die großen möglich werden. Auch gewonnene Einsichten können verloren gehen, und einsatzbereite Menschen, die für den Erhalt des Friedens kämpfen, lernen die Grenzen ihrer Möglichkeiten schmerzlich kennen. Die heutige ökologische und politische Situation unserer Welt ist in vieler Hinsicht entmutigend, da immer wieder aus Angst, aus Besitz- und Machtstreitigkeiten heraus verantwortungslos und unzuverlässig gehandelt wird.

Verläßlichkeit, Verantwortungs- und Liebesfähigkeit sind für mich die Basis menschlichen Zusammen- und Weiterlebens. Sie zu fördern, wachsen zu lassen und auch zu lehren, halte ich für wichtig und auch durch Therapie und Pädagogik möglich, jedoch gibt es z. Zt. noch nicht *genügend* Möglichkeiten. Methoden sind gegeben, systemische Ansätze sind vorhanden, sie müßten intensiviert werden, da unsere Chance im Lebenswillen und in der Mitmenschlichkeit liegt. Das konnte ich bei meinem Vater und bei meiner Mutter kennenlernen, manchmal mit langer Verzögerung durch schmerzliche Lernprozesse, an denen ich reifen konnte.

Die gelegentliche Untreue meines Vaters erlebte ich zwar als Verrat und Betrug, den zu ahnden ich mir erst sehr spät gestattete. Seine Gefühlsausbrüche, die einem *„Zeus tonans"* angemessen waren, erregten bei mir Schaudern und Bewunderung, denn sie galten ja selten mir, meistens den Brüdern. Das aufbrausende und wilde Temperament meiner Mutter machte mir Angst und gab mir das Gefühl der Hilflosigkeit und Verlorenheit. Aufgefangen wurde diese „Unordnung und frühes Leid" durch das Gefühl der unverrückbaren Geborgenheit und der „dennoch-Verläßlichkeit" dieser Eltern und dieser Familie: die Geschwister, die Hausangestellten, Hund und Katze und Kanarienvogel, der Garten mit den schwingenden Weiden über dem moorigen Fluß. Eine stachelige Liebe rundherum, durch die ich lernte, Schmerzen und zwiespältige Erfahrungen zu verarbeiten, indem ich das grandiose Idealbild des geliebten Vater-Königs meiner frühen Kinderjahre habe untergehen lassen können und nicht mehr nur ihm allzu zuversichtlich vertraute, sondern meine eigenen Kräfte mobilisierte.

In der Beziehung zu meiner Mutter lernte ich neben dem Anteil der *guten* auch den der *furchtbaren Mutter* zu ertragen, was mir sehr schwer fiel. Beides entdeckte ich dann auch in mir, wehrte mich lange gegen den bösen Mutteraspekt, um dann auch die große Kraft darin zu erleben, nicht das Destruktive, sondern auch das Ausgleichende,

Balancierende / Gerechte und letztlich Versöhnende. Es war ein sehr anstrengender Prozeß des Mögens und Ablehnens, des Bejahens und Verneinens, des Förderns und Zähmens, und dieser half mir auf dem Wege zur Autonomie. Hierdurch wurde mir auch bewußt, welche Identifikationen mich mit Brunhilde, der Betrogenen, und Klytemnästra, der Allein-Gelassenen, und mit vielen anderen mehr berührten. Diese Erkenntnisse, Abgrenzungs- und Trennungserlebnisse und Abschiede machten mich einfühlungsfähiger gegenüber den Besonderheiten und den Leiden anderer Menschen und führten mich wohl intuitiv zur Therapie im psychiatrischen und psychotherapeutischen Bereich.

Rückblickend habe ich den Eindruck, daß ich durch meine enge und gute ödipale Beziehung zu meinem Vater und deren Ablösung ein Urvertrauen zu Männern konstellieren konnte, durch das ich die Chance hatte, zum großen Teil recht befriedigende Beziehungen zu ihnen zu erleben. Sowohl als Partner und als Freunde wie auch im Beruf fand ich wohl diejenigen Männer, die mir lagen, während ich diejenigen, die ich weniger mochte, mied oder mich von ihnen abzugrenzen versuchte, was mir nicht immer gelang. Mein inzwischen geschultes weibliches Einfühlungsvermögen und meine Intuition sowie meine gewachsene Fähigkeit, mich zu wehren, kamen mir dabei zustatten. Dieses danke ich meiner langen psychiatrischen, psychoanalytischen und psychodynamischen Ausbildung und Erfahrung, durch die ich erkannte — was ich bis dahin nur unbewußt ahnte —, wie wichtig die Integration männlicher und weiblicher Aspekte in jeder einzelnen Persönlichkeit und auch in der Gesellschaft ist. Nur gegenseitiger Respekt und Anerkennung der gleichen Rechte bei unterschiedlichen Fähigkeiten und Aufgaben führen zu einem fruchtbaren Miteinander und schützen vor dem furchtbaren Durcheinander. Durch meinen Vater lernte ich meine Weiblichkeit zu bejahen, durch meine Mutter aber auch, mir als Frau Respekt zu verschaffen und meine Kraft zu gebrauchen.

Daher mag ich Männer ... und mag ich Frauen ...!

Versinken
Lotte Kottek

Beim Untergehen drückt
die große Sonne
nochmals Strauch und Gräser
an ihr Herz.
Fein und zerbrechlich
hat der Herbst sie ausgedörrt.

Die Kälte kriecht
die Stengel kantig hoch
und zieht mit schmalem Pinsel
die Konturen rauchgrau nach.
Auf ihren starren Fingern spielt
der Schatten Violine.
Der letzte, feine Bogenstrich
schwebt hoch
und unhörbar darüber.
Der Abschied ist gewiß.
Der große, rote Ball
ist gegen sein Versinken
machtlos.

Ich werde traurig,
wenn ich deine altgewordene Hand
in meiner halte.

Großmutter — wie ihr Leben für mich Gestalt ist

Gabriele Ramin, Zwesten/Hamburg

— Noni, bald wirst du ja nun von uns gehen, meinte ich als 9-jährige in dieser etwas übertriebenen Diktion zu meiner 64-jährigen Großmutter.
— Wieso denn?
— Ja, bald ist deine Ewigkeit nun vorbei!
— Wie meinst du das?
— Ja, wenn du stirbst.
— Ach, ich denke, dann fängt die Ewigkeit erst an!
Zwischen den beiden Ewigkeiten liegen nun 26 Jahre, in denen sich ihr Leben zunehmend rundete und das meine sich weitete. Auf der Suche nach dem, was mich gerade in den letzten Jahren geprägt hat, sehe ich meine 90-jährige Großmutter Charlotte Ramin vor mir. Einige unserer eindrucksvollen Begegnungen möchte ich anhand von Aufzeichnungen ihrer- und meinerseits nachzeichnen. Manches von dem, was mir als Frau und Therapeutin wichtig ist, lege ich damit nieder. Es sei gleichzeitig ein Dank an diese Frau, die mir im Leben Vorbild ist und für viele Menschen unbewußt „Therapeutin" war.

Als ich in den siebziger Jahren in Italien mit psychotropen Substanzen experimentierte, hatte ich ein psychedelisches Erlebnis von ungeheurer Mächtigkeit und paradiesischer Schönheit. Es stellte eine tiefe Begegnung mit mir selbst inmitten der Fülle des Lebendigen dar und machte mich namenlos in der Spanne zwischen Dunkel und Transzendenz. Angesichts der Frage, mit welchem Menschen ich Ähnliches erleben mochte, kam mir meine 85-jährige Großmutter in den Sinn, und ich brach auf mit dem Wunsch, ihr damit ein Geschenk zu machen. Ich weiß nicht, woher ich die Sicherheit nahm, diese Frau werde die Neugier über die Furcht stellen und sich auf etwas dermaßen Unbekanntes einlassen.

An einem strahlenden Sommertag, den wir in ihrem Alterssitz oberhalb des Lago Maggiore verbrachten, wurde die gemeinsame LSD-Erfahrung zum Grundstein einer tiefen Freundschaft, die uns beiden seither immer wichtiger wurde.[1] In einem Moment, in dem die Zeit zur Ewigkeit wurde, hat sich ihr altes frohes Gesicht mit dem rosigen Schimmer und den wachen blauen Augen tief in meine Erinnerung gegraben. Noch heute sehe ich diesen Blick auf mir ruhen. Mir kommt der Satz von *Nikos Kasantzakis* in den Sinn, den sie als Motto an den Anfang ihrer Lebenserinnerungen gestellt hat: „La seule chose qui importe c'est de lutter pour mener la lumière plus loin. C'est la seule chose dont Dieu tienne compte, l'assaut! Que nous soyons vainqueurs ou non, c'est son affaire, ce n'est pas la nôtre." (Das einzig Wichtige ist zu kämpfen, um das Licht weiter zu tragen. Das ist das einzige, worauf es Gott ankommt, der Angriff. Ob wir Sieger sein werden oder nicht, das ist seine Sache, nicht die unsere.)[2] Dieses Licht war es, das mir auf ihrem Gesicht entgegenleuchtete.

Identität

Siebenundzwanzig Jahre hat sie ihren Mann, den Thomaskantor und Organisten Günther Ramin, jetzt überlebt, mit dem sie ein reiches Leben voller Musik, mit vielen Reisen, durch Friedens- und Kriegszeiten und in ununterbrochener Auseinandersetzung geführt hat. Sie schreibt: „Ich weiß, daß er das Beste von mir mit sich fortgenommen hat — oder daß ich nur durch ihn das war, was ich gewesen bin: ein glücklicher und erfüllter Mensch. Nun gehe ich den Weg zu Ende ... getragen von dem Bewußtsein, gelebt zu haben." Eine unmoderne Aussage für eine Frau von heute? Wohl nicht, wenn man weiter liest: „Und doch blieb ich ich selbst. Dieses seltsame Doppelleben war mein Reichtum und manchmal meine Not." Es trug dazu bei, „immer neuen Schwung zu geben, über alle Hindernisse, alle Konflikte, ... über alle von außen herangetragenen Belastungen und nicht zuletzt über die unnennbaren Quellen und Fährnisse unserer eigenen Seele, die Geheimnisse bleiben und nur aus den Einflüssen auf unser Leben geahnt werden können."[3]

Wie dicht beschreibt sie hier den Vorgang des Schwingens zwischen ihr und dem Gegenüber, den man heute als Kontakt zweier Identitäten bezeichnet. Hier zeigt sich das Heilsame in der menschlichen, damit auch therapeutischen Beziehung, nämlich „doppelt" zu leben, in sich selbst und im anderen, und in der Auseinandersetzung zwischen beiden Frieden zu schaffen, einander zu vergrößern anstatt zu verkleinern. *Hilarion Petzold* schreibt: „Ich bin identisch, weil ich ausgegrenzt bin und zugleich in Kontakt stehe. Das ist die Dialektik der Identität. Da ist kein abgeschnittener Individualismus, da ist keine unverbundene Selbstbezogenheit. Identität ist doppelgesichtig, doppeldeutig, doppeldeutlich."[4]

In unserem Austausch der letzten Jahre haben wir viel diskutiert. Sie schreibt in einem Brief: „Im übrigen schwingen ja noch allerhand offene Fragen zwischen uns, worüber ich gar nicht traurig bin, denn solange man versucht, einander zu verstehen, ist alles lebendig und im Fluß. Ich bin nämlich nicht der Meinung: ‚Ich bin ich und du bist du, und wenn wir uns zufällig ...' Sondern wir können gar nicht anders als ständig einander zu beeinflussen, allein schon durch die Aura, von der jedes Individuum umgeben ist. Das bedeutet ja nicht, daß man dem andern seine Identität nehmen oder verändern will, sondern es kann eine Bereicherung des einen durch den andern bedeuten, — oder das Gegenteil, und dann sollte man einander meiden." Im weiteren Verlauf zitiert sie *Max Frisch*, der schreibt, daß der Mensch eigentlich nur durch die Liebe den anderen so ertragen kann, wie er ist, „da sie uns in der Schwebe des Lebendigen hält, in der Bereitschaft, einem Menschen zu folgen in allen seinen möglichen Entfaltungen, daß man sich dadurch gegenseitig verwandelt." Und sie fügt hinzu: „Wir sind bis zu einem gewissen Grad das Wesen, das die andern in uns hineinsehen."[5]

Bilder und Szenen

Vieles, was mich im Zusammenhang mit ihr immer wieder anrührt, hat mit dem Reichtum ihrer inneren Bilderwelt zu tun. Sei es, daß sie erzählt, wie sie als Kind einmal eine beschauliche halbe Stunde miterlebte, in der ihre Eltern früh, nachdem die Geschwister zur Schule gegangen waren, wichtige Dinge besprachen, während die Mutter fleißig an der Nähmaschine arbeitete. Bildhaft vermittelt sie mir damit eine Vorstellung von der Gelöstheit eines solchen Beisammenseins. Sei es, daß sie berichtete, wie sie in den Kriegswirren mit ihrem Mann die 80 Schüler des Leipziger Thomanerchors durch die brennende Stadt zu einer Bleibe auf dem Land brachte. Immer wieder regt sie beim Erzählen innere Bilder in mir an, die mich bis zu Tränen rühren, vermittelt sie mir, wie sie selbst beim Sprechen oder Schreiben auf diese inneren Bilder schaut und dabei die Szenen nochmals durchlebt. Und mir wird der fruchtbare Boden bewußt, auf dem ich in der Gestalttherapie mir die lange verschüttete Fähigkeit, „szenisch" zu sehen und zu erleben, wieder aneignete. „Die Gedanken graben und tasten sich weiter, finden hier ein plötzlich aufblitzendes Erlebnis, dort eine Situation, die weiterführt zu anderen Zusammenhängen. Dazwischen liegen noch dunkle Bereiche, die sich vielleicht nie wieder erhellen lassen. Sie wurden vergessen, weil sie von meinem Wesen assimiliert wurden."[6]

So begegnet mir im Lebensrückblick meiner Großmutter eine spontane „Archäologie", wie wir sie in der Gestaltanalyse in ähnlicher Weise betreiben. Das Gegenüber in seinem ganzen Sein zu erfassen, „schließt auch die Fähigkeit des Therapeuten mit ein, das aktuelle, allenfalls auch das frühere Leben des Patienten innerlich in sich selbst zu reproduzieren, als Grundlage zu echtem Verständnis" (*Groeli* 1973).[7]

Präsenz — Berührung — Begegnung

An jenem anfangs erwähnten Sommertag hatten wir die ersten, unvergeßlichen Jetzt-Erlebnisse miteinander, zu denen sich später noch eine ganze Reihe anderer gesellten. Bei einem besinnlichen Kochfest kamen wir ins Philosophieren über ein Gefühl, das sie in ihrem Leben immer wieder einmal empfunden hatte und das ich an jenem Tag zum ersten Mal spürte, das Gefühl, begnadet zu sein. Es hängt für mich mit dem tiefen Wohlgefallen zusammen, das ein Mensch am anderen finden kann, wenn für Sekundenbruchteile aller Ballast von ihm abgefallen ist und er den anderen wahr-nimmt, keine Frage mehr hat. — Ton für Ton, Bogen für Bogen erlebten wir gemeinsam Mahlers 5. Sinfonie, ich mit dem Rücken an ihren alten Leib gelehnt. Keiner von uns konnte Dissonanzen oder Entspannung, Phrasierung und Melodien empfinden, ohne sie dem anderen unmittelbar körperlich mitzuteilen. Das, was uns bewegte, ist mit Worten nicht zu beschreiben.

Seither hat es einige solcher Augenblicke mit ihr gegeben, immer im gegenseitigen Bewußtsein, jeder könnte der letzte sein. Wir sprachen über Dinge, die sonst nur in einem selbst ruhen. In dem Maße, wie ich in diesen Jahren von ihr Abschied nahm und sie immer wieder suchte, habe ich gelernt, was *Begegnung* ist, nämlich in der zur Verfügung stehenden, verbleibenden Zeit auf das Wesentliche zu kommen, das, was jeden berührt, auszutauschen. „Im Grunde ist doch das Innenleben eines Menschen eine Welt für sich, die nur ihm selbst zugehörig ist. ... Meine Gedanken und Empfindungen ... bauen in mir eine Welt auf, aus der ich lebe, in der ich wachse und aus der mein äußeres Leben sich ergibt. Die Liebe versucht, den andern zu erfühlen, weil sie ahnt und glaubt, aber wissen tut auch sie nicht. ... Die Aura des Geliebten beglückt mich, weil ich ahne, daß sie der Ausfluß einer Innenwelt ist, die mir vielleicht ähnlich ist — nein, nicht mir ähnlich, sondern ganz anders, aber eben in ihrem Anderssein für mich eine Welt ist, aus der mir Kräfte zufließen, die ich selbst nicht habe, und die mich bereichern. Ich glaube, daß aus diesem Hin- und Herfließen aus zwei einander letztlich unzugänglichen Welten die tiefste Verbundenheit entsteht, die zwischen Menschen möglich ist."[8]

Beim Lesen dieses Textes wird mir deutlich, wie sie das gewonnen hat, was wir „Gestalt" nennen, und wie wegweisend sie mir damit war und ist. Durch solche Erfahrungen erlebe ich mich dabei, derartige Wahr-nehmungen in der Begegnung anzustreben; sie tragen mich im Gespräch mit Menschen, die mir lieb sind, Freunde wie Klienten.

Vertrauen in den Prozeß

„Die Bereitschaft, im Jetzt zu leben, ist nicht zu trennen von der Frage nach der Offenheit für Erfahrung, dem Vertrauen auf das Wirken der Wirklichkeit, der Unterscheidung zwischen der Wirklichkeit und der Phantasie, dem Aufgeben von Kontrolle und dem Annehmen von möglicher Frustration, einer hedonistischen Einstellung und der bewußten Wahrnehmung des möglichen Todes" (*Naranjo* 1979).[9] Dieses Vertrauen sehe ich, neben den anderen damit verbundenen Punkten, bei ihr auf Schritt und Tritt. Kaum ein Brief, kaum ein Telephonat, kaum eine Erzählung aus ihrem Leben, wo dies nicht deutlich wird. Sie berichtet von ihrer 7jährigen Tochter Gabriele (ich wurde nach ihr benannt), die nach langer Krankheit zum Sterben kam. Sie konnte ihrer eigenen Mutter das Vertrauen zurückspiegeln, das sie von ihr empfangen hatte: „Mutti, du mußt nicht weinen, das Gute geht doch vorüber, so muß das Schlimme doch auch vorübergehen." Auch mich hat sie durch manche Tiefen der letzten Jahre kaum merklich aus der Ferne begleitet und mir mit dem Vertrauen Geduld vermittelt. „Wenn das Leben erfüllt ist von nicht-alltäglichem Erleben, gibt es Höhen und Tiefen."[10] „Das ist ja das Interessante, daß man sich immer auf neue Situationen einstellen und sie meistern muß".[11] Wenn man wüßte, wohin der Weg geht, wäre er nicht so spannend, man muß sich tragen lassen."[12]

Selbstverwirklichung beginnt, wenn der Mensch einige der sich ständig wiederholenden, jedes Risiko meidenen, sichernden und vertrauten Muster durchbrochen hat, die das Leben stereotyp werden lassen. Wieviel Mut hat sie mir bei solchem Unterfangen durch ihr Vertrauen gemacht.

Als 10jährige erlebte ich am Beispiel meiner Großmutter zum erstenmal — vielleicht nur halb bewußt — den Prozeß der Selbstfindung. Sie schrieb mir kürzlich: „Nach dem Tode meines Mannes erwuchs mir die schwere Aufgabe, mich ... in einen Menschen zu verwandeln, der sich eine neue Mitte schafft, neue Aufgaben sucht und findet..., die Jüngeren in ihrem Anderssein zu verstehen sucht. ... Hast Du von diesem inneren Prozeß, der sich wohl auch nach außen auswirken mußte, etwas gespürt? In einer späteren Zeit, wo ich wußte, welche inneren Kämpfe Du, Gabriele, auszufechten hattest, las ich in einem Goethe-Brief: ‚Dabei gesteht er (der Mensch), daß dem allen ungeachtet im Laufe des Lebens sowohl Äußeres wie Inneres unablässig in Konflikt befangen bleibe und man sich deshalb rüsten müsse, täglich solchen Kampf zu bestehen.' Soweit ich zurückdenken kann, haben mich die seelischen Schwingungen, dieses Auf und Ab, dieser ständige Wechsel des inneren Gestimmtseins bewußt oder unbewußt beschäftigt und mich in einer Spannung gehalten, die mich lebendig hielt."

„Ich habe mich oft gefragt, was Dich bewogen haben mag, Deinen gesicherten Beruf als Ärztin aufzugeben und Dir diesen schwierigen Weg zu wählen, für den es keine festen Normen gibt, der im Grunde von Dir selbst *gestaltet* werden muß und Deine Kreativität verlangt. Ich blicke da auf mein eigenes Leben zurück, insofern, als auch ich einmal aus meinem gesicherten Dasein ausbrach und mich der Musik zuwandte, ohne zu ahnen, wohin mein Weg führen würde. ... Für mich begann früher kaum ein Tag wie der andere, und jeder entwickelte sich unvorhersehbar, jeder war erfüllt von intensivem Tun, eines entwickelte sich aus dem anderen ... so gab es nur ein permanentes Sich-Einstellen auf immer neue Situationen. Und doch ordnete sich das Leben wie eine große Improvisation unter eine Idee, die mein Leben beherrschte... Sollte vielleicht in uns beiden eine Abneigung gegen das ewige Gleichmaß liegen? ... Eine ungewöhnliche Einstellung zu festgelegtem, vorgeplantem Vorausdenken, zum Begriff ‚Zeit'?"[13]

Zeit — Chronos — Kairos

In keinem Menschen, den ich kenne, ist mir die Beziehung zum *Kairos* als dem Moment des Jetzt, in dem die Zeit „erfüllt" ist, und die Eingebundenheit in Chronos, in die verrinnende Zeit, so deutlich wie bei ihr — Frucht der wiederkehrenden, intensiv erlebten Erfahrung des Todes inmitten des Lebens. Sie schreibt: „Als 20jährige hatte ich eine Nacht an Schottlaenders Totenbett allein gewacht (eines für ihren Lebensweg zentral wichtigen Menschen) ... Am Morgen hatte ich das Rätsel des Todes nicht gelöst, aber ich war gereift. Ich wußte um die Vergänglichkeit des Lebens ... Nun erst, nachdem ich erfahren hatte, wie wir alle ständig dem Tod verhaftet sind und wie unerbittlich endgültig dieser letzte Schritt die Menschen trennt, wurde mein Verhältnis zum Leben ein anderes. Es ist ein Unterschied, um etwas zu wissen, oder es tatsächlich erfahren zu haben,"[14] ein Prinzip, das gestalttherapeutische Arbeit in hohem Maße prägt.

Das Erleben von Trennung und Abschied wurde für sie zu einer Erfahrung der Verbundenheit, der Eingebundenheit, die ihr ganzes Leben begleitete und aus der heraus sie im Alter von 79 Jahren begann, eine Familienchronik über 14 Generationen zu erarbeiten. Sie schreibt an deren Anfang: „Als ich in jungen Jahren als Konzertsängerin öfter das Lied von Franz Schubert ‚Grenzen der Menschheit‘ sang, ... stand ich mitten im blühenden Leben und dachte kaum über mein eigenes bewegtes Dasein hinaus ... Jetzt nach vielen, vielen Jahren kamen mir beim Anschauen einer Ahnentafel langsam aus den Tiefen meines Gedächtnisses die Schlußzeilen des *Goethe*-Gedichtes, das ich damals gesungen hatte, ins Bewußtsein zurück:

Ein kleiner Ring
Begrenzt unser Leben
Und viele Geschlechter
Reihen sich dauernd
An ihres Daseins unendliche Kette.

Mit einem Schlag fühlte ich mich da in diese unendliche Kette eingereiht."

Die „gute, alte Zeit", das wurde ihr bei der Arbeit an der Chronik klar, hat niemals existiert. „Immer hat sich der Mensch mit seiner Umwelt, mit den jeweiligen Problemen und politischen Ereignissen auseinandersetzen und sich darin bewähren müssen. Eine kleine Zeit darf ich vielleicht noch zuschauen ... ehe sich der ‚kleine Ring‘ um mein Leben geschlossen haben wird und auch ich ein Glied in der unendlichen Kette der Geschlechter geworden bin."[15] Zu sehen, daß sie sich im Strom der individuellen und kollektiven Lebenszeiten, die ja untrennbar sind, und in der Kette der Generationen so gehalten fühlt, erfüllt mich mit Ehrfurcht und hilft mir, im Leben und in der Arbeit ein Stück Gelassenheit zu finden.

Abschied — Transzendenz

Seit ein paar Jahren sehe ich nun zu, wie sie ihr Leben in voller Wachheit abschließt und die Dinge in dem Bewußtsein „Bestelle dein Haus, denn du mußt sterben"[16] zu Ende bringt und ordnet. Beim Lesen alter Briefe, einem wichtigen Aspekt dieses Tuns, „war es mir, als lebte ich mein Leben noch einmal." Die Aufzeichnung ihrer Lebenserinnerungen, die sie „Lebenslinie" nannte und an deren Anfang die Beschreibung dieser Linie, ähnlich dem uns in der Gestalttherapie vertrauten Lebenspanorama,[17] zu finden ist, bildete einen weiteren wesentlichen Baustein dieser Aufarbeitung. „Innerhalb der Welt frei zu werden von jeder Bindung und dennoch mit den nahen Menschen mitzuleiden und mitzuerleben, ohne etwas von ihnen zu erwarten",[18] stand ihr dabei mehr und mehr vor Augen. Das ist es wohl, was uns reich macht, das Leben aus anderer Sicht noch einmal zu leben und dabei mit Altem abzuschließen, ohne es zu verlieren. „Das Abschied-Nehmen wird kein Verlust, es wird ein Nehmen, *prendre congé*, in dem das, von dem man sich trennen muß, in neuer, anderer Weise aufgenommen und mir zu eigen wird."[19]

Mit 88 Jahren kam es zu dem ersten Krankenhausaufenthalt ihres Lebens, der ein mit Geduld begangenes Tal darstellte. Nach einer für sie schrecklichen Nacht beschreibt sie mir, sie habe ein Zwischenreich besucht, einen überhellen Bereich, der nichts mit dieser Welt zu tun habe, in dem sie gar nicht mehr wußte, was sie wollte. Unvermittelt fragte sie mich: „Sag, Gabriele, hast du auch manchmal einen Faden vor dem Auge?" Auf meine etwas verständnislose Nachfrage hin meinte sie: „Ja, einen Faden. Ich schiebe ihn hin und her, mal ist er oben, mal unten." Am Wort „Faden" weiterspinnend, äußerte ich, das sei wohl ihr Lebensfaden. Ihr Gesicht hellte sich auf: „Ja, das ist es." Wir sprachen lange darüber, inwieweit sie schon entschlossen sei, den Faden loszulassen. Es war das erste Mal, daß ich ihr sagen konnte, wie wichtig sie mir sei.

Unsere letzte Begegnung liegt einige Wochen zurück. Wir hörten Beethovens Streichquartett op. 127 Es-Dur. Vollendete Musik. Ich blickte sie an, wie sie mit geschlossenen Augen die Musik in sich einsog und manchmal, als habe sie vergessen zu atmen, tief Luft holte, sich dabei mit Leben füllte und wieder ermattete. Wie um die Klänge einfließen zu lassen und wieder loszulassen, öffneten sich die Hände mit den Phrasierungen der Musik und schlossen sich wieder. Sie war durch und durch bewegt. Ein Auge war wie aus Versehen leicht geöffnet, es war mir, als schaue sie bereits in eine andere Welt, in ein Jenseits. Sie sprach dann davon, daß sie nicht mehr weinen könne, weil sie keine Tränen mehr habe, und dies sei doch zum Weinen schön. Ich war an ein eigenes elementares Erlebnis erinnert, wobei ich wie ein junger Säugling weinte, ohne Tränen. Rundet sich so das Leben?

Je länger ich auf ihr erfülltes Gesicht schaute, umso gerührter wurde ich, bis mir die Tränen in Bächen über die Wangen rannen. Ich trauerte darum, daß dieses Gesicht eines Tages für mich nicht mehr zu sehen sein wird, und nahm es einmal mehr in mich auf. Wenig später fiel mir der Satz von *Rilke* in die Hand: „Was aber den Einfluß des Todes eines nahestehenden Menschen auf diejenigen betrifft, die er zurückläßt, so scheint mir schon lange, als dürfte das kein anderer sein als der einer höheren Verantwortung; überläßt nicht der Hingehende sein hundertfach Begonnenes denen, die ihn überdauern, als Fortzusetzendes, wenn sie ihm einigermaßen innerlich verbunden waren?"[20]

In diesem Sinne fühle ich mich Noni, meiner Großmutter Charlotte Ramin, verbunden, wenn mir auch das ganze Ausmaß dessen erst sehr langsam bewußt werden wird. Denn „wir haben ein Schweigen der Zeit vor uns liegen und ein Schweigen der Zeit im Rücken. Wir sind von der Dunkelheit des Raumes und der unüberschaubaren Vielfalt der sozialen Welt umgeben. Das sind unsere Horizonte, und der einzige feste Ort ist unser Leib und der Leib eines Mitmenschen, an den wir uns — haltend und gehalten — klammern können."[21]

Anmerkungen

(Da sich die Zitate teilweise in Aufzeichnungen von Charlotte Ramin befanden, waren die Quellen nicht in allen Fällen auffindbar.)

[1] Später las ich dann von den LSD-Experimenten, die *Stanislav Grof* mit alten Menschen und Sterbenden durchführte und in denen von ähnlichen Erfahrungen berichtet wird, wie wir sie damals gemeinsam gemacht haben. Vgl. *S. Grof*, Sterbebegleitung mit LSD, *Integrative Therapie*, 2/3 1980, und *S. Grof*, Psychedelische Drogen in der Arbeit mit Sterbenden, in *I. Spiegel-Rösing; H. Petzold* (Hrsg.), Psychotherapie mit Sterbenden, Junfermann, Paderborn 1984.

[2] *Kasantzakis, N.*, Lettres au Greco, Librairie Pohl, 1961; dt. Rechenschaft vor El Greco, Herbig, München 1967.

[3] *Ramin, Ch.*, Lebenslinie, Selbstverlag, Ingelheim 1966, S. 80. Vgl. auch: *Ramin, Ch.*, Günther Ramin, Atlantis Verlag, Freiburg 1958.

[4] *Petzold, H.*, Leibzeit, *Integrative Therapie*, 2/3 1981.

[5] *Ramin, Ch.*, Brief vom Dez. 1977, dort Zitat von *Max Frisch* (Quelle unauffindbar).

[6] *Ramin, Ch.*, Lebenslinie, a.a.O. S. 2.

[7] *Groeli, Y. A.*, 9. Int. Kongreß für Psychotherapie (Oslo), *Schweiz. Ärztezeitung* 35, 1193-5, 1973.

[8] *Ramin, Ch.*, Lebenslinie, a.a.O. S. 78.

[9] *Naranjo, C.*, Zentrierung im Jetzt, *Integr. Th.*, 3/79.

[10] *Ramin, Ch.*, Brief v. 4. 2. 1982.

[11] *Ramin, Ch.*, Brief v. 18. 8. 1983.

[12] *Ramin, Ch.*, Brief v. 16. 5. 1983.

[13] *Ramin, Ch.*, persönl. Aufsatz, Mai 83, dort auch Zitat aus Goethe Brief (Quelle unauffindbar).

[14] *Ramin, Ch.*, Lebenslinie, a.a.O. S. 35.

[15] *Ramin, Ch.*, Woher wir kommen, Familienchronik, Selbstverlag, Ingelheim 1972.

[16] Text aus der Kantate 106 (Actus Tragicus) von *J. S. Bach*.

[17] *Petzold, H.*, Sich selbst im Lebensganzen verstehen lernen. Erlebnisaktivierende Methode in der Vorbereitung auf das Alter, in: *Pro senectute* (Hrsg.), Vorbereitung auf das Alter im Lebenslauf, Schöningh, Paderborn 1981; *Heinl, H., Petzold, H., Fallenstein, A.*, Das Arbeitspanorma, in: *Petzold, H., Heinl, H.*, Psychotherapie und Arbeitswelt, Junfermann, Paderborn 1983.

[18] *Ramin, Ch.*, Brief 1982.

[19] *Petzold, H.*, Gestalttherapeutische Perspektiven zu einer „engagierten Thanatotherapie", Vortrag auf d. 1. Dt. Tagung für Thanatopsychologie, Univ. Oldenburg, Vechta, proceedings (hrsg. v. *J. Howe, R. Ochsmann*), Klotz, Frankfurt 1983.

[20] *Rilke, R. M.*, Briefe aus den Jahren 1902 bis 1906, Insel Verlag, Leipzig 1930, S. 5.

[12] *Petzold, H.*, Leibzeit, *Int. Ther.* 2/3, 1981.

Plastiken aus meiner Analyse (5 und 6)

Lisa Bock

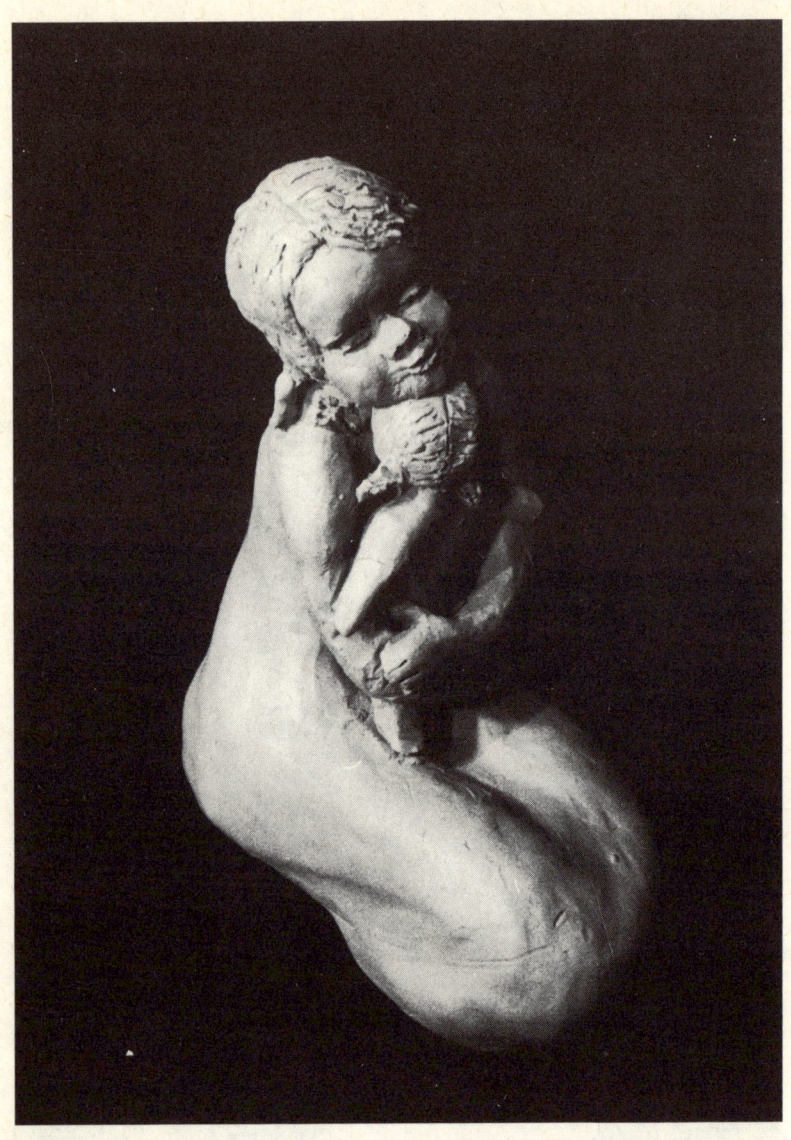

Kritische Marginalien zur „weiblichen Schreibweise"

Gisela Dischner, Hannover

Die Frauenbewegung hat einen ähnlichen Verlauf genommen wie die Studentenbewegung: Der Ausbruch aus dem schlecht Bestehenden, der Aufbruch zu einem neuen Selbstverständnis, hinter das nicht leicht wieder zurückgefallen werden kann, endete in der Sackgasse des Dogmatismus mit Ausgrenzungsverfahren und Feinderklärungen. „Weibliche Schreibweise" half als Theorie mit zur Zementierung dieses Zustandes. Erfahrungen, wenn sie auf einander ausschließende Weise beschrieben werden, verlieren die Verbindung zum Lebendigen. Beim Versuch, diese Verbindung immer mitzureflektieren, wird man oft der Unentschlossenheit, des mangelnden Engagements oder der fehlenden Solidarität qua „Parteinahme" bezichtigt. Ich lasse mich also, indem ich jetzt weiterreflektiere, auf alle diese Anwürfe ein, ohne sie „aus der Welt zu schaffen". Ich versuche nicht, schlechtere durch bessere Argumente zu übertrumpfen; ich versuche, möglichst nicht zu „argumentieren", denn es geht nicht um Rechthaben, sondern um geglücktere Daseinsversuche. Die befinden sich allemal diesseits der fiktionalen Wirklichkeit, auf die man uns gern verpflichtet, um den status quo aufrechtzuerhalten.

Vieles, was über „weibliche Schreibweise" gesagt wird, wird seit langem auf der antiklassischen Experimentseite der Kunst diskutiert. Ausbruch aus dem Diskurs, dem Korsett der Grammatik, der Norm des Abgerundeten, Geschlossenen, hin zur Poeto-Logik des Lebendigen, Bruchstückhaft-Fragmentarischen, scheinbar sinnlos Paradoxen.

Insofern ist die rein inhaltlich geführte „feministische Diskussion", so wichtig sie vor zehn Jahren war, heutzutage eher ein Produkt von Halbbildung, wie dereinst der Marx-Akademismus.

Die Flut der bekenntnishaften Kopf-Bauch-Prosa zeugt davon. Sie begann mit der Peinlichkeit der „Häutungen" von *Verena Stefan*, die in kurzer Zeit riesige Auflagenziffern erreichte, weil sich die Frauen, oft immer noch ausgeschlossen aus dem Zirkel ästhetisch relevanter Fragestellungen und freier selbstbewußter Lebensgestaltung, so wunderschön identifizieren konnten. Die neue Wehleidigkeit griff um sich, das Thema Leidensgeschichte der Frau (einst ein notwendiges Thema, wir sollten es endlich abschließen) wurde in allen neuen Gartenlaubenmetaphern durchgespielt, und das Umkippen in die Wut, in die rassistischen „Schwanz-ab"-Parolen, ließ nicht lange auf sich warten. Jede Art Unvermögen war nun gerechtfertigt, das ästhetische freilich auch. Die Kunst ist tot, es lebe das Gefühl — so schien die stillschweigende Parole. Diejenigen Frauen, die sich den proklamierten „weiblichen" — also eigentlich offen-experimentellen — Formen wirklich näherten und nähern, ob *Gertrude Stein* oder *Friederike Mayröcker*, liegen nicht gerade auf den Bestsellertischen der Frauenbuchläden.

Ist es „weibliche Schreibweise", mit der man diesen Stil charakterisieren könnte? Oder wäre die Einteilung in gute und schlechte Texte vielleicht eher von Nutzen? Kunst kommt von Können, sagte mal ein Schelm; käme es von Wollen, hieße es Wulst. Ich will mich also nicht gern auf Wulst und Schwulst dessen einlassen, was unter „weiblicher Schreibweise" auf den Bestsellertischen liegt. Doch wäre noch zu bemerken, daß jedes Buch, das von Verlagen, Moden, Markt „gepuscht" wird, zur Verhinderung des Experimentellen beiträgt, das allmählich in die Öffentlichkeit dringt. Das öffentliche Einverständnis, auch auf weiblicher Seite, richtet sich — wie schon immer — gegen alles Ungewohnte, Ungewöhnliche, Neue, Unbekannte. Der Haß auf das Neue ist Übersetzung aus dem Bereich der Angst: der Angst, sich zu verändern, das Gewohnte zu verlassen.

Zum Glück gibt es dazu die Gegenbewegung, und auch sie speist sich teilweise aus der Ermutigung durch die Frauenbewegung: das Gewohnte, die Konventionen, auch die Schreibkonventionen zu verlassen, neue Lebens- und Schreibformen auszuprobieren, nicht zu harmonisieren, sondern Bruchstückhaftes zuzulassen, weil dies Ausdruck des Lebendigen ist. Frauen blicken ermutigt auf andere Frauen, die wagen, ihren Weg zu gehen, sich gegen die gerade gängige (feministische) Mode zu stellen. Die feministischen Netzwerke helfen sogar dem feministischen Non-Konformismus, was spitzfindige Köpfe als Dialektik bezeichnen. Ist diese Ermutigung (vor allem die, nicht allein zu sein) eine zur „weiblichen Schreibweise"? Was könnte das sein? Kann man aus der Tatsache, daß die Erfahrungen von Frauen in manchem anders sind als die von Männern, eine „weibliche Schreibweise" ableiten? Ist das Zögernde, Stammelnde und andererseits Leidenschaftlich-Ausbrechende „weiblich"? Das Rationale, Kühle, Übersichtliche „männlich"? Fallen wir nicht selbst in den Dualismus zurück, den wir als traditionell bekämpfen, wenn wir dergleichen Zuordnungen akzeptieren? Aber es ist doch so! Empirische Sozialforschung hat nachgewiesen, daß in

Gesprächen Frauen eher verhalten sind, nicht glatt sind, zudem seltener sprechen (je öffentlicher es wird, desto seltener), harmonisierend eingreifen, Medium von meist männlich vorgetragenen Standpunkten sind, zwischen denen sie zu vermitteln versuchen etc. ...

Viele der Attribute, die Frauen zugeteilt werden, könnten auch auf Künstler zutreffen, männliche wie weibliche (Empathie beispielsweise). Und viele männliche Künstler haben in diesem Sinne die Voraussetzungen für eine „weibliche Schreibweise". *Novalis* schrieb „weiblicher" als *Sophie de la Roche*, und heute könnte man ähnliche Vergleiche anstellen. Handelt es sich demnach um eine idealtypische Konstruktion? Nicht im Selbstverständnis derer, die davon reden, denn sie meinen, von der Empirie auszugehen, welch ein Irrtum. Wie können wir weiterdenken, wenn wir von einer Idealkonstruktion ausgehen, die nicht unbedingt geschlechtsspezifisch sein muß, sondern berücksichtigt, daß in jeder Frau ein Mann und in jedem Mann eine Frau steckt? Können wir mit dieser Konstruktion die Frage beantworten, weshalb das wunderschöne Buch „Die Abschiede"* von *Friederike Mayröcker* eindeutig aus der weiblichen Empfindungsebene geschrieben ist und vermutlich nicht von einem Mann hätte geschrieben werden können? Ich fürchte, die Konstruktion hilft uns dabei nicht. Vermutlich wäre eine textimmanente Formanalyse nötig, um diese Frage zu beantworten (die Warenanalyse von *Marx* ist eine Formanalyse; wäre er z.B. phänomenologisch vorgegangen, hätte er über das Wesen des Kapitalismus nicht derartig präzise Aussagen machen können).

Weshalb ist der Existentialismus (und vielleicht alle geschlossenen philosophischen Systeme) nicht als eine von Frauen ausgehende Bewegung vorstellbar? Weshalb ist *Kafkas* „Prozeß" unmöglich vorstellbar als das Buch einer Frau, obwohl *Kafka* deutlich androgyne Züge zeigt? Sind Frauen anders geerdet? Deshalb unfähig und unwillig, vom Lebendigen zu abstrahieren in Denken und Schreiben?

Auch dies ist idealtypisch gesprochen und bezieht sich sozusagen auf ein Attribut w — weiblich, nicht auf eine festgelegte Geschlechtszugehörigkeit (*Otto Weininger* hat in seinem Buch „Geschlecht und Charakter" mit den Attributen w und m gearbeitet). Noch idealtypischer wäre es, wenn wir das, was wir eigentlich empfinden, nicht(mehr) identifizierend benennen müßten. Das Paradox, im Diskurs gegen den Diskurs zu schreiben, läßt sich innerhalb des Diskurses nicht lösen, auch wenn ich ihn unwissenschaftlich zu unterbrechen versuche und „weiblich" gegen ihn ausbreche. Das, was den Diskurs wirklich unter-

---

* vgl. meinen Aufsatz im Text- und Kritik-Band „Friederike Mayröcker" (1984).

bricht, bleibt meist ungesagt; im Glücksfall stellt es sich dennoch her als das, was man „zwischen den Zeilen" sagt. Zwischen den Zeilen in Klammern als Nebengesang (= Parodie ursprünglich) möchte ich androgyn zwitschern oder pfeifen wie Josefine die Sängerin, aber das bliebe in dem mir hier vorgegebenen Rahmen ohnedies ungehört. Wäre das „weibliche Schreibweise"? Manche möchten es vielleicht so (be)nennen.

Vielleicht stellt sich die Frage anders, wenn wir sehen, daß „weibliche Schreibweise" die Hilfskonstruktion ist für einen neuen Zustand, in dem Frauen mit demselben Selbstverständnis wie Männer zu schreiben beginnen, ohne sich von Kindern, Haushalt oder all dem, was man jetzt gern unter dem Thema „Doppelbelastung der Frau" abhandelt, abhalten zu lassen. Es ist doch eine bestimmte Form der Besessenheit, des Sich-nicht-vom-Weg-bringen-lassens, was wir an den männlichen professionellen Künstlern beobachten, etwas, das sehr oft auf Kosten der Frauen realisiert wurde und wird und wogegen Frauen aufbegehren. In der Auflösung der Geschlechterrollen in bezug auf den sozialen Rahmen verschiebt sich auch in dieser Richtung, die mit der Norm und dem Normalen ohnedies wenig zu tun hat, einiges. Die Diskussion, ob professionelle Kunst, Spezialisierung auf ein Medium noch zeitgemäß sei, vermischt sich häufig mit der Diskussion um weibliche Schreibweise. Und diese Vermischung, die Anlaß gibt zu genügenden Mißverständnissen, wird weiterhin erschwert durch die Ablenkung von ästhetischen Fragen in der militanten Feminismusdebatte, die sich teilweise immer noch in rassistischen Ausfällen gegen „das Männliche" festgefahren hat. Wie günstig für das System.

Zum Glück geht es heute in der jugendlichen Subkultur nicht mehr um diese Themen, die, wie die Diskussionen um Marxismus und Psychoanalyse, eher von Altgenossen und -genossinnen geführt werden. Ich möchte deshalb auch nicht bei der Polemik gegen „weibliche Schreibweise" verharren, auch nicht beharren (vieles war als Re-Aktionsweise nötig), sondern laut weiterdenken.

Das, was im Umkreis der Diskussion über „weibliche Schreibweise" überlegt wurde, ließe sich verbinden mit den neuen Vorstellungen zum künstlerischen Schaffen heute, zum Schreiben, zur Körpersprache, zur Meditation, zu spiritueller Sensibilität, die nicht notwendig in Guru-Heilslehren und -rezepten münden muß, zu neuen Lebensformen, die an alten Stammeskulturen anzuknüpfen versuchen, zur Eigeninitiative und regionalen Bestrebungen gegen staatliche Kontrollen und Eingriffe in Intimsphären, die früher immerhin als private geachtet wurden, jetzt aber auf dem Weg über Psychiatriereformen, Drogenfrüherkennung etc. direkt staatlich in den Griff genommen werden, um *Orwells* „1984" doch noch recht zu geben. Je stärker die Kontrolle, desto stärker das Aufbegehren.

Sich selbst als Schöpfer erkennen zu lernen, kreative Impulse aufzunehmen, seine Möglichkeiten im Schreiben, Malen, Tanzen auszuprobieren, sind neue Tendenzen, die dem staatlichen Zugriff entschlüpfen, die nicht faßbar und nicht integrierbar sind. Das neue Sozialgefühl innerhalb kleiner Kreise ist nach außen deutlich asozial. Asozial werden im Sinne des Systems heißt, eine Resozialisierung in bezug auf menschenwürdiges Leben zu beginnen. Schreibend verbreitet sich innerhalb einer Kleinöffentlichkeit ein neues Bewußtsein, das nicht mehr aggressiv und abgrenzend ist wie zum Großteil der Feminismus, das vielmehr selbstbestimmt und selbstbewußt „die Wirklichkeit" zum Material macht für den eigenen Schöpfungsprozeß. „Weibliche Schreibweise" in ihrer Tendenz zum Experiment, zum Offenen, Bruchstückhaften, Fragmentarischen könnte in diesem Zusammenhang Teil haben an der Transformation, die unterhalb offizieller Instanzen und Institutionen mit immer größerer Geschwindigkeit stattfindet: Ausprobieren, was Schreiben für mich als Frau bedeutet, wie weit es „weibliche" Erfahrungen enthält und artikuliert, die ich in diesem Medium (des Schreibens) dem „Männlichen" vermitteln kann. Dies könnte bedeuten, daß Männer sich ihres weiblichen Teils, der unter der männlichen Oberfläche jederzeit darauf wartet, sich realisieren zu dürfen, anders bewußt werden könnten. Das bedeutet umgekehrt, daß ich mir im Schreibprozeß meines „männlichen" Teils unter der weiblichen Oberfläche bewußt werde. Ich würde mir dessen bewußt und wäre fähig, dieses Bewußtsein mit der Erfahrung, die ich als „Frau" gemacht habe, zu einer Schreibsymbiose zu bringen.

Der Mann würde sein „weibliches Unbewußtes" an die Schreib-Oberfläche bringen und mit seinen „männlichen" Erfahrungen verbinden. In beiden Fällen handelte es sich um eine offene, fragmentarische, experimentelle Schreibweise, und vermutlich wäre weibliche und männliche Erfahrung daraus ablesbar — es wäre ablesbar, daß „Ulysses" ein Mann geschrieben und „die Abschiede" oder „Orlando" eine Frau geschrieben hat. *Virginia Woolf* hat in „Orlando" die Vermischungen, die stattfinden, wenn wir den andersgeschlechtlichen Teil bewußt machen, thematisiert. Sie hat mit themasiert, daß im Augenblick, wo diese Vermischungen stattfinden, auch andere „Einteilungen" als die geschlechtsspezifischen sich auflösen — vor allem die der Zeit: die Linearzeit existiert nur noch als Folie, auf der plötzlich in déjà vue-Erlebnissen und Zukunftshalluzinationen Vergangenheit, Gegenwart und Zukunft sich vermischen.

In jedem Fall entspricht der Offenheit des Textes die Offenheit der Erfahrung, genauer, die Unkonventionalität der Erfahrung, die alle Einteilungen auflöst, muß sich eine neue Artikulationsweise suchen, weil die „alte" Sprache diese Erfahrung nicht ausdrücken kann. Wenn es auf der ersten Seite von *Rilkes* „Malte Laurids Brigge" heißt, es roch „nach Jodoform, nach dem Fett von pommes frites, nach Angst . . ." so ist dies, am Anfang unseres Jahrhunderts geschrieben, keine reine „Formfrage" oder ein unverbindliches Sprachspiel, in dieser ungewohnten Form Konkretes mit unbestimmt Stimmungshaftem zu verbinden, sondern *Rilkes* Erfahrung der Identitätsdiffusion in der Metropole Paris ist eine neue Erfahrung, die die Schreibkonventionen sprengte. Deshalb ist der Form-Inhalt-Streit auch so öde, weil es diese Trennung nicht gibt, selbst dann nicht, wenn, wie in der Moderne, Sprache selbst thematisiert wird.

Ist nach *Heidegger* die Sprache das Haus des Seins und der Mensch sein Hüter, dann muß für den Schreibenden besonders Erfahrung und Spracherfahrung immer mehr verschmelzen, anders wird neue Erfahrung nicht „zur Sprache" gebracht.

Die Erfahrung der Sprachlosigkeit, des Verstummens angesichts des Erlebens wird dabei in der Moderne immer deutlicher artikuliert — Spracherleben ist also notwendig paradox (artikulieren dessen, was sprachlos macht), diese Situation spitzt sich in der Moderne zu, an deren Beginn in der deutschen Frühromantik *Novalis* formuliert: Der Dichter stellt das Undarstellbare dar, sieht das Unsichtbare, hört das Ungehörte . . . Deshalb ja ist er der „transzendentale Arzt", er hält der Gesellschaft nicht nur den Spiegel vor, sondern er entwirft gleichzeitig Modelle dessen, was möglich ist, indem er (der es erlebt hat) es als Sprach-Mögliches artikuliert. Das wird mit der Beschleunigung des Erlebens bis zu dem Punkt, wo dies keine Verdauung mehr zuläßt, weil sie unentwegt eindringt, umschlagen in die Unmöglichkeit von Erfahrung, was immer auch heißt: eigener Anverwandlung. Im Unterschied zu *Walter Benjamin*, der am Beispiel Baudelaires als dem Dichter der Großstadt zeigen will, daß der „Choc", der durch dieses dauernde Eindringen entsteht, keine Erfahrung, sondern nur noch Erlebnisse zuläßt, denke ich, daß auch der schreibende Mensch, ob Mann, ob Frau, sich zu dieser Situation verhält. Beispielsweise so wie die Surrealisten (die *Benjamin* deshalb auch teilweise mißverstand), die sich zum Medium der Großstadt machen und damit diese zur Landschaft. In solcher Durchlässigkeit (*Aragons* „Paysan de Paris" ist dafür ein gutes Beispiel) wird der Mensch fähig zu einer neuen Wahrnehmungs- und Erlebnisweise und bildet neue Erfahrungsmodi, die — und dafür ist *Rilkes* „Malte" (der ebenfalls in Paris sich bewegt) ein anderes Beispiel — zu einer neuen Schreibweise führen.

Ich habe diesen Exkurs der neuen Schreiberfahrung durch das neue Erleben in den Metropolen mit ihrer zunächst angsterregenden Beschleunigung der Zeit erwähnt, um an einer Analogie zu zeigen, daß „weibliche Schreibweise" das Etikett ist für einen neuen Stand der Erfahrung. Man kann diesen neuen Stand der Erfahrung nicht als Formproblem und auch nicht als Inhaltsproblem (feministischer Fragestellungen, was immer das sein mag) abhandeln (was man ohnedies nicht tun sollte). Es wird darum gehen, eine neue Erfahrung als Möglichkeit von Schreiberfahrung zu artikulieren. Eigentlich sprengt solcher Artikulierungsversuch auch den herkömmlichen Diskurs; deshalb befinde ich mich, wie schon erwähnt, in einer etwas schizophrenen Situation angesichts des mir vorgegebenen Rahmens.

Diese „neue" Erfahrung tritt gegenwärtig in ein interessantes Stadium: sie wird — ähnlich wie am Beginn des Industriezeitalters, das die Romantiker in eine revolutionäre Wahrnehmungs-Verrückung (und auch -entzückung) brachte — mehr und mehr eine innerliche bei gleichzeitiger Zunahme der „Chocs" in einem Ausmaß, das *Walter Benjamin* vermutlich noch nicht ahnen konnte. Diese Wendung nach innen, diese neue spirituelle Sensibilität, die daraus erwächst, ist etwas, das den vorgegebenen Rahmen in einer Weise sprengt, daß eine andere Art des sprachlichen Verstummens oft folgt: nicht mehr das reine staunende Fassungsloswerden (der Kern jeder „mystischen" Erfahrung), auch nicht mehr das Verstummen vor dem Grauen des Geschehens (weshalb nach Auschwitz kein Gedicht mehr möglich sei), sondern ein lächelndes Verzichten auf sprachliche Artikulation. Dieses lächelnde Verzichten, das in dem vielmißverstandenen „Brief des Lord Chandos" von *Hofmannsthal* schon zu spüren ist, entspricht keinem Mangel, sondern einer Stärke, einem Überfluß: viele Menschen — die auch nicht mehr das Hauptproblem darin sehen, ob sie Männer oder Frauen sind — erleben gegenwärtig eine Verwandlung an sich selbst, die früher meist esoterischen Kreisen vorbehalten war. Diese Verwandlung, die ihre alte „Identität" sterben läßt — ein zunächst schmerzlicher Vorgang —, macht sie durchlässig für einen energetischen Austausch mit allem, was sie umgibt, und vor allem mit den Menschen, die eine ähnliche Transformation erleben. Diese Erfahrung ist so neu, so intensiv, daß „Schreiben" ein viel zu langsamer, langwieriger Prozeß ist, etwas davon „festzuhalten". Da es sich um einen Prozeß des Loslassens handelt (von allem bis dahin Gewohnten, also auch den meist diskursiven Schreibgewohnheiten), gibt es kein Verlangen mehr, etwas (auch sprachlich) festzuhalten. Die Begegnenden (deren vorzügliches Medium die Musik gerade geworden ist) sind an keinem Produkt, Ziel, Ergebnis mehr interessiert. Deshalb lesen wir so wenig davon, deshalb sind jene Probleme, die noch in schriftlicher Auseinandersetzung stattfinden, durchaus nicht mehr repräsentativ für das, was sich wirklich bewegt, auch innerhalb der Frauen-„Bewegung". Das macht manche Frauen, die mit dem Haß und der Aggression innerhalb des militanten Feminismus nichts mehr anfangen können, so traurig: sie sehen, wie dieser Haß Teil des großen Hasses ist, der uns an den Rand der Selbstzerstörung gebracht hat, wie dieser Haß das Bestehende nur im schlechtesten Sinne verdoppelt, statt es zu transzendieren. Sie wenden sich traurig ab und, wenn sie das Glück haben, Gleichgesinnte zu finden, einander zu, um sich gegenseitig zu helfen und zu bestärken in dem oft schwindelerregenden Prozeß der persönlichen Transformation. Nur wenige schreiben unter ihnen, und die es tun, sind nur für jene verständlich, die ähnliche Erfahrungen machen. Diese neue Schreibweise, zögernd, tastend, Worte vorsichtig abschmeckend, erreicht kaum die offizielle Diskussion, und zwar auch, weil sie oft unveröffentlich bleibt. Ob es sich dabei um „weibliche Schreibweise" handelt, ist weniger interessant als die Art der demokratisierten Esoterik, in der sich Erfahrung artikuliert. Stichwörter, Erfahrungsprotokolle, versteckte Anspielungen in scheinbar ganz anderen Thematiken (wofür diese Überlegungen ja vielleicht selbst ein Beispiel sind) verbreiten sich unterhalb der offiziellen (Schreib)-Oberfläche und ritzen sich ein (*graffiti* im wortwörtlichen Sinne: die neuen Runen), mehr an Häuserwänden als zwischen Einbänden, die auf Buchmessen verkauft werden, mehr auf Handzetteln oder in flüchtig zusammengestellten Broschüren als in Verlagsausgaben (doch versteckt auch dort — sic), mehr als Sprühschriften-Geflüster als in Zeitungsartikeln, die nachträglich versuchen, dieser Tendenz „habhaft" zu werden in der Welt des Habens.

· *Marilyn Ferguson* hat in ihrem (im Sphinx Verlag erschienen) Buch: „Die sanfte Verschwörung" diese Vorgänge beschrieben für die USA (besonders Kalifornien, das schon mehr ein Zustand als ein Land sei). Vorgänge, die auch bei uns immer deutlicher sichtbar werden für alle, die sich durchlässig gemacht haben und wagen, von ihrer alten Identität Abschied zu nehmen, statt am Bestehenden auf allen Ebenen festzuhalten. Das Zusammenkommen der Frauen, das ohne Frauenbewegung niemals hätte so schnell stattfinden können (aber sie selbst muß sich transformieren, will sie nicht hoffnungslos veralten), hat mit dazu beigetragen, die persönliche Transformation der Einzelnen zu beschleunigen. Die notwendige Einsamkeit dieser Erfahrung freilich mußte und muß erst langsam als Stärke statt als (alte) Isolation begriffen werden. Nicht anders als die notwendige Einsamkeit des jungen Indianers, der in die Wildnis geschickt wird, bevor er in die Gemeinschaft der verantwortlichen Männer aufgenommen wird.

Das Schreiben kann auch ein Weg durch solche (immer wiederkehrende) Einsamkeit sein. Mit den Erfahrungsprotokollen, die eher einen stotternden Collagestil haben werden als einen glatten bekenntnishaften Kitschstil (wie er leider in der „Frauenliteratur" häufig anzutreffen ist), ist es ähnlich wie mit dem, was Novalis von seinen „Blütenstaubfragmenten" sagte: daß nämlich das Geschriebene nur der Staub der Blüte sei, die den Himmel bilde und unaussprechbar bliebe. Je radikaler sich das Geschriebene vom konventionellen Einverständnis entfernt, weil es der Niederschlag von Erfahrungen ist, die meist ungesagt bleiben, desto weiter wird es sich von dem entfernen, was „öffentlich" diskutiert wird. Was *Adorno* in seiner „Philosophie der neuen Musik" vom Künstler sagt, wird auch die Erfahrung von den schreibenden Frauen sein, die nicht am modischen Diskurs teilhaben: „. . . noch die einsamste Rede der Künstler lebt von der Paradoxie, gerade vermöge ihrer Vereinsamung des Verzichts auf die eingeschliffene Kommunikation zu den Menschen zu reden."

Alles, was unter der Herrschaft der Massenkultur als esoterisch abgestempelt wird, wird so aus dem Marktgesetz herausfallen und entweder gar nicht ans Licht der Öffentlichkeit kommen oder dank eines Mäzens, der meist wenig mit Künstlern zu tun hat. Was dagegen auf der modisch-feministischen Seite als „weibliche Schreibweise" gefeiert wird, befindet sich durchaus im Rahmen der eingeschliffenen Kommunikation und ist teils besser verkäuflich als das von Männern Geschriebene. Das Erfolgsrezept ist eine Mischung aus abgrenzender Selbstfindung gegen den Mann, Körperentdeckung, Leidensgeschichte und neuer (antigenitaler) Zärtlichkeit. Weniger geht es dabei um die Thematisierung einer neuen Sprache, die einleitend häufig versprochen wird. Das Neue folgt alten Mustern, die zur Identifizierung einladen. Der allgemeine Haß auf das Esoterische, Dunkle, Unverständliche, auf das Experimentelle, das „weibliche Schreibweise" angeblich öffnet, wird in der feministischen Diskussion häufig genug wiederholt.

Aber auch hier verbreitet sich unterhalb der offiziellen Struktur, wie erwähnt, ein neues Organisationsmuster eines anderen Zusammenlebens, dessen künstlerischer Ausdruck nicht mehr produktionsfetischisiert ist. Es hat sich deshalb gegenüber der Situation, von der *Adorno* spricht, etwas geändert. Das aber betrifft mehr als nur die Situation schreibender Frauen und neuer Schreib- und Wahrnehmungsweise. Es betrifft Fragen der Professionalität und des Zusammenhangs von Leben und Kunst. Der professionelle Künstler verschwindet in diesem Organisationsmuster, er wird immer mehr zum Lebenskünstler, weil das Leben selbst als Kunstwerk begriffen, die Alltagsgeste in eine schöne Form überführt wird, ein Leben gegen den Automatismus der Gewohnheit auf allen Wahrnehmungs-, Gefühls-, Denk- und Handlungsebenen. Der „künstlerische Ausdruck" als Spiegel dieses Lebensideals, das deutlich asiatische Einflüsse zeigt (aus dem Zen das Moment: tue, was du tust, ganz und ganz konzentriert), nähert sich wieder jenen kollektiven Formen an, aus denen Kunst entstand. So nähert sich jene „ideale Kollektivität", die *Adorno* gerade dort sieht, wo die gesellschaftliche Isolierung sie vom realen Kollektiv verdrängt hat, wieder der ursprünglichen; Archaisches und Postmodernes verschmelzen ineinander. Musik, die den „kollektiven Übungen von Kult und Tanz entsprang" (*Adorno* 1972), ist das deutlichste Moment dieser Verschmelzung. Aber auch Literatur, die sich im Stadium des Experiments wieder der Musik annähert (das zögernde Stammeln, das bruchstückhafte Stottern ist musikalischer als die literarische Konvention des „glatten" Stils) kommuniziert diesseits des offiziellen Einverständnisses mit den Kleinkollektiven, in denen eine andere Weise der Wahrnehmung und der Verbindung von Leben und Kunst schon gelebt wird, soweit dies die Verhältnisse zulassen. Das Schreiben wird hier Begleitung durch die Einsamkeit des Abschiednehmens sowohl wie Entwurf dessen, was man leben will im Sinne *Friedrich Schlegels*: Werde, der du bist. Es geht dabei keinesfalls um Abbildung, sondern um ein Verhalten, das sich sprach-symbolisch artikuliert: die Aufmerksamkeit, Behutsamkeit, Gelassenheit den Menschen und Dingen gegenüber ist dieselbe wie der Sprache gegenüber: ich benutze die Worte nicht mehr für einen bestimmten Inhalt, den ich mitteilen will, sondern ich lasse die Worte einzeln, gelöst aus dem Korsett der Grammatik wirken, stelle sie in Konstellationen mit anderen, aber so offen, daß, wer sie liest, daran weiterassoziieren kann, statt von mir stringent geführt zu werden. Die neue Schreibweise ließe das Sprachunbewußte (das Männliche in der Frau, das Weibliche im Mann — aber das ist ein Aspekt von vielen) an die Sprachoberfläche kommen. Denn wenn ich mich von allen bestimmten Inhalten, Mitteilungen, Botschaften gelöst habe, weil ich mich als Brennpunkt alles dessen fühle, was durch mich hindurch geht (also das „Ich" als Fiktion durchschaue), dann wird jeder Augenblick wichtig, auch der des Schreibens. Im Augenblick des Schreibens kann ganz viel mit den Worten passieren, wenn ich aufmerksam bin, auf sie lausche, sie abschmecke, den Duft der Erinnerung, den sie mitbringen, rieche, statt sie zu instrumentalisieren für eine Mitteilung. Diese Aufmerksamkeit mag „weiblich" sein, und *Robert Graves* hat in dem schönen Buch „Die weiße Göttin" dieses Weiblichsein der Dichter als den Zusammenhang mit der Mondgöttin interpretiert.

Auch deshalb „fliegen die Frauenherzen" den Dichtern zu, eben jenen, die spürbar mit den Worten anders umgehen und deshalb etwas vom „Dasein in der Poesie" (*E. T. A. Hoffmann*) vermitteln, wonach sich eigentlich alle sehnen.

Die sprachliche Komposition enthielte alle diese Momente: die Worte, die aus dem Sprachunbewußten auftauchen, wenn wir in uns lauschen auf das, was wir noch nicht wissen, indem wir produktiv das „Erlernte" für diesen Moment vergessen, und die Verbindung (nach dem Auftauchen, das wir mit der Sprache gleichsam vollziehen) mit den bekannten Erfahrungen, mit dem gelebten Leben. Ich versuchte diesen Moment als „Chaosmos"* zu beschreiben, der Augenblick, in dem Chaos und Kosmos sich berühren, so als würde die Welt (als Sprachwelt) neu entstehen. Und eben dies korrespondiert der neuen Lebenshaltung, jeden Augenblick bewußt zu leben.

Wach zu sein, die Träume zu realisieren, hier und jetzt, auch sprachlich: die Worte nicht suchen, sondern auf sie warten, die Worte, die diese oft „unaussprechlichen" Gefühle, Empfindungen, Erlebnisse ahnungsweise aussprechen — niemals zu eindeutig, denn dies zerstört die Schwebe, in der sie notwendig gehalten werden müssen, wollen sie mehr als das schon Bekannte wiederholen. Die Wort-Spiele, die entstehen, wenn wir die Worte mit unseren Phantasien spielen lassen, eröffnen neu die Vieldimensionalität der Bedeutungen, sie zeigen, wie sehr die Instrumentalisierung der Sprache autoritär zur Vereindeutlichung führt, zur eindeutigen Identifizierung. Insofern das Eindeutige, Klare, Identifizierbare dem männlichen Denken zugeordnet wird, ist die Tendenz der neuen Schreibweise „weiblich". „Weiblich" hieß aber bisher innerhalb des Bestehenden, mit meist negativen Vorzeichen versehen, das Vieldeutige (Mangel an Eindeutigkeit), Unklare, Unberechenbare, dessen man nicht „habhaft" werden konnte, weil es so gefühlsbetont unlogisch war.

---

* *G. Dischner*: Chaosmos. Versuche zur poetischen Anarchie, Hannover, New Age Poly Arts, 1985.

In solchem Sinne waren alle antiklassischen Künstler immer schon weiblich, ganz zu schweigen von der experimentellen Kunst der Moderne — in solchem Sinne ginge es dann auch um „weibliche Schreibweise". Ich halte diese Einteilungen aber für zu platt und eindeutig und im Sinne der Einteilungen für zu „männlich". Und auch die Einteilung in die Papa- und Mama-Sprache innerhalb der französisch-feministischen Diskussion, meine ich, ist zu simpel. Differenzierter ist *Luce Irigaray*, wenn sie die weibliche Hysterie als die Aufspaltung zwischen einer in ihrem Körper eingeschlossenen Gestik (in der das Leidende „spricht") und einer Sprache definiert, die mit dieser Gestik in keinem kontinuierlichen oder metaphorischen Zusammenhang stehe. Aber die mimetische Reproduktion der männlichen Sprache, in welcher die Frau notwendig „lügt", ist eigentlich etwas, das alle betrifft, die nicht systemkonform sind, Männer wie Frauen.

Die neue Sprech- und Schreibweise als Ausdruck einer neuen Lebensweise wäre also immer schon Kritik an dem System und seinem Kulturmarkt, der das „Neue" nur als unverbindlichen Zeitvertreib zulassen will. Das Sprachspiel wäre eines, das im allgemeinen Gesellschaftsspiel aus small-talk-Lüge und falscher Identifizierung nicht mehr einzuordnen wäre, so wenig wie in dem Reich des schönen Scheins, dem wir uns am Feierabend nach getaner Arbeit zuwenden dürfen. Die Frauen, die ihre Sprache überhaupt erst finden mußten, weil ihnen in allen relevanten Fragen (ebenso in der ästhetischen Diskussion) das Mitsprache-Recht entzogen wurde, sind jetzt an dem Punkt, wo sie die neue Sprech- und Schreibweise mitartikulieren könnten — und vermutlich manchmal unvoreingenommener als die Männer, weil sie noch nichts einnehmen durften.

Daß sie stattdessen sich beim Mitspracherecht oft begnügen und darum kämpfen, an der ganzen Misere noch mitbeteiligt zu werden, statt sie zu verweigern, ist traurig genug. Aus dem Irrtum *Lenins*, daß, um zum Kommunismus zu kommen, erst die bürgerliche Produktionsweise durchschritten werden müßte, sollten wir lernen.

Vielleicht geht es auch nicht so sehr noch um Frauen und Männer in der Auseinandersetzung, sondern eher um den Unterschied zwischen den Lebensweisen jener, die sich, links oder rechts, einrichten wollen innerhalb des Systems und deshalb an Reformen arbeiten, und denen, die dieses System auch als Sprachsystem nicht mehr für verbindlich halten, sondern die Verwandlung zu einer höheren Stufe der Bewußtwerdung jetzt realisieren wollen.

Diese Realisierung einer höheren Bewußtseinsstufe, deren Ausdruck eine höhere Sprachstufe (die sich vom Rededrang und Wirkungsdrang gelöst hat und die Sprache nicht mehr instrumentalisiert) ist, erfordert Arbeit. Für die Frauen bedeutet es, sich von der Leidensgeschichte der Frau, oft Entschuldigung für das unendliche, handlungsunfähig machende Selbstmitleid, endgültig zu verabschieden. Es war wichtig, sie zu erinnern, und es heißt nicht, sie zu vergessen; es heißt, sie nicht mehr zur eigenen Voraussetzung zu machen. Weiterhin wird ein Großteil der Arbeit darin bestehen, sich nicht mehr mit dem Blick der anderen, vor allem der Männer, zu sehen. Das ist noch schwerer als der Abschied von der Leidensgeschichte, mit der wir uns selbstmitleidig identifizeren konnten. Denn wir sind so sehr gewohnt, uns mit dem Blick des anderen zu sehen (*Rousseau* hat diesen Zustand schon beklagt), daß wir kaum wissen, was es heißt, sich ohne diesen Blick zu sehen: es wird vermutlich ein Schock sein.

Auf die neue Schreibweise bezogen, bedeutet es, zu schreiben, ohne an irgendeine Wirkung zu denken, ohne an die Möglichkeit des Anerkanntwerdens, des Diskutiertwerdens, des Veröffentlichtwerdens. Das bedeutet, sich aus dem gängigen Diskurs zurückzuziehen, es auf sich zu nehmen, scheinbar abartige Wege zu gehen und „indiskutablen" Gedanken nachzugehen. Es bedeutet, sich zu beobachten, weil man nur so bemerkt, wie sehr man sich dauernd nach anderen richtet, um ja geliebt und nicht verlassen zu werden. Notwendig ist dieser Weg ein einsamer und erfordert das Abschiednehmen, von dem ich sprach. Nur wenn dies gelingt, finden wir den Weg zu einer neuen Gemeinschaft, in der wir verbunden sind durch eben diese Erfahrung der Einsamkeit und des Abschiednehmens von allem, was unsere alte „Identität" war, unter der die Möglichkeiten der Transformation erstickt wurden. Aber was für ein Glückserlebnis, wenn sich jene, die durch diese Erfahrung gegangen sind, treffen! Vielleicht beginnen sie, nach langem gemeinsamen Schweigen, langsam zu sprechen von den neuen Erfahrungen. Vielleicht beginnen sie, gemeinsam zu schreiben. Vielleicht wäre dies die neue Schreibweise — allein und mit anderen, zögernd, langsam, den Worten lauschend, neue Erfahrungen in einer neuen Sprache zu artikulieren.

Literatur

Adorno, Th. W., Philosophie der neuen Musik, Ullstein, Frankfurt 1972.

end ziel

dich wiederfinden
wieder erfinden
finden dein bild
im sinn .

sinn erfassen durch dich
dich erfassen
fassen den sinn
eigenen sinn
in dir.

Lotte Mottek

Mitarbeiterverzeichnis

Elisabeth Bock, geb. 1941 in Westfalen. Studium der Musik an der Hochschule für Musik und darstellende Kunst „Mozarteum" in Salzburg. 1966 Abschluß desselben. Anschließend Studium der Germanistik und Psychologie. 1974 Promotion zum Dr. phil. Ausbildung in analytischer Psychologie und seit 1983 Mitglied der internationalen Gesellschaft für analytische Psychologie. Arbeitet halbtags als klinische Psychologin am Kinderspital Salzburg und in freier Praxis als Analytikerin in analytischer Psychologie nach C. G. Jung. Ist seit 1967 verheiratet und hat drei Kinder.

Susanne Bosse, geb. Ebel. Geboren 1931 in Mannheim als Älteste von 6 Geschwistern. Verheiratet seit 1958 mit einem Arzt, der in der Dermatologie einen umfassenden psychosomatischen Ansatz vertritt. Drei Kinder. Erstberuf Krankengymnastik. Später Studium der Pädagogik und Psychologie mit den Schwerpunkten frühkindliche Entwicklung und Familiensoziologie. Langjährige Erfahrung in Familienbildungsarbeit. Gestaltausbildung am FPI von 1977-83. Arbeitet in freier Praxis und als Honorarkraft an der Volkshochschule Göttingen. Engagement in Initiativen „Rund um die Geburt". Lieblingsbeschäftigung: Gartengestaltung.

Brinkmann, Eva-Maria, geb. 1917. Pfarrerstochter. Aufgewachsen in Potsdam. Päd. Hochschule und 4 Jahre Lehrerin, 1942 aus dem Schuldienst entlassen wegen der Aufführung eines Krippenspiels. Studium mit Abschluß Dipl.-Psych. Ab 1950 Lehrtätigkeit (Ausbildung von Lehrern, Kindergärtnerinnen) in Verbindung mit Öffentlichkeitsarbeit (Volkshochschule) und Arbeit am Landgericht (Sachverständige). 12 Jahre Unterricht am Gymnasium mit Abi-Prüfungsfach Psychologie. Gestaltausbildung bei H. Petzold, J. Sieper u. a. Lebt in Hannover. Freiberufliche Tätigkeit. Gestaltberatung und Gruppentherapie.

Susanne Brinkmann-Achilles, geb. 1954, Studentin der Germanistik und Geschichte an der Universität Hannover.

Yul Brons wuchs in Norddeutschland auf. Studium an der Universität in München und der Freien Universität in West-Berlin: Soziologie, Psychologie, Publizistik, Diplom in Erziehungswissenschaften. Lebte und arbeitete in Kalifornien/USA und in Kobe/Japan. Seit 1975 in der Schweiz: Leiterin eines Frauen-und-Töchter-Heimes in Basel; Gruppentherapeutin mit Senioren in Zürich; Aufbau und Supervision von FAF-Selbsthilfegruppen (Frauen ab fünfzig) in verschiedenen Städten der deutschsprachigen Schweiz. Privat zu finden im Kanton Aargau in einer modernen Siedlung im Dorfe Scherz.

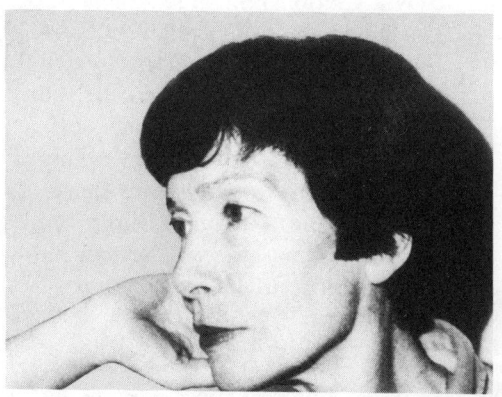

Catarina Carsten ist Berlinerin und lebt seit 1964 in Salzburg. Nach journalistischer Tätigkeit (Berichterstattung, Kultur, Feuilleton) Lyrik, Prosa, Fernseh- und Hörspiele. Literaturpreise.

Ruth C. Cohn, geb. 1912 in Berlin. Freundlich-bürgerliches Elternhaus. Frühe Interessen: Menschen und Lyrik. Flucht aus Deutschland 1933. Dann weitgefächertes akademisches Studium in Zürich, zugleich Ausbildung in Psychoanalyse. 1941 Emigration in die USA. Weitere Studien und Anstellungen als Psychologin und Pädagogin. Seit 1955 Entwicklung der Themenzentrierten Interaktion (TZI) als humanistisch-holistische Methodik zur Vermenschlichung von Schulen, Betrieben, Politik, Gesellschaft. Auszeichnungen: „Psychologist oft the Year" (New York Soc. Clinical Psychologists, 1971), Ehrendoktorat in Psychologie (Universität Hamburg, 1979). Bücher: „Von der Psychoanalyse zur Themenzentrierten Interaktion" (Klett, Stuttgart 1975), „Gelebte Geschichte der Psychotherapie", Faran und Cohn (Klett, Stuttgart 1984).

Sylvia Cserny, geb. 1948, Studium der Psychologie und Pädagogik in Salzburg. Seit 1974 in der Erwachsenenbildung im Kath. Bildungswerk Salzburg als leitende pädagogisch-psycholog. Mitarbeiterin tätig. Nach einer Zusatzausbildung in Konzentrativer Bewegungstherapie viele Jahre Leitung von Selbsterfahrungskursen. Darüber hinaus Trainerin für Referenten und Supervisorin.

404

Gisela Dischner, geb. 1939 in Steinhöring (Oberbayern), 1961 Abitur, Studium der Philosophie, Soziologie, 1968 Dr. phil. in Frankfurt (Burger, v. See, Adorno, Habermas), 1967-1970 in London, Stipendium der Fritz Thyssen Stiftung, Arbeiten über Rassendiskriminierung in England, Schizophrenie und Familie, vergleichende Romantikstudien, 1970-1972 Dozentin für Germanistik und Soziologie am Dep. of German der University of Birmingham, Winter 1972 Professorin am Deutschen Seminar der Just.-Liebig-Universität Gießen, seit 1973 Professorin für neuere und neueste deutsche Literatur an der Universität Hannover.

Ingeborg Finke-Kraft, geb. 1945 in Kufstein, 1958 kaufmännische Ausbildung, 1965 Bankangestellte in Zürich, 1967 Sprachaufenthalt in London und Paris, 1968 Air-Hostess bei AUA, Wien, 1970 Externenabitur, seit 1972 Studium der Ethnologie, Romanistik und Kunstgeschichte; Reiseleitungen in Marokko und Indien; Studienaufenthalt in London und Berlin für die Arbeit an der Dissertation über afrikanische Kunstwerke. Seit 1982 Animationsausbildung und Arbeit in einem Jugendzentrum.

Edith Frank-Rieser, geb. 1949, Dr. phil., Psychologin, Dipl.-Psychoanalytikerin in freier Praxis (ordentl. Mitglied d. österr. Arbeitskreise f. Tiefenpsychologie, Innsbruck), Groupworker und Gruppentrainerin (österr. Arbeitskreis f. Gruppentherapie und Gruppendynamik), Ehefrau und Mutter zweier Kinder. Bisherige Publikationen: Beiträge aus dem Praxisbereich der Psychoanalyse, der psychoanalytischen Ausbildung und der Gruppenarbeit.

Renate Frühmann, geb. 1945 in Wien. Nach dem Diplom für Sozialarbeit Tätigkeit in der psychiatrischen Rehabilitation. Geburt zweier Kinder (1968, 1972). Während (und nach) Hausfrau- und Mutter-Jahren Ausbildung zum Trainer in Gruppendynamik im Rahmen des Österreichischen Arbeitskreises für Gruppentherapie und Gruppendynamik (ÖAGG). Mitbegründerin des Instituts für psychische Beratung und Gruppenarbeit (IPG) in Salzburg. Ausbildung in Gestalttherapie am Fritz Perls Institut (FPI). Studium der Psychologie. Lehrtrainerin am FPI und im ÖAGG.

Elke Herms-Sonntag, geb. 1940 in Salzwedel, lebt freischaffend in Hamburg und in Nigeria. Nach einer Lehre als Dekorateurin absolvierte sie die Fachhochschule für Gestaltung in Hamburg, wurde in Dreibergen zur Lehrerin ausgebildet und unterrichtete sechs Jahre. Später besuchte sie die Hochschule für bildende Künste in Hamburg, studierte Visuelle Kommunikation bei Kilian Breier und Hans Andree, Freie Grafik bei Gerhard Rühm, Plastische Gestaltung bei Franz Erhard Walther. Sie legte das Kunsterzieherexamen ab.

Edith Konecny, geb. 1931 in Brünn, CSSR. Abendabitur in Wien 1952 und Beginn des Psychologiestudiums an der Universität Wien. Daneben berufliche Tätigkeit als Sekretärin. Promotion 1959.
Klinisch-psychologische Tätigkeit in einem psychiatrischen Krankenhaus 1963-1965.
Ab 1965 Assistentin am Institut für Psychologie der Universität Wien. Schwerpunkte der beruflichen Tätigkeit: Psychologische Diagnostik, klinische Psychologie. 1978 Beitritt zur Gesellschaft für Analytische Psychologie nach C. G. Jung.

Lotte Kottek (Hartmann-Kottek-Schroeder), Dr. med., Dipl.-Psych., geb. 1937 im Sudetenland, aufgewachsen in Süddeutschland, später beheimatet in Berlin, Bonn, jetzt im Raum Kassel. Sie leitet eine gestalttherapeutisch orientierte psychotherapeutisch-psychiatrische Abteilung in Zwesten. Sie ist von Kind an im Musischen verwurzelt und ist Mitarbeiterin mehrerer Lyrikanthologien.

Almut Ladisich-Raine, geb. 1944, Dipl.-Psych., Gestalttherapeutin. Nach Psychologiestudium in Köln und Wien und Stipendium am Max-Planck-Institut für Psychiatrie in München wanderte sie 1970 für vier Jahre nach Kanada aus, wo sie unter anderem als Streetworker und Drogenberaterin tätig war.
Wieder in Deutschland leitete sie über vier Jahre lang eine Daytop-Klinik für junge Suchtkranke und erlernte die Gestalttherapie bei Miriam und Erv Polster, J. Simkin und anderen. Seit 1978 ist sie in der Ausbildungsleitung des Instituts für Integrative Gestalttherapie Würzburg und arbeitet in eigener Praxis in Starnberg zusammen mit ihrem Ehemann, der Künstler und Gestalttherapeut ist. Sie ist Mutter eines Sohnes und einer Tochter.

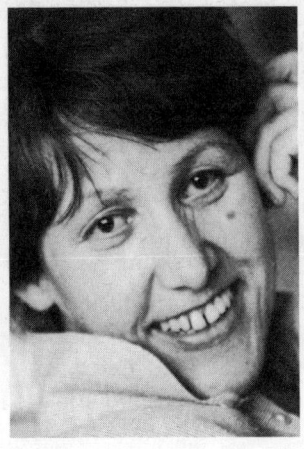

Inge Lang, geb. 1941 in Wien. Lehrtherapeutin für Katathymes Bilderleben, Psychoanalytikerin. Sie arbeitet in freier Praxis.

Johanna Lütolf-Schweizer, geb. 1947, Ausbildung und Berufstätigkeit als Primarlehrerin und als Psychologin, Ausbildung in Gestalttherapie am Fritz Perls Institut Mainz. 1976-77 Aufenthalt in Indien: Arbeit mit geistig behinderten Erwachsenen und Einführung in Hata-Yoga. 1978-80 Informationsarbeit und Erwachsenenbildung über Zusammenhänge Schweiz—Südafrika und Selbsterfahrungsgruppen mit Studenten. 1981-83 Arbeit in einer psychiatrischen Klinik (Aufbau einer Rehab.-Station). Gegenwärtig Arbeit in freier Praxis.

Edeltrud Meistermann-Seeger, Prof. Dr., geb. 1906 in Köln, verheiratet mit dem Maler Georg Meistermann. Vier Kinder. Psychoanalytiker. Honorarprofessor an der Universität zu Köln von 1947 bis 1972. Leitung der Psychoanalytischen Abteilung im Fachbereich Soziologie. Affiliiertes Mitglied der Royal Society of Medicine in London. Mitglied der Internationalen Psychoanalytischen Vereinigung. Präsident der Deutschen Gesellschaft für Sozialanalytische Forschung in Köln. Ehrenpräsidentin des Institut für Familiendiagnostik und Familientherapie in Köln.

Forschungen und Veröffentlichungen: über Gastarbeiter 1968; über Psychodiagnostik — Probleme der frühen Kindheit von 1956 bis 1960; Familienstörungen 1972; psychische Entwicklung des Fötus; Theorie über Psychoanalyse 1976.

Veröffentlichungen über moderne Kunst 1936-1982.

Hilarion G. Petzold, geb. 1944, Studium der orientalischen Theologie (Promotion Paris 1968), Philosophie (Promotion bei Gabriel Marcel, Paris 1971), der Psychologie, Erziehungswissenschaften (Promotion Frankfurt 1979), Medizin und Soziologie in Düsseldorf und Frankfurt. Psychoanalyse und Therapeutisches Theater bei V. N. Iljine, Paris, Psychodrama bei J. L. Moreno, New York, Gestalttherapie bei F. S. Perls, Vancouver. Gründer und Leiter des Fritz Perls Instituts Düsseldorf/Mainz. Lehrt als Professor am Institut St. Denis, Paris, und an der Freien Universität Amsterdam. Weitere Lehrtätigkeit an den Universitäten Hamburg, Frankfurt, Graz und Bern. Arbeitsschwerpunkte: Verfahren dramatischer und leiborientierter Therapie, philosophische Anthropologie, Einzel- und Gruppentherapie, Bildungsarbeit und Psychotherapie mit alten Menschen.

410

Irma Petzold-Heinz, geb. 1913 in Düsseldorf. Musikstudium am Gumpertz-Konservatorium, Düsseldorf, und am Theaterwissenschaftlichen Institut der Universität Köln. Im 2. Weltkrieg Krankenschwester. Erste Veröffentlichung von Lyrik, seitdem Novellen, Erzählungen, Lyrik, Anthologien. Langjährige Tätigkeit in einer Lebensberatungsstelle und mit emotionsgestörten Kindern mit Stabhandpuppen und eigenen Puppenspielen.

Ingeborg Frfr. von Plotho, Dr., geb. 1919 als viertes Kind eines Übersee-Kaufmanns, Südsee-Pflanzers und Reserve-Offiziers und seiner schwedischen Frau in Hamburg.
Nach der Realschule Sprachstudien in England, danach Besuch der Handelsschule. Nach unbefriedigender Bürotätigkeit besuchte sie 9 Monate lang ein Abendgymnasium, das sie mit dem Abitur verließ. Nach dem Studium der Medizin 1942-44 in Hamburg, Graz und Salzburg wurde sie zum DRK eingezogen. 1946 Wiederaufnahme des Studiums und 1949 Abschluß. Von 1949-1982 als Assistentin und später als akademische Oberrätin an verschiedenen staatlichen, vorwiegend Nervenkliniken als Ärztin tätig, zuletzt seit 1956 an der Universitäts-Nervenklinik für Neurologie und Psychiatrie in Bonn bis zur Pensionierung 1982. Seitdem arbeitet sie in freier Praxis vorwiegend psychotherapeutisch.

411

Annedore Prengel, Dr. phil., geb. 1944, Erziehungswissenschaftlerin und Sonderschullehrerin.
Interessen und Arbeitsschwerpunkte: Theorien der Geschlechterdifferenz und der Kritik des Identitätsprinzips, Geschlechterdifferenz in der Erziehung, Gestaltpädagogik in Schule und Lehrerbildung, Integration von Behinderten ins Regelschulsystem, Gestalttherapie und Psychoanalyse.
Mitglied der Gruppe Therapie und Politik und des Feministischen Interdisziplinären Forschungsinstituts in Frankfurt.

Gabriele Ramin, Dr. med., geboren 1948, Fachärztin für Kinderheilkunde.
Seit 1976 Ausbildung in Gestalttherapie am Fritz Perls Institut sowie in den USA bei E. und M. Polster.
Arbeit in einer Rehabilitationseinrichtung für Drogenabhängige und als Gestalttherapeutin in freier Praxis bis 1984, z. Zt. in der psychosomatischen Abteilung des Gestalt-Klinikums Zwesten tätig.

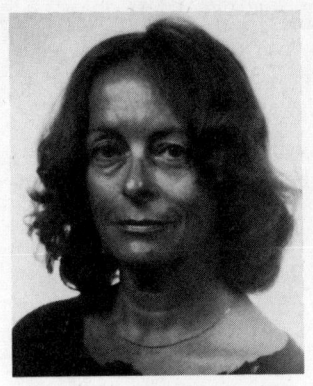

Christa Rohde-Dachser, Dr. oec. publ., geboren 1937. Studium der Wirtschafts- und Sozialwissenschaften in München und Freiburg. Psychoanalytische Ausbildung am Lehrinstitut für Psychotherapie und Psychoanalyse, Hannover. Seit 1974 als Psychotherapeutin an der Psychiatrischen Klinik der Medizinischen Hochschule Hannover bei Prof. Kisker. Seit 1976 Leiterin der dortigen Psychotherapie-Weiterbildung. 1981 Habilitation, Verleihung der Venia Legendi für Psychotherapie und Psychoanalyse. Lehr- und Kontrollanalytikerin am Lehrinstitut für Psychotherapie und Psychoanalyse, Hannover. Diverse Veröffentlichungen zu medizinsoziologischen Themen, zu Fragen aus dem Grenzgebiet von Soziologie und Psychoanalyse, vor allem jedoch zur Theorie und Therapie der Borderline-Störungen, u. a. „Das Borderline-Syndrom", Bern (Huber-Verlag), 3. Aufl. 1983.

Monika Rosenkranz, Dipl.-Päd., geb. 1946, studierte Kunst, Pädagogik, Soziologie und Psychologie an der Universität Frankfurt. Seit 1970 ist sie in der Frauenbewegung aktiv. Nach mehrjähriger Tätigkeit an der Universität seit 1974 gestalttherapeutische Ausbildung am Fritz Perls Institut, Düsseldorf, und bei Erve und Miriam Polster in San Diego (USA). Ein Schwerpunkt war für sie lange Zeit die therapeutische Arbeit mit Frauen, insbesondere zum Thema Sexualität. In den letzten Jahren Auslandsaufenthalte in den USA, in Indien und in der Schweiz. Wichtige Lehrer waren für sie u. a. Stanislav Grof, Anagarika Munindra und Jack Kornfield. Sie ist Lehrtrainerin am Fritz Perls Institut und arbeitet in freier Praxis in Frankfurt/M.

413

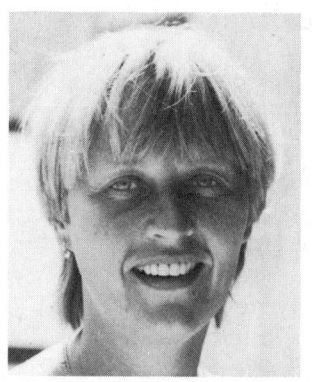

Sabine Scheffler, Dipl.-Psych., Dr. phil., Professorin für Psychologie an der Fachhochschule Köln, Fachbereich Sozialarbeit; Ausbildung in Gesprächspsychotherapie und Gestalttherapie; Arbeitsschwerpunkte: frauenspezifische Therapie und feministische Ansätze der Beratungsarbeit. Arbeit in unterschiedlichen Frauenprojekten in der Bundesrepublik und in feministischen Projekten in den USA.

Ursula Schmidbauer-Schleibner wurde 1947 in München geboren, wo sie heute mit ihrem Sohn lebt. Bis 1983 arbeitete sie als Lehrerin an Grund- und Hauptschulen. Sie machte eine Ausbildung in analytischer Gruppendynamik und veröffentlichte mehrere Aufsätze in Zeitschriften und Sammelbänden. Zur Zeit arbeitet sie an einem Buch.

Elfi Waas, geb. 1955 in Wien. Nach der Lehre der Mode- und Werbephotographie und Gesellenprüfung Fachschule für Sozialberufe und Jugendleiterausbildung, pastoralkatechetischer Lehrgang, gestalt- und pastoraltherapeutische Ausbildung an der Universität Graz und am FPI. 1980 Geburt des Sohnes Niko. Seit 1981 an der Beratungsstelle des Diözesanen Hilfsfonds für schwangere Frauen in Notsituationen der Erzdiözese Wien. Derzeit Supervisorenausbildung.